TESI GREGORIANA
Serie Teologia
———————— **197** ————————

ALEXANDRE COUTINHO LOPES DE BRITO PALMA

L'ESPERIENZA DELLA TRINITÀ E LA TRINITÀ NELL'ESPERIENZA
Modelli di una loro configurazione

EDITRICE PONTIFICIA UNIVERSITÀ GREGORIANA
ROMA 2013

Vidimus et approbamus ad normam Statutorum Universitatis

Romae, ex Pontificia Universitate Gregoriana
Die 27 mensis Martius anni 2012

PROF. ELMAR SALMANN
REV. P. DARIUSZ KOWALCZYK

© 2013 Pontifical Biblical Institute
Gregorian & Biblical Press
Piazza della Pilotta, 35 00187 - Roma
books@biblicum.com - www.gbpress.net

ISBN 978-88-7839-242-7

PRESENTAZIONE

Chi è Dio? Era questo il titolo un po' ardito di un saggio che, con slancio giovanile, pubblicai quasi trent'anni or sono. E chi mai potrebbe rispondere in modo soddisfacente ad una tale domanda che rimane il «pro-blema» primordiale del Cristianesimo, trattandosi della *lectio difficilior* della vita e della religione? Ora, come pensare Dio, quel Dio che si manifesta nella storia della sua presenza in mezzo alle vicissitudini umane? Sarà un Dio monopersonale, imponente, oppure un incrociarsi di prospettive incommensurabili, ovvero una rete comunicativa interpersonale, uno spazio ospitale, una dinamica energetica... E quale Dio sarebbe all'altezza della profondità delle nostre gioie e sofferenze, delle esperienze indicibili che segnano la strada e il volto di ogni uomo? E chi ci strapperebbe dal mare immane della Grande Tristizia?

Recentemente, milioni di lettori sono rimasti attratti, se non incantati e stregati, da un libro scritto per bambini ed adulti: *The Shack* («La capanna») di William P. Young, una sorta di romanzo teologico o fiaba metafisica, che narra le vicende di Mack che perde una figlia a causa di un crimine feroce, in seguito del quale si eclissa definitivamente la sua già friabile fede. Finché non si trovi invitato dallo stesso Dio che aveva perso, a incontrarsi proprio nella capanna che era stato il luogo del delitto. E il nostro si imbatte in una triade di persone, si vede accolto da uno spazio ospitale, colloquiale, da un Dio comunicativo, empatico e serio, giulivo e forte nella sua umiltà che si presenta per lui nella triplice forma di una matrona imponente e bonaria afro-americana, soprannominata «Papà», di una donna asiatica snella, elegante, enigmatica (lo Spirito) e in mezzo Gesù colle fattezze, i vestiti e gli strumenti di un falegname rustico, affabile ed affidabile. Sembra un Dio al di qua e al di là di umanità e divinità, di singolare e plurale, di femminile e maschile, di mito e storia. Egli (oppure Loro) condividono le esperienze del protagonista, lo fanno ritrovare e seppellire il corpo della figlia, cercano di accompagnarlo e di interpretare l'accaduto collocandolo in prospettive più ampie: gli orizzonti umani si aprono ai cieli illimitati e confortanti delle possibilità divine. Nello spazio comunicativo di Dio, ogn-uno trova la sua dimora, si vede iscritto nella musica e nel girotondo di relazioni illuminanti e consolanti.

In un commento teologico a questo racconto fiabesco ed istruttivo, Roger Olson sottolinea il carattere propositivo, suggestivo e anche ortodosso di quelle intuizioni che hanno reso plausibile la fede nel Dio trinitario a tanti lettori e lettrici. Finalmente, esperienza umana e rivelazione si uniscono in una storia fantastica e reale, in un modello (come spiegano l'autore e il commentatore) che ha bisogno di tanti altri approcci. Perciò, ci preme di passare dalla fantasmagoria popolare americana (quasi una forma di teatro di Oklahoma che conclude, in modo fulminante ed esilarante, il romanzo più lieve di Kafka: «Il disperso» oppure «America») alle riflessioni metodicamente accompagnate ed orchestrate della teologia.

In un modo molto più classico e circospetto, la tesi di Alexandre Palma affronta le medesime questioni: quali modelli umani possono parlarci della Trinità, «ri-velarla» in modo rilevante – e come il Dio cristiano si manifesterà in figure e configurazioni umane, trasformando le nostre esperienze in *loci theologici* qualificati e qualificanti? Questa è la doppia domanda che Palma si pone e alla quale si espone.

La tesi propone un cammino suggestivo e convincente mistagogico-maieutico, descrittivo e riflettuto dell'accrescimento dell'esperienza verso la scoperta e il dischiudersi del mistero trinitario che da parte sua si concreta, si rivela e si invera in questo itinerario sperimentale. La strada a volte irta, ma pilotata con mano sicura ci conduce dalle esperienze elementari umane alla visione trinitaria e sfocia in una nuova qualifica e pregnanza della stessa esperienza di vita – e del mistero. Questo itinerario a spirali trinitario-teandrico si rifrange e si verifica nei quattro modelli e nella loro diversità e reciprocità.

Esemplare mi pare la presentazione degli autori e della loro configurazione e stilizzazione come modelli e il riepilogo formale, metodico e sistematico, ove i modelli si rivelano come struttura e realizzazioni originarie del ritmo calcedonense, che risulta la matrice e ordinatrice del rapporto tra mistero e riflessione, tra Trinità ed esperienza umana.

Il lavoro si presenta come ottima prestazione di teologia mistagogica e sistematica.

Elmar Salmann

INTRODUZIONE

L'appello all'esperienza è divenuto, nell'epoca contemporanea, sempre più comune all'interno del discorso cristiano. L'esperienza sembra assumere lo statuto di «parola d'ordine», di «parola di moda»[1] a cui si ricorre, la maggior parte delle volte quasi inconsapevolmente, per affermare e difendere la portata esistenziale della fede professata. La declinazione della fede in questi termini sembra svilupparsi in modo direttamente proporzionale all'aumento della sensazione di un sempre maggior estraniamento di Dio nei confronti del vivere umano ordinario. Perciò non è strano, oggigiorno, sentir evocare l'esperienza sotto tante forme distinte – esperienza di Dio, di sé, dell'altro, della fede, della grazia, religiosa, interiore, mistica, spirituale, di conversione, dell'assenza di Dio, per indicarne soltanto alcune espressioni – e in tanti contesti diversi – celebrativo-liturgico, testimoniale-kerygmatico, spirituale-orante, culturale-teologico. Il termine esperienza ha, infatti, acquistato un posto nel gergo cristiano contemporaneo.

Anche in teologia si conferma un progressivo emergere dell'appello esperienziale. Forse fin dal *The Varieties of Religious Experience* di W. James (1902) il tema è stato lentamente accolto nell'ambito degli studi sulla religione, finendo con l'acquistare anche un ruolo teologico sempre più rilevante nel corso della seconda metà del Novecento. Perfino alcuni atei affrontano il tema di Dio in chiave esperienziale[2]. In questo periodo, la riflessione sulla fede ha dovuto far fronte alla questione della crisi di un discorso teologico recepito e inteso come troppo astratto, avulso della realtà, estraneo alle cose vissute personalmente. Il rivolgersi della teologia contemporanea verso l'esperienza è,

---

[1] Cf. P. SEQUERI, «Esperienza della fede», 117; E. SCHILLEBEECKX – B. VAN IERSEL, «Presentación. Revelación y nuevas experiencias», 309.
[2] Cf. R. DAWKINS, *The God Delusion*, 112-117.

in definitiva, un modo di riconoscere validità alla denuncia di un'interpretazione «dottrinalistica» della rivelazione[3], di un modo prevalentemente deduttivo di rifletterla e di una forma autoreferenziale di teologare.

Alla base di questa generalizzazione dell'appello esperienziale sta, tuttavia, una questione culturale che, perciò, non è riducibile a semplice questione teologica. L'atmosfera stessa dell'esperienza ecclesiale della fede e della riflessione teologica è profondamente cambiata. La sensibilità della gente a cui entrambe si rivolgono è passata a reclamare delle risposte che la tradizionale impostazione manualistica non era più in grado di offrire. In effetti, tra romanticismo e illuminismo, sembra che all'uomo contemporaneo non bastino più né un discorso «teologico» strettamente teoretico e deduttivo, né un approccio esclusivamente patico e fideistico. Da un lato, egli vuole sperimentare questo Dio di cui gli parlano la confessione di fede e la teologia. Egli vuole sentirlo in prima persona, non già solo per sentito dire. Dall'altro lato, egli fa dipendere il suo assenso alla fede da un discorso coerente, plausibile, ragionevole. Figlio dell'emancipazione della ragione, quest'uomo cerca anche di soddisfare le sue necessità intellettuali, le quali mettono persino in crisi taluni presupposti su cui si fondavano tante delle costruzioni manualistiche – come l'argomento dell'autorità. La validazione contemporanea del discorso teologico sulla fede ha, pertanto, dovuto cercare e battere nuovi sentieri. L'appello all'esperienza è, insomma, uno di questi nuovi approcci, che s'inserisce in questo contesto epocale e culturale colmo di sfide.

Una considerazione esperienziale della fede trova nella questione di Dio un punto critico. Se è vero che la conoscenza di Dio non può avvenire a margine del modo umano di conoscere – che avviene secondo il principio di *nihil est in intellectu quod prius non fuerit in sensu* –, è anche vero che Dio non è oggetto di esperienza, almeno in senso proprio. Non che questa condizione paradossale dell'esperienza in «teo-logia» porti necessariamente a cancellarla, ma essa induce certamente a una riconsiderazione del significato stesso di esperienza. S'intravede qui un possibile contributo che la teologia può prestare alla necessaria critica e revisione di una concezione positivistica dell'esperienza, sempre troppo riduttiva del fenomeno.

---

[3] Parere di P. Sequeri, il quale si mostra abbastanza critico nei confronti della tendenza a passare dal motivo anti-dottrinalistico a un pregiudizio anti-teoreticistico (cf. P. SEQUERI, «Esperienza della fede», 117).

1. Esperienza e riflessione trinitaria: argomento, scopo e ipotesi di un loro rapporto

Il presente studio, mira, anzitutto, ad analizzare l'appello all'esperienza in un ambito specifico della teologia: quello della riflessione trinitaria. Il suo argomento specifico è – come si percepisce dal titolo e sottotitolo – lo studio della realtà e della categoria di esperienza nella sfera trinitaria della riflessione teologica. L'intersezione di queste due materie costituisce, dunque, il fulcro dell'argomento di questo studio.

Esiste una sintonia, forse finora non pienamente approfondita, tra il sopraindicato contesto culturale che ha promosso l'adozione dell'esperienza come una categoria di moda teologica e la storia recente del trattato *De Deo*. In effetti, il rinnovamento degli studi trinitari ha nella famosa denuncia di K. Rahner, che individua una «*splendid isolation*» della dottrina sulla Trinità, un suo momento fondante. Questa denuncia è divenuta un punto di riferimento per quasi tutti i successivi studi sulla Trinità, anche quando l'insieme della proposta trinitaria rahneriana non è stato adottato e anche se è sempre possibile identificare cause precedenti della ripresa trinitaria contemporanea. Dalla constatazione di questo *status quaestionis* la riflessione trinitaria ha conosciuto una notevole vitalità e una diversificazione dei suoi approcci. Ad accomunare questa diversità del panorama teologico-trinitario contemporaneo sta, in termini generali, l'intento di far vedere come la confessione della Trinità riguardi tutta la vita dei credenti e debba esercitare su di essa un influsso reale – *res nostra agitur*. Si tratta di mostrare a quei cristiani «monoteisti nella pratica» (K. Rahner) che la loro fede nella Trinità non è puro «teorema celeste»[4], ma che invece tocca il cuore della loro vita.

Una motivazione coerente unisce, dunque, il rinnovamento odierno degli studi trinitari e la ricezione della categoria di esperienza in campo teologico. È da questa loro sintonia di base che è nata la questione di sapere in che misura si può riflettere sulla Trinità in termini esperienziali. Considerando come in entrambi gli ambiti della riflessione s'individua una ricerca delle forme teologiche più adatte a rilevare la portata esistenziale delle affermazioni di fede, la presente tesi ha come scopo, in primo luogo, quello di analizzare come alcuni autori hanno inserito la dinamica esperienziale all'interno delle loro proposte trinitarie. Notando,

---

[4] Cf. G.M. SALVATI, «La dottrina trinitaria», 12.

inoltre, come alla radice del sentito «esilio della Trinità»[5] si pone la difficoltà di stabilire un legame effettivo fra verità confessata e vita vissuta, si mira, in secondo luogo, a delineare un modo possibile di avvicinare dogma trinitario ed esperienza umana.

Tale intenzione si attua nella formulazione di un'ipotesi relativa al modo di impostare la riflessione trinitaria. Tale ipotesi si interroga, da una parte, sulla validità e sulla praticabilità dell'assumere l'esperienza come uno dei *loci* della riflessione trinitaria e, dall'altra, sull'impatto che la riflessione trinitaria può esercitare nei confronti della forma in cui l'uomo sperimenta se stesso, il mondo e Dio. Sinteticamente, si solleva l'ipotesi che la teologia trinitaria possa avere nell'esperienza un suo punto di partenza e di arrivo. Si prospetta, dunque, una circolarità o *pericoresi* fra esperienza e riflessione trinitaria come metodologia teologica potenzialmente feconda. Allora, la *pericoresi* sarebbe assunta non solo come contenuto della riflessione trinitaria, ma anche come un suo metodo. L'aspettativa è che una simile modalità di intendere la questione possa contribuire a sciogliere l'impressione che la dogmatica trinitaria sia una pura astrazione, che riguarda solo la vita di Dio e non quella degli esseri umani. Ci si interroga se in tal modo sia possibile rilevare come la fede in un Dio specificamente trinitario abbia delle implicazioni vitali che vanno oltre un'immagine «teo-logica» strettamente monoteistica[6].

2. Un elenco rappresentativo di modelli e stili teologico-trinitari: gli interlocutori della ricerca

L'analisi dell'articolazione tra esperienza e teologia trinitaria e, in particolar modo, la considerazione dell'ipotesi circa un loro rapporto si svolge a partire dal confronto con determinate proposte teologico-trinitarie contemporanee. La valutazione di un modo di impostare la questione trinitaria dall'esperienza e in vista dell'esperienza poggia, concretamente, sullo studio di alcuni autori, scelti secondo tre criteri fondamentali: i. integrare l'appello esperienziale nella loro riflessione «teo-logica»; ii. mostrarsi sensibile ad aspetti distinti della complessa realtà dell'esperienza; iii. assumere prospettive trinitarie e stili teologici distinti. Applicando questi tre criteri, sarà possibile individuare ai fini della presente dissertazione un elenco di autori rappresentativo – non

---

[5] Cf. B. FORTE, *Trinità come storia*, 13-15.

[6] La preoccupazione che anima questo studio – dare maggiore densità esistenziale alla fede e alla riflessione trinitaria – gli conferisce anche una certa portata pastorale.

esaustivo – tanto della riflessione trinitaria odierna, nella pluralità dei suoi modelli e dei suoi stili, quanto di riletture teologiche in chiave esperienziale. I teologi studiati assumono, perciò, il ruolo di interlocutori alla luce dei quali si cerca di valutare e configurare un modo esperienziale di riflettere sulla Trinità.

Gli autori presi in esame sono, specificatamente, J. Moltmann (1926), G. Greshake (1933), R. Panikkar (1918-2010) e K. Rahner (1904-1984). Difatti, in tutti questi autori compare un appello all'esperienza nelle loro «teo-logie». Ciascuno, però, si mostra particolarmente attento a sfumature diverse del fenomeno esperienziale: J. Moltmann tende a sottolineare l'esperienza di Dio in Cristo, nella sua doppia accezione di genitivo oggettivo e soggettivo; G. Greshake evidenzia l'aspetto comunitario dell'esperienza; R. Panikkar riflette sull'esperienza interculturale e, in particolare, sull'esperienza cosmoteandrica; K. Rahner si concentra sull'esperienza di sé e sulle sue dimensioni trascendentale e soprannaturale. I quattro autori adottano, infine, vie teologico-trinitarie distinte: J. Moltmann rileva l'immagine di Dio Trinità che scaturisce dalla croce di Gesù; G. Greshake privilegia una «teo-logia» dalla *communio* trinitaria; R. Panikkar ripensa il rapporto tra Dio, uomo e cosmo come epifania della Trinità; K. Rahner scopre un Dio misterico nell'*a priori* della conoscenza e della libertà umane. Dalla congiunzione di questi quattro interlocutori, dal confronto tra e con le loro prospettive trinitarie e sensibilità esperienziali si ottiene, appunto, un ampio quadro dell'odierna riflessione sulla Trinità e sull'esperienza, capace di integrare i tre grandi temi della storia dello spirito umano: Dio, uomo (io, tu, noi) e mondo.

3. Il tema, gli autori e i modelli: metodo, limiti e contributo teologico

Da quanto si è detto finora in merito alla presente dissertazione, la questione del metodo risulta centrale. Infatti, interrogarsi sulla possibilità di impostare la riflessione trinitaria a partire e in vista dell'esperienza è già, in se stessa, una questione metodologica. L'argomento di questo studio riguarda una questione di metodo teologico-trinitario. Il presente studio dunque, benché si occupi di un argomento dogmatico, può essere descritto come un esercizio di «teologia fondamentale della teologia trinitaria», poiché si concentra sui fondamenti della teologia trinitaria e sul modo in cui essa viene impostata.

In concreto, il metodo adottato in questo studio si articola in due momenti fondamentali:

i. *Lettura tematica degli autori*: l'analisi del pensiero degli autori selezionati si concentra sui due grandi temi di questa tesi, esperienza e Trinità. Ciò implica identificare e riflettere sugli aspetti delle teologie degli autori che caratterizzano i loro modi di riferirsi all'esperienza, alla Trinità e alla loro relazione. È un approccio che comporta una speciale valorizzazione degli scritti che trattano questi due temi. Tale lettura tematica può essere detta sincronica – un approccio sistematico e non storico – e circolare o pericoretica – tra il modo in cui ciascun autore si riferisce all'esperienza e alla Trinità, tra e proposte «teo-logiche» degli autori, e, infine, tra queste e l'ipotesi che motiva questo studio;

ii. *Delineazione di modelli del rapporto tra esperienza e riflessione trinitaria*: dalla lettura tematica degli autori si passa alla delineazione dei modelli teologici che condensano i loro modi di impostare il rapporto tra esperienza e riflessione trinitaria. Questi modelli, che s'ispirano ai lavori di A. Dulles[7], sono: i. teoretici: condensano modi di pensare il rapporto tra esperienza e riflessione trinitaria; ii. paralleli: rispecchiano modi contrastanti di affrontare un tema in un determinato periodo storico.

È importante notare come tema e autori, con i loro distinti modelli trinitario-esperienziali, oltre a caratterizzare il metodo del presente studio, diano inoltre l'idea dei suoi limiti e della sua eventuale originalità. In effetti, il campo di lavoro della presente ricerca è doppiamente limitato: i. nel tema, poiché studia esclusivamente la relazione fra riflessione trinitaria e analisi dell'esperienza umana, limitandosi dunque all'esame di quegli aspetti in cui questa relazione si manifesta o, perlomeno, si mostra possibile; ii. negli autori studiati, poiché il campo materiale su cui verte si circoscrive alle teologie di J. Moltmann, G. Greshake, R. Panikkar e K. Rahner, limitando quindi solo a costoro il campione teologico della dissertazione.

Anche il suo contributo specifico agli studi teologici può, infine, essere considerato attorno a queste due assi: tema e autori. Infatti, la considerazione dell'esperienza non trova ancora grande ricettività nella

---

[7] Cf. A. DULLES, *Models of the Church*; ID., *Models of Revelation*.

letteratura teologica trinitaria⁸. Sembra, infatti, più comune coordinare l'appello all'esperienza con un'immagine prevalentemente a-trinitaria di Dio⁹. Ci sono, è certo, delle proposte che mettono in relazione Trinità ed esperienza – di cui gli autori studiati sono degli esempi –, ma ciò di solito avvenne solo in obliquo. L'originalità di questo progetto sta allora, in primo luogo, nel declinare il tema dell'esperienza di Dio in chiave specificamente trinitaria e nel trattare in recto e pericoreticamente il tema della matrice trinitaria dell'esperienza e della matrice esperienziale della riflessione trinitaria. Un secondo aspetto innovativo della ricerca qui proposta passa per la combinazione e per il confronto tra questi quattro autori in una stessa monografia e tra i modelli del rapporto tra esperienza e questione trinitaria che le loro diverse sensibilità teologiche e i loro atteggiamenti trinitari permettono di costruire.

4. Dagli autori ai modelli: l'itinerario della dissertazione

L'itinerario di questo studio cerca di mettere in atto la prospettiva che gli soggiace e che specifica il suo argomento. Considerando quanto si è appena detto sul metodo adottato, la presente analisi si struttura in modo molto semplice: un capitolo dedicato a ciascuno degli autori (capitoli I-IV) e un capitolo finale dedicato alla formulazione dei modelli teologici del rapporto tra esperienza e riflessione trinitaria (capitolo V). Se nei primi quattro capitoli s'intraprende la lettura tematica degli autori, nel quinto si abbozza una visione sistematica dell'argomento. Lo studio segue il seguente itinerario, qui riassunto in breve:

+ *Capitolo I*: dedicato a J. Moltmann, in questo capitolo si individuano le «facce» dell'esperienza di Cristo e dei credenti per cogliere, in seguito, la loro portata trinitaria; si studiano, inoltre, gli impatti esperienziali della sua dottrina storica e sociale della Trinità, insistendo particolarmente sulla teologia moltmanniana del Regno e della libertà;

---

⁸ Anche se con notevoli differenze rispetto al presente studio, esistono già alcune proposte di riflessione trinitaria in chiave esplicitamente esperienziale (cf. X. PIKAZA, «Experiencia religiosa, historia de Jesús y revelación trinitaria»; L. FLORIO, *Mapa trinitario del mundo*).

⁹ Benché già dal 1982, l'opera di W. Kasper *Der Gott Jesu Christi* sia servita da esempio, anche perché oggetto di un'enorme divulgazione. Nel suo profondo capitolo IV, dedicato per l'appunto all'«Esperienza di Dio e conoscenza di Dio», stranamente non si fa allusione alla Trinità. Lo stesso si può affermare per le riflessioni di L. Scheffczyk e A. Ganoczy sull'«esperienza di Dio» (cf. L. SCHEFFCZYK, *Il Dio della Rivelazione*, 46-51; A. GANOCZY, *Dio, grazia per il mondo*, 205-222).

+ *Capitolo II*: dedicato a G. Greshake, si analizza il modo in cui l'autore «con-centra» il Mistero del Dio Trinità nel concetto di *communio* e come da ciò estrae delle conseguenze esperienziali;

+ *Capitolo III*: dedicato a R. Panikkar ed entrando nel suo singolare mondo filosofico-teologico, si rileva il modo in cui l'autore trova la Trinità nell'«esperienza cosmoteandrica» delle diverse culture e come la interpreta secondo la prospettiva advaita della «a-dualità»;

+ *Capitolo IV*: dedicato a K. Rahner, si ricercano, da una parte, delle allusioni trinitarie nella sua teologia dell'esperienza e, dall'altra, delle allusioni esperienziali della sua teologia trinitaria;

+ *Capitolo V*: dedicato alla sistemazione degli atteggiamenti trinitario-esperienziali assunti dagli autori, si delineano quattro modelli a loro corrispondenti: dialettico (J. Moltmann), analogico (G. Greshake), dialogico (R. Panikkar) e trascendentale (K. Rahner). Questa sintesi sistematica punta, infine, a una criteriologia teologica del modo di integrare l'esperienza nella riflessione trinitaria.

È, inoltre, importante rilevare la coerenza strutturale fra i capitoli dedicati allo studio dei vari autori. Tali capitoli si articolano, fondamentalmente, in tre momenti: i. un primo paragrafo introduttivo al pensiero teologico-trinitario dell'autore in esame; ii. un momento propriamente interpretativo del rapporto tra esperienza e teologia trinitaria, costruito in funzione delle particolarità delle loro prospettive; iii. un paragrafo finale che si concentra sul confronto del pensiero dell'autore in esame con l'ipotesi di un rapporto pericoretico fra esperienza e riflessione trinitaria. In questo modo, si cerca di garantire una coerenza nell'itinerario della dissertazione, persino nel confronto tra proposte teologiche così diverse come sono quelle di J. Moltmann, G. Greshake, R. Panikkar e K. Rahner.

5. Esperienza: descrizione sommaria di un fenomeno paradossale

L'appello all'esperienza si scontra necessariamente con una difficoltà fondamentale: chiarire cosa s'intende per esperienza. Si tratta di una questione che anche la presente analisi non può ignorare. Infatti, «il concetto di esperienza appartiene ai più oscuri concetti filosofici»[10]. Per

---

[10] W. KASPER, *Glaube und Geschichte*, 124. Cf. J.-P. JOSSUA, «Experiencia cristiana y comunicación de la fe», 243-245; B. MIETH, «Hacia una definición de la

gettare una luce sul significato di esperienza occorre, in primo luogo, riferire che questa indica anzitutto un fenomeno, un avvenimento della vita vissuta e non tanto un concetto. Senza tener conto della ridondanza, si può dire che esperienza è primariamente qualcosa che si sperimenta nella vita. Di conseguenza, un discorso sull'esperienza – come questo – è sempre secondario e presenta sempre un che di costrutto.

In secondo luogo, occorre riconoscere l'esistenza di una certa precomprensione del significato di esperienza. Esiste, infatti, una determinata percezione preliminare e intuitiva di cosa si intende con esperienza. Questa comprensione iniziale del fenomeno, generica ma valida, deve essere inclusa in una riflessione che si riferisce all'esperienza, poiché fa capire che un discorso impostato attorno a questo tema non dipende strettamente da una sua concettualizzazione. Una tale precomprensione vitale del fenomeno diminuisce, poi, il rischio di equivocità all'interno di un'impostazione esperienziale.

In vista dell'auspicata chiarificazione del significato di esperienza, è importante cercare di caratterizzare il fenomeno, abbozzandone le linee fondamentali. Considerando che si tratta di una realtà «complessa e polivalente»[11], penso che una concettualizzazione di esperienza sia da considerarsi riduttiva del fenomeno stesso. Definirla, cioè mettere dei limiti al fenomeno, porta, quasi inevitabilmente, a tralasciare degli aspetti che appartengono alla nostra esperienza dell'esperienza[12]. Si opta qui, invece, per una via diversa, quella della descrizione del fenomeno, approccio che sembra più giusto e onnicomprensivo nei confronti della complessa e perfino paradossale realtà che è l'esperienza. Sul fenomeno dell'esperienza si possono allora indicare, in modo molto sommario, i seguenti elementi:

+ *Oggetto materiale e vitale*: perché ci sia esperienza deve, per forza, esistere qualcosa di cui si fa esperienza. L'esperienza suppone sempre un

---

experiencia», 354-361; G. O'COLLINS, *Fundamental Theology*, 32-41; A. BERTULETTI, «Il concetto di "esperienza" e la teologia», 85-116; A. GANOCZY, *Dio, grazia per il mondo*, 205-206; M. GELABERT, «Experiencia», 525-532; B. QUELQUEJEU – J.-P. JOSSUA, «Expérience chrétienne», 339-344; P. MIQUEL, *L'expérience spirituelle*, ix-xxix; E. SALMANN, *Presenza di Spirito*, 84-93; S. DE FIORES, *Trinità mistero di vita*, 13-17; C. GRECO, *L'esperienza religiosa*, 39-44; G. GIANNINI – M.M. ROSSI – A. PIERETTI, «Esperienza», 3624-3641; G. SALATIELLO, *L'esperienza e la grazia*, 29-31.

[11] Cf. W. KASPER, *Der Gott Jesu Christi*, 109.

[12] Vari autori si mostrano scettici sulla possibilità di ridurre l'esperienza a concetto (cf. J.-P. JOSSUA, «Experiencia cristiana y comunicación de la fe», 243; S. DE FIORES, *Trinità mistero di vita*, 13; G. SALATIELLO, *L'esperienza e la grazia*, 29).

suo oggetto, che può essere tanto una realtà materiale e tangibile, quanto una realtà vitale, come un avvenimento, un fatto, un'impressione, una scoperta. Può essere tanto un qualcosa di unico, singolare, irripetibile, puntuale, straordinario, quanto qualcosa di davvero comune, ricorrente, ordinario, prevedibile[13]. L'oggetto dell'esperienza non si circoscrive poi, come una sua compressione positivistica sembrerebbe implicare, soltanto al dominio delle cose, ma riguarda invece il reale e la vita nella loro massima estensione, abbracciando anche tutto l'universo della coscienza umana. L'esperienza è, in se stessa, un fenomeno globale, ossia che riguarda tutti gli aspetti del vivere umano;

+ *Soggetto personale e collettivo*: una conoscenza di tipo esperienziale si contraddistingue, anzitutto, per essere un processo di apprendimento che avviene in prima persona. Nell'esperienza c'è dunque, un'immediatezza conoscitiva. Ciò suppone che il soggetto dell'esperienza sia, prima di tutto, individuale. L'esperienza dovrà, in effetti, essere «provata personalmente»[14], poiché nessuno si potrà sostituire a un altro nell'atto di sperimentare. Tuttavia, non è meno vero che «l'esperienza non inizia mai al punto zero, ma è sempre mediata per via storica»[15] e che «oltre all'origine soggettiva, c'è una mediazione sociale»[16]. Si deve, allora, riconoscere l'esistenza di un certo patrimonio esperienziale comune, passibile d'essere condiviso, che accomuna vari soggetti[17]. Accanto alla dimensione personale-individuale del soggetto dell'esperienza, ce n'è, quindi, anche un'altra comune-collettiva;

+ *Momento passivo e attivo*: se si considera l'esperienza non a partire dagli elementi che la compongono, ma piuttosto dai momenti in cui avviene, allora appare chiaro che un'esperienza si dà quando avviene un certo contatto tra oggetto e soggetto. Non un contatto qualsiasi, superficiale ed evanescente, ma un incontro qualificato. Indipendentemente della durata di tale contatto, l'esperienza causa nel soggetto un'impressione che scatena un processo interiore, un'impressione quasi incontrollabile e che lascia una peculiare sensazione di evidenza e certezza. In un

---

[13] Aspetto particolarmente sottolineato, ad esempio, dalle scienze naturali.
[14] S. DE FIORES, *Trinità mistero di vita*, 14.
[15] W. KASPER, *Der Gott Jesu Christi*, 108.
[16] D. MIETH, «Hacia una definición de la experiencia», 357.
[17] Cf. B. QUELQUEJEU – J.-P. JOSSUA, «Expérience chrétienne», 340: «L'expérience n'est d'ailleurs pas seulement individuelle mais aussi collective et l'on évoquera volontiers une expérience ancestrale de l'espèce, transmise par une tradition culturelle: langage, éducation, savoirs pratiques et modèles de comportement, symboles».

primo momento, l'esperienza avviene come un impatto sul soggetto, il quale rimane, in questa fase, fondamentalmente passivo. Tuttavia si deve controbilanciare quest'affermazione con il riconoscimento di un effettivo momento attivo del soggetto. Difatti, perché si possa parlare di un'autentica esperienza bisogna considerare il momento in cui il soggetto si appropria di un tale impatto. In questa tappa, egli è decisamente attivo[18], poiché creativamente interpreta, medita, riflette, sviluppa, approfondisce, critica, interiorizza il suo incontro con la realtà sperimentata. In questo secondo momento si percepisce un'altra sfumatura del lato mediato di ogni esperienza; in esso svolgono un ruolo decisivo il linguaggio, l'interpretazione, la memoria o il discernimento.

La complessità del fenomeno dell'esperienza risulta bene espressa da questa sua sommaria e condensata caratterizzazione. Gli elementi con cui viene descritta manifestano, anzitutto, la considerevole quantità di variabili da considerare quando si cerca di capire che cosa è l'esperienza. L'aspetto più determinante della complessità dell'esperienza sta, però, nel carattere paradossale degli elementi che la compongono: un oggetto, al contempo, materiale e immateriale; un soggetto, allo stesso tempo, personale e collettivo; un accadere che si svolge in una specie di pericoresi tra passività e attività del soggetto. Attraverso questi tre binomi si mostra, dunque, come l'esperienza sia un fenomeno abbastanza paradossale e che, come tale, resiste a una sua definizione univoca.

Nel corso del presente studio sarà possibile confermare questa vitalità, complessità e paradossalità insita nell'esperienza. Con questa sommaria e introduttoria descrizione del fenomeno si sono gettate, in parte, le fondamenta che renderanno più chiaro a cosa si fa riferimento quando si analizza, negli autori e con gli autori, il rapporto tra esperienza e riflessione trinitaria.

---

[18] Cf. W. KASPER, *Glaube und Geschichte*, 126: «[Die Erfahrung] ist also nicht nur ein Widerfahrnis, das der Mensch stumpf und passiv hinnimmt; sie schließt vielmehr ein subjektives und aktives Element ein».

CAPITOLO I

Esperienza vissuta e sperimentazione trinitaria in J. Moltmann

J. Moltmann si è, fino a oggi, impegnato per proporre un «nuovo pensiero trinitario»[1]. Nuovo in confronto alle proposte di Dio come sostanza suprema o come soggetto assoluto[2]. A suo parere, tali sistemazioni della comprensione del Mistero trinitario non si sono mostrate in grado di contrastare l'impressione generalizzata che «la dottrina teologica della Trinità è una speculazione riservata a specialisti e che non ha nulla a che fare con la vita reale»[3]. J. Moltmann ha invece preferito privilegiare un approccio di tipo storico-escatologico, attento alla presenza di Dio nella storia e alle implicazioni della storia in Dio, con particolare attenzione all'evento della croce.

Con il presente capitolo si cercherà di interrogare il pensiero del teologo di Tubinga in relazione al ruolo attribuito all'esperienza in ambito trinitario. Interessa qui analizzare in che misura la dinamica esperienziale si trova alla base e costituisce la meta della sua riflessione trinitaria. Si assume, come presupposto fondamentale, la domanda sollevata dall'autore stesso: «Quali intuizioni leghiamo al concetto del Dio trinitario e a quali esperienze vengono riferite queste intuizioni»[4]? In sintonia con I. Kant, J. Moltmann è consapevole che «concetti senza intuizioni

---

[1] Cf. J. MOLTMANN, *Vasto spazio*, 347-358 [*Weiter Raum*, 273-281].
[2] Nuovo ancora nel confronto con le teologie trinitarie di K. Barth e K. Rahner (cf. NSDT, 272-273 [IGdG, 238-239]).
[3] TRD, 11 [TRG, 17]. Irrilevanza che, interpretando J. Moltmann, si dovrebbe situare nell'orizzonte più ampio di una «crisi di rilevanza della vita cristiana» e di una «crisi di identità della fede cristiana» (cf. DC, 16-41 [DgG, 12-33]).
[4] P. LAPIDE – J. MOLTMANN, *Monoteismo ebraico*, 34.

sono vuoti» e che «intuizioni senza concetti sono cieche»[5]. Occorre allora capire sia quali esperienze sostengano queste «intuizioni che leghiamo alla Trinità» e come vengano integrate nella sua riflessione trinitaria, sia il possibile influsso del «concetto del Dio trinitario» su di esse.

La matrice esperienziale della sua teologia trinitaria potrà inoltre emergere analizzando non solo i contenuti della sua riflessione, ma anche la forma attraverso la quale essa si articola. In J. Moltmann si scopre uno stile polifonico, plurivoco e pericoretico, stile che potrà essere definito sperimentale, fondamentalmente, per tre ragioni. In primo luogo, perché è una teologia che si svolge prevalentemente attraverso un registro stilistico narrativo. In secondo luogo, perché sperimenta successivamente approcci distinti alle diverse tematiche teologiche a cui l'autore si è dedicato. Forse l'indicatore più evidente di questa successione di approcci si trova considerando la sua ampia bibliografia – ampia in estensione, ampia in tematiche studiate, ampia per arco temporale. Infatti, J. Moltmann ha dedicato più di un'opera a molte delle materie teologiche[6]. In tale varietà si abbozzano e si sperimentano approcci distinti e complementari alla stessa materia, svolgendo così una forma sperimentale di fare teologia. In terzo luogo, questa sperimentalità teologica risale al modo pericoretico sia per come gioca con i distinti approcci teologici sia per come riesce a intrecciare costantemente le esperienze vissute e la riflessione sulla fede. Occorre qui ricordare che fu proprio dalle sue concrete «esperienze crocifiggenti (*crucifying experiences*)»[7] della guerra che è nato l'interresse di J. Moltmann per la teologia. L'ambito trinitario, addirittura il caso più emblematico di questo modo sperimentale di procedere teologicamente, potrà allora trovare nell'autore un'altra soluzione per integrare in sé l'esperienza, oltre che come esperienza trinitaria, come teologia sperimentale della Trinità.

Abbondano gli studi dedicati all'opera e pensiero di J. Moltmann, siano essi di carattere generale e introduttivo[8] o monografico[9]. All'interno

---

[5] Cf. DC, 281 [DgG, 227]; CFS, 78 [KKG, 67]; EPT, 159 [EtD, 156].

[6] Esemplificando, senza entrare nei dettagli e considerando soltanto le opere maggiori, escatologia: *Theologie der Hoffnung* (1964), *Das Kommen Gottes* (1995); dottrina su Dio: *Der gekreuzigte Gott* (1972), *Trinität und Reich Gottes* (1980); cristologia: *Der gekreuzigte Gott* (1972), *Trinität und Reich Gottes* (1980), *Der Weg Jesu Christi* (1989); pneumatologia ed ecclesiologia: *Kirche in der Kraft des Geistes* (1975), *Der Geist des Lebens* (1991).

[7] Cf. J. MOLTMANN, «Foreword», xii.

[8] Cf. R. GIBELLINI, *La teologia di Jürgen Moltmann*; M. DELMIRANI, *Croce e speranza. Introduzione alla teologia di Jürgen Moltmann*; R. BAUCKHAM, *The theology*

di questo panorama, questo studio intende caratterizzarsi e distinguersi per una rinnovata concentrazione sulla questione dell'esperienza nella sfera trinitaria, tema che, sebbene ricorrente, non ha ancora beneficiato di uno studio particolare. Non mancano, certamente, letture e interpretazioni della sua riflessione trinitaria, che però sembrano focalizzarsi su altri aspetti – le relazioni Dio-mondo, Dio-storia; il dialogo critico con l'ateismo; letture diacroniche e contestualizzanti della sua teologia della croce; la Trinità e la sua teologia della rivelazione; la questione e le implicazioni della sofferenza di e in Dio; il dibattito sul concetto di *persona*[10] – piuttosto che sottolineare, come si cercherà di fare in questa sede,

---

of Jürgen Moltmann; G. MÜLLER-FAHRENHOLZ, *Phantasie für das Reich Gottes. Die Theologie Jürgen Moltmanns. Eine Einführung.*

[9] Studi dedicati esclusivamente a J. Moltmann: M. DELMIRANI, *La teologia della speranza in Jürgen Moltmann*; M.D. MEEKS, *Origins of the Theology of Hope*; C. MORSE, *The Logic of Promise in Moltmann's Theology*; E. CARLI, *La teologia della speranza di Jürgen Moltmann*; A. SKVORCEVIC, *Ecclesiologia escatologico-messianica di Jürgen Moltmann*; B. FERNÁNDEZ GARCÍA, *Cristo de esperanza. La cristología escatológica de J. Moltmann*; A. SEVERGNINI, *Introduzione alla cristologia in Jürgen Moltmann*; A.J. CONYERS, *God, Hope and History. Jürgen Moltmann and the Christian Concept of History*; A. MATELJAN, *Il pensiero soteriologico nel primo ciclo teologico di Jürgen Moltmann*; S.-K. TANG, *God's History in the Theology of Jürgen Moltmann*; J.-L. SOULETIE, *La croix de Dieu. Eschatologie et histoire dans la perspective christologique de Jürgen Moltmann*; R. BAUCKHAM, ed., *God Will be All in All. The Eschatology of Jürgen Moltmann*. Studi comparativi fra J. Moltmann e altri autori: E. KIRSCH, *Hermeneutik der Verheissung bei Johann Baptist Metz und Jürgen Moltmann*; J. PIKAZA, *Presupuestos filosoficos de la exegesis de Rudolph Bultmann y Jürgen Moltmann*; R. LEROY SPENCER, *Marx, Bloch and Moltmann. Dialectical Models of History and the Question of Ends and Means*; H. SCHÖNDORF, *Die universale Bedeutung Jesu Christi bei Wolfhart Pannenberg und Jürgen Moltmann*; H. ARTS, *Moltmann et Tillich. Les fondements de l'espérance chrétienne*; T. DAVID, *Rudolf Bultmann's and Jürgen Moltmann's Understanding of the Gospel as Answer to Contemporany Man's Search for the Meaning of Existence*; P. HENKE, *Gewissheit vor dem Nichts. Eine Anthithese zu den theologischen Entwürfen Wolfhart Pannenbergs und Jürgen Moltmanns*; F.W. KANTZENBACH, *Programme der Theologie. Denker, Schulen, Wirkungen. Von Schleiermacher bis Moltmann*; J.M. MARDONES, *Teología y ideología. Confrontacíon de la Teología política de la esperanza de Jürgen Moltmann con la Teoría Crítica de la Escuela de Frankfurt. Hacía una teología no ideológica*; E. VOLANT, *Le Jeu des affranchis. Confrontation Marcuse-Moltmann*; A. BLANCY, *Espérance et différence. Essai sur les théologies de Wolfhart Pannenberg et Jürgen Moltmann en vue de fonder une théologie de la différence*; M. MATIC, *Jürgen Moltmanns Theologie in Auseinandersetzung mit Ernst Bloch*; R.T. CORNELISION, *The Christian Realism of Reinhold Niebuhr and the Political Theology of Jürgen Moltmann in Dialogue. The Realism of Hope.*

[10] Cf. J. SOBRINO, *Significado de la cruz y resurrección de Jesús en las cristologías sistemáticas de Wolfhart Pannenberg y Jürgen Moltmann*; P.F. MOMOSE,

il ruolo trinitario dell'esperienza e la matrice esperienziale della riflessione moltmanniana sul Mistero di Dio[11].

Concentrando l'attenzione sulla riflessione trinitaria e limitandosi a una lettura sincronica del pensiero dell'autore, questo studio assume *Trinität und Reich Gottes* come guida privilegiata nel «vasto spazio» che è l'opera moltmanniana. Il dialogo con l'autore, comunque, non si chiuderà ai suoi altri scritti, sia alla sua trilogia anteriore, sia ai suoi altri «contributi» e testi posteriori. Sebbene, infatti, in essi sia possibile trovare aspetti rilevanti del modo esperienziale con cui il teologo di Tubinga riflette sul e a partire dal Mistero di Dio, *Trinität und Reich Gottes* offre la griglia fondamentale del suo pensiero e discorso teologico-trinitario. Questo capitolo è poi strutturato come segue: 1. in un primo paragrafo, si cerca di introdurre il progetto moltmanniano di sviluppare una «dottrina storica della Trinità» e una «dottrina sociale della Trinità»; 2. partendo dalla «storia del Figlio» e, in particolare, dalle sue esperienze storiche come crocifisso, si cerca di arrivare a una percezione teologica di Dio che sia più fedele alla sua rivelazione storica; 3. si procede all'identificazione e allo studio delle esperienze dei credenti – e non già di Gesù crocifisso – cercando ugualmente di esplorare le figure di Dio che in esse si dischiudono; 4. si ricercano le ripercussioni sull'esperienza socio-politica ed ecclesiale di tale impostazione teologica, mediate da una teologia della storia di stampo trinitario incentrata sui temi del Regno e della libertà; 5. infine, si propone una sintesi critica sul ruolo dell'esperienza nella considerazione teologica della Trinità.

Kreuzestheologie. Auseinandersetzung mit Jürgen Moltmann; P. GOFFINET, *La théologie de la croix de Jürgen Moltmann*; N. DOGAN, *Theologie der Offenbarung. Eine fundamentaltheologische Untersuchung zum Begriff der Offenbarung in der Theologie Jürgen Moltmanns*; P. BÜHLER, *Kreuz und Eschatologie. Eine Auseinandersetzung mit der politischen Theologie im Anschluss an Luthers theologia crucis*; J. NIEWIADOMSKI, *Die Zweideutigkeit von Gott und Welt in J. Moltmanns Theologien*; W.V. WILLIS, *Theism, atheism and the doctrine of the Trinity. The Trinitarian theologies of Karl Barth and Jürgen Moltmann in response to protest atheism*; J.J. FERREIRA DE FARIAS, *O Espírito e a história. O pneuma divino no recente debate sobre as pessoas da Trindade*; R.E. OTTO, *The God of Hope. The Trinitarian Vision of Jürgen Moltmann*; R. RADLBECK, *Der Personbegriff in der Trinitätstheologie der Gegenwart – untersucht am Beispiel der Entwürfe Jürgen Moltmanns und Walter Kaspers*; J.A. MCDOUGAL, *Pilgrimage of Love. Moltmann on the Trinity and Christian Life*.

[11] Quanto qui si cerca di sostenere circa questa matrice esperienziale potrebbe anche essere descritto con l'espressione di R. Bauckham «theology in the making» (cf. R. BAUCKHAM, *Moltmann: Messianic theology in the making*).

1. Dottrina trinitaria: esperienza storica e prassi sociale

La teologia ha in J. Moltmann una vocazione pubblica. Ciò significa che essa non deve essere «autoreferenziale», bensì conforme allo stesso tempo alla Sacra Scrittura e al suo contesto[12]. Nonostante il suo insistere sulla storia di Gesù, in J. Moltmann l'atto di teologare non si chiude mai al mondo e al tempo in cui si svolge, e neppure risulta svincolabile dalle vicissitudini della sua biografia. Le sue «vie personali di accesso» alla questione specificamente trinitaria sono un chiaro esempio di questo processo: la teologia politica, la teologia della croce e la teologia ortodossa[13].

L'intenzione di presentare una «dottrina storica della Trinità» e una «dottrina sociale della Trinità» si configura, perciò, come concretizzazione di questo modo di fare teologia: storico in quanto via di accesso al Mistero di Dio; sociale in quanto, alla luce della storia del Figlio Gesù, vede la Trinità a partire dalla pluralità delle Persone che la costituiscono e non già dalla sua unità[14]; sociale, ancora, nella forma intenzionalmente orientata a condurre la riflessione trinitaria in modo tale che essa si ripercuota sulla sfera politica, ecclesiale, ecumenica, ecologica, antropologica, ecc. Si presenteranno, in seguito, i fondamenti dell'ermeneutica trinitaria che soggiace e rende possibile quest'atteggiamento storico-sociale.

1.1 *Esperienza e prassi nella teologia trinitaria: attività e passività*

«Io – dichiara J. Moltmann – ho in mente una teologia che nasca dall'esperienza della vita (*Erfahrung des Lebens*)»[15]. Quest'affermazione, fatta nel contesto della pneumatologia, si sintonizza perfettamente con il tentativo di un ritorno al pensiero trinitario che parta sia dall'esperienza sia dalla prassi[16]. Si tratta, in fondo, di cercare di rispondere a due questioni: il Dio Trinità è sperimentabile? La dottrina trinitaria è una verità pratica? Tutto ciò suppone, però, una decisa revisione della comprensione

---

[12] Cf. EPT, 20-24 [EtD, 25-28].
[13] Vie che combinano problematiche politiche-sociali ed ecclesiali-ecumeniche (cf. EPT, 278-283 [EtD, 266-270]).
[14] Cf. TRD, 29 [TRG, 34-35] J. Moltmann, «Die Einheit des dreieinigen Gottes», 101.
[15] SV, 8 [DGL, 12]. Cf. IGdG, 9 [NSDT, 7]: «Ich habe mit ihnen [die hier vorliegenden Aufsätze] versucht, die dort entwickelte „soziale Trinitätslehre" im Blick auf die Geschichte des Heils und die menschliche Gotteserfahrung auszulegen».
[16] Cf. TRD, 12-19 [TRG, 18-25]; NSDT, 131-144 [IGdG, 117-128].

di esperienza e di prassi. Infatti, dall'età moderna si è verificata una soggettivazione della nozione di esperienza e una riduzione della sua comprensione all'aspetto produttivo. Con l'elevazione della prassi produttiva a criterio supremo, l'esperienza viene metodizzata in funzione della praticabilità. Incentrando la comprensione di esperienza esclusivamente sul suo versante attivo, divennero centrali le questioni relative al metodo sperimentale, il quale ha lo scopo di garantire la verificabilità e la ripetibilità di ciascun'esperienza. Sotto questa prospettiva, qualsiasi realtà non compatibile con tale intendimento, cioè non manipolabile dal soggetto, tende a essere esclusa come potenziale oggetto di esperienza: è questo, ovviamente, è il caso di Dio[17].

Nell'interpretazione di J. Moltmann, è con F. Schleiermacher che l'esperienza viene integrata nel discorso sulla fede, facendo leva, però, sull'esperienza di sé. Si riconosce, infatti, che «l'esperienza di se stessi nella fede rimanda a Dio. Dio viene sperimentato indirettamente, nell'esperienza della pura e semplice dipendenza»[18]. Di conseguenza, tutti gli enunciati della fede che non provengono dell'autocoscienza, qui assunta come istanza di verificabilità, rientrano nella sfera delle speculazioni. Tale è il caso della Trinità, considerata verità secondaria perché «concatenazione di diversi enunciati sull'autocoscienza cristiana»[19].

L'esperienza non deve, tuttavia – sempre secondo J. Moltmann – essere intesa unilateralmente. Innanzitutto, la sua affermazione che «quando si parla dell'esperienza dello Spirito non si può stabilire *a priori* il concetto di "esperienza"»[20] resta valida per tutto il discorso teologico, aspetti trinitari compresi. Anche perché:

> se riferiamo l'esperienza al soggetto che sperimenta (*erfahrenden Subjekte*) e la concentriamo esclusivamente nell'esperienza-di-Sé (*Selbsterfahrung*) che facciamo nel nostro sperimentare, non potremo soltanto chiederci in che modo io sperimenti Dio (*Wie erfahre ich Gott*), che cosa significhi per me, [...] ma anche: in che modo Dio sperimenta me (*Wie erfährt Gott mich*), che significo io per Dio, in che modo egli viene determinato per mezzo di me? [...] Con il termine *esperienza di Dio* (*Gotteserfahrung*) non intendiamo soltanto l'esperienza che noi facciamo di Dio (*unsere Gotteserfahrung*) ma anche l'esperienza che Dio fa con noi (*Gottes Erfahrung mit uns*)[21].

---

[17] Si verifica un'omogeneizzazione dell'oggetto dell'esperienza, che deve essere puramente passivo nei confronti del soggetto (cf. SV, 43-45 [DGL, 42-44]).
[18] TRD, 12 [TRG, 18]. Cf. F. SCHLEIERMACHER, *Der christliche Glaube*, § 3-4, 19-40.
[19] TRD, 12-13 [TRG, 18-19].
[20] SV, 23 [DGL, 24].
[21] TRD, 13-14 [TRG, 19-20].

Contro una «cultura del narcisismo», dove il soggetto si autoconferma nell'esperienza che fa di se stesso, il teologo di Tubinga propone una prospettiva diversa, all'interno della quale uomo e Dio si sperimentano a vicenda, benché in modi diversi. E «se l'uomo nella fede fa esperienza del modo in cui Dio lo ha sperimentato e ancora lo sperimenta, Dio per lui non è causa astratta del mondo, [...] bensì il *Dio vivente*»[22]. La concretezza della fede viene, appunto, dal Dio che ci sperimenta. Per J. Moltmann è dunque chiaro che la prassi non può essere compresa solo nel senso strettamente produttivo e attivo del termine o come «dominio dell'oggetto» sperimentato, ma anche attraverso quello «stupore» che «tramuta il conoscente stesso in partecipe del conosciuto»[23].

La teologia trinitaria di J. Moltmann nasce, in sintesi, da questo doppio superamento delle unilateralità moderne: l'esperienza e il pensiero pragmatico. Esperienza è intesa da lui tanto nel suo versante attivo – io sperimento – quanto in quello passivo – un altro mi sperimenta. Parallelamente, la praticabilità non è ridotta all'utilitarismo del produrre, ma incorpora anche la percezione. Una volta che saranno state differentemente inquadrate, sarà dunque possibile partire proprio dall'esperienza e dalla prassi per sviluppare una teologia trinitaria. Ed è proprio questo il percorso che si trova alla base dell'impostazione storica e sociale della questione trinitaria da parte dell'autore.

1.2 *Dottrina storica della Trinità: pensare la croce*

Una delle caratteristiche teologiche più significative del discorso moltmanniano è la sua matrice staurocentrica. Oltre la grande tradizione di riflessione teologica protestante incentrata sulla croce, tale impostazione è anche una conseguenza del contesto biografico ed epocale a partire dal quale e in vista del quale J. Moltmann fa teologia[24]. La croce

---

[22] TRD, 14 [TRG, 20].
[23] TRD, 18-19 [TRG, 24-25].
[24] È una teologia che, naturalmente, riflette la sua «biografia personale, il contesto politico e il *kairos* storico» sperimentato da J. Moltmann (cf. EPT, 6 [EtD, 11]). In modo molto sintetico, si potrà situare il suo teologare fra Auschwitz e le situazioni socio-politiche del suo tempo. Dalle esperienze di colpa e di speranza nella fede cristiana, scoperta nei campi prigionieri, sono sorte le questioni di «come parlare di Dio dopo Auschwitz», ma anche di «come non parlare di Dio dopo Auschwitz», cercando forme di pensare «Dio in Auschwitz e Auschwitz in Dio» (cf. DC, 326-327 [DgG, 266-267]). Gli anni Sessanta furono anni del dialogo-confronto fra cristiani e marxisti, movimento in cui l'autore fu attivamente implicato, soprattutto con il «socialismo dal volto umano» in Cecoslovacchia e con la Suola di Francoforte, e dal quale «è nata in Europa la *teologia politica*», che è in seguito divenuta un movimento mondiale e che

è, in primo luogo, il «fondamento» della sua riflessione teologica, poiché è l'evento per eccellenza dell'autorivelazione di Dio[25]. Spetta alla teologia riflettere sulla croce e cercare il volto divino che in essa si dischiude. La croce è, in secondo luogo, la «critica»[26] di qualsiasi comprensione del Mistero di Dio in termini di apatia e di immobilità o in schemi di tipo monadico e a-storico[27]. Il Dio della croce è un Dio diverso[28]: infatti, la teologia di J. Moltmann è, in un certo modo, una teologia fatta a partire dal *sub contrario* della croce[29], consapevole della sua dimensione iconoclasta[30], dialettica, e che pretende di assumere il carattere di una «dottrina sulla teopatia»[31].

Nel concreto, quest'ermeneutica della croce passa per un'attenzione particolare alla storia di Gesù: solo l'inchiesta sulle vicende storiche della vita di Gesù permette di accedere alla «parola della croce», al suo senso e al volto autentico del Dio che in essa si dischiude. La matrice staurocentrica e l'approccio storico sono, quindi, due facce inseparabili della stessa sensibilità teologica. Lo testimonia l'esegesi teologica che J. Moltmann fa degli avvenimenti della «storia del Figlio», del «processo storico di Gesù» o della sua apertura al «processo escatologico di Gesù Cristo»[32]. È, inoltre, proprio a partire dalla storia del Crocifisso che il teologo di Tubinga delinea la sua visione teologica della storia[33].

---

ha assunto forme teologiche, secondo i contesti socio-politici locali, di difesa e azione in favore degli oppressi (cf. NSDT, 267-272 [IGdG, 233-238]).

[25] Cf. J. MOLTMANN, *Umkehr zur Zukunft*, 14: «Zusammen mit der Ausbildung einer politischen Theologie habe ich mir selbst vorgenommen, stärker als bisher über die Bedeutung des Kreuzes Christi für Theologie, Kirche und Gesellschaft nachzudenken».

[26] Binomio manifesto nel sottotitolo di *Der gekreuzigte Gott*: «Das Kreuz Christi als Grund und Kritik christlicher Theologie».

[27] J. Moltmann si è dedicato a mostrare la decostruzione che la croce opera in queste e altre concezioni «teo-logiche» (cf. DC, 13-95 [DgG, 12-77]; TRD, 141-163 [TRG, 144-166]).

[28] Cf. DgG, 199 [DC, 248]: «Der Glaube aber erfährt im Kreuz und Leiden Christi jene ganz andere Liebe Gottes, die das ganz andere liebt».

[29] Cf. DC, 245-249 [DgG, 196-199]; P. RICOEUR, «Der gekreuzigte Gott von Jürgen Moltmann», 17-20.

[30] Cf. DC, 105 [DgG, 83].

[31] Cf. DC, 229-327 [DgG, 184-267]; TRD, 30-71 [TRG, 36-76]; FC, 69-82 [ZS, 68-78].

[32] Cf. DC, 131-227 [DgG, 105-183]; TRD, 77-107 [TRG, 77-111]; J. MOLTMANN, *Der Weg Jesu Christi. Christologie in messianischen Dimensionen*.

[33] Legame che, come l'autore stesso riconosce, si trova nella sua opera fin dalla *Theologie der Hoffnung* (cf. NSDT, 257-261 [IGdG, 225-228]).

La concentrazione staurologico-storica operata nella sua teologia lascia una decisa impronta sul campo specificamente trinitario. Accade tuttavia anche il contrario – un'impronta trinitaria sulla comprensione della storia del Crocifisso – come risulta chiaro nelle seguenti parole dell'autore:

> Il principio materiale della dottrina trinitaria è la croce di Cristo. Il principio formale della conoscenza della croce è la dottrina della Trinità. [...] Vagliamo dunque la tesi: la teologia della croce dev'essere dottrina della Trinità e la dottrina trinitaria teologia della croce, perché altrimenti non si può capire pienamente il Dio umano, crocifisso[34].

La croce è, dunque, la vera fonte della fede trinitaria la quale è, a sua volta, l'orizzonte dell'autentica interpretazione della croce. Questa è poi «il contenuto empirico (*Erfahrungsgehalt*) del discorso trinitario»[35]. Se è, infatti, vero che senza la croce non sarebbe possibile conoscere in profondità il Dio tripersonale e la dottrina trinitaria diventerebbe «astratta», perdendo la sua «rilevanza», è ugualmente vero che senza la Trinità la croce di Gesù difficilmente avrebbe senso[36].

La concentrazione staurologica gli permette, insomma, di trovare il legame tra immanenza divina ed economia salvifica. Tuttavia, la radicalità di questa sua impostazione si misura appieno nel ruolo attribuito alla croce di Gesù: essa non è soltanto un evento all'interno della sua storia, cioè un evento economico, ma lo è anche in relazione alla vita trinitaria, ossia immanente alla Trinità. Per l'autore non si può «più pensare una Trinità sostanziale in cui non siano presenti croce e consegna»[37]. Ponendo la croce di Gesù al centro della vita trinitaria, J. Moltmann radicalizza il ruolo teologico della storia, poiché oltre la considerazione di Dio nella storia egli prospetta una storia in Dio, cosa per lui solo trinitariamente possibile.

La presente «dottrina storica della Trinità»[38] si relaziona intimamente con quanto è stato detto sul tema dell'esperienza, che, in un certo senso, la concretizza. Il Dio nella storia sarà colui che è da noi sperimentato, mentre la storia in Dio si rapporterà con l'esperienza che lui stesso fa di noi e di questo mondo. Si conferma così come la considerazione dell'esperienza possa essere un suggestivo angolo di analisi di questo nucleo peculiare della teologia trinitaria di J. Moltmann che è la «dottrina storica della Trinità».

---

[34] DC, 281-282 [DgG, 228]. Cf. NSDT, 264 [IGdG, 231]; EPT, 281 [EtD, 269].
[35] FC, 94 [ZS, 89].
[36] Cf. J. MOLTMANN, *Vasto spazio*, 239-240 [*Weiter Raum*, 191].
[37] TRD, 174 [TRG, 177].
[38] Cf. TRD, 29 [TRG, 34-35]; EPT, 284-286 [EtD, 272-274].

1.3 *Dottrina sociale della Trinità: pensare per relazioni*

L'impostazione storica del pensiero trinitario di J. Moltmann si rapporta con l'altra caratteristica decisiva della sua «teo-logia»: la «dottrina sociale della Trinità». Lo stampo sociale della sua teologia trinitaria si fonda sul presupposto che «il Nuovo Testamento parla di Dio annunciando e raccontando le relazioni di comunione aperte al mondo proprie del Padre, del Figlio e dello Spirito»[39]. Il nucleo del problema «teo-logico» non è perciò come Dio possa essere trino, ma come sia uno. Tale considerazione è tanto più importante se si considera che è partendo dalla forma plurale attraverso la quale Dio si è rivelato – e non già dall'unità della sua sostanza né dall'assolutezza della sua soggettività – che J. Moltmann arriva a quella che chiama «ermeneutica trinitaria», cioè un «pensare per relazioni e comunioni»[40].

L'ermeneutica trinitaria moltmanniana, in primo luogo, si incentra sulla rivelazione del Dio uno e trino: Dio è «Trinità aperta», in «unità pericoretica» e dinamicamente orientata verso il futuro escatologico[41]. L'unità divina, secondo J. Moltmann, è progressiva unificazione[42] e non un «cerchio chiuso in se stesso»[43]. Questa prospettiva dinamica ed escatologica dell'unità in Dio, benché sia polemica, è la diretta conseguenza «teo-logica» dell'ammissione di una storia in Dio e della preminenza della pluralità in Dio.

L'ermeneutica trinitaria non è, però, riducibile a ermeneutica della Trinità, anzi si estende alla comprensione dei rapporti Dio-uomo-mondo: «pensare per relazioni e comunioni viene elaborato a partire dalla dottrina trinitaria e affermato nel rapporto dell'uomo con Dio, con gli altri uomini e il genere umano, come pure in comunione con la creazione intera»[44]. Si radica qui uno degli aspetti tipici della sensibilità teo-

---

[39] TRD, 75 [TRG, 80].
[40] TRD, 29 [TRG, 35].
[41] Cf. TRD, 106-108.163-165.189-191 [TRG, 110-111.166-168.191-194]; NSDT, 99-103.131-144.202-208 [IGdG, 90-93.117-128.179-184]; EPT, 293-296 [EtD, 280-283].
[42] Certe correnti giudaiche hanno su questo punto un inequivocabile influsso, che J. Moltmann stesso riconosce: «In der geschichtlichen Erfahrung Gottes, in der Exilserfahrung, bedeutet das Beten des Sch'ma Israel nach Franz Rosenzweig: "Gottes Einheit bekennen – der Jude nennt es: *Gott einigen*. Denn diese Einheit, sie ist indem sie wird, sie ist Werden zur Einheit„. [...] Durch bekennendes Gebet wird die verfolgte Schechinah mit Gott und Gott mit seiner entfremdeten Schechinah vereint» (cf. TRG, 44 [TRD, 38]). Cf. FC, 105 [ZS, 99-100]; P. LAPIDE – J. MOLTMANN, *Monoteismo ebraico*, 40.
[43] DC, 298 [DgG, 242].
[44] TRD, 29 [TRG, 35].

logica di J. Moltmann che è l'apertura cosmica della sua riflessione «teologica». Profondamente influenzato dalla figura ebraica della *sch^{e}khînah*[45], egli fa sue «idee panenteistiche», dove Dio, uomo e mondo sono pensati «in modo ecologico nelle loro relazioni e inabitazioni»[46], qualcosa solo trinitariamente possibile[47]. Costituendo sempre l'orizzonte del suo sguardo teologico, la forma intrecciata in cui Dio, uomo e mondo sono pensati lo porta a collegare il discorso trinitario ai diversi ambiti dell'universo teologico e al di là del contesto strettamente teologico.

In sintesi, se la dottrina storica della Trinità rende concreto il discorso di J. Moltmann sul ruolo dell'esperienza nella configurazione del Dio tripersonale, si potrà aggiungere che la sua dottrina sociale della Trinità, con il suo atteggiamento panenteistico, concretizza quella revisione della conoscenza pratica intesa non come dominio, ma come «stupore» e «partecipazione»[48]. L'autore stesso dichiara che la «dottrina sociale della Trinità è una versione abbreviata dell'esperienza trinitaria del Dio di Gesù e della comunità (*trinitarischen Gotteserfahrung Jesu und der Gemeinde*), e per nulla una proiezione sociale»[49].

2. Teologia della Croce: dalle esperienze del Crocifisso alle figure trinitarie

La dottrina storica e sociale della Trinità, qui ripercorsa in maniera sintetica, costituisce lo sfondo teologico che permette di affrontare le modalità secondo le quali l'esperienza viene considerata nel pensiero moltmanniano. È, innanzitutto, nella storia di Gesù e, in particolare, nella storia di Gesù crocifisso e partendo dalle sue esperienze, che si riconosce

---

[45] Cf. TRD, 34-39 [TRG, 40-45]; SV, 63-68 [DGL, 60-64]; EPT, 36-43.287-289 [EtD, 40-46.275-277]; SS, 61-67 [WW, 73-79].

[46] Cf. TRD, 29.48.114-116 [TRG, 35.53.118-119]; NSDT, 206 [IGdG, 182]; SV, 43-53.244-246 [DGL, 44-51.225-227]; EPT, 53-55 [EtD, 56-57]. Cosmicità patente, ad esempio, in espressioni come: «Cristo cosmico», «Spirito cosmico»; «*sch^{e}khînah* cosmica» o «adorazione cosmica di Dio» (cf. DnC, 118-129 [GiS, 106-115]; NSDT, 123 [IGdG, 111]; EPT, 289 [EtD, 277]). La percezione che il Dio trinitario non si contrappone solo al creato ma entra pure in esso (cf. NSDT, 273 [IGdG, 239]), stimolata anche dal pensiero di Giordano Bruno (cf. NSDT, 239-250 [IGdG, 209-218]), costituirà la base del suo progressivo avvicinamento a una riflessione sulla questione dell'ecologia in chiave teologica (cf. NSDT, 117-129 [IGdG, 106-116]).

[47] Cf. GiS, 109 [DnC, 122]: «Der *Panentheismus*, nach dem Gott, der die Welt geschaffen hat, zugleich der Welt einwohnt, und umgekehrt die Welt, die er geschaffen hat, zugleich in ihm existiert, läßt sich in Wahrheit nur trinitarisch denken und darstellen».

[48] Cf. TRD, 19 [TRG, 25].

[49] NSDT, 206 [IGdG, 182].

lo sforzo di arrivare a una comprensione di Dio quanto più possibile fedele alla rivelazione[50]. Se si pone, con J. Moltmann, alla base di questo percorso la storia, si percepisce che Dio è anche soggetto di esperienza, non soltanto perché in Gesù lui sperimenta fino in fondo la condizione umana, ma perché questa sua esperienza ha un impatto effettivo sulla vita trinitaria di Dio. Le esperienze del Figlio sono per noi via d'accesso all'immanenza trinitaria non soltanto perché la rappresentano, ma soprattutto perché la connotano. Il presente paragrafo è dedicato appunto a questo dialogo fra esperienze storiche vissute da Gesù e figure trinitarie alle quali si può accedere tramite tali esperienze. In un primo momento si cerca di identificare alcune delle «facce dell'esperienza» di Gesù crocifisso. Un'attenzione particolare sarà dedicata ad aspetti testuali – come le esplicite referenze all'esperienza – e anche a quegli avvenimenti a cui l'autore, nel suo raccontare la storia di Gesù, si mostra più sensibile. In un secondo momento, si cerca di seguire il processo attraverso il quale l'autore trae le conseguenze «teo-logiche» di tali esperienze, abbozzando così le «figure» della Trinità.

2.1 Facce dell'esperienza: il Figlio crocifisso

La considerazione moltmanniana delle esperienze storiche compiute da Gesù riflette, naturalmente, la sua impostazione staurocentrica. Non certo a sorpresa, nel suo approccio di tipo narrativo alla cristologia, si possono identificare un insieme di esperienze che si condensano o si orientano verso l'evento della croce.

2.1.1 Esperienza della finitezza

L'uomo pone la questione di Dio, secondo J. Moltmann, sempre a partire dalla sua «esperienza di finitezza (*Endlichkeitserfahrung*)»[51]. Quest'esperienza, dato fondamentale della realtà umana, è anche patente nella storia del Figlio incarnato: dal battesimo di Giovanni, passando per la sottomissione alla Legge fino alla «storia di sofferenza del Servo di Dio»[52]. Credo che l'espressione «esperienza della finitezza» interpreti validamente la forma attraverso la quale J. Moltmann guarda alla storia del Figlio, anche se non la applica specificamente a Cristo. La fini-

---

[50] Cf. TRG, 81 [TRD, 76]: «Um die Trinität in der biblischen Geschichte zu begreifen, beginnen wir mit der Geschichte Jesu, des Sohnes, denn er ist der Offenbarer der Trinität».
[51] Cf. DC, 106-107 [DgG, 84-85].
[52] Cf. TRD, 77-78 [TRG, 82-83].

tezza umana da lui assunta, con le «contingenze della sua storia»[53], permette infatti di intravedere qualcosa dell'immanenza divina e di come la storia produca un impatto intratrinitario: l'«incarnazione del Figlio» nella «*contingentia mundi*» significa una «kenosi di Dio», una «autolimitazione di Dio»[54].

2.1.2 Esperienza vocazionale

Il battesimo è il momento della «chiamata messianica di Gesù», è il momento in cui lui «sperimenta (*widerfahren*) la missione particolare cui è stato chiamato»[55]. J. Moltmann, sensibile agli elementi narrativi che indicano l'inizio di un tempo nuovo[56], sottolinea come tale vocazione sperimentata – frutto della sua «autoesperienza (*Selbsterfahrung*) di Figlio»[57] – sia stata compresa e vissuta da Gesù come «rivelazione del nome paterno di Dio», come annunzio e avvento del «regno del Padre» e «regno della misericordia», come «comunicazione della figliolanza», come «comunicazione dell'adozione»[58].

2.1.3 Esperienza della sofferenza

Nel contesto di un teologare successivo ad Auschwitz, nell'opera di J. Moltmann risuona spesso l'affermazione di D. Bonhoeffer: «Soltanto un Dio che soffre può aiutarci»[59]. Per lui è chiaro che «la questione di Dio è profondamente legata all'esperienza del nostro soffrire»[60]. L'«ateismo di protesta» – quello che nasce dalla perplessità umana davanti alla sofferenza dell'innocente[61] – conferma questo legame. Tuttavia la

---

[53] Cf. DC, 110-112 [DgG, 88-89].

[54] Cf. TRD, 116-132 [TRG, 119-134].

[55] TRD, 77 [TRG, 82]. Si potrebbe qui anticipare la referenza all'esperienza dello Spirito: «In seiner Taufe durch oder vor Johannes im Jordan wird Jesus vermutlich seine besondere Geisterfahrung gehabt und durch sie seine eigene Berufung und Sendung erkannt haben» (cf. DGL, 74 [SV, 78]).

[56] Il cielo che si apre, la voce celeste che si ode, i riferimenti ai riti di intronizzazione del re di Israele e alla figura del «Servo di Dio» (cf. TRD, 76-82 [TRG, 81-87]).

[57] Cf. NSDT, 39-40 [IGdG, 37].

[58] Cf. TRD, 82-85 [TRG, 87-90].

[59] Cf. D. BONHOEFFER, *Wiederstand und Ergebung*, 534; NSDT, 87 [IGdG, 79]. K. Rahner ha polemizzato con J. Moltmann, chiedendosi se un Dio così concepito sia davvero consolatorio. J. Moltmann ha risposto riaffermando la sua posizione fondamentale in merito al legame fra compassione e passibilità divina (cf. K. RAHNER, *Im Gespräch: 1964-1977*, I, 245-246; NSDT, 191-193 [IGdG, 169-172]).

[60] NSDT, 59 [IGdG, 54]. Cf. TRD, 50-60 [TRG, 64-65].

[61] Cf. DC, 255-266 [DgG, 205-214].

croce è, per il teologo di Tubinga, l'evento che supera questa perplessità: sulla croce Dio stesso patisce, Cristo sperimenta la sofferenza innocente. La «consegna del Figlio» passa anche attraverso la «passione di Gesù», attraverso l'«esperienza del dolore (*Erfahrung des Schmerzes*)»[62].

Fra le tradizionali risposte della teologia a questo punto specifico della teodicea – «o un'impassibilità sostanziale od una sottomissione al destino della sofferenza»[63] –, J. Moltmann propone di intendere la sofferenza divina come un soffrire singolare, come una sofferenza attiva[64]: è, infatti, una sofferenza che non avviene per «mancanza d'essere», ma per «amore»[65]. È questo che lui vede affermato dal tradizionale «assioma dell'apatia» divina. L'esperienza della sofferenza sulla croce va, però, pensata fino in fondo: essa lascia un'impronta nella vita trinitaria, poiché «non riguarda soltanto l'agire redentivo di Dio all'esterno ma pure la comunione trinitaria in Dio. C'è una corrispondenza, quindi, fra sofferenza extratrinitaria e sofferenza intratrinitaria»[66]. L'esperienza della sofferenza di Gesù apre, perciò, il nostro sguardo all'intimità e alla peculiarità della vita intradivina.

2.1.4 Esperienza dell'abbandono

In linea con la sofferenza intesa come esperienza di Gesù e in Dio, J. Moltmann aborda la storia del Crocifisso anche come «esperienza di abbandono di Dio (*Erfahrung der Gottverlassenheit*)». Quest'«abbandono di Dio sperimentato da Cristo»[67] è evidente già nell'orto del Getzemani, dove Gesù, come ricorda l'autore, per la prima volta rifiuta di essere solo con il suo Dio: è lì, infatti, che chiede al suo Abbà «allontana da me questo calice» (cf. Mc 14, 36) e non viene ascoltato. Calice che, per l'autore, significa la «paura della separazione dal Padre, dell'orrore della "morte di Dio"»[68]. Abbandono patente ancora nel grido che Gesù morente rivolge a Dio quando, citando il salmo 22[69], per la

---

[62] Cf. TRD, 86-91 [TRG, 91-96]; FC, 106 [ZS, 100].

[63] TRD, 30-34 [TRG, 36-40].

[64] Il lato attivo del soffrire di Gesù è chiaro nella sua risoluzione a recarsi a Gerusalemme, consapevole che «il Figlio dell'uomo deve molto soffrire» (cf. Mc 8, 31).

[65] Cf. TRD, 32-34 [TRG, 38-40].

[66] TRD, 34 [TRG, 40].

[67] Cf. DC, 265 [DgG, 213].

[68] TRD, 87 [TRG, 92].

[69] Alla cui esegesi l'autore si è specificamente dedicato (cf. DC, 177-182 [DgG, 142-146]).

prima volta non lo chiama «Padre mio»: «Dio mio, perché mi hai abbandonato» (cf. Mc 15, 34)[70]? Interpretando tutte queste vicende della storia del Crocifisso, per J. Moltmann «sulla croce il Padre ha abbandonato il Figlio. […] Ed è proprio questa la "croce" nella crocifissione di Gesù: l'abbandono da quel Dio che egli aveva chiamato "Padre mio" e di cui si sapeva "il Figlio"»[71]. Anche «lo Spirito che è disceso su Gesù lo ha abbandonato al momento della passione»[72]. Insomma, «l'esperienza che Gesù ha fatto di Dio va interpretata come l'esperienza del Padre nascosto, assente, e che addirittura respinge»[73]. All'abbandono del Padre, il Figlio risponde, tuttavia, con l'abbandonarsi al Padre.

2.1.5 Esperienza del silenzio

Alla luce della riflessione moltmanniana, si può interpretare l'abbandono del Crocifisso come un'esperienza del silenzio di Dio, ciò «che anche i mistici hanno sperimentato come "la notte oscura dell'anima"»[74]. Devo, tuttavia, riconoscere che, al contrario di quanto ci si potrebbe aspettare[75], l'autore non si sofferma su questo punto, anzi si limita praticamente a enunciarlo. Di nuovo, lo fa in vista della portata propriamente «teo-logica» dell'esperienza del Figlio abbandonato dal Padre: «L'orribile silenzio del Padre di fronte all'orazione che sale dal Getzemani è ben più che un silenzio di morte. […] Il Padre si sottrae. Dio tace. È questa l'esperienza dell'inferno e del giudizio (*Erfahrung der Hölle und des Gerichtes*)»[76]. Pensare con J. Moltmann l'esperienza del Crocifisso in tutta la sua radicalità, porta poi ad ammettere un impatto notevole nella comunicazione e nel dialogo trinitari.

2.1.6 Esperienza della morte

La radicalizzazione delle esperienze di sofferenza e abbandono porta all'atto finale della storia del Crocifisso: la sua morte. Se la sofferenza

---

[70] Cf. TRG, 94 [TRD, 89]: «Ältere Handschriften des Markusevangeliums drücken den Verlassenheitsschrei sogar noch schärfer aus: „Warum hast du mich der Schmach ausgesetzt?" und „Warum hast du mich verflucht?"». J. Moltmann vede nella durezza di queste parole di Gesù secondo Marco, che al contrario degli altri evangelisti tende a non attenuare la loro scandalosità, un segno della loro storicità.
[71] TRD, 91 [TRG, 96].
[72] SV, 85 [DGL, 80].
[73] SV, 82 [DGL, 77].
[74] TRD, 88 [TRG, 93].
[75] Considerando il contesto storico del dopoguerra.
[76] TRD, 88 [TRG, 93]. Cf. DC, 175 [DgG, 141]; NSDT, 91-93 [IGdG, 83-84].

e l'abbandono possono essere intesi come esperienze anticipate di morte, questa è di certo il loro apice. Nella sua lettura della storia del Crocifisso, J. Moltmann, in effetti, concede più drammaticità all'abbandono sofferto da Gesù che al momento della sua morte. Tuttavia, benché l'espressione non compaia applicata propriamente a Cristo[77], si potrà affermare senz'altro che lui ha sperimentato la morte, fatto decisivo per un posizionamento specificamente cristiano nel seno del dibattito intorno al tema della «morte di Dio»[78].

La chiave storico-narrativa con cui J. Moltmann rilegge la vita e la persona di Gesù permette, insomma, che egli compaia come soggetto di esperienza. L'attenzione all'insieme delle sue esperienze aiuta, in effetti, ad avere una più profonda intelligenza della sua storia. Si potrà avere l'impressione di una certa ridondanza nel suo discorso. Infatti, parlare, per esempio, di silenzio, abbandono, sofferenza o morte sono soltanto approcci distinti a una stessa realtà: la croce. È come se la complessa ricchezza della croce non si potesse esaurire in un solo approccio. Credo perciò che l'inchiesta moltmanniana propone diverse angolature per esplorare il suo significato più autentico, attuando così un approccio di tipo sperimentale-pericoretico.

Da quanto esposto risulta, tuttavia, che diversa è la rilevanza che J. Moltmann attribuisce a ciascuna delle esperienze elencate. La differenza fra le espressioni esplicite e le altre derivate è sintomatica di tale diversità. I temi dell'abbandono e della sofferenza sono chiaramente dominanti sugli altri, e riflettono così la concentrazione staurologica-kenotica tipica del suo atteggiamento.

L'elenco qui proposto, pur non essendo esaustivo, illustra dunque la via staurocentrica dell'autore. L'indagine storica ha sempre in vista la questione: «che cosa significa la croce di Cristo per Dio stesso»[79]? Essendo la croce l'evento chiave della rivelazione dell'intimità trinitaria, non sorprende che sia precisamente alle esperienze più intimamente relazionate con la crocifissione che il teologo di Tubinga si mostri particolarmente attento e sensibile e che sottolinei costantemente la loro portata «teo-logica».

---

[77] L'espressione viene dall'autore applicata propriamente a Dio, come emerge dalle seguenti parole: «Hier wird im Verhältnis zwischen dem „Vater" und dem „Sohn" ein Tod erfahren, der mit Recht als der „ewige Tod", als „Gottestod" bezeichnet worden ist» (cf. TRG, 96 [TRD, 91]).

[78] Cf. DC, 231-241 [DgG, 184-192].

[79] DC, 233 [DgG, 185]. Cf. EPT, 279-282 [EtD, 267-269].

La riflessione sulla «storia del Figlio» non finisce sul Golgotha, ma si prolunga nella considerazione dell'«Esaltazione del Figlio» e del «Futuro del Figlio»[80]. In questi avvenimenti, però, la considerazione di Cristo come soggetto di esperienza trova un limite[81]: sono, infatti, i discepoli a vivere tali momenti come esperienze dello Spirito e come «storia della Trinità»[82].

2.2 *Figure della Trinità: Dio sulla croce e la croce in Dio*

Dall'identificazione delle esperienze fatte da Gesù nella storia si passa, con J. Moltmann, alla considerazione del loro impatto in Dio, allo scopo di cogliere fedelmente le «figure» di Dio in sé. La finalità dell'autore è pensare, in tutta la sua radicalità «teo-logica», che Gesù, il Figlio, sia stato crocifisso. Il passaggio di esperienze storiche o economiche alla sfera «teo-logica» o immanente mette in atto quegli aspetti di «fondamento» e «critica» che, nella teologia, svolge la croce. L'accettazione dei «momenti di verità del *kenotismo*» divino precede i postulati di tipo speculativo, secondo i quali sofferenza e morte non avranno posto in Dio[83]. J. Moltmann non parte, dunque, dall'esclusione previa della portata propriamente «teo-logica» di simili esperienze, anzi con esse ricostruisce le «figure» di Dio.

Al contrario delle interpretazioni puramente «monoteistiche» della storia del Figlio – che avranno in comune il presupposto che «la storia è opera di un unico soggetto [...] premessa che non ha fondamento nella storia biblica»[84] – J. Moltmann la interpreta sempre partendo dal fatto

---

[80] Cf. TRD, 95-106 [TRG, 100-110].

[81] Si potrebbe domandare all'autore perché, intendendo la risurrezione come avvenimento facente parte della «storia del Figlio», non considera le esperienze che lui fa come risorto. Diversa è la critica che gli è stata fatta di attenersi unilateralmente a un solo mistero della vita di Gesù, la crocifissione, tralasciandone altri come, ad esempio, la risurrezione. La critica, essendo pertinente, non potrà ignorare quello che ha genericamente cercato di fare J. Moltmann nei suoi «Contributi»: comprendere il complesso teologico a partire da un punto focale. L'essenziale di questo dibattito è riassunto in: M. WELKER, ed., *Diskussion über Jürgen Moltmanns Buch «Der gekreuzigte Gott»*.

[82] Si parla, ad esempio, della «manifestazione di cui Paolo fa esperienza» (cf. TRD, 98 [TRG, 103]). Infatti, si verifica, secondo J. Moltmann, un cambio di «soggetto» nella redenzione per mezzo della risurrezione, che adesso «è Dio Spirito» (cf. EPT, 286 [EtD, 273]). Egli riconosce, inoltre, come vere esperienze quelle che i discepoli hanno vissuto dopo la risurrezione, benché esperienze singolari, poiché passive e non ripetibili (cf. TRD, 96 [TRG, 100-101]).

[83] Cf. DC, 238-242 [DgG, 190-192].

[84] TRD, 75 [TRG, 80]. Annotazione che prende spunto dalla sua lettura critica della forma come K. Barth intende la «signoria divina».

che «la sua storia ha origine da una cooperazione tra Padre, Figlio e Spirito Santo»[85]. Le esperienze di Gesù crocifisso, unite alla cooperazione del Padre e dello Spirito e unite anche ai loro impatti sulla vita intratrinitaria, sveleranno le seguenti figure della Trinità.

2.2.1 Una scissione in Dio

Per J. Moltmann, il Dio crocifisso si rivela, in primo luogo, un Dio scisso: «quanto si è verificato sulla croce fu un avvenimento svoltosi fra Dio e Dio, e che si operò una profonda scissione (*Spaltung*) in Dio stesso»[86]. Alla luce delle esperienze elencate e con l'intenzione di cogliere gli avvenimenti della passione di Gesù nella loro piena radicalità «teologica», egli dichiara che «qui "Dio" viene abbandonato da "Dio"»[87], che «Dio si separa da se stesso e si sacrifica» e ancora che «sulla croce Padre e Figlio sono talmente separati l'uno dall'altro da interrompere anche le relazioni che li uniscono. Gesù morì senza Dio (*gott-los*)»[88]. J. Moltmann invoca, a questo proposito, il motto di Goethe: «*Nemo contra Deum nisi Deus ipse*»[89]. La grande ispirazione si trova, però, in Hegel, che prospetta in Dio una simile scissione[90].

Affermazioni così estreme saranno la conseguenza dell'angolo e del punto di partenza adottati, cioè la portata immanente della storia e delle esperienze del Figlio. Per l'autore, tali avvenimenti possono essere concepiti «soltanto in modo trinitario»[91], poiché un Dio così separato da se stesso o è Trinità o non sarà Dio. Essi rimandano, inoltre, al paradosso che la storia genera in Dio[92]. La scissione avvenuta sul Golgotha significa che:

---

[85] TRD, 75 [TRG, 80]. Cf. EPT, 284-286 [EtD, 272-274].

[86] DC, 286 [DgG, 231]. Cf. FC, 75-78 [ZS, 73-75].

[87] TRD, 91 [TRG, 96].

[88] TRD, 93 [TRG, 98]. Secondo alcuni, quello che distingue la teologia della croce di J. Moltmann da altre, come quella di H.U. von Balthasar, è proprio il suo proiettare le conseguenze della croce sul piano immanente o metafisico (cf. O. GONZÁLEZ DE CARDEDAL, *Cristología*, 166).

[89] Cf. J.W. VON GOETHE, *Goethes Werke*, X, 177; ZS, 73.

[90] «"Dio è morto, Dio stesso è morto": è una straordinaria terribile rappresentazione, che porta alla rappresentazione del più profondo abisso della scissione» (cf. G.W.F. HEGEL citato in P. CODA, *Il negativo e la Trinità*, 314). Per una visione di sintesi della Trinità in Hegel: J. SPLETT, *Die Trinitätslehre G.W.F. Hegels*.

[91] TRD, 95 [TRG, 99].

[92] Questa paradossalità in Dio, che la croce istaura, è paradigmaticamente patente nei temi della «sofferenza di Dio» e della «morte di Dio»: «der Sohn leidet und stirbt am Kreuz. Der Vater leidet mit ihm, aber nicht auf dieselbe Wiese. Das Paradox, daß

allora non solo il Figlio perde la propria figliolanza ma anche il Padre la propria paternità. L'amore che unifica si tramuta in una maledizione che separa: il Figlio è ancora Figlio soltanto come abbandonato, maledetto (*der Verlassene, Verfluchte*). E il Padre è ancora presente soltanto come colui che abbandona (*Verlassende*), che consegna[93].

La storia della croce del Figlio implica, in sintesi, la percezione che essa croce si trova anche «al centro della Trinità», che la sua morte è «morte in Dio»[94]. La sua drammaticità storica sarà compiutamente compresa solo se, come cerca di fare J. Moltmann, si percepisce la «tragedia» che essa è in Dio stesso[95], tragedia che mostra e, in un certo senso, radicalizza la distinzione che Dio è in se stesso. Infatti, la distinzione interna a Dio è tale da tollerare una «scissione», una separazione simile a quella avvenuta sul Golgotha. Sotto questa lettura tutte le figure di un Dio apatico, impassibile, immobile – proprie del monoteismo stretto – vengono seriamente contestate e, dall'autore, assolutamente rifiutate.

2.2.2 Azione trinitaria

Gli avvenimenti della passione di Gesù non dischiudono soltanto la visione di un «Dio scisso», ma anche, intensificando il summenzionato paradosso, la profonda sintonia dell'agire divino. Le esperienze del Crocifisso rivelano anche come Padre e Figlio siano assolutamente concordi nella loro dinamica di autodedizione: «ciò significa una profonda conformità di voleri tra il Figlio consegnato e il Padre che consegna. [...] Sulla croce, però, Padre e Figlio sono talmente uniti da esprimere un unico movimento di dedizione»[96]. Oltre l'abbandono, la croce mostra come Dio agisce in modo trinitariamente conforme: «il Padre consegna il proprio Figlio alla morte assoluta; il Figlio consegna se stesso per noi»[97].

Gott am Kreuz „tot" ist und doch nicht tot ist, läßt sich trinitarisch lösen, wenn man den einfachen Gottesbegriff zunächst draußen läßt» (cf. DgG, 188 [DC, 237]).

[93] TRD, 91 [TRG, 96].

[94] Cf. DC, 239-241 [DgG, 191-192]; TRD, 94-95 [TRG, 99]. È quest'ubicazione della sofferenza in Dio stesso che distingue la prospettiva di J. Moltmann di fronte alla posizione di K. Barth (cf. M. STEEN, «Jürgen Moltmann's critical reception», 278-311).

[95] La sua visione di una «tragedia in Dio» è anche influenzata dalla filosofia della religione russa, in particolare di N. Berdjaev (cf. TRD, 52-58 [TRG, 57-63]; NSDT, 56 [IGdG, 51]; N. BERDJAEV, *Il senso della storia*).

[96] TRD, 93 [TRG, 97-98].

[97] TRD, 95 [TRG, 99].

La concordanza tra quanto è possibile vedere nel Figlio e percepire nel Padre è assoluta ed è la caratteristica specifica dell'agire dello Spirito: «Lo Spirito è dunque l'elemento unificante nella separazione, colui che garantisce insieme il legame tra Padre e Figlio, e la loro separazione»[98]. Nell'abisso delle esperienze della croce, lo Spirito «congiunge e unisce il Figlio abbandonato con il Padre»[99].

Il problema, tuttavia, non si colloca soltanto intorno al rapporto Padre-Figlio. Cercando una visione integrale della pneumatologia, l'autore si chiede inoltre «in che modo lo Spirito fa esperienza del vivere di Gesù e del suo morire»[100]? Lo Spirito ha guidato e accompagnato Gesù, è stato suo compagno di passione e, perciò, «viene coinvolto nella sua stessa sofferenza [...]. Allora l'itinerario di passione del Figlio è al tempo stesso l'itinerario di passione dello Spirito»[101]. Figlio e Spirito agiscono, dunque, in una concorde *kenosis* progressiva.

La «scissione» non è perciò l'ultima parola sul Dio rivelato nella croce. In questa risplende anche la profonda unità tra Padre e Figlio nello Spirito, proprio nel momento della loro estrema distanza: l'abbandono e la morte. Se la separazione divina sulla croce punta verso un Dio distinto in sé, la profonda sinergia dell'agire di Padre, Figlio e Spirito conferma la loro profonda unità. La storia del Figlio mostra, perciò, un agire propriamente trinitario. Infatti, in essa si muovono concordi soggetti diversi, che dunque suppongono azioni trinitariamente differenziate, ma che si svolgono in perfetta sintonia.

2.2.3 Regno e signoria trinitaria

La dinamica trinitaria dell'agire divino che si dischiude nella storia del Figlio permette, inoltre, di interpretare il nocciolo della predicazione di Cristo: il Regno di Dio Padre. Rispondendo all'esperienza di essere chiamato a rivelare il volto paterno di Dio, del suo Regno e della signoria divina, Cristo sottomette tutto al Padre. Nella risurrezione, il Padre tutto gli sottometterà a sua volta[102]. Già in vita di Gesù, nel suo annunzio del Regno e nei gesti che lo rendono presente, si realizza un trasferimento trinitario della signoria divina e della titolarità del Regno, fatto che prolunga e conferma la già citata sintonia dell'agire divino-

---

[98] TRD, 93 [TRG, 98].
[99] TRD, 95 [TRG, 99].
[100] SV, 79 [DGL, 75].
[101] SV, 79 [DGL, 75].
[102] Cf. TRD, 104 [TRG, 108].

trinitario. La sua storia testimonia anticipatamente ciò che solo con la risurrezione si confermerà: «Il Regno di Dio passa dunque da un soggetto divino all'altro e muta così la propria figura»[103].

La dinamica trinitaria di trasferimento del soggetto del Regno, già soggiacente al suo annunzio storico, non è, nella visione di J. Moltmann, puro evento economico davanti al quale Dio rimane indifferente; al contrario, è riflesso della vita intratrinitaria e ha su di essa un influsso. La signoria divina dischiude la vita della Trinità e «non è soltanto un *opus trinitatis ad extra* ma al tempo stesso anche un *opus trinitatis ad intra*»[104]. Sono questi i suoi presupposti per sostenere, da un lato, che il Regno «non presenta alcuna struttura monoteistica [...] bensì una struttura trinitaria»[105] e, dall'altro, che il «futuro escatologico è un avvenimento intratrinitario»[106]. Partendo dal gioco pericoretico di trasferimento del Regno, il teologo di Tubinga collega l'aspettativa del Regno della gloria nella parusia a un processo nel quale Dio stesso si trova coinvolto. Sono affermazioni ardite, ma che per J. Moltmann sono conseguenza diretta dell'ammissione di una radicale esposizione di Dio alla storia e che concretizzano il modo aperto di intendere l'unità trinitaria.

2.2.4 Un Dio aperto

Se «la storia del Regno – si chiede J. Moltmann – è questa storia divina trinitariamente aperta e invitante, come comprenderemo l'unità di Dio»? E risponde: «L'unità (*Einheit*) della Trinità divina sta nell'unificazione (*Einigkeit*)»[107]. Nella storia il Figlio sperimenta una continua unità con il Padre, un'unità però non immobile, cioè, un'unità che è in divenire, che si trasforma lungo la sua vita fino a configurarsi talvolta, come si è visto, come un'unità paradossale: dalla perfetta cooperazione nell'instaurare il Regno alla strana sintonia dell'esperienza del Crocifisso abbandonato; dall'esperienza del silenzio del Padre all'esperienza della risurrezione. La storia dell'esperire del Figlio illustra, perciò, la forma dinamica, mutevole, complessa attraverso la quale l'unità

---

[103] TRD, 105 [TRG, 109].
[104] TRD, 105 [TRG, 109].
[105] TRD, 82 [TRG, 87].
[106] TRD, 103 [TRG, 107]. Cf. TRG, 108-109 [TRD, 104]: «Eschatologie ist demnach nicht nur, was in den letzten Tagen im Himmel und auf Erden geschieht, sondern was wesentlich dann in Gott selbst geschieht»; DgG, 254 [DC, 254]: «Durch das Kreuz wird die trinitarische Geschichte in Gott zwischen dem Vater und dem Sohn im Geist als eschatologische Geschichte nicht abgeschlossen, sondern erst eröffnet».
[107] TRD, 107 [TRG, 111]. Cf. EPT, 284 [EtD, 271].

divina viene «teo-logicamente» prospettata. Essa apre anche lo sguardo «teo-logico», come si è visto, a un futuro di pienezza escatologica dell'unità intratrinitaria.

«Inoltre – aggiunge l'autore – non è un'unità chiusa ma un'unificazione aperta»[108], aperta all'integrazione del creato in seno alla Trinità. Più nel dettaglio, si tratta di «un'unificazione» del creato «in questa unificazione» della Trinità, di «una comunione con Dio ma anche di una comunione in Dio»[109]. La storia trinitariamente «aperta e invitante» rinvia, dunque, a una figura di Dio nella quale «la Trinità sia talmente aperta da congiungere con sé l'intera creazione e in essa diventare un'unica cosa. L'unificazione della Trinità divina è aperta ad una creazione intera che con la stessa Trinità e nella stessa Trinità si unifica»[110]. La Trinità è, insomma, quel «vasto spazio» di vita e realizzazione del creato a cui J. Moltmann si è sempre mostrato particolarmente sensibile.

La considerazione delle esperienze storiche di Gesù, secondo l'esegesi teologica di J. Moltmann, ha confermato la loro potenzialità e suggestività teologico-trinitaria. Dall'identificazione delle esperienze di Gesù si è potuto, infatti, passare a un quadro trinitario schizzato non a partire da speculazioni astratte, ma dall'osservazione del vissuto. Nell'atteggiamento staurocentrico dell'autore, questo passaggio mostra che l'economia può essere interpretata solo trinitariamente ed esplora l'impatto intratrinitario o immanente dell'economia stessa. È un discorso che si rivolge intenzionalmente contro le visioni trinitarie di stampo monistico, delle quali la croce si dimostra esser una contestazione insormontabile. Infatti, emerge dalla lettura moltmanniana della storia del Figlio una configurazione della Trinità eminentemente dinamica, relazionale, attiva, escatologica, dove il creato e la vita umana acquisiscono un'effettiva pregnanza «teo-logica», attuando quella sua intuizione panenteistica.

Questo quadro non è – né vuole esserlo – un quadro completo. Costituisce, invece, un mosaico d'immagini diverse, coerenti tra di loro, che scaturiscono dall'attenzione teologica dedicata ad aspetti concreti della storia di Gesù. E di nuovo si potranno trovare qui i segni dello stile sperimentale del teologo di Tubinga. Le immagini o «figure» trinitarie sono il risultato diversificato con il quale l'autore sperimenta l'avvi-

---

[108] TRD, 107 [TRG, 111].
[109] TRD, 107 [TRG, 111].
[110] TRD, 107 [TRG, 111].

cinamento a un intendimento più autentico del Mistero di Dio. È come se, percependo la verità di ciascuna figura abbozzata, egli si accorgesse anche della sua insufficienza e cercasse, perciò, un'altra prospettiva che completi o corregga la precedente. Il fatto di arrivare a diverse figure trinitarie, fondate sulle esperienze storiche di Gesù è, in conclusione, l'esito caratteristico di un approccio di tipo sperimentale.

3. Storia della Trinità: dalle esperienze di Dio alle figure trinitarie

Il presente studio sul valore e sulla presenza dell'esperienza nel discorso trinitario di J. Moltmann deve ora passare dall'inchiesta sulla storia del Figlio crocifisso all'inchiesta sulla storia dei rapporti di Dio con il creato in tutta la sua ampiezza. Dichiara l'autore che:

> se finora abbiamo ricavato la nostra conoscenza della Trinità partendo dalla storia del Figlio Gesù, ora dovremo osservare la figura del Figlio nei più ampi orizzonti della storia del Dio Uno e Trino con il mondo. Altrimenti non è possibile comprendere il significato universale della storia del Figlio. La dottrina trinitaria che abbiamo illustrato presuppone – secondo l'ordine della conoscenza – la *cristologia*, perché soltanto la cristologia impone la conoscenza e il concetto del Dio Uno e Trino. Essa però, a sua volta, presuppone una *cristologia aperta*: aperta alla conoscenza della creazione del mondo ad opera del Padre di Gesù Cristo ed aperta alla conoscenza della trasfigurazione del mondo ad opera dello Spirito Santo[111].

La storia ha, quindi, in Cristo il suo centro di gravità. È alla luce del Figlio incarnato che tutto il resto viene ponderato. Tale prospettiva ribadisce la storia del Figlio come l'evento di accesso per eccellenza alla Trinità. In termini esperienziali, ciò conferma il dischiudersi di Dio, in precedenza già abbozzato, a partire dalla considerazione delle esperienze del Figlio incarnato.

Tale storia deve, però, come dichiara J. Moltmann, aprirsi all'universale rapporto di Dio con il mondo creato: «Dio fa esperienza della storia per fare storia»[112]. Quest'allargamento comporta l'inserzione della storia particolare di Gesù nello spettro della storia universale di Dio con il mondo e, conseguentemente, l'interpretazione di questa storia universale con l'ausilio della grammatica teologica del Figlio incarnato, crocifisso e risorto. Ciò significa cogliere la rilevanza universale di esperienze particolari, la portata teologica di esperienze mondane.

---

[111] TRD, 108 [TRG, 112].
[112] CFS, 93 [KKG, 80].

Il presente paragrafo, dedicato a illustrare il modo in cui J. Moltmann procede a quest'amplificazione, si svolge secondo lo schema già anteriormente adottato: 1. si procede all'identificazione di esperienze grazie alle quali i credenti si percepiscono in una storia e in un mondo dove Dio è presente; 2. si ricercano le «figure» del Dio trinitario che si dischiudono attraverso tali esperienze.

3.1 *Facce dell'esperienza: percezione storica e spaziale di Dio*

La lettura esperienziale della storia del Figlio si è concentrata sulle esperienze da lui compiute, ossia, su Gesù come soggetto di esperienza. Tuttavia il passaggio alla storia della Trinità comporta anche il passaggio alle esperienze che i credenti fanno di Dio. Essi divengono, adesso, i soggetti dell'esperienza. Come si è accennato, essi interpretano la loro storia e le loro esperienze come realtà dove Dio è coinvolto, comprendendo la storia ordinaria come realtà teologica. Partendo dall'opera di J. Moltmann, si potranno suggerire le seguenti «facce dell'esperienza» che i credenti interpreteranno come «storia della Trinità» con loro.

3.1.1 Esperienza soteriologica del creato

Si chiede J. Moltmann: «Da quale punto empirico della nostra esperienza di salvezza (*Heilserfahrung*) si dovrà partire per concludere alla Trinità immanente»[113]? Con una grande chiarezza, egli indica l'«esperienza dell'avvenimento salvifico (*Erfahrung des Heilsgeschehens*)»[114] come base della questione trinitaria.

La creazione sarà un primo «punto empirico» sperimentato dalla fede biblica come realtà salvifica. In effetti, questa fede manifesta una «concezione soteriologica dell'opera della creazione»[115] e riconosce nella creazione «la preistoria della storia della salvezza». Significa, dunque, che «la *storia* di Dio con il suo mondo ha inizio con la creazione»[116]. Per il credente, l'esperienza del creato è già avvenimento soteriologico.

Esperire il creato come salvezza si caratterizza per la tensione verso un'universalizzazione di quest'ultima. In effetti, «nell'esperienza della salvezza (*Erfahrung des Heils*) non si percepisce soltanto la "mia" o la "nostra" salvezza, bensì "la salvezza" per tutte le cose e gli uomini»[117].

---

[113] TRD, 168 [TRG, 171].
[114] TRD, 110 [TRG, 114].
[115] TRD, 110 [TRG, 114].
[116] TRD, 111 [TRG, 115].
[117] TRD, 110 [TRG, 114].

Perciò, conclude l'autore, «nell'*esperienza particolare di salvezza* (*partikularen Heilserfahrung*) si cela sempre questo *significato universale*»[118] e «il *presupposto universale* delle particolari esperienze (*besonderen Erfahrungen*) [...] ci viene espresso dal fatto che il Dio liberatore e redentore è da essi [Israele e Chiesa] creduto come il creatore di tutti»[119].

3.1.2 Esperienza della speranza

Non svincolabile dal rapporto fra creazione ed «esperienza della salvezza» è la «speranza nel compimento della salvezza»[120]. Questa punta verso una creazione «aperta al tempo, aperta al futuro mutevole»[121]. È certo che J. Moltmann non si riferisce alla «speranza messianica» in termini espliciti di esperienza. La speranza, tuttavia, viene inquadrata dall'«esperienza della salvezza» e dai riferimenti all'«esperienza dell'Esodo (*Exoduserfahrung*)» e all'«esperienza dell'Alleanza (*Bundeserfahrung*)»[122]. In effetti, tutti questi eventi proiettano la fede biblica verso un'aspettativa di plenitudine e compimento del creato e della salvezza sperimentata. In questo senso, seguendo la logica moltmanniana e non solo il suo vocabolario, si potrebbe dire che la Sacra Scrittura testimonia addirittura un'effettiva «esperienza della speranza», nella misura in cui, nell'Antico Testamento, si parla di un popolo che sperimenta la profonda convinzione che «Dio stesso abiterà nel "suo mondo"»[123] e che, pertanto, vive animato da tale speranza.

3.1.3 Esperienza di salvezza in Cristo

Se le due esperienze finora identificate sono trasversali ai due Testamenti, la «nuova esperienza di salvezza in Cristo (*neue Erfahrung des Heils in Christus*)»[124] significa un salto qualitativo che intensifica e reinterpreta sia il comprendersi creato, sia le esperienze di salvezza e speranza. Difatti, «l'esperienza cristiana di salvezza e la sua speranza di redenzione condizionano la fede cristiana della creazione», poiché se Cristo è il fondamento della salvezza del creato «egli è pure il

---

[118] TRD, 110 [TRG, 114].
[119] TRD, 111 [TRG, 114].
[120] Cf. TRD, 110-111 [TRG, 114-115}.
[121] TRD, 111 [TRG, 115].
[122] Cf. TRD, 111-116 [TRG, 115-119].
[123] TRD, 113 [TRG, 116].
[124] TRD, 113 [TRG, 117].

fondamento dell'esistenza della creazione» e «il fine della creazione intera» e lo sarà, inoltre, «fin dall'eternità»[125].

In questo nuovo modo di esperire la salvezza e la speranza nel suo compimento, Cristo appare come il «mediatore della creazione»[126]. Due sono, di accordo con J. Moltmann, le conseguenze della sua mediazione: i. con la dilatazione dell'esperienza di salvezza questa dovrà includere tutte le cose in una speranza di tipo inclusivo[127]; ii. origina una «dottrina della creazione tipicamente "cristiana"», che «potrà essere compresa soltanto in termini trinitari»[128].

3.1.4 Esperienza dello Spirito

A nessun'altra forma di esperienza J. Moltmann si è tanto dedicato come alla considerazione dell'«esperienza dello Spirito (*Erfahrung des Geistes*)». Oltre alle preziose indicazioni in *Trinität und Reich Gottes*, la sua «pneumatologia integrale» – *Der Geist des Lebens* – è, in sintesi, una lunga riflessione teologica sull'«esperienza dello Spirito»[129]. Questa è «una percezione di Dio nella e con l'esperienza del nostro vivere, quella che ci rende certi di godere della comunione, dell'amicizia e dell'amore di Dio»[130].

L'«esperienza dello Spirito» può, quindi, essere descritta come la percezione storica di una presenza divina. Difatti, essa è «esperienza storica dello Spirito (*Geschichtliche Erfahrung des Geistes*)»[131], poiché

---

[125] Cf. TRD, 113 [TRG, 117]; DnC, 118-120 [GiS, 106-107].

[126] Cf. TRD, 113-116 [TRG, 117-119].

[127] Cf. TRG, 118 [TRD, 114]: «Durch die Schöpfungsmittlerschaft Christi wird auf der einen Seite das durch ihn offenbarte und erfahrene Heil nicht nur auf die Gläubigen, nicht nur auf die Menschen, sondern auf die ganze Wirklichkeit bezogen. [...] Die Ausweitung der Heilserfahrung auf die ganze Existenz und auf „alle Dinge" ist notwendig, weil Heil erfahren wurde. Sie ist befreiend, weil sie alle Dinge einschließt und sie in einer inklusiven Hoffnung annimmt».

[128] TRD, 115 [TRG, 118].

[129] Cf. DGL, 11 [SV, 7]: «Das theologische Verständnis Gottes des Heiligen Geistes ist aber nur der eine Zugang zu diesem Buch, der andere Zugang liegt in der Erfahrung des bejahten und geliebten Lebens. Solche Erfahrungen sind der äußere Anlaß zu diesem Buch». Converrà, tuttavia, sottolineare che per l'autore parlare di «Spirito Santo» o parlare di «Spirito» non sono esattamente la stessa cosa. Egli teme, infatti, che con l'aggettivo «santo» si abbia la falsa idea di un ente «estraneo e lontano dal nostro vivere» (cf. SV, 5-6 [DGL, 9-10]). Ciò nonostante impiega anche l'espressione «Erfahrung des Heiligen Geistes» (cf. TRG, 118 [TRD, 115]).

[130] SV, 31 [DGL, 31].

[131] Titolo del capitolo in cui J. Moltmann approfondisce la particolare esperienza che dello Spirito di Dio ha fatto Israele (cf. SV, 54-74 [DGL, 52-70]).

capita sempre «all'interno della storia, mediante eventi storici e in percezione temporale»[132]. Con la considerazione storica dell'esperienza dello Spirito, l'autore desidera inoltre «cogliere adeguatamente la situazione intermedia di ogni *esperienza storica* situata com'è tra il passato del ricordo e il futuro dell'attesa»[133].

È, però, la presenza di Dio in questa storia che costituisce il nucleo dell'esperienza dello Spirito. In effetti, essa è il fondamento decisivo delle menzionate idee panenteistiche di J. Moltmann, alla luce delle quali egli coglie una «presenza» o «inabitazione» divina nel mondo, una «trascendenza immanente»[134]. Essa era già osservabile nella storia di Israele, dove lo Spirito appare come «forza vitale», come «presenza di Dio in mezzo al Suo popolo» e dove si testimoniano «aspettative messianiche dello Spirito»[135]. Anche gli scritti neotestamentari, oltre le esperienze di salvezza e speranza in Cristo, attestano «pure l'esperienza dello Spirito Santo e la speranza nella *trasfigurazione del mondo*» e confermano come «nell'esperienza dello Spirito si sperimenta una nuova presenza di Dio»[136].

Questa percezione storica della presenza di Dio nel suo Spirito può essere constatata secondo forme distinte di esperienza[137]:

i. «Autoesperienza (Selbsterfahrung)» – l'esperienza di sé diventa il primo luogo dell'incontro con lo Spirito divino. «Se finora la presenza di Dio veniva sperimentata soltanto nel Tempio, nella liturgia e nel giorno del Signore, adesso gli stessi uomini, nel loro corpo, sono tempio dello Spirito Santo»[138]. Questo passaggio corrisponde al transito da un'esperienza indiretta a un'esperienza diretta di Dio[139];

---

[132] SV, 54 [DGL, 52].
[133] SV, 31 [DGL, 31].
[134] Cf. SV, 46-53 [DGL, 44-51]; SS, 124-127 [WW, 141-144].
[135] Cf. SV, 54-74 [DGL, 52-70].
[136] TRD, 115 [TRG, 119].
[137] Cf. SV, 46-53 [DGL, 44-51]. In *Gott in der Schöpfung*, J. Moltmann presenta invece l'esperienza dello Spirito Santo in quattro forme: i. esperienza della forza del Creatore; ii. esperienza della comunità; iii. esperienza dell'individuazione; iv. esperienza della speranza nel futuro della nuova creazione (cf. DnC, 124 [GiS, 111]).
[138] TRD, 115-116 [TRG, 119]. Cf. DGL, 15 [SV, 13]: «Menschen erfahren den Heiligen Geist nicht nur äußerlich in ihrer Kirchengemeinschaft, sondern viel mehr innerlich in ihrer Selbsterfahrung».
[139] Cf. EtD, 48 [EPT, 45]: «Das [alttestamentlichen Verheißungen und Erwartung der universale Erkenntnis Gottes] führt im geschichtlichen Gottesglauben zu der Hoffnung, Gottes Gegenwart nicht nur vermittelt aus der Erinnerung der Verheißungsgeschichte, sondern unmittelbar zu erfahren und also vom *Glauben auf das Wort hin* zur ewigen *Gottesschau* zu gelangen. Das aber setzt wiederum eine nicht

ii. «Esperienza-del-tu (Du-Erfahrung)» ed «esperienza di comunione (Gemeinschafsterfahrung)» – l'esperienza dello Spirito si declina anche nella comunità come luogo dell'esperienza di Dio: «*Dio come amore* [...] viene sperimentato nella comunità di fratelli e sorelle mediante la reciproca assunzione e partecipazione»[140]; o ancora l'esperienza dello Spirito si colloca «nell'esperienza di comunione che gli uomini fanno insieme a tutte le altre creature di Dio»[141]. Difatti, «l'*esperienza dello Spirito di Dio (Erfahrung des Geistes Gottes*) non si esaurisce nell'autoesperienza del soggetto umano, ma è anche un elemento costitutivo dell'esperienza-del-tu, dell'esperienza di comunione»[142]. Di nuovo, ricorre con forza nelle parole di J. Moltmann l'idea dell'esperienza dello Spirito come inabitazione divina, per mezzo della quale anche le «comunità sono fin d'ora "trasfigurate" nel loro corpo»[143] in tempi dello Spirito (Cf. 1Cor 6, 19), in una «nuova presenza di Dio»;

iii. «Esperienza della natura (Erfahrung der Natur)» – il versante esterno dell'esperienza dello Spirito trova luogo, evidentemente, nella comunità ecclesiale[144], ma si apre pure alla «scoperta dell'ampiezza cosmica dello Spirito di Dio», poiché «l'esperienza di comunione dello Spirito porta inevitabilmente la cristianità a trascendersi verso la più ampia comunione di tutte le creature di Dio»[145]. Nello Spirito «si fa esperienza di una nuova presenza di Dio nella creazione»[146]. Quest'atteggiamento, una specie di variazione pneumatologica dell'esperienza del creato, permette a J. Moltmann di vedere «lo Spirito Santo come la forza e la vita dell'intero creato»[147] che costruisce una nuova ecologia della natura, un'«adorazione cosmica di Dio»[148].

---

mehr nur geschichtliche, sondern eschatologische, die Geschichte im doppelten Sin des Wortes „aufhebende", Gottespräsenz voraus».

[140] TRD, 172 [TRG, 175].
[141] SV, 251 [DGL, 232].
[142] SV, 49-50 [DGL, 48]. Cf. TRD, 100-102 [TRG, 104-106].
[143] TRD, 116 [TRG, 119].
[144] Cf. CFS, 77-95 [KKG, 66-82]; SV, 12-13 [DGL, 14-15].
[145] SV, 21 [DGL, 23]. J. Moltmann, in effetti, ribadisce che la parola divina è sempre legata allo Spirito, ma lo Spirito non è per forza legato a tale parola (cf. SV, 11-14 [DGL, 13-16]).
[146] DnC, 120 [GiS, 107].
[147] SV, 31 [DGL, 31]. Parole con cui l'autore sintetizza il secondo dei suoi *Beiträge: Gott in der Schöpfung*.
[148] Cf. NSDT, 123 [IGdG, 111].

L'«esperienza cristiana dello Spirito» intensifica, perciò, la presenza divina e conferma l'attesa veterotestamentaria di una «presenza eterna di Dio» – «universale, totale, permanente e diretta»[149] – poiché Dio non si pone più soltanto come creatore, ma nello Spirito abita tutto il creato[150]. Penso che sia valorizzando quest'aspetto che si debba interpretare l'affermazione che l'«esperienza dello Spirito Santo [...] è sempre un'esperienza fisica (*leibliche Erfahrung*)»[151].

Quest'abitazione è già inizio della trasformazione sperata[152]: «*Dio nel mondo* e il *mondo in Dio* è appunto ciò che s'intende quando si afferma la trasfigurazione del mondo a opera dello Spirito. È questa la *patria della Trinità*»[153]. L'esperienza cristiana dello Spirito è, insomma, attualizzazione di Cristo e anticipazione della ri-creazione, memoria che lo rende presente e aspettativa del suo futuro, risonanza di Gesù e preludio del suo Regno. Nell'esperienza dello Spirito «trascendiamo il presente verso il futuro di Dio»[154].

Il presente mosaico plurale di esperienze riflette ciò che si viene qui denominando come uno stile sperimentale. Di nuovo, l'elenco non è esaustivo né esente da sovrapposizioni. L'obiettivo rimane, tuttavia, sperimentare approcci teologici diversi e complementari alla storia del mondo, che i credenti percepiscono come «storia di Dio» con loro.

L'elenco di esperienze costituisce la forma vitale secondo la quale il Dio creduto è riconosciuto avente dimora fra gli uomini. Infatti, i credenti partono da questi eventi particolari e ordinari del vivere umano[155], che, per via dell'inabitazione divina, hanno per loro un significato salvifico e universale. Salvezza e universalità sono già presenti, ma dinamicamente orientate verso una pienezza escatologica. I due aspetti fondamentali del modo in cui J. Moltmann prospetta queste «facce dell'esperienza nella storia della Trinità» sono poi: i. l'inabitazione o presenza

---

[149] Note con cui l'autore riassume l'esperienza di Dio attesa dal popolo ebraico con la venuta dello Spirito (cf. SV, 74 [DGL, 70]).

[150] Cf. TRD, 125 [TRG, 128].

[151] TRD, 137 [TRG, 140]. Lo stesso aggettivo «*leiblich*» è usato a proposito della risurrezione di Cristo (cf. TRD, 134-136 [TRG, 137-139]).

[152] Uno degli aspetti dell'agire dello Spirito messo in evidenza dall'autore.

[153] TRD, 116 [TRG, 119]. Cf. DnC, 120-122 [GiS, 107-109].

[154] TRD, 232 [TRG, 234].

[155] Cf. DGL, 49 [SV, 51]: «Jede Erfahrung eines Geschöpfes des Geistes ist darum auch eine Erfahrung des Geistes selbst».

divina; ii. un passaggio di tipo inclusivo[156] dal particolare all'universale, dalla creazione alla ricreazione, dal religioso al cosmico, dallo storico all'escatologico, dalla cristologia alla pneumatologia, dalla speranza alla salvezza e dalla salvezza alla speranza.

3.2 *Figure della Trinità: reciprocità kairologica e pericoresi trinitaria*

Partire dalla multiforme esperienza di Dio nella storia è un modo esistenziale di riflettere su quello che la fede intende essere: una relazione vitale con Dio. Questa relazione procede, secondo J. Moltmann, dal presupposto della «reciprocità (*Welchselseitigkeit*)» o «rapporto di reciprocità (*Wechselverhältnis*)»[157], cioè, dalla percezione che «ogni deteminazione vitale e vitalizzante dall'altro si fonda su un'autodeterminazione e su di essa si ripercuote»[158]. In ambito trinitario, si tratta concretamente di cogliere non soltanto il significato di Dio per il mondo – tradizionalmente espresso con la dottrina delle *opera trinitatis ad extra* – ma ancora il significato del mondo per Dio, in interazione fra «*actio e passio*» divine[159]. Perciò «il nostro intendimento – dichiara J. Moltmann – è quello di analizzare queste interazioni approfondendo in tutte le *opera trinitatis ad extra* [...] le relative *opera trinitatis ad intra*»[160]. È alla luce di questa reciprocità che si cercherà adesso, a somiglianza di quanto si è fatto anteriormente, di fare emergere ciò che le elencate «facce dell'esperienza» dischiudono della Trinità e quanto influiscono sulle sue «figure».

3.2.1 Creazione del Padre

Come si è visto, l'esperienza biblica e credente comprende il creato come un evento primordiale e assolutamente gratuito, soteriologico e tensionalmente orientato verso la speranza di una pienezza già percettibile, ma non ancora compiuta. L'esperienza della salvezza in Cristo percepisce quest'ultimo come mediatore del creato. L'esperienza dello Spirito fa capire ai credenti che Dio abita il mondo e che la salvezza sperimentata nel mondo e nella storia è proprio lo Spirito divino che li

---

[156] Cf. TRD, 114-116 [TRG, 118-119].
[157] Cf. TRD, 109.174 [TRG, 113.177].
[158] TRD, 109 [TRG, 113].
[159] Cf. TRG, 114 [TRD, 110]: «Wie Gott durch sein Handeln aus sich herausgeht und seine Welt prägt, so prägt seine Welt durch ihre Reaktionen, Aberrationen und Eigeninitiativen auch ihn: gewiß nicht auf die gleiche Weise, doch ohne Zweifel auf ihre Weise».
[160] TRD, 109 [TRG, 113].

inabita. Allora, «quale figura intratrinitaria – si interroga J. Moltmann – possiamo ricavare dalla creazione del mondo da Dio in Dio»[161]?

La sua risposta sembra oscillare fra l'attribuzione dell'atto creativo propriamente alla persona del Padre – e non appropriatamente[162] – e l'affermazione che le tre Persone divine, ciascuna «a suo modo ma anche in egual misura, partecipano all'atto creatore»[163]. Secondo la proposta moltmanniana, c'è una certa precedenza della creazione come opera del Padre, ossia «la creazione è un prodotto dell'amore del Padre, opera poi ascritta all'intera Trinità»[164]. La «figura intratrinitaria» patente a partire dall'esperienza del creato viene descritta secondo una logica triadica e trinitaria: i. il Padre crea per amore al Figlio; ii. il Padre crea attraverso il Figlio; iii. il Padre crea in virtù dello Spirito[165]. Pertanto, il Padre è sempre l'agente creatore perché «nella creazione ogni attività viene dal Padre»[166]. In tal senso si parla di «creazione del Padre»[167].

Per Padre, però, non si intende un «"Padre universale" al pari di *Zeus*», ma «il Padre di Gesù». Non si tratta di una «raffigurazione di tipo cosmologico o politico-religioso», ma di «un concetto teologico e più precisamente trinitario»[168]. Inoltre, sia il Figlio sia lo Spirito sono implicati nel gesto creativo del Padre, il primo come mediatore, il secondo come artefice del rapporto Creatore-creato. È attraverso questo legame che, a mio parere, il passaggio dalla «creazione del Padre» alla

---

[161] TRD, 124 [TRG, 127].
[162] Cf. TRD, 124 [TRG, 127].
[163] TRD, 125 [TRG, 129].
[164] TRD, 124 [TRG, 127].
[165] Cf. TRD, 124-126 [TRG, 127-129].
[166] TRD, 125 [TRG, 128].
[167] Cf. TRD, 116-126 [TRG, 119-129].
[168] J. Moltmann si mostra spesso sensibile alla necessità di contestare le forme «puramente monoteistiche» di intendere la persona del Padre. A tali interpretazioni imputa sia la reazione ateistica sia la costruzione di schemi di potere patriarcale, maschile, imperiale-assolutistico. Il vero senso cristiano di «Abbà-Padre» è trinitario e relazionale, che punta verso una «paternità non patriarcale». L'autore cerca così di accogliere e rispondere alle perplessità sollevate dalla critica femminista della religione – Dio Padre e Signore come proiezione del potere maschile – e affronta la questione dei ruoli sessuali all'interno della Trinità (cf. TRD, 176-180 [TRG, 179-183]; NSDT, 12-16.25-58 [IGdG, 14-17.25-53]). Tra le esponenti della teologia femminista, ricordo: M. DALY, *Beyond God the Father. Toward a Philosophy of Women's Liberation*; C. KELLER, *Der Ich-Wahn. Abkehr von einem lebensfeindlichen Ideal*; S. MCFAGUE, *Models of God. Theology for an Ecological, Nuclear Age*; P. WILSON-KASTNER, *Faith, Feminism and the Christ*; C. HEYWARD, *The Redemption of God. A Theology of Mutual Relation*.

«creazione trinitaria»[169] non si trasforma in una contraddizione. «Creazione del Padre» è sempre un'espressione trinitaria che permette all'autore di configurare una determinata «figura intratrinitaria» di Dio. Infatti, la creazione è resa possibile da dinamismi intratrinitari:

> il Padre mediante una modificazione del suo amore per il Figlio, cioè mediante una contrazione dello Spirito, e il Figlio mediante una modificazione della sua risposta d'amore al Padre, cioè mediante un'inversione dello Spirito, hanno aperto lo spazio (*Raum*), il tempo e la libertà per quell'«esterno» nel quale il Padre si manifesta creativamente per mezzo del Figlio. Ma per Dio stesso ciò significa un'estrinsecazione, cioè un'autodeterminazione in vista di un'autolimitazione. Il tempo è una pausa dell'eternità, la finitudine è uno spazio nell'infinità, e la libertà è la compiacenza dell'amore eterno. Dio si riassume per uscire da se stesso. [...] Appunto in questa alleanza eterna della Trinità con la creazione e glorificazione il Padre, il Figlio e lo Spirito si autodeterminano. È il luogo in cui avviene quell'autolimitazione che rende possibile la creazione e la libertà di un'immagine di Dio non divina in Dio stesso[170].

Allora, quanto accade nel creato e con il creare rispecchia qualcosa della vita di Dio in sé. Se il creato si sperimenta inabitato da Dio, sarà perché si trova nello «spazio» di un Dio che è Trinità. Se si sperimenta libero, sarà perché Dio in sé trinitariamente si «modifica», si «contrae», si «riassume», si «autolimita». Se si sperimenta amato, sarà perché in sé Dio sarà amore fra Padre, Figlio e Spirito. Perciò Dio Padre viene compreso come colui che «crea il mondo in virtù del suo amore eterno per il Figlio»[171] e si intende Dio «come l'amore che fin dall'eternità si comunica», Dio che fin dall'eternità «non ha voluto soltanto se stesso ma anche il mondo»[172].

L'esperienza della creazione viene, perciò, inserita nella dinamica trinitaria, solo alla luce della quale può essere veramente interpretata. Questo, allora, significa che l'esperienza della creazione ci svela qualcosa del Mistero dell'intimità trinitaria.

3.2.2 Incarnazione del Figlio

Al riconoscimento della singolare presenza di Dio sperimentata in Cristo corrisponde, secondo la proposta di J. Moltmann, la questione di

---

[169] Cf. TRD, 124-126 [TRG, 127-129].
[170] TRD, 123 [TRG, 126].
[171] TRD, 124 [TRG, 127].
[172] TRD, 119 [TRG, 122-123].

sapere «se l'incarnazione del Figlio propriamente sia un atto rivolto all'esterno, o se ad esso non corrisponda un processo intratrinitario»[173]. Ritorna, dunque, sia il problema della «figura» trinitaria derivante da quanto è sperimentato dai cristiani, sia la percezione dell'impatto *ad intra* delle opere trinitarie *ad extra*.

Anche in questo particolare si mantiene la tensione fra l'incarnazione intesa come gesto proprio del Figlio e, contemporaneamente, come evento trinitario. È ovviamente il Figlio che si incarna. Tuttavia non è meno vero che «nell'incarnazione del Figlio, il Dio Uno e Trino si comunica interamente»[174]. Questo sarà l'aspetto più significativo della Trinità sperimentata a partire dall'incontro con il Figlio fatto uomo: «Nell'incarnazione del Figlio la *Trinità* si apre: il Padre del Figlio diventa Padre del nuovo genere umano, libero e solidale. In virtù della fratellanza del Figlio, i figli di Dio entrano nelle relazioni trinitarie del Figlio, del Padre e dello Spirito»[175].

Quest'apertura non sarà altro che una conseguenza «teo-logica» di quel «salto qualitativo» nella presenza salvifica di Dio sperimentata in Cristo. Infatti, poiché permette di capire come l'incarnazione non sia riducibile alla guarigione dal peccato, ma si inserisca nel processo creativo che così arriva a compimento[176], essa permette anche di vedere come da Cristo in poi il mondo sia inserito nelle relazioni fra le Persone divine. Il «Figlio unigenito» è ormai definitivamente «fratello primogenito», pertanto la figliolanza divina intratrinitaria non potrà mai avvenire a margine dell'umanità pienamente assunta, così come la vera umanità non sarà più comprensibile al di fuori della «conformazione»[177] al Verbo di Dio incarnato.

La sequenza creazione-incarnazione si presenta anche come un continuo coerente e crescente di «autoumiliazione», «autolimitazione» o «autoalienazione» di Dio. Se tali elementi erano già patenti nel creare, la «*kenosi* di Dio» trova comunque nell'incarnazione – e, conseguentemente, sulla croce – il suo apice. Sotto questa luce si percepisce qualcosa dell'immanenza trinitaria, ossia che «l'incarnazione all'esterno presuppone l'autoumiliazione all'interno»[178]. Questo è sempre l'angolo privilegiato di J. Moltmann: il passaggio dall'economia all'immanenza, sia

---

[173] TRD, 130 [TRG, 133].
[174] TRD, 133 [TRG, 136].
[175] TRD, 134 [TRG, 137].
[176] Cf. TRD, 126-130 [TRG, 129-133].
[177] Cf. TRD, 133 [TRG, 136].
[178] TRD, 131 [TRG, 134].

cercando l'impatto intradivino della storia, sia sostenendo che quanto capita nella storia solo per una determinata dinamica intradivina e, più specificamente, intratrinitaria diventerà comprensibile.

La *kenosi* storica di Cristo è anche l'evento vertice che ci permette di capire come tale autoumiliazione esprime e connota una «figura» trinitaria: «l'amore del Padre che genera il Figlio è dunque aperto anche alle altre risposte che vengono dalle creature che si conformano al Figlio. [...] Quell'*amore paterno che genera* il Figlio fin dall'eternità diventa quindi *amore creativo*»[179].

L'esperienza di salvezza in Cristo ci progetta, quindi, secondo l'impostazione moltmanniana, verso una «figura» aperta e *kenotica* della Trinità. L'amore trinitario è, quindi, inclusivo del creato e, conseguentemente, è un amore che sempre si autolimita, affinché l'altro sia, intendendo quest'altro non solo l'uomo e la creazione intera, ma l'altro in Dio stesso.

3.2.3 Trasformazione dello Spirito

Nella multiforme esperienza dello Spirito «sperimentiamo Dio stesso: lo Spirito del Padre che ci congiunge con il Figlio, lo Spirito del Figlio che ci è dato dal Padre, lo Spirito che per mezzo di noi glorifica il Figlio e il Padre»[180]. Infatti, a partire dalla risurrezione di Cristo e dalla conseguente esperienza dello Spirito, si dovrà, secondo J. Moltmann, «parlare dello Spirito in modo trinitario»[181]. Lo Spirito sorge come l'agente della «trasfigurazione» o «mutamento» del Crocifisso umiliato nel Signore risorto a gloria del Padre. Egli è l'agente della risurrezione, trasfigurazione, mutamento e glorificazione di Cristo, eventi cristianamente interpretati in «termini escatologici» e nei quali il teologo di Tubinga vede l'inizio dell'«effusione universale dello Spirito Santo». L'esperienza dello Spirito ci conduce, dunque, alla percezione di un'anticipazione del «futuro del mondo», della «gloria futura che riempie i tempi»[182]. Ricorre, allora, la tipica domanda moltmanniana: «quale figura della Trinità ci si manifesta nell'opera dello Spirito Santo»[183]?

Tale «figura» è in realtà duplice: nell'effusione, lo Spirito viene dal Padre per mezzo del Figlio, mentre nella glorificazione «la lode e l'uni-

---

[179] TRD, 181 [TRG, 184].
[180] TRD, 184 [TRG, 186].
[181] TRD, 135 [TRG, 138].
[182] Cf. TRD, 136-137 [TRG, 139-140].
[183] TRD, 139 [TRG, 142].

tà vengono *dallo Spirito per mezzo del Figlio al Padre*»[184]. Sulla base della prima immagine lo Spirito è passivo, mentre nella seconda egli è agente attivo. Nel «primo ordine la Trinità divina si apre alla missione dello Spirito», nel secondo, invece, «il movimento è inverso: nella trasfigurazione del mondo ad opera dello Spirito gli uomini si volgono a Dio e, mossi dallo Spirito, giungono, per mezzo del Cristo, Figlio, al Padre»[185]. Nel primo aspetto di questa «figura» trinitaria si riconosce un *opus ad extra*, benché preceduto «da quei mutamenti interni alla Trinità divina che rendono possibile il movimento»[186], mentre nel secondo traspare piuttosto un *opus ad intra*.

L'autore, oltre a postulare una «figura» plurale e dinamica della Trinità[187], relaziona l'esperienza dello Spirito con il tema teologico della personalità dello Spirito. Critico rispetto alle forme secondo le quali lo Spirito appare come un'aggiunta e nelle quali svolge solamente un ruolo strumentale di unità tra Padre e Figlio[188], J. Moltmann si propone di sviluppare una «pneumatologia trinitaria» facendo «leva sull'esperienza»[189]. Secondo tale proposta, la personalità dello Spirito è confermata nell'esperienza delle «*forme kenotiche* che lo Spirito assume [...] che presuppongono la personalità dello Spirito come loro soggetto»[190]. Queste forme, intese non solo in una prospettiva storica, ma anche intradivina, dischiudo perciò la «peculiare personalità» dello Spirito, la «personalità fluente dello Spirito divino»[191].

3.2.4 Unità pericoretica

Essendo partito dalla tripersonalità divina come dato biblico di base, il tema dell'unità acquisisce nell'opera moltmanniana una grande

---

[184] TRD, 139 [TRG, 142].
[185] TRD, 140 [TRG, 142].
[186] TRD, 140 [TRG, 143].
[187] Cf. TRD, 187-188 [TRG, 190].
[188] Forme che sembrano non riuscire a garantire sufficientemente la personalità dello Spirito Santo. L'autore si riferisce esplicitamente alle pneumatologie «binarie» di H. Berkhof – «pneumatologia modalista» – e H. Mühlen (cf. TRD, 182-184 [TRG, 185-187]; SV, 22-27 [DGL, 23-28]; H. BERKHOF, *Theologie des Heiligen Geistes*; H. MÜHLEN, *Der Heilige Geist als Person*).
[189] Cf. SV, 27 [DGL, 28]. A differenza del tema della personalità dello Spirito non mi pare che il modo in cui l'autore abborda il problema ecumenico del *Filioque* abbia una relazione diretta con la tematica dell'esperienza (cf. TRD, 191-201 [TRG, 194-203]; SV, 347-350 [DGL, 320-323]).
[190] SV, 24, [DGL, 25].
[191] Cf. SV, 24-26.304-346 [DGL, 25-26.281-320].

importanza. Quest'unità si presenta, come si è detto all'inizio del capitolo, come «unità pericoretica» dinamicamente orientata verso il futuro escatologico[192]. L'unità di Dio sta in un divenire uno. È questa forma di unità che, secondo J. Moltmann, corrisponde al modo biblico di affrontare il problema, mentre un'interpretazione di tipo metafisico ci spingerebbe verso una concezione sostanzialista o soggettivistica dell'unità di Dio[193].

Facendo corrispondere l'agire divino differenziato nella storia con un'effettiva distinzione immanente in Dio, la teologia di J. Moltmann permette di collegare la multiforme esperienza di Dio con il suo modo pericoretico di pensare l'unità. È proprio J. Moltmann a sostenere che soltanto «la dottrina delle manifestazioni della pericoresi della vita divina [...] risponde dossologicamente alla "glorificazione dello Spirito" nell'esperienza della salvezza (*Erfahrung des Heils*)»[194]. Situare l'unità del Dio Uno e Trino proprio nel «circuito della vita eterna divina (*Kreislauf des ewigen göttlichen Lebens*)» – espressione con cui definisce «pericoresi» – è un modo teologico di rispondere all'esperienza multiforme di Dio. Ciò significa, infatti, prendere le diverse manifestazioni divine sperimentate come spunto di riflessione sullo «circuito eterno della vita divina».

La «figura» dell'unità trinitaria presenta, allora, una triplice prospettiva: i. rispetto alla costituzione della Trinità, il Padre è «principio senza principio», piano in cui l'unità monarchica del Padre è ammessa; ii. rispetto alla vita interiore della Trinità, le tre Persone rappresentano pericoreticamente l'unità, che però J. Moltmann vede concentrata nel Figlio; iii. rispetto all'escatologica unificazione della Trinità, la comunanza unificante per la gloria eterna viene dallo Spirito[195]. Perciò, l'autore può concludere che:

> l'unità della Trinità è costituita dal Padre, è concentrata nel Figlio e illuminata attraverso lo Spirito Santo [...]. Nella storia ed esperienza della salvezza (*Erfahrung des Heils*), quella che prima si percepisce è questa illuminazione mediante lo Spirito. [...] Si riconosce allora l'unificazione pericoretica del Dio Uno e Trino (*die perichoretische Einigkeit des dreieinigen Gottes in der Heilsgeschichte*) nella storia della salvezza, ed ivi questa sto-

---

[192] Cf. TRD, 163-165.188-191 [TRG, 166-168.191-194]; NSDT, 99-103.131-144.202-208 [IGdG, 90-93.117-128.179-184]; EPT, 293-296 [EtD, 280-283]; FC, 101-105 [ZS, 96-100].
[193] Cf. TRD, 163-165 [TRG, 166-168].
[194] TRD, 190 [TRG, 193].
[195] Cf. TRD, 191 [TRG, 194].

ria la si delinea pure. Infine viene riconosciuta la monarchia del Padre nella Trinità, perché tutto nella storia della salvezza viene da Lui ed a Lui tende[196].

La «figura» della vita intratrinitaria deriva, quindi, dalla composizione di diverse «figure» della Trinità. L'immagine teologica che si ha dell'immanenza divina risulta dalla combinazione di queste diverse prospettive trinitarie, secondo diversi angoli di analisi. Il quadro complessivo della Trinità sorge, infine, dalla pericoresi fra queste «figure». La nozione di pericoresi, oltre che descrivere il modo storico-escatologico con cui l'unità trinitaria è pensata, sta proprio alla base dell'immagine dinamica e aperta che J. Moltmann ha della Trinità.

La forma «comunicabile, aperta, invitante, capace d'integrazione»[197] con cui l'unità viene prospettata e che suggerisce un Dio «spazioso, accogliente, abitabile»[198], nonostante sia teologicamente seducente, porta, tuttavia, al sospetto di un Dio dipendente della consumazione del creato per consumare se stesso come uno. La tensione escatologica della storia trasferita all'immanenza trinitaria rischia di rendere Dio dipendente dal divenire storico[199]. Questa è, tuttavia, proprio la specificità della teologia moltmanniana, che cerca non soltanto la presenza di Dio nella storia ma anche l'impatto della storia in Dio. J. Moltmann dichiara inoltre che «l'*unificazione* della Tri-Unità è già implicita nella *comunione* di Padre, Figlio e Spirito»[200], ossia che si ammette un'unificazione in corso precedente alla storia della Trinità. Perciò mi pare che le critiche frequentemente rivolte alla teologia trinitaria di J. Moltmann – al limite,

---

[196] TRD, 191 [TRG, 194].
[197] TRD, 164 [TRG, 167].
[198] SS, 121-127 [WW, 137-144].
[199] Cf. W. KASPER, «Revolution im Gottesverständnis?», 146: «[es] ist doch die Frage, wie Moltmann die Freiheit Gottes in der Geschichte noch wahren kann. Wie rettet er sich vor der (zweifellos nicht gewollten) Konsequenz, daß Gott die Geschichte braucht, um zu sich selbst zu kommen»? Critica, nel fondo, di un eccessivo influsso di Hegel: «Moltmann denkt sich die Trinität als einen Prozeß in der Geschichte. [...] Aber Gott scheint am Ende der Gefangene dieser Geschichte geworden zu sein» (cf. H.H. MISKOTTE, «Das Leiden ist in Gott», 85). Si afferma che, alla radice della sua riflessione trinitaria, c'è un equivoco fra i piani «rivelativo-conoscitivo» e «costitutivo-ontologico» che porterebbe J. Moltmann ad avere un'immagine trinitaria in cui Dio avrebbe necessità del processo del mondo per divenire se stesso (cf. A. STAGLIANÒ, *Il Mistero del Dio vivente*, 490-492; O. GONZÁLEZ DE CARDEDAL, *Cristología*, 122.166.344; W. KASPER, *Der Gott Jesu Christi*, 86). Questo è, infatti, un aspetto che rende difficile la ricezione della proposta del teologo di Tubinga.
[200] TRD, 164 [TRG, 167].

riferibili alla denuncia di scarso approfondimento ontologico[201] –, nonostante la loro correttezza, non possano ignorare la coerenza fra la sua impostazione storico-esperienziale e alcuni dei risultati raggiunti.

Criticabile è, ancora, la distinzione fra il «piano della costituzione» e il «piano della relazione», questione che non sembra trovare una sintesi soddisfacente. Rimangono con questi due piani senza che si chiarisca la relazione fra loro o, come nota G. Greshake, senza che «nel successivo sviluppo di teologia trinitaria giochi un ruolo ulteriore questo "piano della costituzione"», poiché il «piano della relazione» viene sviluppato quasi in modo esclusivo[202]. Il «piano della costituzione» appare, perciò, come uno strumento teologico cui manca una sufficientemente solida radicazione storico-esperienziale.

Dalla storia del Figlio – secondo paragrafo – si è passati, in accordo con la proposta moltmanniana, alla storia del Dio Trinità con il mondo – terzo paragrafo. Se la prima si è affermata come il «presupposto della dottrina trinitaria», la seconda ha permesso di aprire la cristologia alla «creazione del Padre», alla «trasfigurazione dello Spirito» e all'«unità pericoretica» della Trinità[203]. Anche in questo secondo momento dell'inchiesta trinitaria, l'esperienza gioca un ruolo fondamentale all'interno del discorso «teo-logico». L'esperienza non soltanto determina la forma con cui si presenta a noi l'immanenza di Dio, ma, soprattutto, ha un reale influsso sulla vita intratrinitaria stessa[204], fino a generare, come si è accennato, una tensione con certi aspetti particolari della tradizionale dogmatica trinitaria. Le esperienze concrete della fede sembrano, infatti,

---

[201] Cf. A. Cozzi, *Manuale di dottrina trinitaria*, 924-926; L.F. Ladaria, *El Dios vivo y verdadero*, 387-391; P. Coda, *Dios Uno y Trino*, 257-259. Difensori di modelli trinitari di stampo comunionale, tendono a presentare critiche quasi contrarie (cf. G.J. Zarazaga, *Dios es comunión*, 286-290).

[202] Cf. IDU, 186-189 [DdG, 168-171]. È inoltre interessante notare come la visione «teo-logica» eminentemente pericoretica avvicina e distingue le proposte trinitarie di J. Moltmann e di G. Greshake. Da un lato, è, infatti, vero che entrambi condensano le loro prospettive sull'immanenza trinitaria intorno a un dinamismo pericoretico di vita: la vita trinitaria è, in sintesi, pericoresi. Dall'altro lato, i due autori si distinguono nel modo di comprendere e impostare il dinamismo pericoretico. Mentre in J. Moltmann viene particolarmente sottolineato il versante plurale della pericoresi, in G. Greshake la pericoresi emerge fondamentalmente dalla tensione fra unità e pluralità, identità e differenza. Mi sembra, pertanto, che J. Moltmann presenti una comprensione pluralistica della pericoresi, mentre G. Greshake una comprensione tensionale.

[203] Cf. TRD, 108 [TRG 112].

[204] Cf. TRG 206 [TRD, 203]: «Im Zentrum der christlichen Theologie steht die ewige Geschichte, die der dreieinige Gott in sich selbst erfährt».

riuscire ad aprirci kairologicamente un po' dell'intimità trinitaria di Dio e, di conseguenza, permetterci di riflettere teologicamente su di essa. L'assialità dell'esperienza come base della riflessione trinitaria è esplicitamente riconosciuta da J. Moltmann:

> In questo senso escatologico la Trinità è un *mistero* (*mystērion*) che qui ci viene svelato soltanto nell'esperienza di salvezza (*Heilserfahrung*). Parlare del "mistero della Trinità" non significa riferirsi ad un'oscurità impenetrabile o presentare un enigma insolubile. Significa piuttosto riconoscere a volto scoperto fin d'ora, nel buio della nostra storia, la gloria del Dio Uno e Trino, ed esaltarlo nella speranza di poterlo un giorno contemplare faccia a faccia[205].

La presente citazione del teologo di Tubinga e, soprattutto, il suo modo di interpretare trinitariamente l'esperienza storica sembrano venire incontro all'ipotesi qui sottoposta a prova: l'«esperienza» intesa sia come radice valida della riflessione trinitaria, sia come via per sciogliere l'impressione della dottrina trinitaria come un «enigma» teologico.

Ancora una volta è stato possibile seguire l'impostazione sperimentale-pericoretica dell'autore. La sua inchiesta, più che interessarsi ad arrivare a un quadro onnicomprensivo dell'immanenza trinitaria, sperimenta e approfondisce invece aspetti diversi della storia dei credenti, aprendo così numerose finestre sul Mistero di Dio.

4. Esperienza, Trinità e Regno della libertà

J. Moltmann tende, come si è potuto constatare, a rendere fluida la distinzione fra economia e immanenza. Se finora il presente studio si è dedicato alla sua riflessione sull'immanenza divina a partire dall'economia, è arrivato il momento di cambiare prospettiva e cercare i possibili influssi che la visione teologico-trinitaria dell'autore esercita sull'esperienza nell'economia storica. Di conseguenza, l'inchiesta si amplia adesso al «problema funzionale della dottrina trinitaria»[206].

La «funzionalità» della teologia trinitaria passa per l'assunzione dell'esperienza come fondamento e come realtà da (ri)configurare criticamente. Sembra, infatti, evidente l'unità di prospettiva fra *Der gekreuzigte Gott*, dove la croce è «fondamento e critica della teologia cristiana», e *Trinität und Reich Gottes* e ulteriori scritti trinitari, nei

---

[205] TRD, 175 [TRG, 178].
[206] TRD, 204 [TRG, 207]. Quello che alcuni commentatori hanno chiamato una «volontà di concretizzazione» della teologia della croce (cf. J.M. LOCHMAN, «Gottes sein ist im Leiden», 32-34).

quali tale vocazione di «fondamento e critica» viene, in modo simile, svolta dalla dottrina trinitaria. La riflessione trinitaria emerge in questa sua «funzionalità» soprattutto come critica costruttiva di realtà secolari.

Nel concreto, secondo l'autore, «il problema funzionale della dottrina trinitaria sta nel rapporto tra questa dottrina e quella sul Regno»[207]. Infatti, la dottrina del Regno svolge, nell'attuare fino all'estremo la «dottrina sociale della Trinità», un ruolo cardine in relazione al passaggio all'economia. Questo è proprio l'argomento del presente paragrafo, che è così suddiviso: 1. si presenta la visione trinitaria della storia secondo J. Moltmann, concretata nella sua dottrina del Regno di Dio; 2. tale visione si traduce, in seguito, in un'interpretazione trinitaria dell'esperienza di libertà, la quale si trova, per l'autore, al cuore dell'esperienza di Dio; 3. e 4. si prova a cogliere delle ripercussioni fondamentali che simili prospettive hanno sulle nostre esperienze socio-politiche ed ecclesiali, le quali devono portare alle ultime conseguenze pratiche il modo di pensare per «relazioni e comunioni».

4.1 *Regno di Dio: ritmo trinitario della storia*

«Nella teologia – dichiara J. Moltamnn – non si tratta mai dell'esistenza di un Dio in sé ma sempre della *signoria* di questo Dio, in cielo e sulla terra»[208]. Al di là di quanto ci sia di unilaterale in quest'affermazione, essa mostra come per l'autore la teologia non è mai un'astrazione, ma ha sempre a che vedere con la nostra realtà, con il nostro rapporto con Dio. I temi del Regno e della signoria sono, appunto, campi privilegiati dove si gioca la realtà di questo rapporto. Il fine della sua «dottrina trinitaria del Regno è espressamente quello di arrivare a una «dottrina teologica della libertà», ma perché ciò sia possibile occorre sviluppare «un nuovo modo d'intendere la signoria e il Regno di Dio»[209]. La sua tesi è, sostanzialmente, che solo una comprensione trinitaria del Regno e della signoria divina permette di rispondere in modo soddisfacente alle riserve dell'ateismo moderno, secondo il quale «dove governa il grande signore del mondo, qui non ha spazio alcuno la libertà»[210].

È importante sottolineare che J. Moltmann parte dalla considerazione dell'esperienza cristiana per determinare il vero senso della signoria divina. Egli dà avvio alla sua indagine chiedendosi «qual è il modo di

---

[207] TRD, 204 [TRG 207].
[208] TRD, 204 [TRG 207].
[209] TRD, 217-218 [TRG 220-221].
[210] E. BLOCH, *Das Prinzip Hoffnung. Gesamtausgabe*, V, 1413.

comprendere Dio e la sua signoria celato nell'esperienza cristiana di liberazione (*christlichen Befreiungserfahrung*) nell'esperienza messianica di libertà»[211]? In questa domanda è già possibile capire che, almeno sul piano delle intenzioni, l'esperienza ricorre come la base della sua teologia del Regno e che, inoltre, essa è istanza critica volta a contrastare intendimenti erronei della signoria divina[212].

Il teologo di Tubinga trova ispirazione per una prospettiva trinitaria del Regno, coerente con la sua «dottrina storica della Trinità», in Gioacchino da Fiore[213]. Con il monaco calabrese, che cerca delicatamente di riabilitare, J. Moltmann condivide il «modo trinitario di concepire la storia». Nel suo pensiero ritrova anche uno stesso scopo: «sviluppare una *dottrina trinitaria del Regno* che superi il dualismo della dottrina ecclesiastica»[214]. La dottrina moltmanniana del Regno viene, insomma, così presentata:

> il *regno del Padre* è caratterizzato dalla creazione e il mondo è conservato dalla pazienza di Dio. È ciò che *costituisce la libertà* delle creature e garantisce ad esse lo spazio vitale necessario (*den notwendigen Lebensraum*). Il *regno del Figlio* è caratterizzato dalla liberazione degli uomini che ora l'amore sofferente dischiude dalla loro chiusura di morte. È ciò che *costituisce la libertà* delle creature e le redime dall'autodistruzione. Il *regno dello Spirito*, infine, è caratterizzato dalle forze ed energie della nuova creazione, mediante le quali gli uomini diventano abitazione e patria di Dio (*Wohnung und Heimat Gottes*) [...]. È ciò che *orienta la libertà* e la riempie di una speranza che non conosce fine[215].

Secondo il teologo di Tubinga, questi regni dei tre della Trinità sono «stadi e trapassi sempre presenti nella storia del Regno»[216] e non tappe che cronologicamente si sostituiscono. Se l'interpretazione di J. Moltmann dell'opera di Gioacchino da Fiore sembra allontanare il discorso dal

---

[211] TRD, 218 [TRG, 220-221].

[212] Questi intendimenti erronei sono, per J. Moltmann, soprattutto concezioni di stampo monoteistico.

[213] Cf. TRD, 218-224 [TRG, 221-226]; NSDT, 147-173 [IGdG, 131-155].

[214] TRD, 223 [TRG, 226]. Mentre l'«ortodossia protestante» riconosce solo due regni storici – *regnum naturae* e *regnum gratiae* –, Gioacchino parla di tre – regno del Padre, regno del Figlio, regno dello Spirito – e riconosce ancora un quarto regno, il regno escatologico che sarà il «regno eterno della gloria del Dio Uno e Trino».

[215] TRD, 227-228 [TRG, 230].

[216] TRD, 224 [TRG, 226]. Peraltro la difesa di Gioacchino da Fiore intrapresa da J. Moltmann relativizza le sue datazioni cronologiche dei regni del Padre, Figlio e Spirito, sottolineando invece come i regni sono già insiti e presenti gli uni negli altri (cf. TRD, 220-221 [TRG, 223]).

registro teologico-esperienziale, la sua descrizione di questo triplice Regno la ricupera. Il Regno dello Spirito, afferma, «viene sperimentato dagli uomini che il Figlio ha liberato con la forza dello Spirito» e che «nell'esperienza dello Spirito si coglie quella libertà alla quale il Figlio ci ha liberati», per concludere infine che «si sperimenta una specie di "immediatezza" di Dio (*Gottunmittelbarkeit erfahren*): Dio in noi – noi in Dio»[217].

La «signoria liberatrice del Crocifisso», che «introduce gli uomini nella gloriosa libertà dei figli di Dio», viene vitalmente assunta nell'esperienza dello Spirito o del Suo Regno, anticipando «l'inabitazione escatologica della gloria di Dio»[218]. L'esperienza cristiana della libertà tende a identificarsi con un'espressione concreta dell'esperienza del Dio Trinità, poiché sembra diventare sia una conferma dell'opera creativa del Padre che, autolimitandosi, offre spazio di libertà al creato (regno del Padre), sia un effetto dell'opera storica del Figlio crocifisso (regno del Figlio), sia un mezzo per percepire la presenza attuante dello Spirito divino, che inabitando il mondo anticipa il suo compimento nel regno della gloria (regno dello Spirito). Perciò si potrà situare il «fondamento» e il «criterio» della dottrina moltmanniana del Regno proprio nell'esperienza trinitaria del Regno, che si concretizza nella libertà sperimentata dai credenti.

4.2 *Regno della libertà: ritmo trinitario verso la libertà intera*

Il tema della libertà è già al centro di tutto il discorso di J. Moltmann sul Regno di Dio. Quest'ultimo deve però, come l'autore stesso riconosce di fare, essere «tradotto» nella visione teologica che consegue alla libertà dell'uomo[219]. Per J. Moltmann è chiaro che «la prima esperienza, che secondo la testimonianza biblica gli esseri umani fanno con Dio, è quella di una liberazione illimitata alla vita»[220].

La sua visione della libertà presenta una struttura ternaria, corrispondente ai regni dei Tre della Trinità. Infatti, la liberazione dell'uomo, il passaggio dal «regno della necessità» al «regno della libertà», capita secondo tre gradi distinti: i. libertà vissuta come dominio; ii. libertà come

---

[217] TRD, 226 [TRG, 228].
[218] TRD, 226 [TRG, 229].
[219] Cf. TRD, 227-228 [TRG, 230]. In *Der gekreuzigte Gott* l'autore presenta la questione in termini di «vie per la liberazione psichica e politica dell'uomo» (cf. DC, 329-386 [DgG, 293-315]).
[220] SV, 120 [DGL, 111].

bene o comunione; iii. libertà come progetto[221]. La prima si riferisce al dominio sulle forze naturali. La seconda, risponde all'aspirazione di realizzazione del bene, mentre la terza si orienta verso l'edificazione del futuro, dominio della «fantasia produttiva». Ecco come l'autore riassume la sua impostazione del tema:

> La libertà come dominio dell'uomo su oggetti e soggetti è una funzione della proprietà. La libertà come comunione dell'uomo con l'uomo è una funzione sociale. La libertà come passione per il futuro è una funzione creativa. Riassumendo, potremmo dire che la prima si riferisce all'avere, la seconda all'essere, la terza al divenire[222].

Questi gradi non sono tre tappe in senso cronologico. Come con la dottrina trinitaria del Regno, non si prendono le difese di un progressivo annientamento di certi gradi a favore di altri, ma al contrario si mira alla conservazione del loro equilibrio[223]. La connessione decisiva delle due dottrine si radica, tuttavia, nel modo in cui la libertà è inserita nella dinamica del Regno della Trinità: i. nel regno del Padre l'uomo è creatura e quindi proprietà di Dio, condizione che lo eleva al di sopra delle altre creature; ii. nel regno del Figlio, nella comunione con lui, si passa da servi del Signore a figli del Padre; iii. nel regno dello Spirito si diventa amici di Dio, giungendo a un nuovo e «immediato» rapporto con Dio, basato sull'inabitazione dello Spirito[224]. La tesi di J. Moltmann è, in fondo, che «la libertà dei servi, la libertà dei figli e la libertà degli amici di Dio rispondono alla storia del Regno di Dio», poiché «nell'esperienza della libertà (*Erfahrung der Freiheit*) noi ci sperimentiamo (*erfahren wir uns*) servi, figli ed amici di Dio»[225]. Torna, perciò, la referenza esperienziale al discorso, per affermare che l'esperienza di libertà è propulsiva, animata da una tendenza di crescita che si concreta in un «processo di maturazione mediante nuove esperienze (*neue Erfahrungen*)»[226].

Risulta chiaro che il dialogo avviato dall'autore fra teologia trinitaria e teologia della storia si prolunga nel dialogo fra la dottrina trinitaria del Regno e la comprensione teologica della libertà. L'esperienza umana di

---

[221] Cf. TRD, 228-233 [TRG, 230-235].
[222] TRD, 232 [TRG, 235].
[223] Cf. TRG, 235 [TRD, 232]: «In diesen geschichtlich entwickelten Dimensionen der Freiheit ist *Ausgleich* nötig. [...] ist unter den Bedingungen dieses Lebens doch keine totale Aufhebung des Habens in das Seins möglich und wünschbar».
[224] Cf. TRD, 233-236 [TRG, 235-239].
[225] TRD, 236 [TRG, 238].
[226] TRD, 236 [TRG, 239].

libertà era, in realtà, già presente nel loro inizio, ma si ritrova anche come suo fine, nella misura in cui la libertà umana si riconosce una volta inserita nello spazio trinitario e nel dinamismo storico verso il Regno della gloria, dove si compierà l'esperienza di libertà. Quest'impostazione non qualifica soltanto l'escatologia come la consumazione della libertà, ma qualifica anche le esperienze presenti di libertà. Se sulla meta si può affermare che essa spinge «ogni esperienza parziale (*partielle Erfahrung*) di libertà verso la libertà intera»[227], al presente spetta cercare e creare forme nuove di vivere, promuovere e sperimentare tale libertà, conformando sempre di più la sua esperienza storica alla sua pienezza nella gloria di Dio.

4.3 *Ripercussioni socio-politiche: per una ortoprassi trinitaria*

La ricerca di vie di conformazione delle realtà storiche e mondane alla comprensione trinitaria della storia e del mondo trova nell'ambito socio-politico un primo campo di concretizzazione. Se la teologia politica si trovava, come via di accesso, all'inizio della riflessione trinitaria di J. Moltmann, essa torna anche nella sua fine. In quest'atteggiamento pericoretico o circolare fra le materie si trova un buon esempio del suo stile sperimentale: il suo impegno nel produrre un discorso indirizzato all'ortoprassi sarà, inoltre, un'applicazione di quell'ermeneutica teologica che si vuole veramente trinitaria, e non solo della Trinità.

4.3.1 Forme politiche

Basandosi soprattutto sui contributi di E. Peterson, J. Moltmann vede nella dottrina trinitaria la definitiva critica delle forme monarchiche e assolutistiche di esercizio del potere politico[228]. Per di più, una qualsiasi teologia trinitaria non è sufficiente, ma occorre una teologia di tipo pericoretico – come la sua – cioè, una teologia che non si limita a trasporre la monarchia all'interno della dottrina trinitaria. Superando «la concezione monoteistica del grande Monarca universale che vive nel cielo [...] nessun sovrano, dittatore e tiranno di questa terra potrà trovare un qualche archetipo religioso che lo giustifichi»[229]. È, soprat-

---

[227] TRD, 236 [TRG, 239].

[228] E. Peterson vede nei modi monadico-monoteisti di pensare Dio uno dei motivi che storicamente hanno favorito l'affermazione di forme totalitarie di esercizio del potere (cf. E. PETERSON, *Der Monotheismus als politisches Problem*; TRD, 205-209 [TRG, 208-212]; N. CIOLA, *Cristologia e Trinità*, 183-185).

[229] TRD, 211 [TRG, 214].

tutto, dal *sub contrario* della croce e della Trinità che si può capire che onnipotenza è amore e che la vera gloria dimora negli oppressi, cioè in coloro con i quali il Crocifisso si è identificato.

Le ripercussioni sull'esperienza politica della sua impostazione trinitaria non si limitano però al ruolo di *pars destruens* di tanti schemi politici. Esse puntano attivamente verso «una comunione nella quale le persone vengono definite per le loro reciproche relazioni e intrinseci significati», configurando la dottrina trinitaria come uno «strumento concettuale adatto per equilibrare, nella comunità umana, personalità e socialità, senza sacrificare una all'altra»[230].

4.3.2 Teologie contestuali

Alcune delle cosiddette «teologie contestuali» godono di particolare attenzione da parte di J. Moltmann, certamente per motivi teologici, ma anche per ragioni biografiche e, non ultimo, perché l'autore vede in esse dei tentativi di compiere la vocazione pubblica della teologia. Sono, concretamente, la «teologia femminista», la «teologia della liberazione» latino-americana, la «teologia nera» nordamericana e la «teologia minjung» di origine coreana. Con l'eccezione della teologia femminista, queste teologie non presentano un'evidente radicazione trinitaria. Esse condividono, però, con una teologia trinitaria impostata intorno all'evento della croce la stessa identificazione con i poveri e gli oppressi e la stessa vocazione di «teologia liberante»[231]. In effetti, il modo in cui J. Moltmann dialoga con le «teologie contestuali» si mostra coerente con il modo, anch'esso «liberante», in cui orienta la tematica trinitaria. Sebbene non si instauri un nesso chiaro fra dottrina trinitaria e queste teologie contestuali, esse svelano la sensibilità e l'intenzionalità della teologia moltmanniana, che vuole riconfigurare le realtà mondane e le forme attraverso cui essa è sperimentata.

La sua riflessione sulla teologia femminista presenta invece una più manifesta relazione con la tematica trinitaria[232]. Ancora una volta, l'autore trova nell'esperienza il fondamento della sua tesi: «l'esperienza di Dio (*Erfahrung Gottes*), Padre misericordioso, suggerisce agli uomini una paternità di tipo non *patriarcale*»[233]. Critico di paradigmi sociali di stampo patriarcale, ma anche di quelli di una «società senza padre», e

---

[230] TRD, 213 [TRG, 216].
[231] Cf. EPT, 170-277 [EtD, 166-265].
[232] Cf. NSDT, 25-58 [IGdG, 25-53].
[233] NSDT, 47 [IGdG, 44].

confutando le loro giustificazioni di ordine teologico-religioso, J. Moltmann pretende di mostrare come la revisione trinitaria della comprensione di Dio – un Dio pericoretico in cui onnipotenza è amore che si espone alla sofferenza – si dovrà ripercuotere sui seguenti aspetti concreti: i. l'abbandono di un linguaggio sessista; ii. la comunione come paradigma sociale, al posto del dominio del padre; iii. un futuro che sviluppi l'integralità umana e che, pertanto, va oltre il patriarcato e il matriarcato con le loro deformazioni[234].

4.3.3 Teologia ed ecologia

La «scoperta dell'ampiezza cosmica dello Spirito di Dio» e la conseguente visione trinitaria della creazione hanno un influsso effettivo sul modo in cui l'autore si colloca davanti alla questione ambientale. Tale scoperta induce «al rispetto della dignità di tutte le creature, in cui Dio è presente mediante il Suo Spirito»[235]. Inquadrata dalla logica panenteistica, la relazione fra teologia ed ecologia si radica nell'approssimazione fra l'esperienza di «comunione dello Spirito Santo» e l'esperienza di «comunione del creato». Secondo J. Moltmann, «queste esperienze dello Spirito (*Erfahrungen des Geistes*) pongono oggi la Chiesa di Cristo in un rapporto di solidarietà con il cosmo minacciato di morte»[236].

4.4 *Ripercussioni ecclesiali: conformazione trinitaria*

L'ecclesiologia moltmanniana è l'altro grande dominio all'interno del quale è possibile osservare come la dottrina trinitaria condizioni il modo di interpretare e prospettare l'esperienza credente della realtà. Non si pretende qui di offrire un quadro esaustivo dell'ecclesiologia di J. Moltmann, ma si vuole soltanto registrare alcuni degli aspetti concreti in cui la sua riflessione trinitaria e la conseguente visione della storia si ripercuotono sulla comprensione e ricomposizione dell'esperienza ecclesiale. Trattasi, in sintesi, di affermare che «se la comunità è il segno, lo strumento e l'inizio della signoria di Cristo, e quindi del "nuovo ordine di tutte le cose", allora essa dovrà orientare il proprio vivere ed agire verso questa sua realtà»[237].

---

[234] Cf. NSDT, 46-48 [IGdG, 42-44].
[235] SV, 22 [DGL, 23].
[236] SV, 22 [DGL, 23].
[237] CFS, 382 [KKG, 320].

4.4.1 Chiesa nella storia di Dio

Lo sforzo di promuovere la conformazione ecclesiale, teorica e pratica, al «nuovo ordine» del Regno trinitario di Dio scaturisce, innanzitutto, dalla percezione della Chiesa come realtà immersa nella storia di Dio. «La Chiesa – afferma J. Moltmann – è la forma concreta dell'esperienza che gli uomini fanno della storia di Cristo. Nell'ampia storia dello Spirito la Chiesa è una via ed un trapasso verso il regno di Dio»[238]. L'esperienza ecclesiale è mediazione al servizio dell'esperienza della storia trinitaria di Dio, è «un momento all'interno dei movimenti della missione e della riunione e dell'esperienza di Dio (*Erfahrung Gottes*)»[239].

L'ecclesiologia del teologo di Tubinga parte, perciò, dal presupposto che la Chiesa potrà essere compresa e si potrà comprendere a se stessa solo se integrata nella più ampia storia trinitaria di Dio. L'autore lo intuisce in un modo molto concreto, a partire proprio dell'esperire ecclesiale, come egli stesso dichiara: «cercheremo di comprendere il singolo evento, l'esperienza particolare (*besondere Erfahrung*) e la prassi determinata entro i nessi e i movimenti della storia di Dio»[240]. Questa è una via teologica deliberatamente scelta per non cadere nell'«astrazione», via che né ignora l'esperienza ecclesiale concreta né la stacca dal contesto più ampio in cui essa si inserisce[241]. L'esperienza ecclesiale è, insomma, connotata dalla partecipazione alla storia trinitaria di Dio: partecipazione nella «missione messianica di Cristo», partecipazione nella «glorificazione di Dio nella liberazione del creato», partecipazione nell'«unificazione degli uomini», partecipazione nella «storia della sofferenza di Dio», partecipazione nella «storia della gioia di Dio»[242].

4.4.2 Chiesa come comunità

La critica di J. Moltmann a schemi ecclesiali di tipo monarchico è la più concreta ripercussione della sua ermeneutica trinitaria in campo ecclesiologico. In una critica parallela a quella indirizzata alle forme politiche, egli interpreta la dottrina e la prassi dell'episcopato monarchico e delle sue ulteriori evoluzioni – ad esempio, la dottrina del papato – come

---

[238] CFS, 59 [KKG, 51].
[239] CFS, 93 [KKG, 81].
[240] CFS, 78 [KKG, 67].
[241] Cf. KKG, 68 [CFS, 79]: «Ohne das Verständnis der partikularen Kirchen im Rahmen der universalen Geschichte Gottes mit der Welt, bleiben die Ekklesiologie abstrakt und das Selbstverständnis der Kirche blind».
[242] Cf. CFS, 94-95 [KKG, 81-82].

non corrispondenti alla «motivazione trinitaria dell'unità» ecclesiale. Con perfetta coerenza rispetto a quanto è sostenuto a proposito dell'immanenza trinitaria, per J. Moltmann «l'unità della comunità è un'unificazione trinitaria» e «il monoteismo monarchico fonda la Chiesa come gerarchia, come sacra potestà», mentre «la dottrina trinitaria costituisce la Chiesa come "comunità libera dal potere"»[243].

L'esperienza ecclesiale che deriva da quest'impostazione risulta riconfigurata sia nel modo di sperimentare le relazioni nella Chiesa – costruite non già a partire dall'obbedienza dovuta all'autorità, ma dal «dialogo, consenso e accordo»; non fondate dalla logica gerarchica, ma dalla «fraternità e sororità della comunità di Cristo» – sia nelle sue forme organizzative concrete – che si dovranno concentrare intorno all'«ordine presbiterale e sinodale della Chiesa»[244]. Queste ricomposizioni dell'esperienza ecclesiale sono, per J. Moltmann, quelle che «meglio rispondono alla *dottrina trinitaria di tipo sociale*»[245].

4.4.3 Chiesa e liberazione

Oltre ai presupposti e alle forme organizzative concrete, l'esperienza ecclesiale viene anche connotata dalla dottrina trinitaria in quanto associata all'esperienza della libertà. Intesa come «comunità che vive sotto la croce» e che è «nata dalla croce»[246], la Chiesa esiste «se e nella misura in cui gli uomini accettano spontaneamente il potere del servo di Dio e dal suo sacrificio ricevono la loro liberazione»[247]. L'esperienza ecclesiale nasce, dunque, da quell'esperienza di libertà propria del Regno trinitario di Dio. Con lo «sperimentare in se stessi questa liberazione», la «Chiesa liberata» diventerà «Chiesa della liberazione»[248].

I cristiani sono, infatti, chiamati a «usare in questo mondo la libertà che posseggono in sintonia con il dominio esercitato da Cristo, e rifletterla sia nel loro corpo che nell'area politica in cui sono chiamati a vi-

---

[243] TRD, 217 [TRG, 219-220]. Cf. KKG, 125 [CFS, 148]: «Die Kirche hat die Herrschaft Christi zuerst in sich selbst widerzuspiegeln und darzustellen. Sie kann ihre Gemeinschaftordnung nicht von den Herrschaftsverhältnissen der Gesellschaft, in der sie lebt, übernehmen oder bestimmen lassen». Per un'identificazione e approfondimento delle «esperienze di comunione che i cristiani fanno nella chiesa e nel mondo» (cf. SV, 263-281 [DGL, 243-260]).
[244] Cf. CFS, 395-397 [KKG, 331-333]; TRD, 216-217 [TRG, 219-220].
[245] TRD, 217 [TRG, 220].
[246] Cf. CFS, 123-138 [KKG, 103-116].
[247] CFS, 146 [KKG, 123].
[248] Cf. CFS, 146 [KKG, 123].

vere»[249]. Il discorso sulla Chiesa comprende, quindi, quello sul suo ruolo e missione nel mondo, unendo teologia politica ed ecclesiologia. Per l'autore, la libertà sperimentata determina la forma in cui la cristianità è chiamata a partecipare ai «processi vitali del mondo», impegnandosi per la «liberazione economica dell'uomo e della natura dallo sfruttamento», per la «liberazione politica dell'uomo dall'oppressione» e per la «liberazione dell'uomo dalla sua alienazione [culturale] ad opera del suo simile»[250].

Avendo visto come l'esperienza di libertà è posta da J. Moltmann nell'ambito della dottrina trinitaria del Regno, si potrà individuare una linea teologica che parte dalla riflessione trinitaria e conduce il discorso a un'ecclesiologia pratica e concreta, che assume prese di posizione attive nei confronti del mondo. Queste posizioni riconfigurano il modo ecclesiale di essere presenti e attuare e, conseguentemente, tendono a riconfigurare anche l'esperienza ecclesiale stessa.

Il cosiddetto «problema della funzionalità della dottrina trinitaria» corrisponde, in fondo, alla questione della dimensione pratica della fede e teologia trinitarie. In primo luogo, come traspare da quanto si è sommariamente visto, la risposta del teologo di Tubinga contesta l'impressione di astrazione irrilevante. Tale contestazione deriva dal modo in cui Dio Trinità e storia sono posti in stretto rapporto. La percezione di questo inquadramento storico-teologico, determinante per la sua impostazione panenteistica, ci spinge a trovare forme di vita concrete concordanti con il Mistero nel quale «viviamo, ci muoviamo ed esistiamo» (cf. At 17, 28). La ricerca di queste forme passa per una rilettura trinitaria della teologia politica ed ecclesiologia.

In secondo luogo, questo passaggio fra teologia trinitaria e prospettive concrete di vita non è fatto immediatamente, ma è mediato dalla teologia trinitaria del Regno e dalla dottrina trinitaria della libertà. In questo modo, si conferma, da un lato la portata pratica della fede trinitaria e si osserva, dall'altro, la delicatezza teologica che questa traduzione richiede.

L'appello all'esperienza è onnipresente in questo discorso. Se è chiaro che le dottrine del Regno e della libertà nascono dall'esperienza di Dio, che in noi si manifesta come esperienza di libertà, credo che sia esatto affermare – benché non sia sempre così esplicito negli scritti dell'autore – che con la dottrina trinitaria J. Moltmann tende, inoltre, a

---

[249] CFS, 147 [KKG, 124].
[250] Cf. CFS, 221-254 [KKG, 186-214].

riconfigurare l'esperienza credente, tanto a livello pratico – quello che spetta al credente fare – quanto a livello dell'autocomprensione – la forma attraverso la quale il credente e la comunità dei credenti si interpretano a se stessi e, dunque, si sperimentano a se stessi.

5. Esperienza in teologia trinitaria: mezzo e stile

Avendo percorso l'essenziale della riflessione trinitaria di J. Moltmann, si impone adesso un dialogo critico e conclusivo con l'autore sul ruolo giocato dall'esperienza. Pensare la Trinità partendo dall'esperienza deve, innanzitutto, confrontarsi con la domanda: «Dio è oggetto di una possibile esperienza»[251]? Per J. Moltmann la risposta è affermativa. La «dilatazione del concetto di esperienza», con la «rinuncia all'idea di unitarietà di tutti gli oggetti sperimentabili» si mostra, infatti, decisiva affinché si possa ammettere la via esperienziale come «cammino verso il Dio uno e trino»[252]. La rielaborazione dell'intendimento di che cosa sia esperienza viene proposta avendo per base una «fenomenologia dell'esperienza»[253]. Descrivendo il fenomeno, l'autore ha interpretato l'esperienza come un dinamismo che resiste a concettualizzazioni. L'approccio fluente e aperto con cui l'esperienza viene affrontata si mostra decisivo nel momento in cui occorre ammettere nel nostro esperire una dimensione religioso-teologica, la quale ci porta al di là delle cose, degli eventi, delle persone. Così l'esperire umano rimane realtà mondana, ma acquisisce un'autentica rilevanza «teo-logica».

Coniugando questa sua teologia fondamentale dell'esperienza con lo specifico della sua proposta trinitaria – dottrina storica e sociale della Trinità – si dovrà riconoscere che J. Moltmann conferisce all'esperienza uno spessore non vagamente «teo-logico», ma specificamente trinitario. Per lui, l'esperienza può parlarci del Dio trino e non solo di quel Dio strettamente uno che, al limite, rischia di non essere quello della confessione cristiana di fede.

Assumendo, inoltre, l'agire divino come propriamente trinitario – e non appropriatamente – egli si allontana da una lunga tradizione teologica, soprattutto di matrice occidentale. Questa presa di posizione, che vede Dio nell'esperienza attuando nella «trinità delle sue persone» e non soltanto «nell'unità della sua essenza»[254], stabilisce una premessa

---

[251] SV, 46 [DGL, 45].
[252] Cf. TRD, 12-29 [TRG, 18-35]; SV, 46-53 [DGL, 44-51].
[253] Cosa che, a mio giudizio, non è così presente nella teologia di G. Greshake.
[254] Un linguaggio di tipo classico che J. Moltmann cerca costantemente di evitare.

che mi pare promuovere la scoperta della portata vitale della fede trinitaria. In effetti, ciò dischiude la possibilità di condurre un discorso trinitario che permetta di riproporre la fede nel Dio tripersonale come proclamazione agganciata alla storia della vita – temporalità – e al mondo della vita – spazialità[255].

Non è, evidentemente, una posizione priva di difficoltà[256] – di sciogliere l'unità di e in Dio; di renderlo dipendente della storia per essere se stesso; di fare di lui un Dio tragico e mitologico; di mancare il momento negativo della teologia, fatto che lo porterebbe a sapere e dire troppo sull'immanenza divina[257]. Perciò, un'impostazione come quella di J. Moltmann, avendo un suo valore proprio, non potrà essere assolutizzata. Dovrà, invece, essere conservata nella salutare tensione delle diverse prospettive teologiche.

In conclusione a questo capitolo, credo sia opportuno intraprendere una lettura critica del pensiero dell'autore alla luce dell'ipotesi sottoposta a conferma in questo studio: assumere l'esperienza come punto di partenza e di arrivo della teologia trinitaria e come mezzo utile alla riflessione trinitaria. D'altro canto l'inverso sarà ugualmente possibile, ossia criticare quest'ipotesi alla luce dei contributi di J. Moltmann. Sotto questa doppia prospettiva si strutturerà, dunque, la seguente analisi conclusiva.

---

[255] La matrice storica e spaziale della «teo-logia» è, come si è potuto constatare, centrale in J. Moltmann. Guardando diacronicamente il suo pensiero si osserva un graduale spostamento dell'interesse dall'universo storico-temporale all'universo ecologico-spaziale e, contemporaneamente, un progressivo impiego di categorie di tipo spaziale, come l'autore stesso riconosce (cf. SS, 115-129 [WW, 131-144]). Penso che questo graduale spostamento di accento si deva alla crescente consapevolezza delle sfide teologiche della crisi ambientale contemporanea, la quale ha favorito il «*greening*» della teologia (cf. S. BOUMA-PREDIGER, *The Greening of Theology*). Non mi pare, comunque, che quest'accentuazione dei suoi «contributi» più recenti sia propriamente una novità. Al contrario, la fondamentale visione di tipo panenteistica è già esplicitamente presente, perlomeno, in *Trinität und Reich Gottes*. Vedo un'evoluzione, piuttosto, nelle categorie con cui si afferma la presenza di Dio nel mondo: da categorie di tipo storico a quelle di tipo spaziale.

[256] Difficoltà simili ai problemi teologici presentati dalla *process theology*, la quale ha influito sul pensiero moltmanniano – in particolare: A.N. WHITEHEAD, *Process and Reality. An Essay in Cosmology*.

[257] Prospettive critiche testimoniate, ad esempio, da J.B. Metz o H.U. von Balthasar e riconosciute da J. Moltmann stesso (cf. EPT, 10-11 [EtD, 16]; J.B. METZ, *Glaube in Geschichte und Gesellschaft*, 117-118; H.U. VON BALTHASAR, *Theodramatik. III. Die Handlung*, 299-300).

5.1 *Esperienza: punto di partenza*

Se in J. Moltmann si trova, come credo, una teologia che assume le realtà esperienziali come *loci* della riflessione trinitaria, è allora utile tenere a mente tre aspetti significativi di questo suo modo di fare teologia. In analogia con il significato teologico della croce, l'esperienza, nella sua ricca multiformità, svolge in J. Moltmann il ruolo di fondamento e di critica nella e della teologia trinitaria.

5.1.1 Esperienza: fondamento trinitario

L'esperienza si presenta, in primo luogo, come «fondamento» della riflessione e delle affermazioni trinitarie di J. Moltmann. Tale ruolo è svolto in un doppio senso: i. esse affermazioni vengono fondate a partire da quanto si è verificato e sperimentato nella storia, sia da Gesù crocifisso, sia dai credenti; ii. esse si fondano, inoltre, sul presupposto che l'esperienza storica esercita un suo impatto sulla vita intratrinitaria. All'esperienza viene riconosciuta non soltanto una potenzialità rivelatrice dell'immanenza trinitaria di Dio, ma anche una vera e propria capacità di connotare l'immanenza stessa. Il primo senso trova espressione nel suo stile o metodo narrativo, mentre il secondo si manifesta nel modo induttivo con cui egli prospetta e pensa il Mistero di Dio.

Tale doppio aspetto del suo ruolo fondamentale deriva, in termini epistemologici, dal modo in cui economia e immanenza divine vengono pensate – in linea con K. Rahner, ma radicalizzando il suo *Grundaxiom* – secondo il principio di «reciprocità», il quale, come è stato detto, rende fluida la relazione economia-immanenza[258]. Si crea, infine, un quadro nel quale fede e riflessione trinitarie risultano solidamente agganciate alle situazioni e condizioni del nostro vivere, via che credo valida in vista di una loro rinnovata appropriazione esistenziale.

5.1.2 Esperienza: critica trinitaria

L'esperienza si presenta, poi, come «critica» della riflessione trinitaria. La sistemazione trinitaria deve essere espressione interpretativa di quanto è successo nella storia e in essa è stato sperimentato, cercando sempre di configurarsi a partire dall'esperienza storica. Il compito della riflessione sarà perciò quello di esplorare, fin in fondo, le possibilità teologiche aperte dall'esperienza trinitaria, perseguendo così un'intelligen-

---

[258] Cf. TRD, 172-175 [TRG, 175-178].

za sempre più profonda del Mistero. L'esperienza è, quindi, detta critica nel senso di criterio applicato alla teologia trinitaria.

L'esperienza è, perciò, assunta come criterio trinitario, sia su questo versante positivo o costruttivo, sia su quello di parametro di giudizio relativo a determinate «teo-logie», particolarmente quelle di stampo filosofico-monarchico, con la conseguente visione di un Dio impassibile e immobile. Come il criterio sperimentale serve a J. Moltmann per dipingere il suo quadro trinitario, così questo gli permette anche di confutare prospettive non concordi a quanto è ed è stato sperimentato.

5.1.3 Multiformità esperienziale

L'esperienza si presenta, infine, in una considerevole varietà di forme possibili. A mio giudizio questa multiformità deriva dal suo approccio di tipo storico-narrativo e dall'inserzione della nostra esperienza di libertà nella storia del Regno di Dio. L'autore, difatti, non parte genericamente dall'esperienza, ma delle diverse esperienze concrete della nostra storia con Dio.

La complessità intrinseca dell'esperire viene non soltanto compresa e rispettata, ma soprattutto positivamente sfruttata al fine di delineare figure della Trinità. Il quadro finale così ottenuto è di una pluralità coerente di figure trinitarie e non di una sola figura. Si arriva, infatti, a un'immagine aperta, patica, pericoretica, escatologica della Trinità; immagine costituita da un insieme plurale di figure trinitarie. Il modo plurale con cui la Trinità viene presentata sarà certamente debitore della prospettiva adottata – la multiforme esperienza – e sarà espressione altresì di un approccio teologico, anch'esso sperimentale e pericoretico fra vita e riflessione.

5.2 *Esperienza: punto di arrivo*

La vocazione pubblica della teologia si riflette inevitabilmente sul discorso trinitario di J. Moltmann. Questo non nasce, come è appena stato detto, da speculazioni, ma neanche si orienta verso la costruzione di un qualsiasi sistema strettamente ed ermeticamente teologico-dogmatico. Il suo interesse per il tema si orienta invece verso l'affermazione «della rilevanza pubblica del concetto trinitario di Dio per la liberazione di uomini individualizzati, nonché della esperienza trinitaria della comunità (*trinitarischen Gemeinschaftserfahrung*) per la formazione di una nuova socialità»[259]. La teologia è una «fantasia» nata «dalla passione per il Regno di Dio e per la sua giustizia»[260]. Essa, infatti, «non vuole soltanto comprendere il mondo in modo diverso, ma anche trasformarlo»[261]. La teologia moltmanniana non è neutrale, ma, al contrario, socio-politicamente ed ecclesialmente impegnata.

La confessata intenzionalità liberatrice e trasformatrice della teologia attesta una forma che si avvicina molto a quanto qui si prospetta come una teologia trinitaria che assuma l'esperienza umana e credente anche come suo punto di arrivo. Non sempre, si dovrà riconoscere, questa sua inclinazione per il piano vitale viene proposta in termini esplicitamente esperienziali. Non sempre, inoltre, da essa si colgono ripercussioni che vanno oltre un piano sociale, politico o ecclesiale ancora troppo generico. Essa promuove, comunque, cambiamenti nel modo di situarsi di fronte alla realtà, fatto che comporterà cambiamenti nella nostra esperienza del reale. Anche quando l'autore affronta questioni temporali e sostiene ripercussioni molto concrete o pragmatiche, è sempre presupposta una trasformazione nel soggetto, nella sua percezione e inserzione nel mondo, che implica un evolvere nell'esperienza del reale. Una nuova prassi implica, insomma, una nuova forma di sperimentare il mondo e la vita, riconfigurazione che deve raggiungere l'esperienza in tutta la sua ampiezza – l'esperienza di sé, dell'altro, di comunione, della natura, del mondo e, al limite, della propria esperienza di Dio.

Anche a proposito di questo secondo momento del ritmo teologico-trinitario di J. Moltmann si può confermare lo statuto fondamentale e critico dell'esperienza e riconoscere, inoltre, come questa comporti una revisione del senso di prassi in teologia.

5.2.1 Esperienza della libertà: fondamento

L'esperienza della libertà appare come fondamento di questo versante pubblico e concreto della teologia trinitaria di J. Moltmann. Essa, nell'ambito della «dottrina trinitaria del Regno», fa da mediatrice fra la contemplazione dell'immanenza divina e le implicazioni socio-politiche ed ecclesiali della fede nella Trinità. Le prese di posizione sociali, politiche ed ecclesiologiche di J. Moltmann sono, in fondo, conseguenze della sua interpretazione trinitaria dell'esperienza di libertà, sono

---

[259] EPT, 303 [EtD, 290].
[260] EPT, 10 [EtD, 16].
[261] TRD, 17 [TRG, 23].

espansioni e declinazioni, in diversi ambiti, della libertà sperimentata nel Regno di Dio Trinità.

5.2.2 Esperienza della libertà: critica

Analogamente a quanto si è visto e affermato in precedenza, l'esperienza della libertà è anche il grande criterio che sorregge le prese di posizione del teologo di Tubinga nei domini a cui vado facendo riferimento. L'analogia può essere ulteriormente estesa al doppio senso con cui si intende l'esperienza all'interno di una visione critica delle realtà storiche che si vogliono trinitariamente riconfigurate: i. come criterio di azione; ii. come censura di determinati schemi sociali, politici ed ecclesiali.

5.2.3 Praticabilità non utilitarista

L'impostazione sperimentale del discorso moltmanniano promuove, invero, lo sviluppo di un senso più aperto di prassi. Fra affermazioni di carattere generico e intenzionale – come, per esempio, che «la comprensione trinitaria [...] non è immediatamente pratica, ma cambia la *prassi* più a fondo di tutte le alternative possibili che colui che agisce possa escogitare»[262] – e i frutti del suo effettivo teologare, penso che ci sia una considerevole sintonia[263]. Né la dottrina trinitaria sorge slegata dal vissuto, né si rispecchia immediatamente nella realtà. La prima condizione equivarrebbe a ciò che sta alla radice dell'«esilio della Trinità»; la seconda, implicherebbe una sottomissione al senso moderno di prassi. J. Moltmann riesce a guardarsi di entrambe queste difficoltà, percorrendo una via media, resa possibile, a mio avviso, dalla menzionata mediazione che nella sua opera svolgono i temi del Regno e della libertà. Difatti, valorizzando la rilevanza esistenziale e trasformatrice della fede trinitaria, si evita ogni forma di utilitarismo trinitario, rischio al quale l'autore tuttavia si espone per via dell'intima connessione che vede fra economia e immanenza divine.

Si potrà, dunque, concludere che la teologia moltmanniana riesce con successo a contrapporsi al «senso moderno di prassi» e non solo a enunciare questa contrapposizione. Per il presente studio, in particolare nella sua ricerca di modelli teologico-trinitari che inducono trasformazioni

---

[262] FC, 94 [ZS, 90].
[263] In questo punto, J. Moltmann dimostra una sintonia superiore fra intenzioni e conclusioni di quella patente nella teologia trinitaria di G. Greshake.

nell'esperire umano, J. Moltmann ci presenta un passaggio particolarmente sottile tra fede trinitaria e prassi concreta di vita. È una forma di teologare che tende, innanzitutto, a trasformare l'esperienza umana e credente del reale e, solo successivamente e gradualmente, ad assumere posizioni e azioni concrete. È, infatti, una riconfigurazione trinitaria dell'esperienza che scaturisce dallo «stupore» proprio di un nuovo modo di intendere se stessi e il mondo come storia e spazio della Trinità[264]. Siamo, insomma, di fronte a una teologia che offre al discorso trinitario la possibilità – al di là dell'aporetica alternativa moderna – di affermarsi come potenzialmente rilevante e pratico.

L'opera e il pensiero di J. Moltmann testimoniano, in sintesi, una riflessione che assume l'esperienza come fondamento, orizzonte e mezzo fecondo della riflessione trinitaria. Mi sembra suggestiva l'autocaratterizzazione di una tale teologia come «teologia di laici», poiché sviluppata in «chiave di esperienza», in contrapposizione con una «teologia ecclesiastica, di pastori e di preti»[265]. È, difatti, una teologia sviluppata a partire da e in vista di una visione teologica e kairologica della realtà mondana. L'esperienza si mostra, dunque, un mezzo valido per riflettere sul Dio Trinità. Il suo ruolo nella teologia moltmanniana può essere condensato nei seguenti punti:

- l'esperienza si afferma come fondamento e criterio della teologia trinitaria, tanto delle affermazioni sull'immanenza divina quanto sui suoi possibili effetti sull'esperire umano;
- la riflessione trinitaria può e deve assumere la realtà esperienziale in tutta la sua complessa ampiezza e multiformità storica e mondana;
- il sospetto di irrilevanza pratica che spesso pende sulla fede trinitaria viene contraddetto sia a partire dalle implicazioni dell'esperienza di libertà sia da un'amplificazione del senso teologico di prassi.

---

[264] Il pratico sorge qui, fondamentalmente, dallo stupore dell'esperienza di una presenza divina e si manifesta, in primo luogo, come trasformazione del proprio io. L'uomo viene coinvolto in una storia «che lo afferra e lo cambia» (cf. FC, 95 [ZS, 91]). L'io riscopre se stesso o, come si esprime J. Moltmann, «lo spirito dell'uomo si autotrascende in Dio» e anche la comunità si «trascende verso una più ampia comunione» (cf. SV, 18.21 [DGL, 20.23]). Sperimentare è, appunto, *er-fahren*, cioè un «viaggiare», un «uscire» da se stesso, un «trascendersi».

[265] SV, 31 [DGL, 31].

5.3 *Stile esperienziale: laboratorio teologico fra vita e riflessione*

Oltre che una teologia trinitaria dell'esperienza, J. Moltmann presenta una teologia sperimentale della Trinità. Questa rappresenta un aspetto rilevante della conclusione di questo capitolo quando laddove – al di là dell'attenzione dedicata agli aspetti particolari di contenuto del suo pensiero – si considera il suo stile teologico. Questo potrà essere descritto e riassunto in tre caratteristiche fondamentali:

i. *Narrativo*: il racconto si assume, nel teologare di J. Moltmann, come via metodologica privilegiata. Egli dà così forma a una riflessione che si vuole di stampo storico, incentra su Gesù di Nazaret, attenta al vivere umano e credente, come emerge dalla sua teologia della croce e dalla sua visione della storia di e in Dio. È, perciò, un approccio eminentemente induttivo, fenomenologico, fatto innanzitutto come narrazione teologica di esperienze storiche[266];

ii. *Plurivoco*: l'approccio di tipo narrativo si moltiplica, poi, in una pluralità di vie di ricerca. In effetti, il suo quadro di «figure» della Trinità non si forma attraverso un solo punto di vista, ma si compone da un insieme di angoli di analisi e di diverse vie teologiche[267]. È come se il teologo, consapevole della limitatezza della sua riflessione «teo-logica», non si potesse accontentare con l'immagine raggiunta e, subito, dovesse, in forma quasi ludica, ricominciare da capo l'inchiesta, percorrendo un'altra via. È una teologia che percorre diverse logiche e discorsi teologici. È una *theologia viatorum*. Il risultato finale è un quadro trinitario aperto, polifonico, poliedrico, plurale;

iii. *Pericoretico*: è, infine, uno stile circolare di fare teologia, oscillante fra più prospettive, uno stile intrecciato, combinante, ritmato. Sono, del resto, vari e di diversa natura gli aspetti attraverso cui questa caratteristica si manifesta: circolarità, anzitutto, formale fra tali diverse vie di ricerca teologica, fra biografia dell'autore e teologia, fra riflessione teologica e impegno socio-politico-ecclesiale; circolarità, in termini propriamente di contenuto «teo-logico», fra economia e immanenza

---

[266] L'approccio narrativo può essere considerato una via per trovare un'alternativa ai metodi basati sulla trascendenza (cf. J.J. FERREIRA DE FARIAS, *O Espírito e a história*, 150.188).

[267] Nel presente esercizio, questa pluralità viene ricondotta, nell'essenziale, alle tre vie teologiche esplorate lungo questo capitolo: la via eminentemente cristologica della storia del Figlio; la via «teo-logica» orientata dal rapporto Dio-storia; e la via di una teologia della storia.

divine, fra storia e «teo-logia», fra *actio* e *passio* divine[268]. Questo modo pericoretico di riflettere si mostra, inoltre, nei passaggi fluidi esperienza-riflessione-esperienza. La pericoresi caratterizza, dunque, sia il metodo sia i contenuti sia, infine, la forma dinamica di prospettare la Trinità divina da parte di J. Moltmann.

Con il presente tentativo di sistemazione non si pretende di definire lo stile teologico-trinitario di J. Moltmann – che sarebbe contraddittorio con il suo stesso stile –, ma soltanto di introdursi nel suo ambiente teologico. Fra le caratteristiche suggerite, si potrà scorgere una progressione: la matrice narrativa tende ad aprire le diverse vie teologiche che devono essere dinamiche o pericoreticamente integrate.

Questo stile è da me definito «teologia sperimentale della Trinità». Fare teologia trinitaria è, per J. Moltmann, un laboratorio in cui convergono la menzionata plurivocità pericoretica della sua riflessione, ma anche il carattere autobiografico del suo teologare. Riflettere e, particolarmente, riflettere sulla Trinità emerge come un'esperienza realizzata anche a partire da tante esperienze vissute – dalla guerra alla vita familiare, dalla docenza ai successivi viaggi, dai dibattiti politici all'impegno ecumenico. Si tratta, perciò, non solo di diverse «forme e vie» di investigazione delle tematiche trinitarie, ma di vere e proprie «esperienze di pensiero teologico» – come intitola una delle sue opere, forse quella in cui questo stile emerge con più nitidezza: *Erfahrungen theologischen Denkens*.

La presente forma laboratoriale di teologare permette, inoltre, di amplificare la concezione di una metodologia trinitaria che assuma pericoreticamente l'esperienza come suo punto di origine e suo punto focale. J. Moltmann, con questo suo stile sperimentale, presenta, infine, una nuova e forse inaspettata possibilità di integrazione della dinamica esperienziale nell'ambito teologico-trinitario.

---

[268] Chiamata anche «interpretazione pericoretica» (cf. S. DE FIORES, *Trinità mistero di vita*, 166-168).

CAPITOLO II

Esperienza e Trinità come *communio* in G. Greshake

In G. Greshake la teologia contemporanea ha trovato uno dei rappresentati più rilevanti del modo comunionale di interpretare la fede nel Dio uno e trino. Il centro di gravità di tutto il suo pensiero teologico si concentra, in effetti, sulla nozione di *communio*. Questa è, secondo il teologo di Friburgo, il «concetto chiave (*Schlüsselbegriff*)» della fede cristiana, della teologia dogmatica e, conseguentemente, della riflessione trinitaria. Tuttavia, lo sguardo comunionale di G.Greshake va ben oltre l'ambito strettamente dogmatico ed ecclesiale. In effetti, egli non si limita a reinterpretare la fede e l'esperienza cristiane in chiave comunionale, ma prova a estendere questa logica a temi non immediatamente riguardanti la teologia, come questioni di tipo filosofico o attinenti all'ordine politico e sociale. Si tratta, come l'autore stesso riconosce, di proporre una «teologia trinitaria» e non tanto una «teologia della Trinità»[1].

G. Greshake trova la radice di una tale configurazione del concetto di *communio* nella teologia trinitaria, poiché Dio Trinità è *communio*. Il «concetto chiave» dell'esperienza cristiana deriva, come si cerca di dimostrare in questo capitolo, dal cuore stesso della sua confessione di fede: la Trinità. Per il teologo di Friburgo, è nella rivelazione di Dio che il cristianesimo trova il suo peculiare principio ermeneutico – il concetto di *communio* – ragione per cui la questione trinitaria costituisce il centro di tutta la sua riflessione teologica[2].

---

[1] Cf. IDU, 19 [DdG, 25].

[2] Come, ad esempio, deriva, dal modo in cui M. Bollig struttura la sua sintesi del pensiero di G. Greshake: partendo dalla *communio* nella dottrina trinitaria egli analizza, in seguito, la «dottrina della creazione», l'«antropologia teologica», la «dottrina

Sulla scia di K. Rahner, G. Greshake imposta la questione trinitaria a partire dalla verifica di un'insufficiente comprensione della portata conoscitiva e pratica del credere in un Dio non genericamente uno, ma uno come Trinità. È perciò la ricerca delle «conseguenze» teoriche e pratiche di una tale visione «teo-logica» che domina la sua riflessione e i suoi scritti trinitari. Rilevando le implicazioni esistenziali della dogmatica trinitaria, G. Greshake pensa di poter mostrare come una tale «teo-logia», al contrario di quanto sembra essere opinione generalizzata, sia davvero «plausibile». Infatti, la sua teologia può, sinteticamente, essere descritta come una teologia comunionale della plausibilità trinitaria.

È proprio quest'intenzionalità esistenziale della sua teologia che lo spinge a integrare, nella riflessione trinitaria, la dinamica esperienziale. Introducendo il suo *Der dreieine Gott*, l'autore stesso dichiara:

> L'elaborazione che noi ci prefiggiamo del rapporto tra la fede trinitaria e l'esperienza della realtà (*Wirklichkeitserfahrung*) presuppone in primo luogo che la fede abbia a che fare in linea di principio con l'esperienza (*Erfahrung*) e che, in secondo luogo, anche la fede specifica nel Dio trino non resti esclusa da ciò, sebbene questo Dio trino venga designato come *mysterium stricte dictum*[3].

Il presente capitolo intende precisamente, come si è fatto in precedenza relativamente a J. Moltmann, analizzare tale rapporto tra esperienza e riflessione trinitaria nel pensiero di G. Greshake[4]. In effetti, il rilievo che l'autore concede all'«esperienza», attorno a cui imposta la sua riflessione sulle «questioni metodologiche» della teologia trinitaria[5], consente di presumere che, perlomeno sul piano delle intenzioni, il

---

del peccato e della redenzione», la «dottrina della grazia», l'«ecclesiologia» e l'«escatologia» (cf. M. BOLLIG, *Einheit in der Vielfalt*).

[3] IDU, 23 [DdG, 28].

[4] Questa focalizzazione sulla questione dell'esperienza nella riflessione trinitaria distingue la presente ricerca da altre già compiute sulla teologia di G. Greshake – ad esempio, E. BRANCOZZI, *Interlocutori di Dio. La teologia della grazia nel pensiero di Gisbert Greshake*; J. DOLISTA, *Theologie und Spiritualität des Priestertums bei Gisbert Greshake*. Particolare rilievo merita, comunque, il lavoro di M. Bollig, che propone la lettura integrale del pensiero del teologo di Friburgo alla luce del «concetto chiave» di *communio* (M. BOLLIG, *Einheit in der Vielfalt*). Sebbene si occupi anche della questione trinitaria – elemento in comune con il presente studio – M. Bollig non punta specificamente sulla questione dell'esperienza, aspetto fondamentale che contraddistingue, dunque, il presente studio.

[5] Cf. IDU, 22-39 [DdG, 28-43].

rapporto tra esperienza e «teo-logia» svolga un ruolo davvero strutturante rispetto al suo modo di vedere e pensare la Trinità. La validità di questa lettura esperienziale della sua riflessione trinitaria si rintraccia, quindi, nel modo in cui G. Greshake stesso imposta la questione, appellandosi all'«esperienza».

Cercando di attuare tale analisi della dinamica esperienziale all'interno del pensiero trinitario di G. Greshake e di confrontare con esso un'impostazione della questione a partire e in vista dell'esperienza, questo capitolo si articola nei seguenti punti: 1. si propone, anzitutto, un'introduzione generale alla teologia trinitaria di G. Greshake; 2. si entra propriamente nella sua visione «teo-logica», sottolineandone la concezione comunionale del Mistero di Dio; 3. si cerca di sistemare il significato del concetto di *communio*, presentando sia le variazioni con cui questo compare nell'opera greshakiana sia il suo statuto di «concetto chiave»; 4. si indicano le «conseguenze» teologiche, ecclesiali, filosofiche, sociali e politiche che l'autore fa derivare dalla *communio* trinitaria; 5. si individuano alcune indicazioni del pensiero di G. Greshake in merito alla possibilità di riflettere sulla Trinità in chiave esperienziale e si caratterizza, infine, il suo stile teologico.

1. Una teologia trinitaria: chiave teorico-pratica dell'esperienza cristiana e umana

La teologia trinitaria si trova, come si è già detto, al centro dell'opera e del pensiero di G. Greshake. Centro della fede dei cristiani, la Trinità è anche il nucleo dal quale egli tende a considerare tutte le realtà e non soltanto quelle che immediatamente si riferiscono alla teologia o all'esperienza cristiana. L'autore, infatti, intende intraprendere una riflessione teologica autenticamente trinitaria, che sorga dalle perplessità generatesi intorno alla fede nella Trinità e che punti verso un'autentica visione trinitaria. Con il proposito di proporre un'introduzione generale alla sua teologia trinitaria, si presenteranno: 1. il motivo fondamentale che porta il teologo a dedicarsi alla questione della Trinità; 2. l'obiettivo di far vedere la plausibilità e la potenziale portata esistenziale della fede trinitaria; 3. l'impostazione teologico-trinitaria adottata dall'autore allo scopo di raggiungere questa rivisitazione della fede nel Dio uno e trino.

1.1 *La motivazione trinitaria:*
oltre l'impressione di astrattezza logica e irrilevanza pratica

L'impresa trinitaria di G. Greshake nasce dalla constatazione che, oggigiorno, la fede nella Trinità «non giochi alcun ruolo nella fede e nella vita di non pochi cristiani»[6]. Nonostante le multiple invocazioni e gesti rituali trinitari o le esplicite confessioni di fede, il «cuore della fede cristiana» non riesce a plasmare «l'atto di fede personale ed esistentivo e tanto meno la comprensione dell'esistenza e del mondo»[7]. Richiamandosi esplicitamente a K. Rahner e alla sua diagnosi sullo *status* della dottrina trinitaria[8], G. Greshake individua due elementi che caratterizzano questa difficoltà di tradurre la verità trinitaria nell'esistenza credente: 1. il dogma della Trinità sembra una verità troppo astratta; 2. la fede nella Trinità sembra non poter esercitare alcun influsso concreto sul vivere umano.

1.1.1 La Trinità come verità astratta

Secondo l'autore, l'impressione diffusa fra i credenti cristiani è che il Mistero trinitario, benché da loro reiteratamente confessato, sia qualcosa di troppo astratto e complesso per essere seppur minimamente compreso. Conseguentemente, i cristiani quasi si autodispensano dal riflettere sulla fede professata o, perlomeno, lo fanno per quanto riguarda questo punto specifico del loro *patrimonium fidei*. Se questo procedimento si attua soprattutto in forma inconsapevole, anche quando il fedele ne è consapevole si sviluppano degli argomenti con cui si abbozza una giustificazione di questa condotta[9]: i. da un lato, Dio è Mistero e realtà ineffabile e, dunque, inaccessibile alla ragione[10]; ii. dall'altro, all'uomo basta l'economia della rivelazione, ossia tutti gli esercizi speculativi sulla vita divina sono dispensabili, proprio perché non riguardano a noi, ma solo Dio. Con Trinità si intende, allora, qualcosa di abbastanza astratto e che va ben oltre quanto sia umanamente comprensibile. La sfida logica contenuta nella questione trinitaria sembra esasperare le possibilità della comprensione umana e, pertanto, è una verità che non desta l'interesse del cristiano comune. Perlomeno

---

[6] IDU, 8 [DdG, 15].
[7] IDU, 8 [DdG, 15].
[8] Cf. IDU, 7-10 [DdG, 15-17]; FDT, 5-7 [HzGdG, 7-8].
[9] Cf. IDU, 14-16 [DdG, 20-22].
[10] Cf. DdG, 15 [IDU, 8]: «Eher erscheint die Trinität manchen als begriffliches Spekulationsobjekt und mythologische Chiffrierung».

questa sembra essere l'impressione di tanti che, paradossalmente, rimangono fedeli alla confessione di fede nel Dio uno e trino.

1.1.2 La Trinità come realtà umanamente irrilevante

Intimamente legato all'autodispensa di sviluppare l'*intellectus fidei* trinitario si riscontra, fra i cristiani, un aspetto rilevante del loro modo di affrontare la questione del Dio Trinità: l'elevazione della prassi a criterio dominante. Secondo questa prospettiva, è opportuno occuparsi soltanto delle realtà che possono produrre un effetto pratico e concreto sul vissuto. Di conseguenza, «sarebbe superfluo occuparsi della natura unitrina di Dio "in sé"»[11], e sarebbe invece sufficiente ricevere la comunicazione che Dio fa di se stesso nella storia senza ulteriori investigazioni sul «essere-in-sé» di Dio. Difatti, non si riesce a capire il «valore aggiuntivo»[12] che possa avere un'immagine trinitaria di Dio, giacché essa «non pare essere traducibile in un'esperienza di fede (*Glaubenserfahrung*) viva e pratica»[13]. La contemplazione della vita immanente di Dio diventa così, per noi, non solo logicamente astratta, ma anche esistenzialmente irrilevante.

Il problema non è, comunque, il presupposto che assume la prassi come criterio, ma la sua assolutizzazione utilitaristica, poiché una sua comprensione e applicazione immediata favorisce la riscontrata irrilevanza esistenziale della Trinità.

Quest'analisi della situazione della questione trinitaria descrive fondamentalmente una posizione che G. Greshake chiama di «cristianesimo borghese (*bürgerlichen Christentums*)»[14], in cui *lex orandi*, *lex credendi*, *lex agendi*, nell'ambito specifico della dottrina trinitaria, non si trovano in una relazione armonica[15]. È un cristianesimo che lotta per credere in Dio e che, dunque, non trova spazio per una difficoltà logica supplementare: un Dio tripersonale. È un cristianesimo che eleva la

---

[11] IDU, 15 [DdG, 22].
[12] IDU, 13 [DdG, 20].
[13] J. SCHULTE, «Das Geheimnis der Trinität», 426.
[14] IDU, 9 [DdG, 16].
[15] Questa descrizione è anche la denuncia di un fracasso della teologia e della predicazione ecclesiale: «Offenbar ist es der kirchlichen Glaubensverkündigung und Theologie nicht gelungen, die alles erfassende, umwälzende Bedeutung des Trinitätsglaubens für das eigene Leben und für den Umgang mit der Welt zu verdeutlichen. Aus dem Bekenntnis zum drei-einen Gott wurde eine binnentheologische, lebensfremde Aussage über das innerste Wesen Gottes, das den Menschen letztlich kalt und uninteressiert lässt» (cf. HzGdG, 9 [FDT, 8]).

praticabilità immediata a criterio dominante. Questo è, però, un aspetto teologico non del tutto assente in G. Greshake, come si può intuire considerando l'obiettivo della sua opera trinitaria.

1.2 L'intenzionalità trinitaria:
per la rilevanza esistenziale della fede nella Trinità

La menzionata verifica di una fede trinitaria svuotata della sua pregnanza esistenziale porta già in sé l'inquietudine fondamentale che motiva e conduce la riflessione trinitaria di G. Greshake e che, di conseguenza, determina il suo obiettivo:

> L'esigenza del presente studio è sorta a partire da tale situazione attuale della fede nella Trinità. Esso non intende essere una dottrina trinitaria nel senso tradizionale del termine [...]. Il fine è molto più limitato e modesto, pur toccando però in maniera più immediata l'esperienza (*Erfahrung*): lo studio vorrebbe evidenziare la *rilevanza*, ovvero l'importanza teoretica e la conseguenza pratica (si potrebbe anche dire il potere di irradiazione della fede), che conseguono per la visione cristiana della fede e per i più diversi ambiti della realtà, quando si prende sul serio il fatto che la fede non crede in Dio «in qualche modo», bensì crede in un *Dio tripersonale*. [...] Lo studio intenderebbe dunque mostrare che la Trinità non è solo oggetto di omologia e dossologia (della confessione e della lode) ma anche la chiave per comprendere (*Schlüssel zum Verstehen*) l'intera realtà[16].

Restituire alla professione di fede in Dio tripersonale la rilevanza vitale corrispondente alla sua centralità nella dottrina cristiana è lo scopo fondamentale di G. Greshake. Egli si sforza di riempire lo iato riconosciuto fra vita e confessione della Trinità, aiutando a far vedere come la specifica forma cristiana di presentare il Mistero di Dio abbia delle conseguenze sull'esistenza, sia nel campo propriamente della fede sia nella configurazione di una determinata mondovisione. Per questa ragione, come si è detto, l'autore non si propone di sviluppare tanto una teologia della Trinità, quanto un'autentica «teologia trinitaria», ossia una visione d'insieme alla luce del cuore trinitario della fede cristiana[17].

Essendo questo il suo intento, il teologo tedesco integra anche una certa preoccupazione con la praticabilità della fede confessata. Tuttavia, egli lo fa in un modo diverso da quanti la sostengono in maniera utilitaristica. Se, come lui stesso scrive, «la fede cristiana va valutata in base

---

[16] IDU, 16.18 [DdG, 22-24].
[17] Cf. IDU, 19 [DdG, 25].

alla sua utilità funzionale e alla sua applicabilità strumentale per l'uomo»[18], allora difficilmente non si incorrerà in un'aporia trinitaria, poiché un tale criterio ci impone una di queste due possibilità: o riconoscere l'irrilevanza esistenziale della Trinità o rassegnarsi alla sua negazione. G. Greshake vuole, invece, percorrere il camino contrario: «la fede non può essere valutata in primo luogo in base alla sua utilità per noi, bensì è *essa* il metro che tutto il resto misura»[19]. Non è, quindi, la praticabilità a giudicare la validità della fede trinitaria, ma quest'ultima a configurare, nel concreto, la *praxis* credente. Così G. Greshake vuole integrare, nell'ambito della teologia trinitaria, la considerazione della rilevanza esistenziale – preoccupazione valida di un atteggiamento di tipo utilitaristico –, senza che la verità contenuta e affermata a proposito del Mistero di Dio divenga ostaggio dei limiti della comprensione umana.

La preoccupazione esistenziale conduce, adesso, a considerare il modo in cui il teologo di Friburgo si propone di raggiungere il suo scopo. Di fatto, il suo progetto teologico-trinitario non dipende tanto del fine proposto quanto della forma adottata per raggiungerlo.

1.3 *L'intuizione fondamentale: la struttura trinitaria dell'esperienza*

Il tentativo di evidenziare la rilevanza vitale che il Mistero di Dio si attua, in gran misura, attraverso la scoperta e l'approfondimento del possibile luogo dell'esperienza nella considerazione teologica della Trinità e, viceversa, della Trinità nell'esperienza. Infatti, è «precisamente questo mutuo riferimento della fede trinitaria da una parte e dell'esperienza cristiana ed umana (*christlicher und menschlicher Erfahrung*) dall'altra, che costituisce l'oggetto»[20] della teologia trinitaria di G. Greshake. È, infatti, ben viva in lui la convinzione che «nell'*interazione* tra fede ed esperienza (*Erfahrung*) entrambi i fattori si rischiarano a vicenda»[21]. La considerazione dell'esperienza, sebbene impiegata con considerevole ampiezza di significato, assume, dunque, un posto assiale nell'intento trinitario del teologo di Friburgo.

La struttura dei suoi scritti di tematica trinitaria riflette quest'intenzionalità. Essi si articolano, fondamentalmente, intorno alla relazione fra Trinità ed esperienza, considerata nel suo doppio senso: l'esperienza di un Dio che si rivela come *communio* tripersonale e le conseguenze

---

[18] FDT, 9 [HzGdG, 10].
[19] FDT, 9 [HzGdG, 10]. Cf. IDU, 506-507 [DdG, 442].
[20] IDU, 19 [DdG, 25].
[21] IDU, 41 [DdG, 44].

esperienziali di credere in un tale Dio. In vista di una caratterizzazione introduttiva del ruolo dell'esperienza nella riflessione trinitaria di G. Greshake, s'indicheranno: 1. il significato assunto dal termine esperienza nel suo discorso trinitario; 2. il modo in cui intende la rivelazione divina, anzitutto, come un'esperienza; 3. la forma attraverso la quale, secondo l'autore, la fede trinitaria suggerisce un modo corretto di reinterpretare l'esperienza della fede e della realtà. Chiariti questi tre aspetti, si avrà non soltanto una prima percezione del modo in cui il teologo di Friburgo relaziona esperienza e riflessione trinitaria, ma anche una panoramica generale di tutta la sua teologia trinitaria.

1.3.1 Esperienza cristiana ed esperienza umana

L'esperienza non trova in G. Greshake un chiarimento propriamente concettuale. L'autore sembra presupporre nel lettore una certa precomprensione del suo significato, sufficiente per accompagnare la sua proposta teologica.

Coerentemente con il suo sforzo di trovare un discorso che sveli la portata esperienziale della «teo-logia» cristiana, si trova spesso, nei suoi scritti, la specificazione dell'esperienza, da un lato, come umana o pre-cristiana e, dall'altro, come cristiana. L'autore le presenta nel seguente modo:

> Se perciò come è stato fatto fin qui e come lo sarà anche in seguito, distingueremo tra esperienza umana (o pre-cristiana) e cristiana (*menschlicher bzw. vorchristlicher und christlicher Erfahrung*), intendiamo proporre piuttosto una distinzione fenomenologica: con esperienza umana o pre-cristiana intendiamo quella che non si orienta espressamente alla tradizione cristiana e non si verbalizza *expressis verbis* nella lingua di fede cristiana [...]; esperienza cristiana indica invece quell'esperienza fatta da persone che sono socializzate in senso cristiano e sono dunque anche coinvolte in un linguaggio e in concezioni religiose cristiane[22].

G. Greshake, attraverso questo chiarimento, non porta nessuna grande novità a quello che sarebbe già l'orizzonte precedente di compressione del lettore sull'esperienza. Dando maggior spazio esegetico agli aggettivi «umana» e «cristiana» che al sostantivo «esperienza», questa distinzione descrive non tanto la sua concezione di esperienza, ma soprattutto il progetto del teologo tedesco, poiché è in questi due ambiti – cristiano e umano – che egli cerca una formulazione teologica che rea-

---

[22] IDU, 37 [DdG, 41].

lizzi appieno la portata esistenziale della confessione trinitaria. Il teologo di Friburgo non presenta, pertanto, un reale chiarimento del significato con cui impiega il termine esperienza.

1.3.2 Rivelazione: esperienza di Dio

Alla base del discorso «teo-logico» di G. Greshake sta l'accoglienza della Trinità come verità di fede[23]. Egli non si occupa di una dimostrazione della Trinità, poiché questa è «semplicemente data come presupposta», senza, però, voler incorrere in un «positivismo di rivelazione» di «filo fideistico»[24]. Questo equilibrio è possibile solo perché la rivelazione non è qui considerata come una semplice comunicazione di verità su Dio. La rivelazione è, innanzitutto, un avvenimento vitale, poiché «nell'evento di Cristo *Dio* fa sperimentare se stesso»[25]. Parlando in questi termini, G. Greshake non afferma soltanto che al centro della fede cristiana sta la sconvolgente presenza di Dio che, in Gesù di Nazaret e nella forza del suo Spirito, viene a noi e comunica se stesso, ma anche che nel cuore di questa comunicazione sta proprio un'esperienza. La rivelazione è Dio che si fa sperimentare. È Dio che si fa evento. Perciò l'autore conclude che:

> la fede nel Dio uni-trino [...] rappresenta *l'*esperienza neotestamentaria basilare (*neutestamentliche Basiserfahrung*). E questo significa in altri termini: la Trinità non è originariamente una formula di fede, una proposizione di fede, una dottrina o addirittura un'ideologia, ma un *evento* (*Ereignis*) che viene raccontato, un'esperienza (*Erfahrung*) che viene testimoniata[26].

L'esperienza del Dio che si rivela sta, quindi, alla base della riflessione trinitaria, poiché se alla Trinità si accede per rivelazione e se la rivelazione è anzitutto un'esperienza, allora la teologia trinitaria ha nell'esperienza un punto di partenza non soltanto adeguato, ma anche particolarmente adatto all'obiettivo che si propone G. Greshake. È, in breve, questa singolare esperienza di Dio che «permette di gettare uno sguardo nell'intimo di Dio e, quindi, nel cuore di tutta realtà»[27].

---

[23] Cf. DdG, 28 [IDU, 22]: «Wichtig ist vor allem: Der in der kirchlichen Tradition überlieferte Glaube, daß Gott *in sich selbst* dreifaltig, d.h. Vater, Sohn und Heiliger Geist ist, wird in dieser Studie zunächst einmal *schlicht vorausgesetzt*».
[24] IDU, 22 [DdG, 28].
[25] FDT, 15 [HzGdG, 14].
[26] FDT, 16 [HzGdG, 15].
[27] FDT, 17 [HzGdG, 16].

1.3.3 Fede cristiana: orizzonte d'esperienza integrante

Questa reciprocità del rapporto teologia-esperienza permette, inoltre, di affrontare uno dei problemi della dinamica esperienziale: la sua ambiguità. Invero, «molte tra le esperienze più importanti sono, come si sa, oscure, ambigue, contraddittorie; manca loro una globalità, non si lasciano integrare e suscitano domande insolubili»[28].

È su questo piano che la fede trinitaria può ispirare – come G. Greshake cerca di evidenziare – una grammatica della vita che interpreta validamente le esperienze umane, anche nelle loro paradossalità. La fede cristiana «si concepisce come un orizzonte d'esperienza integrante (*integrierender Erfahrungshorizont*), che si deve alla rivelazione di Dio»[29]. Proponendo la fede cristiana come chiave ermeneutica dell'esperienza, l'autore pensa di adempiere lo scopo di mostrare come la fede trinitaria abbia qualcosa di utile e concreto da dire alla nostra esistenza[30]. Questo succede, secondo il teologo di Friburgo, quando si mette in evidenza la struttura trinitaria dell'esperienza cristiana e dell'esperienza della realtà.

+ *Struttura trinitaria della fede cristiana*: la capacità integrante della logica trinitaria viene dimostrata, in primo luogo, nella luce che è capace di gettare sugli altri domini della fede e della teologia cristiana. Rendendo concreta la sua intenzione e intuizione teologica, G. Greshake «s'interroga circa la struttura trinitaria della fede cristiana»[31]. La dinamica interna di un Dio tripersonale viene proposta come modello che risponde con una forma soddisfacente alle grandi questioni che la fede professata sottopone al credente e, viceversa, che l'uomo sottopone al cristianesimo. Procedendo in questo modo, è la struttura fondamentale della fede e dell'esperienza cristiana che si vanno definendo, nella loro comprensione teoretica e nelle conseguenze pratiche, con contorni trinitari;

+ *Struttura trinitaria della realtà*: in modo simile, l'autore rilegge l'esperienza umana in chiave trinitaria. Questioni filosofiche fondamentali o questioni sulla configurazione della società o, ancora, sul fenomeno religioso sono interpretate da una cosmovisione di tipo trinitario. La Trinità, mostrandosi di utile ispirazione per il chiarimento di alcuni dei più antichi quesiti della storia dell'umanità, afferma la sua ri-

---

[28] IDU, 23 [DdG, 29].
[29] IDU, 24 [DdG, 29].
[30] Cf. FDT, 9 [HzGdG, 10].
[31] IDU, 73-74 [DdG, 73].

levanza, mentre la realtà, una volta che è stata così validamente decifrata, espone la sua struttura trinitaria[32].

Il progetto trinitario di G. Greshake si caratterizza, dunque, per la notevole preoccupazione a restituire alla fede trinitaria una centralità esistenziale analoga alla sua centralità in seno della dogmatica cristiana. Questo è il tratto fondamentale che unisce quanto si è indicato in merito alla sua motivazione trinitaria (la valutazione dello *status* della questione), alla sua intenzione (mostrare la portata teorico-pratica della verità trinitaria) e alla sua intuizione fondamentale (dalla Trinità si coglie la chiave ermeneutica della fede e della realtà). La sua intera riflessione trinitaria si propone, dunque, di «mettere in luce la funzione "chiave" che la fede trinitaria ha per qualsiasi comprensione» e, di conseguenza, per «una prassi convincente di vita»[33].

In tutto ciò, sembra che l'esperienza debba svolgere un ruolo decisivo nel suo percorso teologico-trinitario[34]. Anzitutto, perché l'accesso alla conoscenza della Trinità è un'esperienza: la sua rivelazione. In secondo luogo, perché essa si trova effettivamente alla radice dei motivi che spingono G. Greshake a dedicarsi al tema della Trinità: si tende a non sperimentare la fede trinitaria come qualcosa di esistenzialmente rilevante. Infine, perché l'esperienza deve sempre costituire il punto di fuga del suo discorso trinitario: egli deve mostrare come la confessione trinitaria possa esercitare un influsso concreto sull'esperienza cristiana e umana. S'indica, insomma, un'impostazione della riflessione trinitaria che, in linea di principio, deve accogliere l'esperienza come suo punto di avvio e prospettarla come suo orizzonte.

2. Una visione comunionale della Trinità

Dopo la sommaria introduzione alla riflessione teologico-trinitaria di G. Greshake è necessario, adesso, entrare propriamente *in media res*, cioè passare allo studio del modo in cui egli vede e interpreta il Mistero di Dio Trinità. Il presente paragrafo è dedicato, dunque, all'analisi del modo in cui il teologo di Friburgo intende e presenta la Trinità «in sé».

---

[32] Un'intuizione teologica condivisa con san Tommaso d'Aquino: «cognitio divinarum Personarum fuit necessaria nobis dupliciter. Uno modo, ad recte sentiendum de creatione rerum. [...] Alio modo, et principalius, ad recte sentiendum de salute generis humani» (cf. STh I, q. 32, a. 1, ad. 3 [IV-351]).

[33] FDT, 9 [HzGdG, 10].

[34] Come, peraltro, l'autore stesso riconosce nelle introduzioni ai suoi scritti trinitari (cf. IDU, 7-41 [DdG, 15-44]; FDT, 5-11 [HzGdG, 7-12]).

L'autore approfondisce maggiormente le implicazioni teorico-pratiche della fede nella Trinità rispetto al momento propriamente «teo-logico» della considerazione trinitaria. Tuttavia, la possibilità di ottenere queste indicazioni concrete dipende dal modo in cui la Trinità «in sé» stessa viene capita. Il modo comunionale con cui egli cerca di reinterpretare l'esperienza cristiana e umana deve, quindi, fondarsi su quella realtà che è *communio* per antonomasia: la Trinità divina. Con l'intento di esporre il modo greshakiano di trattare il Mistero di Dio, questo paragrafo si suddivide in due momenti: 1. s'indica il modo come G. Greshake arriva alla conclusione che *communio* è il concetto che meglio descrive l'immanenza trinitaria; 2. si espone la forma con cui l'autore prospetta la vita divina fra Padre, Figlio e Spirito Santo in chiave comunionale.

2.1 *Dio Trinità è* communio*:*
    dalla rivelazione alla concentrazione comunionale

Presumendo che non esista altro accesso alla conoscenza della Trinità fuori della sua base neotestamentaria[35], G. Greshake tende a mettere al centro della sua riflessione trinitaria la questione della rivelazione storica di Dio. È questa la via per un discorso propriamente «teo-logico». Solo in essa lo sguardo teologico può elevarsi alla vita immanente della Trinità e considerare Dio in se stesso. Perciò, il discorso teologico-trinitario deve sempre ricercare la forma migliore per conformarsi alla fisionomia attraverso cui Dio si è svelato. Cercando di accompagnare G. Greshake nel passaggio dalla considerazione dell'economia della rivelazione divina alla sua visione «teo-logica» di stampo comunionale, verranno in seguito trattati: 1. l'interpretazione greshakiana del rapporto tra economia e immanenza trinitaria; 2. l'associazione di Dio alla nozione di *communio*; 3. il riconoscimento dello statuto analogico di questo suo modo di riferirsi al Mistero di Dio; 4. la sua lettura del processo di gestazione del concetto di *persona* come convergente con un'immagine comunionale di Dio.

2.1.1 Dio si rivela com'è

La ricezione del *Grundaxiom* di K. Rahner, ossia il riconoscimento che «la Trinità "economica" è la Trinità "immanente" e viceversa»[36],

---

[35] In evidente contrasto con l'opinione di R. Panikkar, per cui la Trinità è un'«invariante culturale» (cf. TEUP, 52).
[36] Cf. *Trinità*, 30 [DdGtUH, 328].

si trova alla base della riflessione trinitaria di G. Greshake. Nel nucleo del *kerygma* cristiano risiede la confessione che Cristo dona realmente Dio all'uomo[37] e la novità della coscienza cristiana consiste proprio nel fatto di riconoscere in Gesù e nel suo Spirito più di semplici mezzi o strumenti della rivelazione divina[38]. Essi sono Dio davvero presente e attuante nella storia e a partire da essi è possibile percepire, per quanto sia umanamente possibile, chi è Dio «in sé». Sarebbe, infatti, un controsenso, da un lato, confessare la presenza attiva di Dio nella storia, ipostaticamente assunta in Cristo, e, dall'altro, sostenere che questo fatto nulla dice sull'immanenza di Dio trino. Tale controsenso sarebbe ancora maggiore per chi, come G. Greshake, intende la rivelazione come comunicazione di vita e non solo di verità o postulati su Dio[39].

L'esplicita accoglienza del *Grundaxiom* è confermata anche dal modo in cui il teologo di Friburgo concepisce l'incarnazione, cioè come un evento che segna definitivamente l'immanenza divina. Secondo G. Greshake, «dal momento dell'incarnazione di Dio in poi non esiste più alcuna Trinità "in sé", alcuna vita intradivina che si svolga indipendentemente dal mondo e dalla storia, bensì solo una vita divina che si svolge "in essi" e "insieme a essi"»[40]. In un modo simile a quello attuato da J. Motmann, ma senza radicalizzare quest'impatto della storia in Dio[41], l'autore vincola con forza «economia» e «immanenza», sottolineando non solo l'effettiva presenza di Dio Trinità nella storia, ma anche il definitivo impatto intratrinitario dell'incarnazione del Figlio. Nonostante G. Greshake cerchi di integrare alcune delle critiche indirizzate alla formulazione rahneriana di tale assioma – rivolte, particolarmente, al

---

[37] Cf. DdG, 49 [IDU, 47]: «In der Mitte der christlichen Urerfahrung steht die Ein-Sicht, daß Jesus von Nazareth aus eigener Vollmacht und Kompetenz dem Menschen Gott schenkt, daß – anders gesagt – durch ihn als den Sohn und im Heiligen Geist Gott der Vater auf die Menschheit zugegangen ist und sich selbst ihr ganz „mitgeteilt" hat: „Mitteilung" im Sinne von Selbsteröffnung und Selbstgeschenk, von Kommunikationsstiftung und Anteilgabe am eigenen göttlichen Leben».

[38] Cf. IDU, 48 [DdG, 49-50]. Così si contesta sia il subordinazionismo sia il modalismo.

[39] G. Greshake aggiunge l'argomento presentato anche da J. Ratzinger: se i mezzi attraverso cui Dio consuma la sua autorivelazione non fossero, anche essi, propriamente divini, allora questa rivelazione non avvicinerebbe Dio, anzi lo allontanerebbe (cf. DdG, 49; J. RATZINGER, *Einführung in das Christentum*, 150-151).

[40] FDT, 74 [HzGdG, 65-66].

[41] In effetti, G. Greshake, in contrasto con J. Moltmann, non trasferisce l'attesa del compimento escatologico dall'economia storica all'immanenza divina.

suo «viceversa»[42] – la verità è che G. Greshake rimane fedele agli aspetti essenziali dell'intuizione espressa nel *Grundaxiom*: Dio Trinità si è rivelato «a noi» com'è «in sé»[43].

2.1.2 Dio si rivela *communio*

L'affermazione che Dio si rivela in stretta identità con la sua vita immanente costituisce un principio teologico-trinitario fondamentale che, però, di per sé, non dice molto su come è effettivamente Dio. Questo principio rende possibile il discorso sulla Trinità, ma per con-

---

[42] Se l'identificazione dell'economia con l'immanenza non sembra aver sollevato grandi problemi, non si può dire lo stesso circa la loro corrispondenza vista dall'immanenza all'economia: «Dem heute vielverwendeten Grundsatz ist also zuzustimmen, daß wir von der immanenten Trinität nur durch die ökonomische Kenntnis haben und Aussagen wagen können. […] Die andere ist, daß christlich die ökonomische Trinität gewiß als die Auslegung der immanenten erscheint, die aber als der tragende Grund der ersten mit ihr gerade nicht einfach identifiziert werden darf. Denn andernfalls droht die immanente und ewige Trinität Gottes in der ökonomischen aufzugehen, klarer gesagt, Gott in den Weltprozeß hinein verschlungen zu werden uns nur durch diesen hindurch zu sich selbst zu kommen» (cf. H.U. VON BALTHASAR, *Theodramatik*. II. *Die Personen des Spiels*. 2. *Die Personen in Christus*, 466). Per un'analisi generale della ricezione del *Grundaxiom* rahneriano: M. GONZÁLEZ, *La relación entre Trinidad económica e inmanente*; M. PARADISO, *Nell'intimo di Dio*, 309-335. Davanti alle critiche mosse alla formulazione rahneriana, ha prevalso un'interpretazione «correttiva-esplicativa» dell'assioma, com'è definita da R. Ferrara, iniziata con G. Lafont e assunta dalla Commissione Teologica Internazionale, e non l'interpretazione «adattativa», della quale P. Schoonenberg è stato il principale protagonista (cf. COMMISSIONE TEOLOGICA INTERNAZIONALE, «Theologia-Cristologia-Antropologia», 404-461 [354-399]; G. LAFONT, *Peut-on connaître Dieu en Jésus-Christ?*, 171-328; P. SCHOONENBERG, *Ein Gott der Menschen*; ID., «Trinität – der vollendete Bund», 115-117; R. FERRARA, «La Trinidad en el posconcilio», 53-92; L.F. LADARIA, *La Trinidad, Misterio de comunión*, 14-64). G. Greshake si mostra fedele alla prospettiva rahneriana e, al contempo, sensibile alle critiche rivolte a una semplice identificazione immanenza-economia: riconoscendo che la Trinità immanente deve essere considerata una «premessa» della Trinità economica, afferma, contemporaneamente, che essa non può essere una semplice «trascendentale condizione di possibilità» dell'economia (cf. IDU, 50-51 [DdG, 51-52]). Diversa è l'interpretazione che V. Holzer offre della posizione di G. Greshake: «Gisbert Greshake adopte sans réserve la formulation balthasarienne de l'axiome rahnérien» (V. HOLZER, «Trinité et analogie chez Hans Urs von Balthasar», 265). Mi pare, però, che V. Holzer non consideri abbastanza quest'ultima affermazione del teologo di Friburgo, cioè che la Trinità immanente è qualcosa di più di una condizione di possibilità dell'economia.

[43] Cf. FDT, 23 [HzGdG, 21]; L.F. LADARIA, *La Trinidad, Misterio de comunión*, 11-14.

templare la vita intratrinitaria bisogna ancora, per così dire, attuarlo, cioè osservare come effettivamente Dio si è rivelato.

Avendo sostenuto, con H.U. von Balthasar, che nulla si può affermare sulla Trinità allontanandosi dalla sua base neotestamentaria[44], ci si aspetterebbe che G. Greshake ricorra a quanto racconta il Nuovo Testamento, ad esempio, sulla singolare relazione fra Gesù e suo il Padre o a quanto viene riferito sull'invio e sull'agire dello Spirito[45]. Infatti, non è così. Egli concede, invece, maggiore importanza «teo-logica» alle implicazioni formali della rivelazione di Dio. L'autore propone una riflessione incentrata, prima di tutto, sull'aspetto formale della rivelazione, interrogandosi sul significato immanente dell'uscita di Dio da se stesso. La sua teologia tende, quindi, a concentrarsi più sul fatto che Dio si sia rivelato che su ciò che Egli ha rivelato di se stesso nella storia[46].

La sua analisi si avvia con l'osservazione che nell'esperienza della rivelazione divina «incontriamo già due agenti distinti: il Dio rivelantesi e la parola divina rivelata in forma umana, Gesù Cristo»[47]. Personalmente rivelato nella storia, Dio pare mostrare «in sé» una dualità: il rivelato e il rivelatore. Eppure, considerando la limitazione del creato nell'accogliere una parola eterna, G. Greshake solleva la seguente questione, con la quale apre il suo discorso alla considerazione di un «terzo» in Dio: «se Dio si rivela, *o* la sua parola viene ridotta a dimensioni finite nella povertà della ricettività umana, *oppure* la creatura viene annientata di fronte alla gloria divina senza veli? [...] Esiste una terza possibilità»[48]?

La forma retorica in cui si esprime, tipica dello stile di G. Greshake[49], apre già a una visione ternaria dell'«autocomunicazione»[50] divina. La terza possibilità è quella presenza divina che rende capace l'uomo di

---

[44] Cf. IDU, 46 [DdG, 48]; FDT, 5-7 [HzGdG, 7-8]; H.U. von BALTHASAR, *Theologik*. II. *Wahrheit Gottes*, 125.

[45] Benché G. Greshake sostenga esplicitamente – di certo per evitare controversie esegetiche – che la fede trinitaria non poggia su alcuni, pochi passi scritturistici del Nuovo Testamento (cf. FDT, 16 [HzGdG, 15]).

[46] Prospettiva che contrasta chiaramente con l'impostazione moltmanniana. Questa linea di esposizione è più evidente in *Hinführung zum Glauben*. Benché non sia del tutto assente, in *Der dreiene Gott* si ricorre piuttosto al concetto di *persona*. In entrambi i casi si arriva a una concezione della vita immanente di Dio di tipo comunionale.

[47] FDT, 19 [HzGdG, 18].

[48] FDT, 20-21 [HzGdG, 19].

[49] Infatti, il teologo tedesco espone frequentemente i suoi argomenti e conduce il suo lettore ricorrendo a insiemi di domande retoriche, con cui prepara le sue conclusioni.

[50] Espressione tipicamente rahneriana e accolta nell'opera di G. Greshake.

accogliere e conoscere oltre i suoi limiti e che, secondo l'esperienza e la fede cristiana, è lo Spirito Santo[51]. Da quest'approccio alla rivelazione, si deriva la seguente conclusione:

> la concezione cristiana dell'evento della rivelazione racchiude tre elementi. *Primo*: è il Dio infinito, il Padre, a comunicarsi senza riserve all'uomo e a stabilire con lui una strettissima comunione d'amore. *Secondo*: tale comunicazione avviene nella parola (nel senso più ampio del termine), e precisamente in maniera perfettamente umana, affinché noi possiamo percepirla. All'apice di questa autocomunicazione di Dio (*Selbstmitteilung Gottes*) la parola appare nel Figlio di Dio divenuto uomo, Gesù Cristo [...]. *Terzo*: l'accoglimento e la comprensione della parola di Dio avviene nell'uomo in maniera divina, cioè la ricezione soggettiva della parola di Dio avviene in virtù di un'azione divina, nello Spirito Santo[52].

Il significato immanente della rivelazione divina non può, di conseguenza, che puntare verso la verifica che Dio è triplice «in sé», in una sintonia di uno che si rivela, altro che rivela e ancora un terzo che li rende recepibili. Se, come si è visto, Dio si rivela personalmente com'è, e se il fenomeno della rivelazione si svolge in tre presenze distinte, allora sarà legittimo ammettere in Dio stesso una triplice distinzione. Il ragionamento appare razionale e sillogistico. È qui applicato, difatti, un esercizio della ragione, ma, almeno nell'intenzione dell'autore, la ragione non è la sua base, bensì la necessità di trovare un discorso «teo-logico» che corrisponda all'«esperienza basilare» testimoniata dal Nuovo Testamento: Gesù ci offre personalmente Dio.

Nel cogliere la portata intratrinitaria del svelarsi di Dio nella storia, il teologo di Friburgo dà avvio al passaggio dalla descrizione della rivelazione alla riflessione sul suo contenuto e significato «teo-logico». È in questo secondo momento della sua esposizione trinitaria che si arriva a una visione comunionale di Dio. Infatti, il Dio trino «in sé» viene subitamente identificato come un Dio «comunità», «comunione», *communio* – e non monade. Secondo G. Greshake:

> Questa esperienza neotestamentaria fondamentale (*neutestamentliche Grunderfahrung*) ha come conseguenza per l'immagine di Dio che, se nell'evento di Cristo, Dio si è manifestato sia come in sé differenziato e sia come mistero di dedizione, vicinanza, amore e comunicazione estrema e se così egli ha manifestato realmente *se stesso*, allora questo Dio è anche *in se*

---

[51] Cf. FDT, 22 [HzGdG, 20].
[52] FDT, 22 [HzGdG, 20-21].

stesso distinto e precisamente come *communio* reciprocamente gratificantesi[53].

G. Greshake giunge, in questo modo, all'affermazione fondamentale della sua proposta trinitaria: Dio Trinità è *communio*. L'economia salvifica fa sperimentare un Dio che, rivelandosi, si mostra comunione e che, coerentemente, invita l'uomo a partecipare in ciò che è: *communio*[54].

È, comunque, discutibile la forma immediata attraverso la quale l'autore associa l'interpretazione del significato immanente della rivelazione alla nozione di *communio*. La sequenza della sua esposizione sembra compiere qui un salto logico non debitamente chiarito. Essa lascia, perciò, l'impressione che il concetto di *communio* sia un'aggiunta esterna al proprio processo della rivelazione e sia debitore di una qualunque preesistente idea di comunione. Questo fatto rinvia allo statuto analogico di qualsiasi discorso su Dio e, necessariamente, anche del concetto di *communio*.

2.1.3 *Communio* come analogia

La critica di una certa precipitazione nell'associare *communio* all'«esperienza neotestamentaria» non potrà, tuttavia, dimenticare lo statuto analogico del discorso su Dio. G. Greshake è conscio che qualsiasi discorso «teo-logico» è anticipato da «esperienze antropologiche (*anthropologischen Erfahrungen*)»[55] e che solo alla luce di queste esperienze si può riflettere e parlare di e su Dio. Infatti, nel suo caso specifico, si riconosce tacitamente che un'esperienza umana precedente di *communio* illumina il momento in cui l'uomo riflette e interpreta l'esperienza di Dio personalmente rivelato. Quando l'autore coinvolge la nozione di *communio* nell'interpretazione di quello che di sé Dio ha detto nella storia, egli introduce nella questione trinitaria il dinamismo analogico del discorso teologico e, in particolare, del concetto di *communio*.

Communio non è, però, un'analogia fra le altre. Non mancano, è certo, realtà create che si possono associare al Mistero rivelato[56], anche se

---

[53] FDT, 17 [HzGdG, 16].

[54] Cf. FDT, 24 [HzGdG, 22].

[55] Cf. IDU, 191 [DdG, 173].

[56] Siano le classiche analogie fra le processioni in Dio e la generazione umana o il sorgere della parola nello spirito umano; siano le analogie che tendono a rilevare nella Trinità il «complesso relazionale» di uguali, come, ad esempio, il gioco, gli organismi biologici o ancora l'«analogia moderna dei campi di forza» (cf. IDU, 211-212 [DdG, 190]; W. PANNENBERG, *Systematische Theologie*, I, 417).

l'esperienza del creato può soltanto aspirare a rispecchiare in modo «approssimato» quello che Dio Trinità è «in sé»[57]. L'obiettivo dell'autore è, però, quello di trovare l'analogia che più si avvicina a questa realtà che sempre supera le capacità della comprensione e del linguaggio umano. Fra le analogie possibili, la *communio* è quella che, a suo avviso, più si avvicina al Mistero di Dio e che deve, dunque, godere di uno statuto singolare[58].

Il ruolo delle «esperienze antropologiche» è, allora, semplicemente illustrativo. Esse non hanno una vera capacità rilevatrice, ma solo la possibilità di chiarificare la rivelazione[59]. È importante, comunque, sottolineare che G. Greshake, forse nel tentativo di rilevare il plusvalore «teo-logico» dell'immagine e dell'esperienza comunionale, sembra voler dare alla *communio* una portata che va oltre quanto permette un'impostazione di tipo analogico. In effetti, egli sostiene che la *communio* «appartiene [...] alla costituzione delle Persone divine e delle loro relazioni»[60]. Se è così, ossia se con la *communio* si tocca la costituzione di Dio stesso, allora ci si potrebbe chiedere se l'«esperienza antropologica» di *communio* non avrà invece una certa capacità rivelatrice. Questa tensione fra statuto analogico e statuto costitutivo di *communio* è già un primo segnale di una certa indefinizione di questo concetto: da un lato è mera analogia e dall'altro costituisce le Persone, convenendo propriamente all'immanenza divina. È, tuttavia, importante riconoscere che questo non costituisce una semplice contraddizione, poiché secondo G. Greshake è il «dissimile [...] [che] diviene il parametro di ciò che a noi è simile (ovvero esperibile e plausibile)»[61]. In ultima analisi, per l'autore, non è la *communio* umana a definire quell'intratrinitaria, ma è invece la *communio* divina che deve conformare le esperienze umane di comunione. Effettivamente, lungo la sua riflessione trinitaria, egli è abbastanza coerente con questa prospettiva che ricerca forme comunionali storiche ispirate alla *communio* trinitaria e non il contrario.

La funzione di *communio* all'interno della riflessione e del discorso trinitario greshakiano rimane, perciò, in uno stato di tensione che non è

---

[57] Cf. IDU, 227 [DdG, 203]. Parlare di «approssimazione» costituisce un modo per rileggere la classica definizione di analogia, secondo la quale la dissomiglianza è maggiore della somiglianza (cf. COD, 232).

[58] Cf. IDU, 227-228 [DdG, 203].

[59] Conseguenza logica del suo presupposto teologico che alla vita della Trinità si accede solo per rivelazione (cf. IDU, 46 [DdG, 48]).

[60] IDU, 227-228 [DdG, 203].

[61] IDU, 199-200 [DdG, 179-180].

sempre chiaro. Essa sembra assumere uno statuto intermedio: essendo un'analogia è, al contempo, più di una semplice analogia[62]. C'è un'«esperienza antropologica» di *communio*, su cui si fonda l'analogia, ma è la Trinità rivelata il suo «archetipo»[63].

Con questa forma analogica di impostare la questione si conferma la preoccupazione esistenziale della teologia trinitaria del teologo tedesco. Si percepisce in lui la voglia di trovare una forma di fare teologia trinitaria che integri vita ed esperienze umane, senza, però, rinunciare alla salvaguardia dell'evento Gesù come accesso alla Trinità e all'ineffabilità dell'immanenza trinitaria, aspetto che evita uno scioglimento della divinità nel creato di stile panteistico.

2.1.4 *Communio* e *persona*

G. Greshake vede nel lungo e complesso processo di gestazione del concetto trinitario di *persona*, cui dedica un'estesa analisi in *Der dreiene Gott*[64], una sintonia con l'identificazione del Mistero rivelato di Dio con la *communio*. Tale processo può essere sintetizzato da due affermazioni fondamentali: i. in Dio, unità e pluralità sono sullo stesso piano, ossia non c'è una precedenza di una sull'altra; ii. le distinzioni trinitarie avvengono sempre in modo dialogico-relazionale, cioè le Persone divine

---

[62] Si può situare qui la questione dei *vestigia Trinitatis*. Da un lato, con E. Jüngel, si afferma che Cristo crocifisso è l'autentico *vestigium* – in sintonia con la premessa che la rivelazione è l'unica via di accesso alla vita della Trinità (cf. IDU, 49 [DdG, 50]; E. JÜNGEL, *Gott als Geheimnis der Welt*, 470-505). Dall'altro, si sostiene che: «in Schöpfung und vorchristlicher Geschichte immer auch schon antizipierende Formen der Trinitätsoffenbarung ereignen […], so daß „menschliche" Erfahrungen mit Gott auch schon *anfänglich* christliche und trinitarische Erfahrungen sind» (cf. IDU, 37 [DdG, 41]). L'idea di una «prefigurazione (*Vorschattung*)» della confessione trinitaria viene compresa alla luce dei contributi di R. Guardini e di H.U. von Balthasar: «Warum sollte dann nicht auch auf die Trinität das Wort Romano Guardinis angewandt werden: „Es gibt Wirklichkeiten, die an sich zur ‚Welt', zum Ganzen des unmittelbaren Daseins gehören uns also durch geklärte und vertiefte Erfahrung sollten erfaßt werden könnten, faktisch aber erst dann erfaßt werden, wenn sie von den entsprechenden Wirklichkeiten der Offenbarung übergriffen sind? Anders gesagt: Es gibt – unter der Voraussetzung einer von den Begriffen Natur-Übernatur strukturieren Sehweise – nicht nur, wie v. Balthasar bemerkt, den Bereich von Natur und Übernatur, sondern auch einen dritten Bereich, der aus solchen Wahrheiten und Werten besteht, die an sich in der Naturordnung fundiert sind, „dort aber erst, wie ein ‚Katzenauge', im Angestrahltwerden durch die Gnade aufleuchten» (cf. IDU, 33 [DdG, 37-38]).

[63] Cf. IDU, 211 [DdG, 189].

[64] Cf. IDU, 75-189 [DdG, 74-171].

«non possono venir pensate indipendentemente dalle altre, a cui sono in permanenza riferite»[65]. Questi due elementi, secondo il teologo tedesco, descrivono e puntano verso quello che s'intende con *communio*.

Il rapporto fra *persona* in senso trinitario e persona umana conferma anche questa convergenza[66]. Nata come questione teologica in senso stretto, la riflessione sulla *persona* è progressivamente entrata nel campo antropologico, per venire a dare forma a quattro aspetti[67]:

i. Persona è sostanziale «auto-nomia» – non un caso di una generica sostanza;
ii. Persona è una grandezza relazionale;
iii. Persona non è realtà statica;
iv. Persona si realizza in compenetrazione d'identità e differenza, di unità e pluralità.

Fra *persona* e *communio* si verifica, quindi, una notevole convergenza di significato, a tal punto che *persona* offre concretezza a *communio* e quest'ultima chiarisce la specificità delle realtà personali. Secondo G. Greshake, il concetto «teo-logico» di *persona* ha progressivamente integrato quegli aspetti comunionali con cui Dio Trinità si è rivelato. *Persona* è diventata, perciò, un concetto segnato interiormente dagli aspetti che caratterizzano il concetto di *communio*: relazionalità, dinamicità, mediazione tensionale di opposti che garantisce la loro simultaneità (unità-pluralità; identità-differenza). *Persona* e *communio* sono, dunque, due concetti intimamente connessi. L'esperienza del Dio *communio* è l'origine e il criterio dell'approfondimento concettuale di *persona* e questa è un'espressione particolarmente qualificata di cosa, in concreto, significhi *communio*.

A partire dalla riflessione sul Dio che entra personalmente nella storia e si fa sperimentare come trino, G. Greshake giunge al concetto di *communio*, inteso come quella realtà che meglio descrive ed esprime l'«esperienza neotestamentaria basilare (*neutestamentliche Basiserfahrung*)». È questa sua condizione speciale che spinge G. Greshake ad assumere la *communio* come il «concetto chiave (*Schlüsselbegriff*)» del cristianesimo e, naturalmente, della teologia trinitaria.

---

[65] IDU, 190 [DdG, 172].
[66] La persona creata svolge anche un ruolo analogico all'interno del discorso teologico di G. Greshake.
[67] Cf. IDU, 193-195 [DdG, 175-176].

2.2 *Dio Trinità come* communio*: unità originaria in originaria diversità*

La descrizione dell'esperienza neotestamentaria come incontro con un Dio che si mostra *communio* «in sé» segna anche il modo in cui G. Greshake prospetta teologicamente la visione del Mistero di Dio. Ed è proprio alla presentazione della sua riflessione sull'immanenza trinitaria che è dedicato il presente paragrafo.

La sua teologia trinitaria pretende di essere un'espressione riflettuta di quella che è stata l'«esperienza neotestamentaria» di Dio. In coerenza con quanto si è visto sull'«esperienza base» cristiana, *communio* definisce l'aspetto essenziale della percezione teologica di chi è Dio «in sé». Secondo G. Greshake:

> dire che Dio è unitrino significa affermare che Dio è quella *communio* nella quale le tre Persone divine realizzano in un mutuo gioco trialogico di amore (*trialogischen Wechselspiel der Liebe*), l'unica vita divina quale vicendevole autocomunicazione. Dal punto di vista logico (!) non occorre ricorrere ad una unità sostanziale «prima» del mutuo gioco comunionale delle tre Persone (*communialen Wechselspiel der drei Personen*), né ad un'unità realizzata nel Padre e da lui comunicata alle altre due Persone: la *communio*, in quanto mediazione in processo di unità e molteplicità, è piuttosto la realtà originaria ed indivisibile dell'unica vita divina (nel linguaggio filosofico: dell'unico *actus purus* dell'essere, che in tal modo nella sua essenza si rivela essere «comunicativo»), che porta in sé diversi momenti di attuazione di questo unico evento mutuo di comunicazione (*gegenseitigen Kommunikationsgeschehens*) e dunque porta in sé sia l'unità che la molteplicità[68].

Dall'identificazione delle tracce caratteristiche dell'esperienza del Dio che si rivela come entità personale e comunionale – relazionalità, dinamicità, mediazione tensionale e simultanea di opposti – intendo passare alla presentazione del modo in cui, nell'opera di G. Greshake, si prospetta la vita immanente di Dio Trinità. In questa successiva presentazione si sottolinea: 1. il modo in cui l'autore interpreta la questione del rapporto tra unità e pluralità in Dio; 2. la sua comprensione dell'alterità personale nel seno dell'unità trinitaria; 3. la sua visione eminentemente pericoretica della vita immanente della Trinità; 4. la sua descrizione del ruolo di ciascuna delle tre Persone all'interno della loro vita immanente. Si entra propriamente, dunque, nell'esposizione della sua

---

[68] IDU, 198-199 [DdG, 179].

visione «teo-logica», che l'autore vuole sempre porre in totale corrispondenza con l'«esperienza neotestamentaria basilare».

2.2.1 Unità e pluralità: originaria simultaneità

Guardare il Mistero divino, innanzitutto, come realtà comunionale implica e permette, secondo G. Greshake, di superare le classiche alternative in teologia trinitaria: partire dalla sostanza una oppure dalla triade delle Persone. In quest'inquadratura comunionale, il dato prioritario in Dio è proprio la *communio* trinitaria e non è né l'unità divina né la pluralità trinitaria. Questo significa che *communio* viene intesa come «mediazione reciproca di unità e molteplicità»[69]. *Communio* permette, secondo la visione dell'autore, di pensare unità e pluralità – che di per sé si annullerebbero a vicenda – in una forma così coordinata e armonica che diventano assolutamente simultanei in Dio – sono cioè *gleichursprünglich*[70].

Il dato primario della vita immanente di Dio è, perciò, la propria *communio* trinitaria, ossia la propria tensione unità-pluralità divina. Con questo paradigma si vuole affermare che «non vi è un *prius* logico od ontologico di Persona/Persone o sostanza, poiché l'amore divino non è né qualcosa che sta "prima" del gioco mutuo delle Persone, né qualcosa che viene "dopo" questo»[71].

Sicuramente per evitare sospetti triteisti, alimentati dai timori che con la Trinità si ritorni al politeismo pagano, nella storia del cristianesimo si è spesso fatta derivare la riflessione trinitaria dalla considerazione dell'unità, fosse questa fondata sull'essenza divina o sulla persona del Padre. Considerando che G. Greshake non imposta la questione trinitaria a partire dall'unità divina, ci si potrebbe chiedere se la sua prospettiva non finisca con l'incorrere nell'errore di indebolire il monoteismo cristiano. Questo sospetto, tuttavia, non ha ragione d'essere. Lo avrebbe se si partisse dalla distinzione in Dio. Partendo, però, come cerca di fare G. Greshake, dalla tensione e dalla simultaneità fra unità e pluralità il pericolo di dissoluzione dell'unità si annulla, come si moderano anche i suoi possibili eccessi[72].

---

[69] IDU, 203 [DdG, 183].
[70] Cf. G. GRESHAKE, «Communio – Schlüsselbegriff der Dogmatik», 95.
[71] IDU, 210 [DdG, 188].
[72] Parere concorde con quello di L.F. Ladaria: «No se debe caer en el simplismo de acusar de triteístas a los defensores de este modelo de unidad "pericorética"» (cf. L.F. LADARIA, *La Trinidad, Misterio de comunión*, 162).

2.2.2 Unità e differenza: un complesso relazionale

Attribuire il primato alla *communio* riconfigura, necessariamente, l'intendimento teologico dell'unità divina. L'esperienza di un Dio che si mostra «eccentricità estatica» o «complesso relazionale» capovolge una concezione immobile, immutabile o impassibile dell'essenza divina. Nella visione di G. Greshake «*l'essentia* divina, l'unica sostanza divina è *communio*»[73]. L'identificazione della sostanza divina con *communio* implica rinunciare a pensare l'unità in Dio come realtà compatta e immune a rapporti, poiché, al contrario, essa comporta una configurazione dell'essenza divina come realtà che «avviene "in" e "tra" le Persone, o meglio, ciò che in modo rispettivamente diverso venga realizzato insieme in e dai tre»[74]. La riconfigurazione comunionale della riflessione trinitaria tende, quindi, a vedere la Trinità come «unità originaria in originaria diversità»[75].

Con la forma organica e originariamente differenziata con cui l'unità in Dio viene prospettata, G. Greshake pensa di suggerire una forma superiore d'unità, o meglio, «la suprema forma d'unità», visto che questa «è tanto più elevata, quanto più integra in sé complessità e differenziazioni maggiori»[76]. Infatti, procedendo in questo modo, egli non sembra relativizzare l'unità divina[77]. Dio, in quanto Trinità, costituisce davvero questa forma di suprema e piena unità.

2.2.3 L'immanenza trinitaria: gioco pericoretico d'amore

La concentrazione comunionale del Mistero di Dio promuove, inoltre, una riconfigurazione della forma con cui si prospettano le relazioni tra le Persone divine. Le Persone sono e vivono, prima di tutto, in eterna «ritmica dell'amore (*Rhythmik der Liebe*)»[78], cioè in un «gioco pericoretico dell'amore (*perichoretische Wechselspiel der Liebe*)»[79]. Con queste espressioni l'autore suggerisce un dinamico interscambio fra le

---

[73] IDU, 206 [DdG, 185].
[74] IDU, 205 [DdG, 184].
[75] IDU, 220 [DdG, 197].
[76] IDU, 219 [DdG, 196]. Cf. H.U. VON BALTHASAR, *Theodramatik*. IV. *Das Endspiel*, 83: «Nähe und Abstand in ihrer Einheit haben in Gott ein Verhältnis des Je-mehr: „Je mehr sich in Gott die Personen differenzieren, um so größer ist ihre Einheit"».
[77] Lettura concorde con quella di M. Bollig (cf. M. BOLLIG, *Einheit in der Vielfalt*, 44).
[78] IDU, 208 [DdG, 187].
[79] IDU, 230 [DdG, 205].

tre Persone divine, interscambio che si verificherà in tutte le direzioni possibili dei rapporti fra Padre, Figlio e Spirito Santo. Ciascuno dei tre è origine, medio e fine nei rapporti intratrinitari.

Tuttavia, questa riflessione intorno alle relazioni intratrinitarie non può evitare la questione delle processioni in Dio, a cui G. Greshake effettivamente dedica un'attenzione particolare. Secondo l'autore, il tema è, «nel quadro della tradizionale dottrina delle relazioni», spesso considerato sotto l'«angolatura di un'ermeneutica della costituzione»[80]. Un'impostazione comunionale della Trinità consente, invece, di considerarle in un modo diverso, ossia come «mutuo evento di mediazione (*Vermittlungsgeschehen*) che esclude ogni *reductio in unum*»[81]. Per G. Greshake, ciascuna Persona divina

> è in un modo suo proprio del tutto proveniente dalle altre e del tutto orientata ad esse: dando/ricevendo – ricevendo/dando – unendo/ricevendo/restituendo, così che ciascuna *è* se stessa solo nelle altre e comprende ed abbraccia in sé le altre (pericoresi) nell'atto del suo proprio essere-persona[82].

Nel ritmo comunionale delle Persone divine, ognuna è contemporaneamente costituita dalle altre due e costitutrice delle altre due.

Quest'inferenza trinitaria tende a confutare il modo in cui classicamente le processioni sono state intese e che tanto ha segnato la dottrina trinitaria. Anche questa revisione del tema delle processioni in chiave comunionale non è, però, esente da critiche. A proposito di K. Hemmerle, E. Salmann aveva già individuato le conseguenze del condensare la realizzazione della natura divina in un puro «mutuo gioco pericoretico»: una perturbazione dell'*ordo* trinitario e una diluizione delle particolarità delle Persone divine[83]. Dopo aver denunciato l'attuale dimenticanza della categoria di natura o essenza divina, ed essersi riferito esplicitamente a G. Greshake, egli torna all'affermazione che «"comunione" non può supplire alle funzioni che nella teoria classica compiva la natura divina»[84]. Come E. Salmann, anche A. Cozzi si dice

---

[80] IDU, 208 [DdG, 187].

[81] IDU, 208 [DdG, 187].

[82] IDU, 209 [DdG, 187]. G.J. Zarazaga presenta una visione comunionale simile: «la perijóresis intratrinitaria no es un simple *estar* unas en las otras [las Personas], sino el producirse extáticamente unas a otras en su misma autodonación y recepción absoluta» (cf. G.J. ZARAZAGA, *Dios es comunión*, 306).

[83] Cf. E. SALMANN, *Neuzeit und Offenbarung*, 29-33. Critica esplicitamente affrontata da G. Greshake (cf. IDU, 230-231 [DdG, 205-206]).

[84] E. SALMANN, *Presenza di Spirito*, 319.

«non convinto» della proposta del teologo di Friburgo, poiché essa porta a un «distacco dell'*ordo* salvifico dall'essere eterno di Dio»[85]. Benché con un discorso più concentrato sulla Persona del Padre che sull'essenza divina, L.F. Ladaria si mostra ugualmente critico della reinterpretazione comunionale delle relazioni trinitarie, poiché essa tende a situare l'unità come un secondo momento in Dio[86].

Si dovrà riconoscere che G. Greshake non è rimasto indifferente a queste critiche. Egli ha cercato, infatti, di affrontarle – a volte per anticipazione – già nella prima edizione di *Der dreieine Gott*, ma anche nella postfazione aggiunta alla sua quarta edizione[87]. La sua risposta, tuttavia, non ha portato a un'evoluzione significativa. L'autore ripete che il tradizionale *ordo*, con i nomi di ciascuno dei tre, non esaurisce tutte le possibilità aperte dall'«esperienza neotestamentaria». Ci sono altre dimensioni di quest'esperienza, biblicamente testimoniate, che, secondo G. Greshake, legittimano il suo modo pericoretico di prospettare le relazioni trinitarie[88].

Ciononostante, le sue spiegazioni sembrano non riuscire a trovare una risposta piena. Se il Nuovo Testamento presenta dei testi che consentono di operare tale lettura non genetica delle relazioni trinitarie, è anche vero che altri testi neotestamentari suggeriscono che nella vita immanente di Dio ci sia un ordine specifico dell'origine delle Persone. Quest'ordine viene, peraltro, espresso con nomi che hanno connotazioni genetiche e a cui perfino G. Greshake riconosce «una corrispondenza reale e non solo metaforica nella vita immanente di Dio»[89]. L'argomento della «differenza ontologica»[90], secondo il quale l'impiego dei nomi Padre e Figlio deve essere considerato limitato e analogico, può, infine, essere rinviato alla sua stessa proposta, anch'essa limitata e analogica.

---

[85] A. COZZI, *Manuale di dottrina trinitaria*, 788.

[86] Cf. L.F. LADARIA, *La Trinidad, Misterio de comunión*, 162: «[...] si todas las tentativas de aproximación al misterio trinitario tienen sus limitaciones, ciertamente en esta resulta difícil explicar como la unidad no es un segundo momento, posterior a la trinidad de personas». R. Ferrara, che oscilla fra adesione e opposizione alle proposte di G. Greshake, concorda con questa critica di L.F. Ladaria (cf. R. FERRARA, «La Trinidad en el posconcilio», 78-79).

[87] Cf. DdG, 573-575.

[88] Per l'elenco dei testi neotestamentari a cui ricorre il teologo di Friburgo: IDU, 228-229 [DdG, 203-204]. Secondo l'autore – e citando L. Scheffczyk – l'inesistenza di una definizione magisteriale vincolante sulle processioni lascia il terreno libero a proposte come la sua (cf. IDU, 230 [DdG, 205]; L. SCHEFFCZYK, *Der eine und dreifaltige Gott*, 119).

[89] IDU, 226 [DdG, 201].

[90] Cf. IDU, 225-228 [DdG, 201-203].

2.2.4 Le Persone nella *communio* trinitaria: costituite dalla relazione

Nella vita comunionale di Dio, ciascuna Persona divina trova il suo posto specifico in relazioni di reciproca interpenetrazione e non già, come appena detto, in relazioni d'origine. Ecco il modo in cui, nel trinitario «gioco pericoretico» o nella trinitaria «ritmica d'amore», G. Greshake presenta e sintetizza quello che crede essere l'aspetto più caratteristico di ciascuno dei tre:

> Le singole Persone divine realizzano in maniera propria la vita divina, il ritmo dell'amore; in maniera propria se la trasmettono a vicenda, in corrispondenza del modo in cui una Persona «sta di fronte» alle altre due.
> Il *Padre* in quanto puro dono è tutto riferito al Figlio e allo Spirito ed è costituito in questo-essere relazione.
> Il *Figlio* riceve la vita divina come dono; in tal modo egli è totalmente relazione a partire dal Padre e, in quanto gli sta di fronte, è il suo «altro». Ciò però è unicamente possibile in quanto Padre e Figlio sono tenuti come insieme nel loro essere-altro dalla relazione con lo Spirito dell'unità. Il Figlio può qui essere considerato in senso proprio come «frutto»: «generato dal Padre» e vincolato a lui dalla dinamica dello Spirito estatico e del suo agire unificante.
> Lo *Spirito Santo* si riceve come amore tra Padre e Figlio, ovvero, come il dono comune, che però non è soltanto «risultato» [...] ma al contempo come «Terzo» rende possibile e garantisce la loro relazione. In tal modo «suscita» anche l'unione d'amore tra i due; egli li ha in certa misura «avanti» a sé e viene amato da entrambi come Terzo; in tal modo egli risulta costituito dalla relazione che dai due e che ai due si rivolge[91].

In quanto dono primordiale, l'identità propria del Padre sta nel suo continuo donarsi. Egli non è pensabile se non a partire dalla relazione di comunione: il Padre è quello che è nella misura in cui si dona all'altro. G. Greshake pensa, dunque, il Padre senza ricorrere a schemi suscettibili di introdurre in Dio una qualsiasi forma di precedenza né dell'essenza una né della monarchia paterna. Il teologo di Friburgo cerca, ciononostante, di garantire il ruolo assiale del Padre aggiungendo l'aggettivo «primordiale» al suo essere dono (*Ur-Gabe*). Attraverso questo modo di esprimersi, l'autore sostiene che il Padre è il «fondamento» della *communio* divina, le conferisce «stabilità» e rimane, perciò, il «centro» della Trinità[92]. Il suo

---

[91] IDU, 239 [DdG, 212-213].

[92] S'intuisce qui, echeggiando le critiche summenzionate, la necessità di garantire al Padre il posto speciale nella *communio* trinitaria che la teologia trinitaria classica affermava collocandolo all'origine del Figlio e dello Spirito.

ruolo è, come si tenta spiegare in forma analogica, accostabile a quello di un membro di una comunità che le conferisce «forma e forza» dal suo interno, cioè come un suo membro[93].

Ricevere il dono e restituirlo trasmettendolo a un altro è caratteristico del Figlio. Il Figlio è essere in ricezione, ma essendo anche trasmittente è, di conseguenza, immagine del Padre, il donante primordiale. Come accogliente del dono, il Figlio è veramente l'altro del Padre, ma nel momento in cui si offre diviene uno con il Padre nella sua forma più significativa: donandosi. Tra Padre e Figlio si verifica poi, secondo un'espressione greshakiana ispirata a H.U. von Balthasar, un «movimento strettamente correlativo»[94]. È questo secondo membro della Trinità che porta la *communio* divina, come a volte accade nelle comunità umane, ai suoi limiti estremi e ultimi.

Lo Spirito Santo è, nel «gioco pericoretico» della Trinità, vincolo d'amore. Egli identifica i due donanti nella misura in cui lui è, allo stesso tempo, il dono del Padre al Figlio e il dono del Figlio al Padre[95]. «Senza separazione» e «senza (con)fusione»[96], lo Spirito è il testimone dell'unità del Padre e del Figlio. In questo modo, G. Greshake scorge nello Spirito la doppia valenza di essere – in tensionalità e non in dualità – il vincolo e il frutto dell'amore. L'analogia creaturale che l'autore usa, ritenendola suggestiva per parlare dello Spirito, è quella della donna madre: «nella differenza tra padre e figlio ella realizza e porta a espressione la comunanza (il noi) del padre (in quanto moglie) e del figlio (in quanto madre) divenendo così "portatrice" della loro diversità come pure della loro unità»[97].

Nell'itinerario trinitario di G. Greshake, l'evento e l'esperienza della rivelazione e la riflessione teologica su questa rivelazione hanno portato l'autore alla conclusione che «Dio è *communio*». In questa conclusione, egli vede la giusta interpretazione di un'altra formulazione «teologica»: «Dio è amore» (cf. 1Gv 4, 8)[98]. *Communio* è poi, a suo avviso, il volto concreto dell'amore che Dio Trinità è. La sintesi della sua

---

[93] Cf. IDU, 234 [DdG, 208].

[94] Cf. H.U. VON BALTHASAR, *Homo creatus est. Skizzen zur Theologie*, V, 138.

[95] Non risulta chiaro in che misura lo Spirito Santo potrà essere origine di relazioni, come si supporrebbe in questo paradigma comunionale.

[96] Tacitamente, G. Greshake sembra ispirarsi agli avverbi di Calcedonia (cf. IDU, 236 [DdG, 210]).

[97] IDU, 238-239 [DdG, 212].

[98] Cf. IDU, 209 [DdG, 187-188]; G. GRESHAKE, «Trinität als Inbegriff des christlichen Glaubens», 342.

indagine teologica, che ha voluto radicarsi nell'ambito dell'esperienza, ha generato, insomma, un quadro in cui *communio* sorge come la descrizione umanamente più esatta dell'immanenza di Dio Trinità. Presentata la visione «teo-logica» dell'autore, s'impone, adesso, una sistemazione del senso – o dei sensi – con cui il concetto di *communio* si presenta nell'opera di G. Greshake.

3. *Communio*: il concetto

Nell'insieme della teologia di G. Greshake, il concetto di *communio* gioca un ruolo davvero assiale, come peraltro si è già potuto constatare. È, perciò, utile proporre una sistemazione del senso – o dei sensi – che l'autore attribuisce a questo concetto e, successivamente, verificare cosa significhi l'affermazione che *communio* sia il «concetto chiave» della dogmatica cristiana. Difatti, in questo paradigma trinitario, la possibilità di considerare l'esperienza come fondamento e orizzonte della teologia trinitaria dipende, in gran misura, dalla determinazione del concetto di *communio*, sia perché con *communio* si riassume il definitivo punto di partenza della riflessione trinitaria, l'«esperienza neotestamentaria», sia perché è proprio tramite il concetto di *communio* che G. Greshake interpreta teologicamente la fede cristiana e la vita umana, esplorando così la portata esistenziale della questione trinitaria. Una sistemazione della sua concezione di *communio* è, dunque, non soltanto importante per la comprensione del pensiero del teologo di Friburgo, come anche per l'ipotesi che motiva e conduce il presente studio. Questo paragrafo, totalmente dedicato a una sistemazione del concetto di *communio* nel pensiero trinitario di G. Greshake, si articola in due momenti distinti: 1. s'indicano le variazioni testuali e le sfumature di significato con cui l'autore si riferisce al concetto di *communio*; 2. si presenta il suo intendimento di un «concetto chiave» della dogmatica e le ragioni per cui lo trova in *communio*.

3.1 *Variazioni su* communio

La prima grande difficoltà con cui il lettore di G. Greshake viene a confronto è che *communio* è un concetto che sembra non avere una definizione univoca. Infatti, l'autore gli fa gravitare attorno un insieme di espressioni e accenni distinti che tendono a rivestirlo di una certa indeterminatezza. Sebbene queste variazioni non lo lascino propriamente nell'equivocità, la verità è che *communio* sembra non trovare, nel pensiero del teologo di Friburgo, una definizione chiara e stabile. Il suo autentico significato sembra che possa essere derivato solo da una considerazione dei diversi sensi con cui l'autore impiega il termine *communio*. Per questo, si cerca di proporre un elenco di questi sensi e sfumature di cui il concetto di *communio* viene rivestito nell'opera trinitaria di G. Greshake[99].

3.1.1 *Communio*: mediazione fra unità e pluralità

Specificatamente associata alla contestazione della forma genetica d'impostare le relazioni trinitarie e alla riponderazione della comprensione dell'unità in Dio, *communio* esprime, anzitutto, il modo in cui unità e pluralità si relazionano in assoluta simultaneità logica e ontologica. Nella *communio* «i molti diversi individui sono "mediati" verso l'unità e viceversa: l'unità intesa con *communio* ha il suo "contrario", i molti, non fuori di sé, però lo porta in sé; la sua unità è appunto l'unità di quelli che rimangono molti diversi»[100]. *Communio* è, poi, uno strumento concettuale che permette di pensare come «l'unità e la pluralità si costituiscono *a vicenda* e la pluralità può essere compresa come l'unico scambio interpersonale delle Persone divine, che costituisce l'unità di Dio»[101]. *Communio* è, insomma, «mediazione in processo di unità e molteplicità», realtà che «porta in sé sia l'unità che la molteplicità»[102].

3.1.2 *Communio*: mediazione fra identità e differenza

La comprensione di *communio* come mediazione fra unità e pluralità ha una certa corrispondenza con la concezione di *communio* come mediazione fra identità e differenza. Anche qui viene compresa, fondamentalmente, come struttura logica e ontologica che sostiene la possibilità di ottenere la propria identità dall'altro[103]. Identità e differenza non si oppongono. Al contrario, una si muove attraverso l'altra, in assoluta simultaneità[104].

---

[99] Una simile sistemazione costituisce il nucleo della conclusione della tesi di M. Bollig (cf. M. BOLLIG, *Einheit in der Vielfalt*, 385-403).

[100] G. GRESHAKE, «Communio – Schlüsselbegriff der Dogmatik», 95.

[101] IDU, 64 [DdG, 64].

[102] IDU, 199 [DdG, 179].

[103] Cf. DdG, 207 [IDU, 232]: «Er [der Vater] hat seine „Identität" gerade darin, daß er sich verschenkt, daß er das Je-von-sich-weg auf die andern hin ist, was aber zugleich heißt, daß er seine Identität von den andern her „gewinnt"».

[104] Cf. M. BOLLIG, *Einheit in der Vielfalt*, 394: «Der einzelne am Geschehen der Communio Beteiligte empfängt in Greshakes Entwurf sein Sein vom anderen her und im Akt des Empfangens schenkt er zugleich dem anderen dessen Sein. Beide geben sich gegenseitig in ihrem Sein frei in der Beziehung, die sie als voneinander verschiedene

G. Greshake arriva a tale conclusione soprattutto dalla considerazione della storia e del significato del concetto di *persona* e, particolarmente, di *persona* divina. Questo è stato, infatti, l'ambiente che ha promosso la percezione che identità e differenza si costituiscono a vicenda[105]. Perciò, l'autore si chiede «se la singolarità, l'essere-se-stesso, non sia (con)mediato anche dall'altro»[106] e risponde che «individuazione e socializzazione, essere-se-stessi e relazione verso l'altro o verso gli altri, ben lungi dall'estraniarsi, si presentano dunque sui diversi livelli di identità, come aspetti complementari della formazione della persona»[107].

Communio è, dunque, la formalizzazione di quello che l'autore crede definire la *persona* divina – nella quale «le differenziazioni personali si identificano con l'essenza di Dio»[108] –, significando poi che «in tale avere-identità nell'essere-orientato-agli-altri, con l'identità viene per via di medesima origine (*gleichursprünglich*) posta la differenza»[109].

3.1.3 *Communio*: mediazione di tensioni

La matrice tensionale del concetto di *communio* emerge già chiaramente dal modo in cui l'autore congiunge unità e pluralità, identità e differenza. *Communio* sorge, dunque, come un «evento di mediazione (*Vermittlungsgeschehen*)»[110] oppure «grandezza di mediazione (*Vermittlungsgröße*)»[111] tra polarità di natura diversa. In effetti, si ha l'impressione che, per G. Greshake, l'elemento decisivo di un tale concetto stia proprio in questa sua condizione mediatrice, come si può percepire dalle seguenti affermazioni:

---

miteinander unterhalten. Eben dies meint Greshake mit der Aussage von der Vermittlung von Identität und Differenz in *Communio*».

[105] Cf. DdG, 115 [IDU, 123]: «Das, was in Gott Sein, Identität und Einheit konstituiert (das göttliche Wesen, der eine *actus purus divinus*), ist zugleich das, was Differenz setzt. [...] Umgekehrt: Das, was Differenz = Verschiedenheit der göttlichen Personen in ihren wechselseitigen Beziehungen ausmacht, ist gerade Identität und die Einheit des göttlichen Wesens – *relationes sunt ipsa essentia divina!* –, welches seinerseits jedoch nur in der gegenseitigen Mitteilung der Personen subsistiert».

[106] IDU, 167 [DdG, 153].
[107] IDU, 183 [DdG, 166].
[108] IDU, 190 [DdG, 172].
[109] IDU, 232 [DdG, 207].
[110] FDT, 30 [HzGdG, 28]. Cf. G. GRESHAKE, «Communio – Schlüsselbegriff der Dogmatik», 95-96.
[111] IDU, 196 [DdG, 177].

La *communio* è – al di là di tutte le polarizzazioni dell'individualismo e del collettivismo – proprio il processo vitale di una reciproca mediazione (*Vermittlung*) della pluralità di persone autonome verso una unità relazionale oppure – se consideriamo la cosa a partire dall'altro polo – il processo vitale di un'unità che si realizza in una pluralità relazionale di persone distinte e autonome. Per dirla in breve, *communio* è quella grandezza, nella quale l'«insieme» e le sue «parti» sono dati in maniera di uguale origine (*gleichursprünglich*), in quanto l'insieme (l'unità) si trova nelle singole parti differenziate e strettamente riferite l'una all'altra e le parti (le differenze) si compongono in un insieme[112].

Si possono persino integrare in questa variazione sul senso di *communio* altre espressioni dell'autore, come «complesso relazionale (*Relationsgefüge*; *Beziehunsgefüge*)»[113]. La matrice tensionale del concetto di *communio* può, infine, essere vista come una specie di *Aufhebung*, introdotta dall'autore in vista del superamento dei paradossi e delle dicotomie sperimentate nella fede e nella vita[114].

3.1.4 *Communio*: realtà dinamica

Dalle variazioni qui presentate si capisce anche che il concetto di *communio* racchiude un'idea di dinamicità vitale. *Communio* è un «processo vitale». Secondo il teologo di Friburgo, «*communio* non è un concetto statico [...] bensì una realtà dinamica (*dynamische Wirklichkeit*): essa è sempre al contempo comunicazione, *communio* nel processo della propria attuazione, vita»[115]. Del resto, se l'autore esplicitamente conserva il termine latino *communio* è proprio perché crede che il suo corrispondente tedesco – *Gemeinschaft* – non faccia giustizia alla dinamicità di questa realtà, poiché gli pare troppo statico[116].

3.1.5 *Communio*: pericoresi e comunicazione

Intimamente associata alla variabilità sopra discussa, la descrizione greshakiana del fenomeno comunionale punta verso un dinamismo di tipo «pericoretico», il quale viene espresso anche tramite l'abbinamento tra il concetto di *communio* e quello di *communicatio*. Queste

---

[112] IDU, 195 [DdG, 176].
[113] IDU, 214 [DdG, 191]. Cf. FDT, 24 [HzGdG, 22].
[114] Cf. S. MANGNUS, «God as Communio», 46-48.
[115] IDU, 196-197 [DdG, 177].
[116] Cf. FDT, 30 [HzGdG, 28]; G. GRESHAKE, «Communio – Schlüsselbegriff der Dogmatik», 96.

caratteristiche del concetto erano già tacitamente presenti nella considerazione delle interpenetrazioni unità-pluralità e identità-differenza. Secondo G. Greshake:

> pericoresi intende affermare che Padre, Figlio e Spirito Santo sono talmente uniti tra di loro, da compenetrarsi e comprendersi totalmente, da non riservarsi nulla, ma da accogliere ed offrire reciprocamente tutto ciò che essi sono. [...] Ne risulta che le Persone divine sono caratterizzate da un essere-l'una-per-l'altra, talmente stretto, che nella singola Persona è presente e operante l'altra. Questo essere-insieme ed essere-l'una-nell'altra mostra che Dio di sua essenza è *«communio»*[117].

Questa mutua consegna propria della *communio* viene descritta anche attraverso l'idea di *communicatio*: «il Dio trino produce da sé la propria vita quale vita di piena *communio* e *communicatio*»[118].

La considerazione di *communio* come pericoresi e *communicatio* è fortemente valorizzata nel momento in cui viene impostata comunionalmente sia l'ecclesiologia sia la costituzione sociale[119].

3.1.6 *Communio*: amore

Un'altra variazione di *communio* tende a identificare quest'ultima con amore. Si tratta di una conseguenza naturale del concetto di *communio* inteso come un'espressione riflettuta dell'esperienza del Dio che è amore. Difatti, «l'unico Dio cristiano è *communio* e realizza il proprio essere nel dialogo di amore di tre persone»[120]. G. Greshake si riferisce, inoltre, alla *communio* trinitaria come «gioco d'amore (*Wechselspiel der Liebe*)»[121].

3.1.7 *Communio*: kenosi

Il concetto di *communio* appare, ancora, legato all'idea di *kenosi*. Questo accade, soprattutto, nel momento in cui G. Greshake riflette sulla creazione e sull'incarnazione in chiave comunionale. Entrambi – creazione e incarnazione – sono modi tramite cui il Dio *communio* ge-

---

[117] IDU, 99 [DdG, 94].
[118] IDU, 304 [DdG, 267]. Cf. G. Greshake, «Communio – Schlüsselbegriff der Dogmatik», 96.
[119] Cf. IDU, 439-440.446-449.562-563 [DdG, 385.391-393.489-491].
[120] IDU, 203 [DdG, 182].
[121] IDU, 198 [DdG, 179]. Si può evocare anche un'altra espressione greshakiana: «perichoretische Wechselspiel der Liebe» (cf. IDU, 230 [DdG, 205]).

nera le condizioni perché sia possibile una piena comunione. Per G. Greshake, Dio apre uno «spazio» al creato che rende possibile la libera adesione di questo alla sua comunicazione amorosa. Ciò è possibile perché nell'immanenza divina esiste già uno «spazio» fra le Persone divine che anticipa lo spazio che Dio concede alla comunione con il creato – secondo l'autore, «il "non" che sta tra il Creatore e la creatura è celato nel "non" che sta tra Dio e Dio»[122].

La *communio* si concretizza, dunque, nell'incarnazione, che è un «moto kenotico discendente»[123] di Dio. In merito alla creazione si afferma qualcosa di simile, ossia che perché la creazione possa sussistere, si dà in Dio «una certa "kenosi"». Le manifestazioni kenotiche di Dio *ad extra* sono, poi, espressioni di una dinamica kenotica immanente alla Trinità: «queste figure kenotiche dell'agire di Dio non si fondano in una decisione originaria kenotica di Dio, bensì sono il modo concreto in cui si realizza [...] il ricevere e donare intratrinitario»[124]. Dio Trinità compie, in questo senso, quell'autoestraniamento affermato sia nella mediazione tensionale fra identità e differenza, sia nella descrizione di *communio* come pericoresi, comunicazione e amore. Questa prospettiva trinitaria svolge un particolare impatto sulla riflessione ecclesiologica di G. Greshake, poiché permette di comprendere la *missio* ecclesiale come una componente inalienabile della sua *communio*: uscire da sé come via, «teo-logicamente» ispirata, di essere una Chiesa comunionale[125].

Con l'analisi della variabilità di *communio* si è voluto mostrare come questo concetto non goda, nell'opera di G. Greshake, di un significato univoco. Si dovrà riconoscere che queste variazioni hanno, nella sua opera, rilevanze teologiche distinte. Alcune costituiscono semplici

---

[122] IDU, 265 [DdG, 234]. Cf. G. GRESHAKE, «Trinität als Inbegriff des christlichen Glaubens», 329. Attraverso questa fondazione dell'apertura economica di Dio nella dinamica immanente delle Persone divine, G. Greshake si avvicina molto alla posizione di J. Moltmann. A confermalo sta, ad esempio, l'impiego greshakiano della categoria di «spazio (*Raum*)», una categoria che, come si è potuto verificare è divenuta progressivamente sempre più centrale nel pensiero trinitario di J. Moltmann.

[123] IDU, 386 [DdG, 340].

[124] IDU, 319 [DdG, 280-281]. *Communio* appare qui associata a un tema caro a H.U. von Balthasar: la kenosi in Dio. Il concetto di *communio* svolge, secondo M. Bollig, in G. Greshake un ruolo analogo a quello di kenosi nel pensiero di H.U. von Balthasar: un «concetto sintesi (*Inbegriff*)» della fede cristiana (cf. M. BOLLIG, *Einheit in der Vielfalt*, 375).

[125] Cf. DdG, 400 [IDU, 456]: «Die Missio Gottes geschieht also aus der innertrinitarischen *Communio* heraus auf größere, unfassendere *Communio* hin». Cf. IDU, 461-465 [DdG, 404-407].

associazioni, mentre altre sono esplicitamente presentate come equivalenti di *communio* – quasi sue definizioni. Gli elementi presentati hanno, perciò, densità teologiche diverse. Si aggiunge a ciò che le variazioni elencate, benché non indichino la presenza di un significato unificato, non sono neppure contraddittorie. Al contrario, il ventaglio dei sensi di *communio* da loro suggerito punta verso una direzione abbastanza coerente, favorendo un'idea generica di che cosa si intenda con questo concetto.

Comunque, tali variazioni supportano l'affermazione che il concetto di *communio* ha, in G. Greshake, un significato plurivoco – e non equivoco. La sua gamma oscillante di sensi, significati e associazioni, che mutano conformemente al contesto teologico in cui s'inseriscono, non permette una vera fissazione concettuale di *communio*. Questa rimane un «concetto generico» oppure un «concetto complesso», come lo chiama M. Bollig, con il quale condivido l'opinione che «il concetto *communio* di G. Greshake è concepito di forma così complessa che è difficile portarlo al punto di una definizione stretta»[126].

3.2 Communio: *concetto chiave*

La centralità di *communio* nel pensiero di G. Greshake si concreta e si sistema attorno alla conclusione che tale realtà costituisce il «concetto chiave (*Schlüsselbegriff*)» della fede e dell'esperienza cristiana[127]. Infatti, la sistemazione teologica a cui giunge il teologo di Friburgo si appoggia significativamente sulla costruzione della figura di un «concetto chiave», nella quale condensa l'esperienza del Dio che si è rivelato come *communio* «in sé» e della quale l'autore si serve per rileggere teologicamente tanto la fede cristiana quanto, in genere, tutta la realtà[128]. Il «concetto chiave» corrisponde, dunque, al tentativo di arrivare a

---

[126] M. BOLLIG, *Einheit in der Vielfalt*, 388. L'assenza di una fissazione assoluta del concetto di *communio* non è, di per sé, un fattore negativo. Una tale descrizione aperta di *communio* ha, ad esempio, il vantaggio di non ridurre il fenomeno della comunione a una sola delle sue diverse sfumature e, in questo modo, di poter esprimere – almeno in parte – la dinamicità dell'esperienza di comunione.

[127] Nel contesto del dialogo con l'Islam, G. Greshake presenta la Trinità, pensata sempre in modo comunionale, come «*Inbegriff*» della fede cristiana (cf. G. GRESHAKE, «Trinität als Inbegriff des christlichen Glaubens», 327-342).

[128] M. Bollig vede in questo *modus operandi* di G. Greshake una specie di risposta alla sfida lanciata da K. Rahner: «Können Sie in einer Viertelstunde einem Heiden in einer Großstadt Europas, der eine ihn wirklich fordernde Begegnung mit dem Christentum noch nie erlebt hat, sagen, was ein Christ eigentlich glaubt?» (cf. K. RAHNER,

una «con-centrazione (*Kon-Zentration*)» riflettuta dell'esperienza cristiana su quella realtà che meglio la caratterizza e sintetizza: *communio*. Si tratta, cioè, di coltivare una conoscenza della fede cristiana a partire dal suo «centro».

Dal punto di vista teorico e formale, questo strumento della dogmatica deve, secondo G. Greshake, presentare tre caratteristiche fondamentali: i. essere una formulazione «con-densata» della fede, una sua «abbreviazione»; ii. offrire all'insieme della fede un'unità organica, cioè essere il concetto che relaziona armonicamente tutti gli aspetti della fede – il fulcro del *nexus mysteriorum*; iii. essere il principio ermeneutico fondamentale di tutta la comprensione credente[129].

Secondo l'autore, *communio*, poiché contiene questi tre punti, è il «concetto chiave» della fede cristiana:

> Il concetto chiave della fede (e con questa della dogmatica) è *communio*. In esso è (i) nominato, nella forma più compatta, in riguardo al contenuto, il centro della confessione cristiana e della pratica cristiana; con questo si può (ii) comprendere e includere concettualmente la totalità e la connessione dei diversi elementi della fede; egli è (iii) l'universale prospettiva ermeneutica della comprensione credente[130].

Queste tre caratteristiche fondamentali di un «concetto chiave» in teologia dogmatica svelano la rilevanza funzionale o metodologica con cui la nozione di *communio* è impiegata nell'opera di G. Greshake. Come si è constatato dalle variazioni su *communio*, la sua capacità mediatrice e integrativa di opposti si rivela capitale al momento di interpretare tanto i paradossi della fede e dell'esperienza cristiana, quanto le tensioni e aporie dell'esperienza della realtà. Oltre questa sua potenzialità ermeneutica, *communio* esprime quello che è il dato centrale della fede cristiana: il Mistero di Dio. Ecco perché il teologo tedesco pensa di potere assumere *communio* come il centro teologico e il criterio di una

---

«Hierarchie der Wahrheiten», 152 [«Gerarchia delle verità», 233]). G. Greshake, cercando una visione sistematica di tutta la mondovisione cristiana, integra quel movimento teologico di ricerca dell'essenza del cristianesimo, del suo «*Kernbegriff*» (cf. M. BOLLIG, *Einheit in der Vielfalt*, 375-385).

[129] Cf. G. GRESHAKE, «Communio – Schlüsselbegriff der Dogmatik», 90-94.

[130] G. GRESHAKE, «Communio – Schlüsselbegriff der Dogmatik», 94: «Der Schlüsselbegriff des Glaubens (und damit der Dogmatik) lautet *communio*. Darin ist (a) in gedrängtester Form das inhaltliche Zentrum des christlichen Bekenntnisses uns der christlichen Praxis genannt; damit läßt sich (b) das Ganze und der Zusammenhang der verschiedenen „Teile" des Glaubens verstehen und begrifflich erfassen; er ist (c) die universale hermeneutischen Perspektive gläubigen Verstehens».

grammatica genuinamente cristiana della fede e della vita, ossia come la «chiave per comprendere» l'esperienza umana.

4. Conseguenze trinitario-comunionali

Il progetto teologico-trinitario di G. Greshake raggiunge una tappa nucleare per la persecuzione dell'obiettivo di restituire rilevanza esistenziale alla confessione trinitaria quando, dall'approfondimento del Mistero di Dio, passa alla considerazione delle sue «conseguenze» teorico-pratiche. È in questo momento che *communio* deve mostrare tutte le sue capacità interpretative e confermare l'intuizione greshakiana dell'esistenza di una «struttura trinitaria» in tutto ciò che esiste[131]. Soltanto se *communio*, trinitariamente configurata, si presenta come una grammatica capace di «ispirare» interpretazioni «plausibili» e riconfigurazioni valide delle esperienze cristiane e mondane, allora potrà confermare il suo statuto di «concetto chiave». Se ciò avviene, la teologia trinitaria mostrerà di avere qualcosa da dire all'esperienza cristiana e umana e questa si confermerà come un possibile «punto di arrivo» della riflessione trinitaria.

L'estensione con cui G. Greshake approfondisce le conseguenze della confessione trinitaria impedisce di presentare qui la sua proposta in forma esaustiva[132]. Tuttavia, questo non è assolutamente necessario per valutare – scopo di questo esercizio – in che misura la riflessione trinitaria ha qualcosa da dire all'esperienza cristiana e umana. Si procederà, quindi, a somiglianza di quanto fa l'autore, a una «concentrazione» della ricerca greshakiana delle conseguenze trinitarie nei temi maggiori a cui l'autore si dedica: 1. nel campo specifico della fede cristiana; 2. nell'ambito più globale della realtà.

4.1 *Struttura trinitario-comunionale della fede*

G. Greshake afferma che il «Dio trino e salvatore costituisce il fondamento, la via e la meta di tutto ciò su cui il credente fonda la propria vita, ciò che considera nella riflessione e nella meditazione, ciò che testimonia all'esterno e realizza con la sua opera»[133]. In effetti, l'autore tende a fare della visione trinitario-comunionale di Dio, come si avrà modo di concludere al termine del presente paragrafo, il «vertice della

---

[131] Cf. IDU, 73-74.284 [DdG, 73.251].
[132] Per una tale visione d'insieme: M. BOLLIG, *Einheit in der Vielfalt*.
[133] IDU, 505 [DdG, 441].

hierarchia veritatum» cristiana[134], l'asse effettivo del *nexus mysteriorum* cristiano. Il suo tentativo è quello di mostrare come il Mistero trinitario di Dio si riveli «in tutti i punti nodali della fede cristiana come ciò che dà forma e plasma» l'esperienza credente, senza il quale «la fede rimarrebbe incomprensibile e la problematica pluristratificata che essa solleva resterebbe irrisolvibile»[135]. È attorno a determinati punti nodali della fede cristiana che si struttura la presente esposizione del modo in cui il teologo di Friburgo interpreta il cristianesimo in chiave comunionale, indirizzandosi in concreto: 1. alla teologia della creazione; 2. alla questione del peccato, della redenzione e del compimento escatologico; 3. all'ambito dell'ecclesiologia[136].

4.1.1 Il creato e la sua economia: scaturenti dalla *communio* trinitaria

L'ermeneutica trinitario-comunionale è, nelle mani di G. Greshake, la «chiave» che apre le vie di accesso a una più profonda comprensione del creato, soprattutto della forma con cui questo si relaziona con il suo Creatore. Tale prospettiva permette di superare le difficoltà inerenti alle apparenti contraddizioni fra il discorso della fede e l'esperienza della creazione.

G. Greshake affronta, anche in questo contesto, questioni di sempre: sapere se la creazione è atto libero o necessario di Dio; riflettere sul rapporto tra libertà del creato e libertà del Creatore; articolare la confessione dell'unità divina con l'esperienza della molteplicità nel creato; approfondire la percezione del cosmo come sacro e profano, cioè l'esperienza di un Dio, nel contempo, presente e assente dal mondo. Tutte queste problematiche, d'accordo con l'autore, se pensate alla luce del Dio trinitario-comunionale non solo perdono il loro carattere aporetico e dilemmatico, ma mostrano anche la «plausibilità»[137] della fede trinitaria.

Se si parte da una «teo-logia» che vede Dio, già «in sé», come *communio*, con quei tratti che si sono potuti individuare, allora l'uscire di Dio da se stesso per creare appare come un gesto in totale sintonia con il dinamismo immanente della Trinità[138] e, pertanto, assolutamente libero.

---

[134] Cf. IDU, 505 [DdG, 441].

[135] IDU, 505 [DdG, 441].

[136] Schema utilizzato dall'autore in *Der dreieine Gott*. Nella sua sintesi, M. Bollig lo riformula in vista dei diversi ambiti della teologia dogmatica: creazione; antropologia; peccato e redenzione; dottrina sulla grazia; Chiesa; escatologia.

[137] Termine centrale nell'opera di G. Greshake.

[138] In questo senso, l'autore afferma che la creazione non è un atto di «nuovo genere», poiché ad essa soggiace la stessa logica della vita trinitaria: «Das Leben des trinitarischen Gottes [...] ist mithin das Urbild dafür, daß und wie auch die Schöpfung

In tal modo, Dio non appare indifferente nei confronti della sua opera[139]. L'intendimento comunionale della Trinità, secondo cui le Persone sono nelle altre senza abbandonare l'essere se stesse, consente di stabilire un'analogia tra l'immanenza trinitaria e il modo in cui Dio può essere presente nel creato senza confondersi con esso, né essere da esso limitato[140]. Questo paradigma comunionale rende possibile, infine, capire l'esperienza del molteplice nel creato come una realtà positiva[141] e non contraddittoria nei confronti della confessione cristiana di un solo Creatore[142].

La visione trinitario-comunionale del creato radica, insomma, nel riconoscimento di uno «spazio» trinitario offerto al creato, analogo a quello che le Persone divine, nella loro immanenza, si offrono a vicenda[143]. Questo «spazio» è il supporto teologico dell'intuizione che la creazione è *strutturata* sotto molti riguardi in senso comunionale-trinitario[144], ossia che essa è costituita di «strutture di fondo» comunionali, di «ritmi triadici»[145] e che il suo fine è la «trinitarizzazione»[146]. Da

---

ihr Sein hat: Gott erkennt sie an als das andere seiner selbst, er vermag auch in ihrem Andersein bei sich zu sein und bezieht sie dadurch in den Austausch des eigenen Lebens ein» (cf. DdG, 234 [IDU, 265]). L'incarnazione viene compresa alla luce dello stesso ragionamento (cf. IDU, 367 [DdG, 323]).

[139] Un Dio pensato comunionalmente è, secondo la visione del teologo di Friburgo, «ricettivo», «tangibile» e, perfino, «vulnerabile» (cf. IDU, 306 [DdG, 348]).

[140] Il modo specifico di un Dio *communio* di agire sul creato è descritto dall'autore come «discreto (*Diskretion Gottes*)» e «*sub forma contraria*» (cf. IDU, 317.611-615 [DdG, 279.532-536].

[141] Il molteplice non è una degradazione dell'uno: «Wenn nämlich „Relation" [...] und damit „Bewegung", „Werden" [...] nur in ihrem Defizienzcharakter ansichtig werden, muß man sie der Vollkommenheit Gottes absprechen bzw. kann man sie ihm nur auf eine uns undurchschaubare, „eminente Weise" in seinem ewigen, immanenten Leben zusprechen» (cf. DdG, 221 [IDU, 250]).

[142] Cf. DdG, 224-225 [IDU, 254]: «Gott ist nicht nur Prinzip der Einheit der Schöpfung, sondern auch ihrer Vielheit; er ist nicht nur Quelle und Ursprung von Homogenität, sondern von Besonderheit und Vielfalt». L'autore promuove un'interessante interpretazione trinitario-comunionale del fenomeno, esperienzialmente verificabile, dell'evoluzione del cosmo e della storia. È un dinamismo che sembra presentare flussi contradditori: progressiva individualizzazione e crescente complessificazione nell'interazione fra gli organismi; unificazione e pluralizzazione. La chiave trinitario-comunionale permette, però, vedere questi flussi come concordanti tra di loro (cf. IDU, 303-314 [DdG, 267-276]).

[143] Cf. IDU, 265 [DdG, 234]; Id., «Trinität als Inbegriff des christlichen Glaubens», 329.

[144] Cf. IDU, 284 [DdG, 251].

[145] IDU, 278 [DdG, 245].

CAP. II: TRINITÀ COME *COMMUNIO* IN G. GRESHAKE

un lato, la creazione si scopre inserita nella dinamica comunionale immanente al Dio Trinità. Dall'altro, la visione cristiana del mondo come realtà creata si mostra pienamente coordinata con l'esperienza del mondo e, conseguentemente, plausibile.

4.1.2 Peccato, redenzione e compimento: dalla particolarizzazione alla trinitarizzazione

Il credente sperimenta la perturbazione dei dinamismi trinitario-comunionali inscritti nel creato. È questo il senso e la situazione del peccato, che l'autore chiama «menzogna»[147], «anti-mistero»[148] e che egli associa all'espressione «trinità satanica»[149]. Interpretato in chiave comunionale, il peccato è particolarizzazione, individualizzazione radicale, auto-chiusura o, recuperando con l'autore l'espressione agostiniana, «*cor incurvatum in seipsum*»[150]. Il peccato esprime, insomma, l'esperienza del contrario della *communio*, l'esperienza del negativo nella dinamica di «trinitarizzazione».

È, comunque, paradossale che il peccato, pur essendo l'antitesi di *communio*, sia possibile proprio perché Dio è *communio* e perché comunionalmente si relaziona con il creato. Lo «spazio» che Dio Trinità offre all'uomo, simmetrico a quello che trova «in sé», è quello che rende possibile questa negazione della *communio*.

L'estensione «teo-logica» di questo «spazio» impedisce però che la negazione peccaminosa della *communio* trinitaria riesca a cancellare definitivamente la struttura comunionale della creazione e del suo rapporto con Dio. Ciò equivale a dire che, secondo G. Greshake, è anche grazie alla *communio* che la redenzione è possibile. L'allontanamento del peccatore non supera l'alterità che Dio è «in sé», ma tale distanza è invece sempre compresa nello «spazio» di vita aperto dalle Persone divine[151].

---

[146] Cf. DdG, 296 [IDU, 337]: «So ist *Communio*, die „Trinitariesierung" der Schöpfung, das Zusammengehen der vielen und des Vielfältigen zur Einheit untereinander und mit Gott, Sinn und Ziel aller Geschichte». Cf. FDT, 60-68 [HzGdG, 53-60].

[147] IDU, 374 [DdG, 328].

[148] IDU, 371 [DdG, 326].

[149] IDU, 373 [DdG, 328].

[150] IDU, 372 [DdG, 327].

[151] Cf. DdG, 332 [IDU, 378]: «Weil also alle denkbaren Differenzen, auch die der sündhaften Trennung von Gott, von der eine großen „Differenz" der Liebe umgriffen sind, kann sich auch die geschöpfliche Freiheit sündigend gegen die Liebe entscheiden, *ohne dadurch* grundsätzlich aus dieser Liebe heraus- und damit ins Nichts zu fallen.

Il parametro della redenzione è dato dalla cristologia. Cristo, Dio e uomo, rappresenta la giusta forma di abitare questo «spazio». In verità, Gesù assume, in quella sintesi tensionale propria della *communio*, il ruolo di gesto divino e di perfetta risposta umana[152]. Egli realizza nel tempo quello che da sempre è la dinamica trinitario-comunionale della vita immanente della Trinità: una pericoretica donazione di sé. Cristo è «*communio* in persona»[153]. La redenzione non è, pertanto, un atto di «nuovo genere», ma si svolge in piena sintonia con la *communio* intra-trinitaria.

La logica comunionale del dono rende, inoltre, la percezione credente di un Dio redentore radicalmente coinvolto nell'opera salvifica compatibile con la problematica ammissione di un Dio esposto alla sofferenza. Per G. Greshake, la sofferenza di Dio non è un deficit, ma anzi «sigillo della perfezione»[154], perché costituisce «un soffrire liberamente assunto nell'amore verso la creatura, un soffrire d'amore e per amore»[155].

L'opera salvifica è prospettata, in questo paradigma, come un processo di unificazione in vista di una crescente comunitarizzazione tra gli uomini e degli uomini con Dio[156]. In questo senso, la salvezza viene

---

[...] Jedenfalls wird von solchen im trinitarischen Glauben gründenden Überlegungen her ersichtlich *sowohl*, wie Sünde überhaupt möglich ist, ohne daß der sündige Mensch sofort zunichte wird, als *auch*, daß Sünde unter einer Hoffnung, einer Verheißung steht».

[152] Secondo G. Greshake, la croce è il luogo per antonomasia di questo doppio movimento divino-umano: catabatico e anabatico. La croce, vista sempre alla luce della risurrezione, sorge come il «segno (*Zeichen*)» più concreto di rivelazione della Trinità e come il «segno» radicale dell'amore del Dio trinitario» (cf. IDU, 396-397.407 [DdG, 348.357]). La partecipazione umana nell'opera della redenzione avviene sempre in modo responsoriale. L'uomo partecipa e rappresenta poi la redenzione non come chi la «produce», ma come chi la «compie» (cf. IDU, 422 [DdG, 370]).

[153] FDT, 77 [HzGdG, 68].

[154] IDU, 388 [DdG, 341]. Espressione di F. Varillon: «sceau de la perfection» (cf. F. VARILLON, *La souffrance di Dieu*, 71).

[155] IDU, 389 [DdG, 342]. Cf. FDT, 81-82 [HzGdG, 72-73]. Affermazione in evidente sintonia con la visione di J. Moltmann – per cui la sofferenza divina è sempre una «sofferenza attiva». G. Greshake rilegge anche in «chiave» trinitaria la dimensione vicaria ed espiatoria dell'opera di Gesù, che esprime la capacità propriamente comunionale di un ente di poter rappresentare e agire in nome di molti (cf. IDU, 397-407 [DdG, 349-357]; FDT, 83-90 [HzGdG, 73-80]).

[156] *Communio* orizzontale e *communio* verticale che sono in stretta relazione tra loro (cf. IDU, 322-328 [DdG, 283-288]). Da ciò parte la lettura trinitario-comunionale della questione del «peccato originale», quale l'incorporazione in una comunità già segnata dalle anteriori ricuse della *communio* (cf. IDU, 376-377 [DdG, 330-331]; FDT, 76 [HzGdG, 68]).

a coincidere con la nozione di «trinitarizzazione», che corrisponde al suo pieno «compimento». Peccato, redenzione e compimento escatologico compongono, dunque, un «dramma trinitario», del quale il Padre è origine, fondamento e meta; il Figlio è il mediatore che unisce comunionalmente gli uomini; e lo Spirito Santo trasforma la figura e l'invito esterno alla *communio* in una forma interiore di vita[157].

4.1.3 Chiesa nella dinamica trinitaria: *communio* come *missio*

La Chiesa costituisce una concretizzazione qualificata del dinamismo salvifico appena abbozzato, perché è una realtà comunionale e, come tale, «icona della Trinità»[158]. Per G. Greshake, la Chiesa è icona della *communio* divina non soltanto perché la Trinità è suo fondamento, origine e forma, ma anche perché nella Chiesa si coglie una presenza divina trinitariamente differenziata: è popolo di Dio Padre, che trova la sua figura, orientamento e norma in Cristo e unità e diversificazione nello Spirito Santo[159]. G. Greshake vede, allora, la Trinità presente nell'esperienza ecclesiale e la Chiesa partecipe della vita trinitaria. La Trinità è, insomma, vista come archetipo della Chiesa[160].

È da quest'archetipo trinitario che l'autore riflette sull'organica della Chiesa: un solo corpo composto di molti membri. L'unità plurale della Chiesa rispecchia il Dio trino, come lo rispecchia la tensione fra quello che la Chiesa è – *communio* – e quello che deve fare – *missio*. Come nel Dio tripersonale, *missio* rappresenta la forma concreta e specifica della *communio* ecclesiale[161]. Perciò, secondo G. Greshake, non ha senso parlare di *communio* e *missio* ecclesiale, ma di *communio* come *missio*[162].

---

[157] Cf. IDU, 417-418 [DdG, 366-367]; FDT, 89-90 [HzGdG, 79-80].
[158] Cf. IDU, 430 [DdG, 377]; FDT, 91-98 [HzGdG, 80-86]. Realizzazione comunionale che va oltre la morte e integra la *communio sanctorum* (cf. IDU, 492-501 [DdG, 431-438]).
[159] Un doppio riferimento cristologico e pneumatologico della Chiesa che l'autore prospetta in una tensione non sciogliibile.
[160] Cf. IDU, 430-436 [DdG, 377-383].
[161] Cf. IDU, 461 [DdG, 404]. *Communio* e *missio* non sono idee, ma «realtà drammatiche» della storia della salvezza. La Chiesa non è soltanto agente della *missio*, ma è anche sua destinataria, poiché «non solo la Chiesa è nel mondo, ma anche il mondo è nella Chiesa». Questa sua mondanità è, tuttavia, assai particolare, poiché la Chiesa è «comunità di contrasto» ed è una realtà che ha fondamento altrove – *extra se esse* (cf. IDU, 437-439.449-455 [DdG, 383-385.394-399]).
[162] Cf. IDU, 456-457 [DdG, 400].

La presente configurazione trinitario-comunionale del Mistero della Chiesa si apre poi alla considerazione di tante concretizzazioni istituzionali, segnate da polarità ecclesiali spesso problematiche: istituzione (il visibile) e carisma (l'invisibile); particolarità e universalità[163]; tradizione e inculturazione; donna e uomo; laico (secolarità) e prete (sacralità)[164]. Queste polarità vengono sempre pensate alla luce della tensionale interpenetrazione trinitario-comunionale dei poli contrastanti, in un modello dinamicamente pericoretico e congiuntivo, mai disgiuntivo.

La lettura trinitario-comunionale della fede cristiana, intrapresa da G. Greshake, mostra, in primo luogo, come la riflessione sulla Trinità si colleghi agli altri campi della teologia[165]. L'autore contribuisce così in modo positivo a dissipare l'impressione che la teologia trinitaria sia un esercizio puramente astratto e teologicamente isolato.

Mostrando, in secondo luogo, come dalla riflessione sul Mistero di Dio «in sé» possono scaturire tante conseguenze teoriche e pratiche – sia per la comprensione della fede cristiana, sia per una vita ecclesiale concreta più conforme alla fede professata –, il teologo di Friburgo si avvicina a raggiungere il suo proposito fondamentale: riproporre la Trinità come una verità esistenzialmente rilevante. In terzo luogo, si può concludere che l'autore, attraverso questa rilettura comunionale della

---

[163] Si tocca qui la polemica questione del centralismo ecclesiale. Fra l'accentuazione della matrice cristologica della Chiesa – base teorica del suo eccesso centralistico – e la sottolineatura pneumatologica – tipica delle ecclesiologie orientali e di quelle che danno risalto alle chiese locali –, una grammatica trinitario-comunionale permette di fare la sintesi di questa dialettica, riconoscendo «la reciproca priorità ontologica della chiesa locale e universale». Più vicino alla prospettiva orientale – la Chiesa universale vista come «comunità pericoretica di chiese locali» –, G. Greshake sostiene una struttura triadica della Chiesa: i. chiese locali; ii. chiese regionali; iii. chiesa di Roma (cf. IDU, 479-491 [DdG, 419-430]).

[164] G. Greshake si è dedicato, in particolare, allo studio del ministero ordinato nella Chiesa e della sua relazione con il laicato. Il fondamento cristologico del ministero ecclesiastico – *in persona Christi* – e la sua dimensione pneumatologica – *in persona Ecclesiae* – sono da mediare in modo tensionale, cioè trinitario-comunionale (cf. IDU, 444-449.468-478 [DdG, 389-393.411-419]; G. GRESHAKE, *Priester sein in dieser Zeit*, 130-146).

[165] Si affronta, quindi, l'isolamento teologico della fede trinitaria denunciato da K. Rahner e riconosciuto anche da G. Greshake e si attua il progetto rahneriano che mira a considerare la Trinità in tutti gli ambiti della riflessione teologica (cf. OTDT, 605-606 [BdTDT, 115]; *Trinità*, 19-25 [DdGtUH, 318-323]; IDU, 7-10 [DdG, 15-17]; FDT, 5-7 [HzGdG, 7-8]).

fede cristiana, conferma che tutto nel cristianesimo può essere visto come trinitariamente strutturato. In sintesi:

> Il mistero trinitario si è rivelato in tutti i punti nodali della fede cristiana come ciò che dà forma e plasma [...]. Se ciò che si intende con Trinità viene formalizzato e concentrato nel suo nucleo, si può anche dire: la *communio* – così come è divenuta manifesta nell'essere e nell'agire di Dio – è il cuore della fede cristiana: unità nella diversità, diversità nella unità, essere in e come relazione o, in breve, come amore. Vista in tal modo la «Trinità» è [...] il vertice della *hierarchia veritatum*[166].

Dare «forma» e «plasmare» la fede – e, quindi, l'esperienza della fede – corrisponde a quello che, in questo studio, s'intende parlando di una teologia trinitaria orientata verso l'esperienza. L'autore ha, infatti, trovato un modo teologico di presentare l'insieme della fede cristiana nel quale l'affermazione della Trinità come suo centro non rimane solo sul livello meramente formale, ma svolge effettivamente il ruolo di asse della teologia e del mistero dell'esperienza cristiana.

4.2 *Struttura trinitario-comunionale della realtà*

G. Greshake estende la sua riflessione trinitario-comunionale oltre i confini dell'esperienza cristiana *stricto sensu*. La questione è, allora, se «la Trinità può, e come, essere anche una chiave ermeneutica per la realtà, così come questa si offre al di fuori del "mondo interno" della fede»[167]. In questa tappa della sua riflessione, che conduce il discorso trinitario verso ambiti che non gli sono usuali, l'esperienza – della vita, del reale, sociale e religiosa – sta al centro delle preoccupazioni del teologo di Friburgo, soprattutto in quanto realtà da sottoporre a una reinterpretazione e riconfigurazione di tipo comunionale. L'autore si concentra su tre grandi ambiti della vita secolare: 1. l'esperienza della realtà interpretata dalla tradizione filosofica; 2. l'esperienza socio-politica; 3. l'esperienza della religione e delle diverse religioni.

4.2.1 Problemi di fondo: «essere se stesso» come «essere verso l'altro»

La logica trinitario-comunionale permette di illuminare questioni di ambito filosofico che G. Greshake riunisce sotto il titolo generico di «problemi di fondo». Pur toccando aspetti diversi, l'autore riconduce

---

[166] IDU, 505 [DdG, 441].
[167] IDU, 506 [DdG, 441].

questi «problemi» alla questione, già abbordata in campo teologico, della relazione fra unità e pluralità. Riaffiorano in questo contesto la sua critica e il suo rifiuto della prevalenza, in Occidente, di un'impostazione filosofica, metafisica e ontologica di tipo unitario[168]. Radice di pratiche totalitariste[169], per G. Greshake tale paradigma unitario non permette di rispondere all'esperienza del molteplice nel reale, esperienza che, pertanto, è sempre destinata alla «lotta»[170] contro l'ideale dell'unità.

Un'«ontologia trinitaria» rende, invece, possibile impostare la visione del reale in modo da superare l'aporia che l'unitarismo comporta[171]. Essa permette di capire come l'uno e il molteplice si relazionino non già in insanabile opposizione, ma variando in modo direttamente proporzionale[172]. La forma trinitario-comunionale di prospettare l'essere non implica la cancellazione della categoria di «sostanza» – normalmente associata all'idea di unità –, ma tende a concepirla come «autocomunicazione». Ciò costituisce il nucleo dell'«ontologia trinitaria»:

> l'essere è a tutti i livelli dell'essere e specialmente in quelli supremi, figura che determina e porta in sé tutto il resto (*actus purus*), di sua essenza evento di autocomunicazione, un inscindibile coesistere di unione propria in base alla distinzione dall'altro e di unione con l'altro mediante comunicazione e dedizione come pure mediante ricezione ed accettazione[173].

L'«ontologia trinitaria» si fonda, perciò, su una visione relazionale del tutto. Il contributo della questione trinitaria ai cosiddetti «problemi di fondo» sta proprio nel far vedere come l'«in sé» degli enti non esiste svincolato del loro «essere-verso-l'altro», né l'«essere-verso-l'altro» contraddice la sua sostanzialità. Si tratta, insomma, di un altro sguardo sui fondamenti della realtà, un'altra comprensione dei suoi dinamismi profondi. È, dunque, un'interpretazione dell'essere che promuove una

---

[168] L'unità è divenuta, secondo G. Greshake, un'idea «quasi-naturale» (cf. IDU, 508 [DdG, 443]). Questa sensibilità è presente anche nella Modernità, anche se il punto di unificazione del reale non è più posto in un assoluto divino, bensì nel soggetto (cf. IDU, 512-513 [DdG, 447-448]).

[169] G. Greshake denuncia nell'unitarismo un'atmosfera di oggettivazione che genera dinamiche d'impossessamento e di requisizione totalitaria degli individui (cf. IDU, 514-520 [DdG, 448-453]).

[170] IDU, 512 [DdG, 447].

[171] Cf. IDU, 520-524 [DdG, 454-457].

[172] Cf. IDU, 523 [DdG, 456-457].

[173] IDU, 523 [DdG, 456]. Considerando l'influsso di K. Hemmerle qui patente, ci si aspetterebbe che G. Greshake aggiungesse K. Hemmerle al gruppo degli autori a cui si sente particolarmente legato (cf. IDU, 20 [DdG, 26]).

riconfigurazione della forma attraverso la quale l'uomo sperimenta se stesso, si sperimenta nel reale che gli è dato e interagisce con esso. Non è, quindi, necessario credere nel Dio Trinità per ammettere che la fede che lo confessa e la teologia che lo riflette possano essere mezzi fecondi per trovare e sviluppare un modo di pensare e di configurare la tensione fra uno e molteplice che superi le aporie a che conduce una visione del reale di tipo unitarista.

4.2.2 Società sotto la luce trinitaria: individui e collettività ugualmente originari

La concezione trinitario-comunionale della società proposta dall'autore altro non è che un'estensione delle precedenti riflessioni sul problema della relazione fra unità e pluralità, ora indirizzate specificamente alle questioni della convivenza umana. La sfida di articolare concretamente collettività e individuo, pur essendo una questione sociale e politica di costante attualità, assume certamente un'importanza particolare all'interno delle società moderne, sempre più plurali e globalizzate.

Prendendo la «Trinità come ispirazione»[174] – per evitare il rischio di una sua «funzionalizzazione» e il «meccanismo di proiezione» umana[175] –, G. Greshake pensa di trovare un modello sociale giusto e in grado di oltrepassare certe tensioni sociali e politiche a partire dal presupposto che gli individui che compongono una società e la collettività da loro formata siano ugualmente originari – *gleichursprünglich*[176]. Da questo presupposto trinitario-comunionale, che non gerarchizza individuo e società, ma li sostiene in un rapporto tensionale, discendono, secondo l'autore, alcune conseguenze fondamentali: il rifiuto sia di un intendimento atomizzato del tessuto sociale, sia di una sua concezione organologica; il rifiuto di un'unità sociale basata sia su un'interculturalità indifferente, sia su una transculturalità omogeneizzatrice. L'ispirazione trinitario-comunionale punta, invece, a una mutua interpenetrazione sociale – pericoretica – fra individuale e comunitario, particolare e globale, e propone, di conseguenza, un'«unità cattolica»[177] delle culture.

---

[174] Cf. IDU, 541-544 [DdG, 472-474]; G. Greshake, «Politik und Trinität», 190-191.

[175] Cf. IDU, 533-538 [DdG, 465-469].

[176] Termine applicato, in un primo momento, alle Persone divine (cf. IDU, 550-552 [DdG, 479-481]).

[177] IDU, 569 [DdG, 497]).

G. Greshake non vede nell'ermeneutica trinitario-comunionale soltanto una fonte ispiratrice per i modelli sociali, ma pensa inoltre che tale ermeneutica risponda al profondo desiderio umano di una radicale esperienza di *communio*. Per lui, «in ogni realizzazione della *communio* umana si verifica un "anticipo" di qualcosa»[178] a cui l'uomo aspira, per cui si sente adatto e che nella storia è sempre precario e frammentario. Anche quest'inclinazione verso una *communio* sempre più piena – che l'autore ritiene osservabile anche da un punto di vista fenomenologico –, e di cui le società umane rappresentano dei tentativi di risposta, trova nel Mistero trinitario di Dio «motivazione» e «chiarimento»[179]. In questo, G. Greshake trova un'epifania supplementare della struttura trinitaria del reale.

4.2.3 Critica della religione e dialogo tra religioni: riconsiderati alla luce della logica comunionale

La grammatica trinitario-comunionale offre al teologo di Friburgo la possibilità di situarsi teologicamente nel dialogo fra le religioni e di assumere una certa attitudine apologetica di fronte alle critiche moderne della religione.

Da una parte, l'intenzione di G. Greshake è quella di mostrare, all'interno del dibattito sulla teologia delle religioni, come la «chiave» *communio* permetta di sostenere un «inclusivismo cristiano tranquillizzato». Si tratta, secondo la proposta dell'autore, di un atteggiamento che accoglie le grandi preoccupazioni della corrente pluralista senza rinunciare a nulla di proprio della pretesa cristiana[180]. All'interno di una tale concezione inclusivista, la confessione della definitiva «autocomunicazione» divina in Cristo implica anche la necessità del dialogo, poiché Cristo, nel suo Corpo, non ha ancora raggiunto la sua definitiva pienezza: la «trinitarizzazione». Questa pienezza viene attuata anche tramite il dialogo e l'incontro tra differenti esperienze religiose. A questo riguardo, occorre ancora tener conto dell'esplicito influsso di R. Panikkar su G. Greshake, particolarmente evidente nella sua ermeneutica della

---

[178] IDU, 555 [DdG, 483].

[179] Cf. IDU, 555-556 [DdG, 483-484].

[180] È un'impostazione teologica che si vuole non «colonialista» – come in R. Panikkar – e che rende possibile un dialogo autentico (cf. IDU, 578-580 [DdG, 504-506]). In tutto ciò, si verifica anche una certa sintonia con J. Moltmann, che vede ugualmente nel dialogo una via di riscoperta della dottrina trinitaria come lo specifico cristiano (cf. NSDT, 9 [IGdG, 11]).

religione e del dialogo tra religioni. Come il pensatore indoispanico, anche G. Greshake vede nella logica trinitario-comunionale l'integrazione pericoretica – e non sincretica – delle tre grandi tipologie dell'esperienza religiosa: i. Dio come mistero assoluto e irraggiungibile; ii. Dio come entità personale e comunicativa; iii. Dio come intimità ultima dell'essere. La formula «teo-logica» trinitario-comunionale significa, dunque, la sintesi aperta, l'unità plurale delle diverse facce dell'esperienza religiosa dell'umanità.

Le critiche al fenomeno religioso, dall'altra parte, si spogliano di senso nel momento in cui si parte da una «teo-logia» effettivamente comunionale. Infatti, le critiche che vedono la religione come sminuimento dell'umano, come amputazione disumanizzante della libertà, come invito a una passività dipendente, in sintesi, che vedono Dio come concorrente dell'uomo, radicano sempre in un'immagine a-trinitaria di Dio[181]. La Trinità conduce, invece, allo svuotamento di queste critiche, poiché la *communio* è proprio il modo divino di essere che «non requisisce in sé in maniera monarchica tutto il potere, esaurendo e umiliando in tal modo la creatura»[182], ma che al contrario, in corrispondenza dell'immanenza trinitaria, costituisce una continua offerta di «spazio» perché l'altro sia se stesso.

In conclusione, si può affermare che, se quello che induce a riconoscere rilevanza e, perfino, verità in una religione è la sua capacità di offrire un'«unità universale dell'esperienza della realtà (*Wirklichkeitserfahrung*)»[183], allora la Trinità pensata come *communio* e la fede che la confessa appaiono come massimamente rilevanti. In effetti, la visione trinitaria di Dio, mostrandosi ispiratrice di un'ermeneutica illuminante del mondo e della vita, anche nei loro paradossi, tende a confermarsi come verità esistenzialmente significativa.

Indipendentemente della solidità di ciascuna delle tante risposte che G. Greshake propone e che qui si è cercato di presentare succintamente, il modo in cui l'autore collega riflessione trinitaria, altri ambiti della teologia e il reale in cui viviamo conferma la possibilità di mettere in

---

[181] Critiche che si rivolgono a un Dio assolutistico di tipo nominalistico. Queste sono parzialmente valide, nella misura in cui, da un lato, mostrano l'insufficiente presenza della logica trinitaria nella pratica e nella riflessione cristiana, e, dall'altro, rendono palesi le conseguenze nocive dell'unitarismo teologico (cf. IDU, 599-606 [DdG, 523-528]; FDT, 118-119 [HzGdG, 104]).

[182] IDU, 606 [DdG, 529].

[183] IDU, 588 [DdG, 513].

pratica una teologia trinitaria che non si limiti a riflettere solo su Dio nella sua immanenza, ma che mostri anche il Mistero divino come la «chiave» dell'esperienza della vita[184]. Questo non tanto per affermare l'importanza della teologia trinitaria, ma piuttosto per rendere il giusto omaggio alla Trinità, per essere coerenti con la fede professata e per fare giustizia al mondo e alla vita. Infatti, il recupero della portata esistenziale della teologia trinitaria, in accordo con la proposta dell'autore, avviene a partire dalla sua «plausibilità» teorica e pratica. In conclusione, la teologia di G. Greshake può essere descritta, come si accennava all'inizio del capitolo, come una teologia comunionale della plausibilità trinitaria.

5. Esperienza e *communio* trinitaria: successi ed eccessi di una proposta integrale

Il progetto trinitario di G. Greshake cerca di proporre una formulazione «teo-logica» che promuova la percezione della fecondità esistenziale della fede nel Dio tripersonale. In questo modo, l'autore vuole che si riconosca al nucleo trinitario del cristianesimo, nel concreto della sua esperienza credente, una centralità simile a quella che sempre le è stata assegnata nella formulazione della fede cristiana. Questo suo tentativo di presentare il Mistero trinitario di Dio come verità vitalmente rilevante passa, in modo sostanziale, per una riconfigurazione del modo stesso di riflettere sulla Trinità. In effetti, un tale obiettivo suppone che si costruisca un discorso trinitario in stretto dialogo con l'esperienza concreta della vita e della fede. Non a caso, G. Greshake imposta gli aspetti metodologici della questione trinitaria proprio attorno al binomio rivelazione della Trinità ed esperienza[185]. La questione della metodologia e dell'impostazione della teologia trinitaria assume poi, all'interno del suo pensiero, una particolare importanza. Tale aspetto accomuna la proposta trinitaria di G. Greshake e l'ipotesi che motiva e conduce il presente studio.

---

[184] Cf. G. GRESHAKE, «Politik und Trinität», 198: «Politik und Trinität haben also sehr wohl miteinander zu tun. Ja, das „Oxymoron", die scheinbar harte Verbindung von Politik und Trinität in unserem Thema, will darauf hinweisen, daß „Glaubensmysterium", insbesondere auch das Trinitätsmysterium, nicht etwas „neben" oder „über" der erfahrbaren Wirklichkeit unserer Welt liegt, sondern daß es als letzter Grund, letzte Motivation, letzte Sinngebung für unser ganz konkretes Leben verstanden und erfahren werden will und wir dazu eingeladen sind, unserem Leben und der ganzen Welt die Entsprechung zum Mysterium Gottes einzuformen».

[185] Cf. IDU, 23-39 [DdG, 28-43].

Nel contesto di questa revisione dell'approccio alla questione trinitaria, la dinamica esperienziale svolge una funzione assolutamente centrale. Presentata la riflessione trinitaria di G. Greshake, si è potuto verificare un frequente appello esplicito all'esperienza[186]. Egli stesso riconosce che «la mutua relazione fra fede trinitaria e l'esperienza umana» costituisce una sua «tematica specifica»[187]. S'impone perciò, per giungere a una conclusione, la necessità di ponderare l'effettivo ruolo dell'esperienza nella sistemazione trinitaria di G. Greshake, considerando inoltre, alla sua luce, l'ipotesi di una teologia trinitaria che si relazioni con l'esperienza in una permanente pericoresi. Questa sezione conclusiva si svolge dunque in accordo con i punti seguenti: 1. interrogandosi sull'esperienza come punto di partenza trinitario; 2. interrogandosi sull'esperienza come suo punto di arrivo; 3. cercando, infine, di caratterizzare schematicamente lo stile teologico di G. Greshake.

5.1 *Esperienza: punto di partenza*

Valutare il possibile ruolo dell'esperienza, nell'opera di G. Greshake, come uno dei campi sui quali si fonda la riflessione trinitaria non è un compito facile. Infatti, l'autore sembra non riuscire a trovare una piena sintesi e armonizzazione fra le sue affermazioni e prospettive di carattere metodologico in merito alla teologia trinitaria e la sua effettiva visione sistematica della Trinità. Da una parte, egli getta i presupposti che rendono ammissibile una teologia trinitaria fondata sull'esperienza. Dall'altra, la sua proposta comunionale non sembra essere sempre sufficientemente fondata sull'esperienza reale. Ciononostante, a partire da G. Greshake si possono cogliere tre indicazioni utili a ponderare il ruolo dell'esperienza in teologia trinitaria: 1. sullo statuto mediato di quest'esperienza; 2. sul modo di articolare esperienza e rivelazione della Trinità; 3. sul modo di articolare l'esperienza e la realtà della *communio*.

5.1.1 Esperienza di un'immediatezza mediata

Il proposito dell'autore non è mai quello di dimostrare la Trinità a partire dall'esperienza. La Trinità è sempre un dato della fede che viene dischiuso da Dio stesso. L'affermazione più forte di G. Greshake

---

[186] Con espressioni come: «Erfahrung», «vorchristlicher und christlicher Erfahrung», «Basiserfahrung», «Grunderfahrung», «anthropologischen Erfahrungen», «Wirklichkeitserfahrung», «Urerfahrung».
[187] IDU, 74 [DdG, 73].

relativa all'esperienza è, sicuramente, quella dell'assoluta impossibilità di un'esperienza immediata di Dio:

> nella nostra esistenza temporale non abbiamo nessun'esperienza immediata di Dio (*unmittelbare Erfahrung Gottes*) [...]. Fintantoché viviamo nel tempo, egli rimane sottratto alla nostra esperienza immediata, sperimentiamo la sua presenza in incognito, anzi la sua assenza, eppure possiamo tenere dei rapporti diretti con lui: egli ci si fa incontro nascostamente in una molteplicità di mediazioni creaturali. Ma qui è lui stesso che ci si fa incontro in una «immediatezza mediata (*vermittelter Unmittelbarkeit*)»[188].

Attraverso questa prospettiva tensionale dell'esperienza di Dio, che la descrive come l'evento di una «presenza assente», di un'«immediatezza mediata» – espressione di K. Rahner[189] –, G. Greshake apre la possibilità che l'esperienza divenga un *locus* della riflessione su Dio. Solo nell'esperienza delle cose e degli eventi della presente condizione temporale si potrà incontrare questo Dio nascostamente presente – *sub forma contraria* –, incontro che è sempre la radice della riflessione teologica.

L'integrazione dell'esperienza come punto di partenza della teologia trinitaria deve sempre, secondo G. Greshake, tenere a mente questa sua specificità: è un'esperienza mediata.

5.1.2 Esperienza e rivelazione

Alla luce del pensiero di G. Greshake, la possibilità di assumere l'esperienza come punto di partenza della teologia trinitaria si confronta, fin dall'inizio, con la sua affermazione relativa alla rivelazione come unico vero accesso alla tri-unità divina. Questo non comporta, necessariamente, la cancellazione della considerazione dell'esperienza come *locus* della riflessione sulla Trinità, ma conduce, in primo luogo, a concepire la rivelazione divina come esperienza e, poi, a circoscrivere l'esperienza che ci svela la Trinità al campo specifico della rivelazione storica di Dio, incentrata sull'evento Gesù.

Come, tuttavia, conciliare tale salvaguardia della Trinità come verità rivelata *stricto sensu* con la considerazione dei *vestigia Trinitatis*, cioè con quelle esperienze umane e non specificamente cristiane che, secondo l'autore, esibiscono «strutture e dinamismi che sono in grado di rimandare al Mistero trinitario», che sono «forme anticipatrici della rivelazione della Trinità» e che, pertanto, sono «già in via iniziale espe-

---

[188] IDU, 327 [DdG, 287].
[189] Cf. CFF, 118-120 [GG, 90-92].

rienze cristiane e trinitarie»[190]? L'autore, ispirandosi a R. Guardini e H.U. von Balthasar, cerca di superare questa difficoltà sostenendo che i *vestigia Trinitatis* sono realtà che appartengono al mondo e che, pertanto, in questa forma vanno sperimentate, ma che vengono davvero comprese solo quando illuminate dalle corrispondenti realtà della rivelazione[191]. È la rivelazione storica di Dio che fa emergere la portata «teologica» di questi vestigi, che, pertanto, non si anticipano al libero dischiudersi di Dio come Padre, Figlio e Spirito Santo. I *vestigia* sono, quindi, «approssimazioni» al Mistero trinitario di Dio.

Questa soluzione, che pare teologicamente equilibrata, lascia aperte alcune questioni importanti, come quella dello statuto che l'esperienza umana assume nel riconoscimento della tri-unità divina. Esiste o no la possibilità di sperimentare qualcosa della dinamica trinitaria di Dio, cioè un qualcosa che ci permetta di intuire che Dio agisce *ad extra* com'è «in sé», come trino e non soltanto come uno? Secondo il principio con cui G. Greshake interpreta i *vestigia Trinitatis*, ciò può avvenire solo come momento successivo alla rivelazione, ossia solo rileggendo tali esperienze alla luce della rivelazione storica di Dio è possibile individuare in loro una struttura trinitaria. Il rischio è che, procedendo in questo modo, la verità trinitaria si configuri ancora come un dato teologico puramente discendente, che solo in seconda battuta essa si rapporti con l'esistenza umana concreta e che, perciò, si tradisca in parte l'intento di avvicinare vita e questione trinitaria.

Si tocca qui una questione probabilmente insolubile, poiché alla base di questo tipo di problemi sta la sempre difficile conciliazione tra la novità della rivelazione trinitaria e la continuità dello stesso Dio che si svela nella storia. Questa è, in effetti, una difficoltà inerente a qualsiasi teologia che accetti, come accade in G. Greshake, di non separare radicalmente natura e soprannatura[192].

5.1.3 Esperienza e *communio*

L'insistenza dell'autore sul concetto di *communio* permette anche di percepire come l'esperienza possa svolgere un ruolo di fondamento della riflessione trinitaria. In particolare, si riconosce come diverse esperienze di comunione, ma specialmente l'esperienza della rivelazione e

---

[190] IDU, 37 [DdG, 41].
[191] Cf. IDU, 33-34 [DdG, 37-38]. G. Greshake afferma, con E, Jüngel, che è Cristo il vero e proprio «*vestigium Trinitatis*» (cf. IDU, 49 [DdG, 50]).
[192] Cf. IDU, 32 [DdG, 37].

della comunione ecclesiale abbiano favorito la progressiva presa di coscienza che *communio* è quella realtà che meglio caratterizza e descrive l'immanenza del Dio Trinità[193]. L'esperienza del Dio che si mostra *communio* «in sé» e la luce che ci viene dalle varie esperienze umane e cristiane di comunione concorrono, quindi, a una più profonda comprensione della rivelazione di Dio Trinità e a una più esatta percezione della sua vita immanente.

Tuttavia, si riscontra di nuovo la già menzionata disfunzione fra questi principi generali e il modo scarsamente vincolato all'esperienza con il quale l'autore effettivamente giunge al concetto di *communio*. G. Greshake non svolge, ad esempio e come forse ci si sarebbe aspettati, un'analisi descrittiva di tale esperienza di *communio* – neotestamentaria, ecclesiale ed extra-ecclesiale – per poi arrivare alla sua concettualizzazione. Egli abbozza, invece, la nozione di *communio* a partire dal processo di gestazione e sedimentazione del concetto di *persona*, approccio che tende a porre l'accento più sulla storia della riflessione filosofico-teologica che, propriamente, sull'esperienza della comunione. Al contrario di quanto si ammette teoricamente, il concetto di *communio* non sembra, dunque, scaturire da un'effettiva analisi e considerazione dell'esperienza.

La teologia trinitaria di G. Greshake si presenta, in conclusione, ambivalente quanto alla possibilità e al modo in cui assume l'esperienza come un suo punto di partenza. Se il suo schema teorico è promettente quanto al modo di prospettare la tematica in chiave esperienziale, la sua attuazione si mostra, alla fine, in un certo modo deludente. Da un lato, si trovano affermazioni di natura metodologica che sostengono e ispirano l'ipotesi di assumere l'esperienza come un punto di avvio della teologia trinitaria. Dall'altro, la sua riflessione propriamente trinitaria pare non andare altrettanto lontano della considerazione metodologica.

In termini oggettivi e al di là di queste note critiche, con G. Greshake si intuisce che è possibile ammettere solo un'esperienza mediata di Dio.

5.2 *Esperienza: punto di arrivo*

La pericoresi fra esperienza e riflessione sul Dio trino, qui analizzata e messa a dialogo con il pensiero di G. Greshake, deve adesso essere

---

[193] G. Greshake sottoscrive la tesi di I. Zizioulas, secondo la quale l'esperienza ecclesiale ha promosso la fede trinitaria (cf. IDU, 49 [DdG, 50]).

affrontata a partire dall'altro suo versante, ossia quello che propone l'esperienza come orizzonte della teologia trinitaria. In quest'aspetto particolare e pur non ignorando la presenza di problemi minori, la proposta del teologo di Friburgo si mostra più organica e sostanzialmente riuscita per la forma in cui coordina le indicazioni metodologiche con la sua concretizzazione teologica. È manifesto il suo tentativo di trovare un modo di impostare la riflessione trinitaria che assuma la necessità di interpretare in chiave trinitario-comunionale le esperienze cristiane e quelle umane. Questo tentativo può essere ricondotto, in sintesi, a tre aspetti particolari: 1. il ruolo di orizzonte dell'esperienza umana svolto dalla fede cristiana; 2. il contributo all'integrazione dei paradossi dell'esperienza cristiana e umana prestato dalla teologia trinitaria; 3. il modo, per certi versi eccessivo, con cui l'autore cerca di rileggere tutto con il concetto trinitario di *communio*.

5.2.1 Esperienza con l'esperienza

L'autore recupera quest'espressione di E. Jüngel[194] per descrivere lo specifico della fede: «credere significa sempre anche "fare una nuova esperienza con l'esperienza" (*Erfahrung mit der Erfahrung*) [...], ovvero porre quanto già "prima" esperito, in un orizzonte più ampio, in contesto complessivo sino a quel punto non intuito, in una nuova luce»[195]. Se la fede è esperienza che dà senso ad altre esperienze – «orizzonte d'esperienza integrante (*integrierender Erfahrungshorizont*)» –, la riflessione sulla fede professata deve, di conseguenza, far risaltare questa sua capacità integrando, reinterpretando e riconfigurando le diverse esperienze umane. Promuovere un'autentica e sempre nuova «esperienza con l'esperienza» definisce, perciò, un compito di tutta la teologia, anche di quella trinitaria.

La forma con cui l'autore s'impegna a rileggere trinitariamente l'insieme della fede cristiana, nonché alcune questioni della vita umana – le cosiddette «conseguenze» – rappresenta un tentativo di mettere in pratica quest'impresa teologica. Questo significa, in concreto, un modo di fare teologia trinitaria eleggendo l'esperienza – cristiana e umana – a suo orizzonte, a suo punto di arrivo. La derivazione delle implicazioni esperienziali dalla confessione trinitaria mostra come si può riflettere sulla Trinità collegandola alla vita.

---

[194] Cf. E. JÜNGEL, *Gott als Geheimnis der Welt,* xi; E. SALMANN, «Erfahrung mit der Erfahrung», 125-139.
[195] IDU, 24 [DdG, 30].

Con G. Greshake si percepisce, però, che la riflessione trinitaria non può tradursi immediatamente in pratica. In effetti, anche nella sua profonda ed estesa ricerca delle «conseguenze» trinitarie, il discorso sulla Trinità rimane ancora al livello di grande narrativa della fede, della vita e del reale, capace di far emergere il loro significato profondo, ma non di scendere sempre a quel dettaglio di prescrizioni di azioni concrete che la mentalità pratica odierna tende a elevare a criterio supremo di veridicità. Forse con l'eccezione di qualche affermazione in merito all'ambito dell'ecclesiologia o a quello socio-politico, l'impatto esperienziale della riflessione trinitaria greshakiana si situa al livello teoretico di una grammatica «plausibile» dell'esperienza. Si conferma, dunque, che la Trinità non è questione immediatamente pratica.

5.2.2 Integrazione delle paradossalità dell'esperienza

Il plusvalore apportato dalla rilettura trinitaria della fede e della realtà all'esperienza sta, soprattutto, nella capacità di chiarire le paradossalità, ambiguità e oscurità sperimentate e che spesso conducono ad aporie. La costituzione tensionale del Mistero trinitario di Dio e, conseguentemente, del concetto trinitario di *communio* è d'ispirazione per un modo logico di prospettare le tensioni sperimentate nella fede e nella realtà che non relativizzi uno dei poli del paradosso, ma che invece sostenga entrambi i poli in tensione. Questo equivale, oggettivamente, a un tentativo di estendere la dinamica pericoretica, propria dell'immanenza trinitaria, al dominio dell'esperienza.

Il desiderato recupero della rilevanza esistenziale della fede trinitaria dipende in grande misura della fecondità di questa estensione. Trattandosi di una teologia intenzionalmente orientata verso l'esperienza, anch'essa si qualifica quando si afferma come paradigma adatto a chiarire quello che altri paradigmi non chiariscono, a risolvere dei problemi che altri non risolvono, a suggerire sensi all'esperire che altri non sono in grado di suggerire. Come si è osservato, si tratta di confermare, a partire dalla presentazione della fede trinitaria come verità plausibile, la sua potenziale centralità esistenziale, simmetrica o analoga alla centralità che da sempre la dogmatica le ha attribuito.

L'esperienza come punto di arrivo si mostra, perciò, un momento metodologico nucleare per la riscoperta della portata vitale o esistenziale della fede trinitaria. L'impostazione trinitaria di G. Greshake lo conferma.

5.2.3 *Communio*: onnicomprensione dell'esperienza

L'intensa forma con cui G. Greshake cerca di mostrare che la fede trinitaria può illuminare e riconfigurare la vita non è esente, però, da un certo eccesso onnicomprensivo. Questa critica si riferisce specificamente all'uso del concetto di *communio*. Nelle mani del teologo di Friburgo questa «chiave» diventa, alla fine, una specie di «comunella» che apre le porte di tutti i misteri cristiani e della vita, eliminandone ogni aporia.

Quest'onnicomprensione comunionale – che connota lo stile teologico di G. Greshake – si radica, certamente, sia nella convinzione della struttura trinitaria del reale, sia nel presupposto che una teologia sarà tanto più valida quanti più elementi integra dell'esperienza cristiana e umana[196]. L'autore non riesce a evitare sempre l'eccesso di voler spiegare ogni cosa grazie a una chiave trinitario-comunionale, in particolare nel momento in cui riconduce le diverse problematiche abbordate proprio alle tensioni con cui prima aveva caratterizzato il concetto di *communio*: unità-pluralità, identità-alterità.

5.3 *Stile integrale: esistenziale, concettuale, tensionale*

Nel corso del presente capitolo, lo studio della teologia di G. Greshake si è concentrato sugli aspetti sostanziali della sua riflessione trinitaria e, specialmente, sul modo in cui l'autore integra la questione dell'esperienza. Tuttavia, da quest'analisi sono emersi anche alcuni tratti che permettono di caratterizzare lo stile teologico di G. Greshake, ossia la sua attitudine teologica fondamentale, la sua posizione davanti alla questione trinitaria. Questo suo stile può essere descritto come integrale, per due motivi essenziali: i. perché la sua teologia traduce l'intuizione che la fede trinitaria è l'orizzonte che integra tutte le realtà in un insieme coerente e illuminante – è una proposta integrante; ii. perché la sua proposta teologico-trinitaria ha la convinzione di poter integrare in se stessa filosofia, sociologia, scienza politica, studi sulla religione, così come tutti i trattati teologici – è una proposta integrale. La grandezza di questo progetto trinitario, che non evita il summenzionato rischio di voler essere troppo onnicomprensivo, ci riporta, dunque, a una questione

---

[196] Cf. IDU, 40 [DdG, 44]: «Die Fähigkeit einer bestimmten Trinitätslehre, den christlichen Glauben und die Erfahrungswelt des Menschen, zumal in ihren Aporien und Problemknoten, schlüssig zu erschließen, läßt sich als ein weiteres Kriterium ihrer Stimmigkeit betrachten».

che è anche di stile teologico. In modo molto schematico, questo stile integrale di G. Greshake tende ad assumere queste tre note caratteristiche:

i. *Esistenziale*: si tratta di un atteggiamento che pretende di rivolgersi a tutti gli aspetti della vita umana, di una teologia che intensamente vuole collegare la fede riflettuta alla vita vissuta e viceversa. In questo senso, si capisce come lo stile dell'autore determini la motivazione che lo porta a riflettere sulla Trinità, e come questa sua motivazione esistenziale manifesti questa traccia del suo stile teologico;

ii. *Concettuale*: il passaggio dalla riflessione sulla Trinità alla reinterpretazione trinitaria della fede e della vita avviene tramite la «concentrazione» della rivelazione di Dio nel concetto di *communio*. Questo è il cardine che media e rende possibile un tale passaggio. Perciò, l'interpretazione greshakiana del Mistero di Dio si indirizza verso la sua concettualizzazione comunionale ed è dal concetto di *communio* che si derivano tutte le conseguenze trinitarie. La concettualizzazione è, allora, una tappa decisiva del procedimento teologico di G. Greshake;

iii. *Tensionale*: la logica tensionale, intrinseca al concetto trinitario di *communio*, connota lo sguardo integrale dell'autore. La «chiave» con cui l'autore interpreta l'esperienza, con cui svela il suo senso e chiarisce i suoi paradossi sta, essenzialmente, nella sua forma di intendere gli estremi delle polarità della fede e della vita come «ugualmente originari». Questa sua intelligenza di tipo tensionale è, in effetti, uno degli elementi più rilevanti della *forma mentis* di G. Greshake.

La sintonia fra queste note dello stile integrale di G. Greshake e il suo discorso trinitario, anch'esso indirizzato a un ricupero esistenziale della fede trinitaria incentrato sul concetto di *communio* e sulla sua matrice tensionale, mostra come stile teologico e visione teologica s'influenzino a vicenda. Da un lato, l'individuazione delle tracce di un dato stile non può che svolgersi in e a partire dall'esposizione teologica. Dall'altro, quest'esposizione s'inquadra sempre in un contesto più vasto, quello della sensibilità e dell'atteggiamento teologico che compongono un determinato stile. Dal loro rapporto pericoretico dipende, quindi, una più profonda comprensione dell'autore e della sua teologia.

La teologia trinitaria di G. Greshake presenta, in conclusione, degli aspetti che non solo comprovano la possibilità dell'ipotizzata circolarità fra esperienza e riflessione, ma conferma anche quest'impostazione come valida ai fini di una rinnovata scoperta del Mistero trinitario di

Dio. Pur senza dimenticare alcune disfunzionalità fra indicazioni metodologiche ed effettiva riflessione trinitaria, si deve comunque riconoscere il contributo di G. Greshake a questo studio sul ruolo di esperienza nella teologia trinitaria, contributo che può essere riassunto nei seguenti punti:

- la peculiarità dell'esperienza che può servire da base alla riflessione trinitaria: un'esperienza mediata;
- l'unicità dell'esperienza della rivelazione divina;
- la possibilità della teologia trinitaria di ispirare forme d'interpretazione dell'esperienza di fede e dell'esperienza del reale;
- l'integrazione chiarificatrice – tensionale e non dissolutiva – delle paradossalità della fede e della vita come fattore che qualifica il paradigma trinitario.

Il progetto di una teologia che consideri l'esperienza della Trinità e la Trinità nell'esperienza corrisponde, come è già evidente nel dialogo qui intrapreso con il pensiero trinitario di G. Greshake, alla ricerca di un modo trinitario di pensare che faccia giustizia, allo stesso tempo, alla fede professata e alla realtà vissuta e che lo faccia in modo teologicamente valido e fecondo.

CAPITOLO III

L'esperienza mistico-interculturale e le tante facce del Dio trinitario secondo R. Panikkar

Con R. Panikkar il presente studio viene introdotto in un paesaggio teologico-trinitario assolutamente singolare. Un rapido sguardo alla sua opera basta a far sì che il lettore si accorga di non essere davanti a una riflessione trinitaria tradizionale. Egli presenta invece un approccio all'universo trinitario assai originale, di tipo saggistico e che, alla fine, assomiglia più a una riflessione fatta a partire dalla teologia trinitaria che a una teologia trinitaria in senso proprio. Ciò non vuol dire che alcuni degli argomenti tradizionali del trattato *De Deo* siano del tutto assenti, ma non è su di loro che riposa il centro di gravità delle sue posizioni. La singolarità delle sue proposte si trova soprattutto nell'impostazione, nel contesto e nell'orizzonte in cui tale riflessione trinitaria viene inserita: un'impostazione mistico-meditativa, in un contesto interreligioso-culturale e con un orizzonte cosmico-integrale.

L'esperienza biografica dell'autore emerge come un accesso fecondo a tale paesaggio, aspetto che ritengo rilevante ai fini di uno studio che cerca proprio di cogliere e analizzare come la dinamica esperienziale è e può essere integrata nella riflessione trinitaria. R. Panikkar, in un certo senso, incarna alcuni degli aspetti del suo proprio pensiero[1]. Innanzitutto, le sue origini lo collocano, fin dalla nascita, fra culture e religioni diverse: figlio di madre spagnola, catalana, cattolica e di padre indiano, malabarico, hindu. Egli, perciò, probabilmente sperimentò e scoprì in se stesso un incontro culturale e religioso che lo portò, non a

---

[1] Lo nota anche F. D'Sa: «Panikkar has experienced intercultural dialogue in his own person as an *intra* religious experience» (cf. F. D'SA, «The Notion of God», 27).

caso, a cercare di aprire i dibattiti «inter» religiosi e culturali alla considerazione del dialogo «intra» religioso e culturale[2]. La scoperta dell'Oriente, in particolare dell'India, ha costituito un'altra esperienza di vita che ha profondamente segnato il suo percorso riflessivo e religioso. «Sono partito cristiano – afferma – mi sono scoperto hindu e ritorno buddista, senza cessare per questo di essere cristiano»[3]. L'autore riassume così il suo incontro con l'Oriente indiano, nel quale trovò anche se stesso. Si può, infine, puntare verso le sue esperienze di deambulazione intellettuale (fra teologia, filosofia, lettere, scienze della religione, psicologia, chimica, fisica, matematica), geografica (fra Spagna, Germania, Italia, India, Stati Uniti, America Latina), o ancora ecclesiale (fra l'*Opus Dei*, il Vaticano II, l'incardinazione nella diocesi di Varanasi e il rientro in Tavertet, Catalogna).

La tematica trinitaria è, inoltre, assolutamente centrale nel pensiero panikkariano. Anch'essa si trova «inter» e «intra» le tante materie a cui R. Panikkar, nel suo eclettismo, si è dedicato. La logica trinitaria sta al cuore della sua «visione cosmoteandrica» di tutto, visione che poi connota tutta la sua riflessione sull'antropologia, sulla cristologia, sulla concezione pluralistica delle religioni o sulla spiritualità. Nella prominenza che attribuisce alla questione trinitaria, R. Panikkar è un teologo classico. Il suo atteggiamento riguardo al tema è, però, radicalmente innovativo[4]. Egli è, in effetti, un autore «inter» questioni e autori classici e approcci contemporanei e innovativi; «intra» la visione classica di Dio, come «intra» la sensibilità aperta tipica del pluralismo religioso.

Il capitolo che qui si apre cerca, coerentemente con quanto è già stato fatto con gli altri autori, di analizzare il modo in cui R. Panikkar integra la considerazione dell'esperienza nella sua riflessione sulla Trinità, ma anche – in corrispondenza con le specificità del suo pensiero – nel suo modo trinitario di interpretare tutto il reale. La tematica esperienziale è, in effetti, centrale nel suo discorso «teo-logico». Essa gli per-

---

[2] Un dialogo che non si verifica soltanto esternamente, ma che avviene all'interno delle culture, religioni e persone: «[...] un diálogo interno dentro del proprio yo, un encuentro en lo profundo de la religiosidad propia y personal del yo, cuando éste tropieza con otra experiencia religiosa en ese nivel muy íntimo. [...] Un diálogo *intrareligioso*, o sea que tengo que empezarlo yo mismo, preguntándome sobre mí mismo y sobre la *relatividad* de mis creencias (lo que no es lo mismo que su *relativismo*) y aceptando el desafío de un cambio, de una conversión, y el riesgo de trastocar mis enfoques tradicionales» (cf. R. PANIKKAR, «El diálogo interno», 349-350).

[3] R. PANIKKAR, *Vita e parola*, 151.

[4] Cf. E.H. COUSINS, «Panikkar's Advaitic Trinitarism», 119-120.

mette di collocare la questione di Dio su un piano nel quale si riconosce che questa non è una questione razionalmente esauribile[5]. La considerazione dell'esperienza sta, dunque, al centro di una delle caratteristiche più note del pensiero panikkariano: un atteggiamento apofatico-mistico.

La presente lettura dell'opera panikkariana viene, inoltre, assecondata e, conseguentemente, confermata sia dall'autore stesso, sia da altri studi sul suo pensiero. È per lui chiaro che «ogni discorso, ogni teologia in cui sia assente tale esperienza [umana] non è altro che ciarla, una mera ripetizione di ciò che ci è stato detto, di quanto abbiamo memorizzato»[6]. Questa sua posizione teologica di base viene poi attuata sia in quegli scritti dedicati in particolar modo alla mistica e alla spiritualità, sia in quegli altri che si rivolgono più specificamente alla riflessione trinitaria, come risulta ovvio dal titolo della sua principale opera dedicata alla Trinità: *La Trinità. Un'esperienza umana primordiale*[7]. Per di più, l'autore dichiara nel prologo che «l'approfondimento della struttura trinitaria dell'esperienza religiosa e delle credenze umane può offrire qui una possibilità di fecondazione, di accordo e di collaborazione non solo fra le religioni stesse, ma anche tra esse e l'uomo moderno»[8]. A fondamento della sua riflessione sta, infatti, il tema dell'esperienza, sia in chiave cristiana come «esperienza trinitaria», sia in chiave orientale come «esperienza *advaita*».

La stessa prospettiva viene ammessa, benché non sempre esplorata, da alcuni dei più noti interpreti dell'opera panikkariana. Per F. D'Sa risulta chiaro che la sua ermeneutica è, in primo luogo, esperienziale[9].

---

[5] In contesto colloquiale egli afferma: «Yo no soy irracionalista, pero soy consciente de que hay otras maneras de pensar y expresarse que la meramente racional. El campo de la consciencia es mayor que el campo de la inteligibilidad» (cf. V. PÉREZ PRIETO, «Raimon Panikkar», 28).

[6] IM, 63.

[7] Opera che ha subìto successive rielaborazioni. Inizialmente pubblicata nel 1970 come *The Trinity and World Religions. Icon, Person, Mystery*, ha trovato la sua forma attuale nella versione castellana del 1998: *La Trinidad. Una experiencia humana primordial*. Benché assente nel titolo della sua prima versione, il riferimento esplicito all'esperienza si trova ben presto nei titoli delle ulteriori edizioni dell'opera, già dal 1973. Si potranno, inoltre, citare altre opere dove la matrice esperienziale del suo pensiero si insinua già nel titolo: *The Vedic Experience. Mantramañjarî* (1977); *The Cosmotheandric Experience. Emerging religious Consciousness* (1993); *La experiencia de Dios* (1994); *La experiencia filosófica de la India* (1997); *De la Mística. Experiencia plena de la Vida* (2005).

[8] TEUP, 62.

[9] Cf. F. D'SA, «The Notion of God», 29.

J. Prabhu, con un approccio simile a quello che qui viene essendo presentato come una possibile teologia trinitaria che abbia nell'esperienza un suo punto di partenza e di arrivo, sostiene che la «sua teologia, o a-teologia, non prende il suo punto di partenza dalle Scritture o dalla filosofia, ma dall'esperienza spirituale»[10]. O, ancora, le tesi di C.G. MacPherson, per la quale l'«esperienza è fondamentale nel pensiero trinitario di R. Panikkar»[11], e di V. Pérez Prieto che, studiando la Trinità in R. Panikkar, considera necessario e utile dedicare tutto un capitolo al tema dell'«esperienza di Dio»[12].

È già possibile, difatti, disporre di una letteratura dedicata allo studio del pensiero panikkariano. Si trovano, ad esempio, parecchi numeri di riviste e opere collettive che, attraverso i diversi articoli e contributi, cercano di coprire i diversi campi della riflessione dell'autore indoispanico[13]. Nell'universo degli studi monografici[14], interessa qui, però, rilevare i due studi summenzionati: di C.G. MacPherson e di V. Pérez Prieto, in relazione ai quali è necessario qualche chiarimento in più. Sebbene il presente capitolo condivida con entrambi lo studio del tema trinitario in R. Panikkar, da questi si distingue per l'attenzione particolare accordata alla questione dell'esperienza.

C.G. MacPherson, da un lato, ha svolto uno studio diacronico sul pensiero trinitario di R. Panikkar[15]. Ella identifica, al riguardo, fondamentalmente due tappe[16], intorno alle quali imposta la sua interpretazione: i. periodo 1964-75, che integra la prima edizione del *The Unknown Christ of Hinduism* (1964), *The Trinity and the Religious Experience of*

---

[10] J. PRABHU, «Introduction: Lost in Translation», 5.

[11] C.G. MACPHERSON, *A Critical Reading*, 6.

[12] Cf. V. PÉREZ PRIETO, *Dio, Hombre, Mundo*, 99-186. Si può, ancora, aggiungere il parere di J. Ries (cf. J. RIES, «Presentazione», 13).

[13] Cf. M. SIGUÁN, ed., *Philosophia pacis. Homenaje a Raimon Panikkar*; J. PRABHU, ed., *The Intercultural Challenge of Raimon Panikkar*; I. BOADA, ed., *La filosofia intercultural de Raimon Panikkar*; B. NITSCHE, ed., *Gottesdenken in interreligiöser Perspektive. Raimon Panikkars Trinitätstheologie in der Diskussion. Unter Mitarbeit von Guido Beck*.

[14] Cf. C. MENACHERRY, *Christ: The Mistery in History. A Critical Study on the Christology of Raymond Panikkar*; A. SAVARI RAJ, *A New Hermeneutic of Reality. Raimon Panikkar's Cosmotheandric Vision*; A. CALABRESE, *Il dialogo intrareligioso nella filosofia di Raimon Panikkar*.

[15] Cf. C.G. MACPHERSON, *A Critical Reading*, xiii: «The aim of this study is to show that there is basically an earlier Panikkar and a later Panikkar in relation to the Trinity».

[16] Simile è il parere di S. Pié Ninot (cf. S. PIÉ NINOT, «La "cosmoreligione" di Raimundo Panikkar», 137-140).

Man (1973) e altri scritti minori; ii. il periodo 1981-93, che integra la seconda edizione di *The Unknown Christ of Hinduism* (1981) e i suoi contributi nelle *Gifford Lectures* a Edimburgo (1989), nella *Warren Lecture* a Tulsa (1991) e nella *Cardinal Bellarmine Lecture* a St Louis (1991). Occorre aggiungere che questa sua interpretazione non è concorde con quella proposta da F. D'Sa, che segnala invece tre momenti distinti[17]. Non si pretende qui, tuttavia, di proporre uno studio diacronico sull'opera panikkariana. Si pretende, invece, di fornire una lettura tematica e non cronologica. Con obiettivi diversi e con metodologie distinte non ci sarà per forza una sovrapposizione fra questa inchiesta e quella di C.G. MacPherson.

Dall'altro lato, emergono più aspetti in comune con il contributo di V. Pérez Prieto. Dal punto di vista formale, egli intraprende, come si cerca di fare anche qui, una lettura dell'autore fondamentalmente tematica. Benché si registrino alcune delle evoluzioni percettibili nel pensiero panikkariano, si tratta di un'inchiesta sincronica. Devo, ancora, notare come fra gli autori da lui messi a dialogo con R. Panikkar si trovano, in certi casi con un certo rilievo, gli altri tre autori a cui la presente tesi ugualmente è dedicata: J. Moltmann, G. Greshake e K. Rahner. Dal punto di vista dei contenuti, si possono trovare altri punti di contatto con il presente capitolo. Innanzitutto, la percezione dell'importanza del ruolo dell'esperienza nel discorso e nel pensiero panikkariani, accanto a una lettura di R. Panikkar incentrata sulla questione trinitaria.

Credo, tuttavia, che al di là di questi punti in comune, ci siano anche delle significative differenze. La principale, e a mio avviso più caratterizzante nel confronto con V. Pérez Prieto, riguarda il tema dell'esperienza. È certo che l'autore si mostra consapevole dell'importanza che R. Panikkar attribuisce all'esperienza di Dio, all'esperienza trinitaria, all'esperienza *advaita*. Non mi pare, però, che tale percezione sia messa sufficientemente in evidenza nell'esposizione dell'intuizione della «Trinità radicale» in R. Panikkar, ossia mi pare che la centralità organica dell'esperienza nella riflessione trinitaria panikkariana venga più enunciata che esposta. Quello che in V. Pérez Prieto non appare sempre chiaro è come la considerazione dell'esperienza determini e influisca sulla visione trinitaria di R. Panikkar[18]. E sarà

---

[17] Opinione che mi pare più consistente: i. primi approcci; ii. tappa di chiarificazione; iii. punto culminante (cf. F. D'SA, «Der trinitarische Ansatz von Raimon Panikkar», 230-231; V. PÉREZ PRIETO, *Dio, Hombre, Mundo*, 284-288).

[18] Ciò neppure è da esigere da uno studio il cui obiettivo non è trattare specificamente il tema dell'esperienza.

proprio questa prospettiva di analisi che verrà qui adottata, cercando così di gettare ulteriore luce sul pensiero panikkariano complementare a questi e altri studi.

In vista di quest'obiettivo e ispirato dal pensiero panikkariano, il capitolo si strutturerà con ritmo ternario: 1. si indicheranno le linee fondamentali del pensiero di R. Panikkar; 2. si affronterà specificamente il tema dell'esperienza nella sua riflessione trinitaria e cosmoteandrica; 3. come avvenuto con i capitoli precedenti, si valuteranno criticamente sia l'ipotesi di svolgere una teologia trinitaria che parta e torni all'esperienza, sia lo stile teologico dell'autore. Le linee fondamentali della sua riflessione riemergeranno spesso nel corso del capitolo. Tali linee sono determinanti non soltanto come griglia metodologica dell'approccio panikkariano alla questione trinitaria, ma lasciano anche un'impronta decisiva nella visione trinitaria di R. Panikkar. In effetti, il modo mistico e simbolico, plurale e interculturale con cui egli affronta il tema tende a dipingere un quadro «teo-logico» anch'esso plurale. Plurale è, inoltre, l'esperienza, nelle sue forme, nelle sue variazioni, nei suoi diversi livelli – alcuni più legati alla Trinità, altri meno. Per tutti questi motivi, la considerazione dell'esperienza si mostra un fattore centrale nell'arrivare a un'immagine di Dio con «tante facce». E la Trinità sorge, appunto, come intuizione che permette a R. Panikkar di pensare le «tante facce di Dio», in una pluralità di forme e di possibili punti di incontro, fino a che si possa chiedere all'autore se stia ancora parlando di Trinità, per come nella tradizione cristiana è pensata e confessata. La proposta di R. Panikkar sarà, alla fine, più una riflessione fatta a partire dalla teologia trinitaria che teologia trinitaria in senso specifico.

1. Visione cosmoteandrica: aspetti fondamentali della riflessione panikkariana

La visione articolata di Dio, uomo e mondo è sicuramente il nucleo più originale del pensiero di R. Panikkar[19]. In effetti, la cosiddetta visione – o principio o intuizione – cosmoteandrica o teantropocosmica[20]

---

[19] Cf. J. PRABHU, «Foreword», xvii: «What for long has driven and unified Panikkar's thinking has been his cosmotheandric vision of reality what he calls the "trinity" of cosmic matter, human consciousness, and divine presence in co-constitutive relationality».

[20] L'autore è stato criticato per il suo privilegiare l'espressione «cosmoteandrico» a detrimento di «teantropocosmico». Infatti, la prima espressione, al contrario della seconda, appare troppo mascolinizzata, poiché integra il termine greco *anēr* (cf. X. PIKAZA,

connota decisamente la sua sensibilità filosofico-teologica e sembra essere sempre presente. Benché sia necessario tornare ancora su questo tema – analizzando la sua proposta di una «Trinità radicale» –, importa avere già presente quello che l'autore stesso intende per visione cosmoteandrica:

> [Si tratta] di una realtà cosmoteandrica, esistente in ogni tempo e in ogni situazione. […] Non vi sono tre realtà: Dio, l'uomo e il mondo; ma nemmeno ve n'è una: Dio o l'Uomo o il Mondo. La realtà è cosmoteandrica. […] Dio, l'uomo e il mondo sono, per così dire, in intima e costitutiva collaborazione per costruire la realtà, per fare avanzare la storia, per continuare la creazione[21].

> Il principio cosmoteandrico potrebbe essere espresso dicendo che il divino, l'umano e il terrestre sono le tre dimensioni irriducibili che costituiscono il reale, cioè ogni realtà in quanto reale. […] Questo principio ci ricorda che le parti sono parti e che non sono giustapposte accidentalmente, ma essenzialmente relazionate con il tutto. […] Ciò che questa intuizione vuole evidenziare è che le tre dimensioni della realtà non sono tre modi di una realtà monolitica indifferenziata né tre elementi di un sistema plurale. Vi è piuttosto una relazione intrinsecamente triplice che esprime la costituzione della realtà. Tutto ciò che esiste, qualsiasi essere reale presenta questa costituzione una e trina espressa nelle tre dimensioni[22].

> Per Trinità intendo la struttura triadica ultima della realtà. Dicendo «Trinità indivisa» già riassumo l'esposizione della relatività radicale tra il Divino, il Cosmico e l'Umano. L'espressione «trinità teo-antropo-cosmica» può essere abbastanza chiara per indicare la triade che tradizionalmente va sotto i nomi di Dio, Uomo e Mondo[23].

Con queste citazioni, appartenenti a tre scritti distinti e che comprendono un periodo di circa trent'anni, emerge non solo cosa intende l'autore con la visione cosmoteandrica, ma anche tanti accenni propriamente

---

«Prólogo», 18; S. PIÉ NINOT, «La "cosmoreligione" di Raimundo Panikkar», 142-143). R. Panikkar ha sempre presentato una doppia giustificazione per quest'opzione: i. l'espressione «cosmoteandrico» sembra linguisticamente più fluida, meno cacofonica; ii. non è esatto sostenere che il termine *anēr* abbia sempre significato l'uomo maschio (cf. RC, 173). Nelle *Gifford Lectures*, R. Panikkar aggiunge che ciascuno dei termini esprime approcci diversi alla realtà divino-umano-cosmica: «Io pongo una distinzione: l'intuizione *teantropocosmica* si riferisce alla consapevolezza umana in genere; la visione *cosmoteandrica* è la mia interpretazione della prima» (cf. RdE, 79).

[21] TEUP, 120.
[22] RC, 236.
[23] RdE, 79.

teologico-trinitari. Il discorso intorno alla visione cosmoteandrica è, insomma, il suo modo specifico di guardare e interpretare la realtà in tutta la sua ampiezza, in cui ogni suo elemento è costitutivamente, come afferma lui stesso, «inter-in-dipendente»[24] dagli altri. È la prospettiva di una «secolarità sacra» e di una «sacralità secolare».

Prima di entrare nel merito della questione cosmoteandrico-trinitaria, vorrei intraprendere adesso una sommaria caratterizzazione dei presupposti che la contestualizzano: 1. la via mistico-simbolica e il ritorno al mito con i quali l'autore cerca di superare i riduzionismi del razionalismo logico; 2. la sua posizione pluralistica di base e lo svolgimento, da parte dell'autore, di un ruolo di mediatore-traduttore fra culture e religioni, conscio che esse sono solo omeomorficamente accostabili; 3. la forma dialogico-ossimorica con cui tutte le polarità – teologiche, antropologiche e cosmologiche – vengono prospettate, aspetto da cui traspare maggiormente l'influsso orientale dell'intuizione *advaita*. Occorre, però, considerare che è per motivi meramente espositivi che si distinguono questi elementi del pensiero di R. Panikkar, i quali, nella sua opera, vengono congiunti in forma organica e permanentemente collegati gli uni agli altri.

1.1 *Sensibilità mistico-simbolica: una rimitizazzione in atto*

La visione cosmoteandrica di R. Panikkar, che sorge da un approccio eminentemente simbolico e mistico, svolge innanzitutto il ruolo di mito. Associando l'intuizione cosmoteandrica alla sua comprensione del mito, intendo far notare come il cosmoteandrismo svolge nel suo pensiero la funzione che egli stesso riconosce al mito nella storia e nelle culture: un «orizzonte alla base dell'intelligibilità»[25], un «paradigma unificante»[26], performativo di una determinata «visione del mondo»[27]. Difatti, il «mito cosmoteandrico» o «mito triadico» offre un orizzonte finale di

---

[24] Cf. RdE, 357-340.

[25] Cf. R. PANIKKAR, «Il senso del mito», 59; RdE, 268-269: «Ho fin qui usato il termine *mythos* come l'orizzonte ultimo nel quale si collocano tutti i nostri stati di coscienza riflessivi, quello sfondo che noi non mettiamo più in discussione perché ne sentiamo più il bisogno. Il *mythos* ci offre un orizzonte indiscutibile dove possiamo collocare le intuizioni del *lógos*».

[26] RC, 196.

[27] Cf. IM, 68-69; R. PANIKKAR, «Il senso del mito», 61: «Il mito sta all'origine della cosmovisione più o meno latente nella quale una determinata cultura (o subcultura) crede e che conferisce un certo senso al mondo nel quale vive»; ID., «Logomitìa e pensiero occidentale», 269-274.

significato, una grammatica del tutto, una descrizione del «mistero della realtà»[28]. Quest'orizzonte d'intelligibilità prospetta in modo olistico la realtà[29], contemplandola come qualcosa di costitutivamente relazionale. In fondo, mi pare centrale aver presente come la visione cosmoteandrica costituisca lo sfondo fondamentale del pensiero panikkariano[30]. Il substrato cosmoteandrico è, dunque, onnipresente nella sua opera, benché a volte possa esserlo tacitamente.

R. Panikkar ha, infatti, parlato della necessità di una «rimitizazzione (*Ummythologisierung*)», in evidente contrasto e polemica con la «demitizzazione (*Entmythologisierung*)» di R. Bultmann[31]. La sua visione cosmoteandrica è una rimitizzazione in atto. In questo senso, l'impostazione cosmoteandrica della sua riflessione non è né può essere – almeno così pensa R. Panikkar – logica, discorsiva, speculativa, analitica, concettuale. Sarebbe, infatti, una contraddizione, poiché il mito, benché resistendo sempre all'avanzata del *lógos*, appartiene a un altro piano: quello della ricettività del dono; del fondamento assoluto, cioè del fondamento «che non cerca già più un altro fondamento»; dell'origine di una determinata cosmovisione, un'origine che «conferisce un certo senso

---

[28] Cf. RC, 257; RdE, 277-278.483.

[29] L'autore sembra oscillare nell'impiego del qualificativo «olistico». Da un lato, lo rifiuta, qualora viene inteso nel senso di un atteggiamento colonialista, globalizzante nel senso di imposizione: «Questa visione cattolica (nel suo significato etimologico) non significa una visione olistica della realtà» (cf. RC, 170). Dall'altro lato, sembra riconoscersi in esso, quando viene inteso nel senso di ricerca dell'integralità del reale che ci abbraccia e coinvolge: questa non è «una conclusione analitica, ma piuttosto una visione olistica, che coordina i differenti elementi della conoscenza con il conoscente stesso» (cf. RC, 254; RdE, 260). Egli discute, inoltre, la necessità di una «sapienza olistica (*holistic wisdom*)» (cf. R. PANIKKAR, «A Self-Critical Dialogue», 229). È in questa seconda accezione che si utilizza qui il termine olistico.

[30] Si potrebbero applicare all'intuizione cosmoteandrica queste parole di R. Panikkar, dette sul mito: «il mito offre il substrato da cui differenti sistemi filosofici possono attingere il loro nutrimento. Non esistono filosofie *in vacuo*; ogni filosofia nasce in un dato contesto, che è precisamente quello fornito dal mito» (cf. R. PANIKKAR, «Śunahśepa», 135).

[31] Secondo R. Panikkar il mito resiste sempre al *lógos*. Quello che effettivamente capita è un suo spostamento, una «trasmitizzazione (*transmythicize*)». La «rimitizzazione» è dunque sempre attuante: «il *mythos* iniziale dal quale si parte già si sgretola per intromissione del *lógos*, il quale però non si arresta finché non trova un altro *mythos* [...]. Quando con la luce del *lógos* dissipiamo l'oscurità del *mythos*, questo si ritrae e si sposta in un altro luogo in cui il *lógos* ancora non diffonde la sua luce» (cf. EdV, 196). Cf. R. PANIKKAR, «La demitizzazione»; RdE, 268-270.

al mondo nel quale vive»[32]. È dominio del senso, non della spiegazione. È per lui chiaro che il «mito non appartiene all'ambito della riflessione», che il «mito non è oggetto del pensare logico». Anzi, «partecipiamo del mito, quando ne siamo coinvolti»[33].

Questo suo atteggiamento rispecchia una sensibilità di tipo simbolico-mistico. Da una parte, lo «strumento del mito – afferma R. Panikkar – è il simbolo»[34], poiché i «simboli sono i mattoni che costruiscono il mito»[35]. Dall'altra parte, la contemplazione «non cerca di capire razionalmente, né è un atto dell'immaginazione o prodotto della fantasia; è vera partecipazione alla realtà che si contempla, condivisione reale delle cose che si "vedono", identificazione dinamica con la realtà che si percepisce». La contemplazione è, perciò, «l'edificazione reale del tempio della realtà, in cui l'osservatore è pure parte intrinseca dell'intera costruzione», è realtà «teorica e pratica», è, infine, un'«esperienza»[36]. Si tratta, dunque, di una questione di «mostrazione» e non di «dimostrazione»[37] del reale. Solo un simile approccio serve da antidoto al logicismo moderno-occidentale, con i suoi dilemmi, dicotomie e aporie[38]. Si cerca di evitare quella frattura fatale fra soggetto e oggetto che R. Panikkar individua e critica nella riduzione logicista frequente in Occidente – *reductio ad unum*[39]. La sua via è quella della «consapevolezza im-

---

[32] R. PANIKKAR, «Il senso del mito», 61. L'autore non oppone, però, mito e *lógos*. «Non vi è – dice R. Panikkar – *lógos* senza *mito* né *mito* senza *lógos*. In ogni *lógos* c'è un *mito*, il mito che il *lógos* esprime. In ogni *mito* c'è un *lógos*, il *lógos* che comunica il *mito*» (cf. TEUP, 58). «Non si può scindere – dichiara – completamente il *lógos* dal mito. Si possono distinguere ma non separare; uno infatti alimenta l'altro» (cf. ID., «Tolleranza, ideologia e mito», 25). Il mito è, quindi, «compagno di viaggio del *lógos*» (cf. ID., «Il senso del mito», 57). La radice del problema sta, invece, nella deriva storica di riduzione logica del mito, la quale non è in grado di esaurire l'ampia consapevolezza di appartenenza che il mito veicola.

[33] Due delle sue nove *sūtra* su *mythos* e *lógos* (cf. R. PANIKKAR, «*Mythos* e *logos*», 92-93).

[34] R. PANIKKAR, «Simbolo e simbolizzazione», 247.

[35] R. PANIKKAR, «Simbolo e simbolizzazione», 261.

[36] Cf. R. PANIKKAR, «A Self-Critical Dialogue», 227; ID., «La nuova innocenza», 77.

[37] Cf. RdE, 270-271.

[38] Cf. R. PANIKKAR, «Logomitìa e pensiero occidentale», 265.274-275.

[39] Ci sono, secondo R. Panikkar, due modelli fondamentali di intelligibilità: uno retto dal principio di non-contraddizione, l'altro dal principio di identità. Egli vede il primo come dominante nella cultura occidentale e il secondo nella cultura indiana (cf. RC, 245-247). Su questa linea, credo che il suo intento sia proprio quello di sfumare l'eccesso occidentale della non contraddizione, (re)integrando in teologia il principio di identità. R. Panikkar cerca, inoltre, di situarsi non sul piano dell'epistemologia, dove

mediata della realtà»⁴⁰, dello scoprirsi coinvolto e partecipe del reale e così compiere l'ineludibile «sforzo di trovare il senso dell'esperienza umana»⁴¹. Questo è il dominio del simbolo, poiché è nel simbolo che mito e *lógos* si incontrano⁴² e in esso si trascende ogni dicotomia fra oggettività e soggettività. L'intuizione cosmoteandrica è, perciò, il riflesso di un atteggiamento che vuole comprendere nello stesso sguardo l'esercizio razionale, dal quale l'uomo non può prescindere, l'apertura a ciò che è al di là dello strettamente razionale – che non è sinonimo d'irrazionale – e la consapevolezza di partecipare al nodo integrale di relazioni proposto dal mito. L'autore testimonia, attraverso il modo in cui si muove fra teologia e filosofia, una sensibilità simbolica, ossia unitiva, congiuntiva, relazionale⁴³.

Quanto viene detto, in chiave più filosofica, in merito alla sensibilità simbolica si declina allo stesso tempo, in chiave religioso-teologica, in un approccio di tipo mistico⁴⁴. La «mistica è l'esperienza integrale della realtà»⁴⁵. Anche dalla mistica è possibile derivare gli antidoti per le aporie del logicismo moderno. R. Panikkar, infatti, afferma che «solo una visione mistica ci permette di uscire dal dilemma» moderno e che «la perdita del senso mistico dell'esistenza si manifesta nel *mythos* monoculturale regnate»⁴⁶. Al pari della coscienza simbolica, anche lo «spirito contemplativo» sfida la modernità⁴⁷. Il tema panikkariano del «terzo occhio» – l'occhio mistico-spirituale – è, in effetti, un chiaro esempio di una tale sensibilità mistico-contemplativa. Senza ignorare

---

il logicismo moderno sembra aver collocato la riflessione filosofica, ma sul piano dell'ontologia. Per lui tutto è «inter-in-dipendente» e lo è costitutivamente. Egli stesso dichiara che «solo il simbolo appartiene all'ordine ontologico» (cf. R. PANIKKAR, «Simbolo e simbolizzazione», 247). In questa preoccupazione di natura ontologica, R. Panikkar si trova molto vicino a un pensiero di tipo classico.

⁴⁰ RdE, 266.
⁴¹ RdE, 274.
⁴² Cf. TEUP, 58.
⁴³ Si potrebbe illustrare questo suo atteggiamento e intenzione con il titolo di una parte di una delle sue opere: «*Colligite fragmenta*. Per una integrazione della realtà» (cf. RC, 167-261).
⁴⁴ Sono espliciti gli influssi di autori come Maestro Eckhart e della mistica renana, santa Teresa di Gesù, san Giovanni della Croce, Nicola da Cusa, dei Vittorini o Raimondo Lullo, senza dimenticare tutto il vastissimo patrimonio della mistica orientale, soprattutto indù e buddista.
⁴⁵ Cf. EdV, 171-179; R. PANIKKAR, «La Divinità», 24.
⁴⁶ Cf. EdV, 194.
⁴⁷ Cf. R. PANIKKAR, «La nuova innocenza», 51-65.

né voler cancellare i primi due – l'occhio dell'esperienza sensibile e quello dell'esperienza razionale –, l'autore cerca si sviluppare lo sguardo proprio dell'esperienza mistica: «il cosiddetto "terzo occhio" è l'organo di quella facoltà che [...] ci permette l'accesso ad una dimensione della realtà che trascende, ma senza negare, ciò che viene colto dall'intelletto e dai sensi»[48]. Come nota giustamente V. Pérez Prieto, «è il terzo occhio che ci apre alla partecipazione nella plenitudine cosmica»[49], intuizione che potrebbe riassumere il progetto teantropocosmico di R. Panikkar. Un approccio di tipo mistico si trova dunque alla base della sua visione cosmoteandrica.

Non si pretende, in questa sede, di esaurire tutte le sfumature del pensiero panikkariano sul mito, sul *lógos*, sul simbolo o sulla mistica. Si mira, invece, ad aprire la presente inchiesta a questi aspetti fondamentali del suo modo di avvicinarsi alla filosofia e alla teologia. Parlando della sua visione cosmoteandrica come di una rimitizzazione in atto, che manifesta una sensibilità teologica di tipo mistico-simbolico, si è voluto abbozzare lo sfondo fondamentale della sua *forma mentis*. Per questo si parla di «sensibilità» dell'autore. È il suo peculiare atteggiamento, e non propriamente il suo discorso, che è adesso in gioco. In sintesi, questa sensibilità mistico-simbolica potrà essere descritta condensandola in tre aspetti fondamentali: i. esperienziale-partecipativa; ii. integrale-olistica; iii. unitiva-relazionante. Tutto questo promuove la consapevolezza – l'*awareness* e *consciousness* dei suoi scritti in inglese – di essere inseriti in una realtà teologico-antropologico-cosmica che ci coinvolge, che ci è offerta come fondamento senza fondamentazione. È il mito. In tutto questo, spunta, infine, la dinamica esperienziale del reale, fatto che consolida la già dichiarata convinzione della centralità del tema nel pensiero panikkariano.

1.2 *Attitudine religioso-culturale pluralistica: traduzione omeomorfa*

La teologia panikkariana, posizionata fra religioni e culture, è una teologia traduttrice. Dalla sua posizione privilegiata, R. Panikkar si pone come grande traduttore fra universi culturali mentalmente, geograficamente e storicamente lontani. Lo è in modo speciale nel costante passaggio fra l'universo occidentale – giudaicocristiano, greco-romano – e le culture provenienti dal subcontinente indiano – induiste e buddiste[50].

---

[48] IM, 29. Cf. VdD, 37.
[49] V. PÉREZ PRIETO, *Dio, Hombre, Mundo*, 18.
[50] Benché questo passaggio non sia simmetrico. In effetti, l'autore sembra privilegiare la traduzione dell'universo orientale in Occidente.

Non si tratta qui della traduzione come problema metodologico, ma soprattutto come atto o gesto riflessivo caratteristico dell'autore.

Il passaggio non è però semplice né diretto. Non esistono, in questi campi, sinonimi. Se è un fatto che l'autore si lascia sedurre e condurre dalle risonanze culturali e religiose che avvicinano Occidente e Oriente, fino al punto di credere possibile descrivere un'«esperienza del reale» a loro trasversale, non è meno vero che egli cerca di rispettare e conservare le loro ineludibili differenze. Una simile traduzione è, quindi, sempre «omeomorfa», termine centrale nel lessico panikkariano[51]. Le forme culturali e religiose sono somiglianti e non uguali né perfettamente permutabili – dunque sempre oggetto di una traduzione non omomorfa. Il paradigma del dialogo interculturale e interreligioso è, pertanto, quello dell'«equivalenza omeomorfa»[52], della coerenza o armonia di prospettive ed esperienze fondamentali e non di una loro assoluta identità[53]. È una traduzione dei campi semantici e dei campi di coscienza a cui appartengono. Questa sua traduzione religioso-culturale è un riflesso della già menzionata prospettiva, ossia è un momento naturale per chi crede che anche culture e religioni sono «inter-in-dipendenti».

È precisamente a questo che R. Panikkar si è davvero interessato. Non tanto a produrre un ponte che universalizzasse le diversità culturali e religiose in modo da creare una fusione fra di loro. Egli si mostra, invece, critico rispetto a un simile approccio, che sarebbe per lui «colonialismo culturale»[54]. L'autore si è interessato sì a individuare il nucleo

---

[51] Si parla di «functional homeomorphic equivalence», cioè qualcosa che svolge una funzione somigliante in un universo culturale diverso.

[52] Cf. TEUP, 88; RC, 194. Analizzando la filosofia del linguaggio di R. Panikkar, H. Coward nota il seguente sulla traduzione: «Each set of words is the physical and metaphysical crystallization of centuries of human experience. The challenge of the translator is to find those authentic words through which we can better enter into communion with another culture, another time, another revelation of reality» (cf. H. COWARD, «Panikkar's Philosophy of Language», 69).

[53] L'autore si mostra critico di qualcosa per cui lui stesso è stato anche criticato: «Dovremmo essere molto critici nei confronti di sintesi, per ben intenzionate che siano, e nei confronti di un amalgama eclettico di spiritualità» (cf. TEUP, 53). Egli non scappa alla critica di una visione inter-religiosa in chiave di complementarità, cioè una visione delle religioni come «diversi sentieri che conducono verso la cima» (cf. R. GIBELLINI, *La teologia del XX secolo*, 553-554; M. AMALADOSS, «Insieme verso il Regno», 159).

[54] Cf. UMT, 132; IM, 39: «La misma pretensión de presentar un esquema de inteligibilidad unificado a escala universal es un resto de colonialismo cultural. [...] La misma posibilidad de una "perspectiva global" es ciertamente una contradicción *in terminis*».

dell'esperienza integrale della realtà, a «comprendere gli ultimi 6000 anni di esperienza umana», a «considerare anche l'esperienza e la saggezza delle generazioni passate»[55], contribuendo «a un radicale ri-orientamento dell'uomo contemporaneo, situandolo in un *orizzonte aperto* che abbraccia i millenni di esperienza umana cristallizzata nelle differenti culture del mondo»[56]. Il suo cosmoteandrismo, essendo un'interpretazione dell'esperienza umana fondamentale, intende essere un *orizzonte aperto*, non un sistema chiuso[57].

Questo fatto rispecchia, inoltre, un altro aspetto dell'*ethos* teologico di R. Panikkar: la sua attitudine eminentemente pluralistica. L'apertura alla mutua fecondazione tra religioni e culture è un elemento tipico del suo teologare. La sua «ermeneutica diatopica», il suo «dialogo dialogico» o il suo «ecumenismo ecumenico»[58] danno forma concreta a quest'atteggiamento di carattere pluralistico. Lo stesso si potrà affermare del suo principio *pars pro toto*, qui descritto in campo antropologico, ma che credo anche estensibile al suo modo di comprendere la questione culturale e religiosa:

> L'uomo può anche essere *pars* del tutto, ma non può rinunciare a essere una *pars* particolare, che reclama di essere *pars pro toto*, per quanto gli sia a volte difficile accettare che conosce e realizza il *totum* solo *per partem*. Questo appartiene alla condizione umana. L'uomo non è solo *pars in toto*, ovvero una parte più o meno indipendente dell'universo, bensì una *pars pro toto*, che tuttavia realizza il *totum per parte* e che eventualmente è il *totum in parte*[59].

---

[55] TEUP, 129-130.

[56] RC, 173.

[57] Sarà possibile vedere qui un punto di contatto con le posizioni di J. Moltmann, benché nel caso del teologo tedesco tale apertura sia eminentemente escatologica.

[58] Cf. R. PANIKKAR, *Myth, Faith and Hermeneutics*, 9: «Diatopical hermeneutics stands for the thematic consideration of understanding the other without assuming that the other has the same basic self-understanding and understanding as I have. The ultimate human horizon, and not only differing contexts, is at stake here. The method in this third moment is a peculiar *dialogical dialogue, the diá-lógos* piercing the *lógos* in order to reach that dialogical, translogical realm of the heart (according to most traditions), allowing for the emergence of the myth in which we may commune, and in which ultimately allow understanding (standing under the same horizon of intelligibility)»; ID., *La nueva inocencia*, 324-325: «El *ecumenismo ecuménico* [...] no comporta uniformidad de opiniones, sino que significa armonía de corazones despiertos [...]. El objetivo es una mejor comprensión, un criticismo correctivo y, si acaso, una mejor fecundación entre las tradiciones religiosas del mundo sin diluir sus respectivas herencias o prejuzgar su posible armonía o sus eventuales diferencias irreductibles». Cf. ID., «Pluralismo, tolleranza e cristianità», 137; ID., «Ecumenismo ecumenico e critico», 175-181.

[59] UMT, 139.

Il gioco fra totalità e particolarità, la sua complessa relazione, punta essenzialmente verso una scoperta della verità – *totum* – che si situa in un contesto particolare – *pars* –, ma che se è davvero verità lo sarà sempre e ovunque[60]. Da qui scaturisce la sua speciale sensibilità per la pluralità dei particolari. Non che arrivi alla percezione della totalità per addizione, giustapposizione o per minimo comun denominatore – si vuole esplicitamente evitare ogni forma di relativismo[61]. Come si è visto precedentemente, egli ci arriva piuttosto con lo sguardo mistico-simbolico, per cui il plurale si inserisce coerentemente in un orizzonte armonico di senso: il mito. Difatti, il pluralismo esprime i diversi modi di abitare uno stesso mito. Il pluralismo è, in sostanza, un altro fattore che promuove il suo costante sforzo di mediazione fra pluralità e unicità[62]. Vorrei, per adesso, limitarmi a sottolineare la sua profonda convinzione della presenza del *totum in parte*, precisando quello che si intende qui con «attitudine pluralistica». L'autore stesso sostiene che «il pluralismo non è un concetto, ma un atteggiamento»[63].

Il pluralismo, in quanto attitudine teologica fondamentale, è insomma un'accettazione positiva della diversità[64]. Com'è naturale, questa

---

[60] Cf. F. D'SA, «The Notion of God», 28. Potrà sembrare strano o addirittura contraddittorio rifiutare, da un lato, uno schema universalizzante e, da un altro, difendere la transculturalità della verità. Come giustamente nota J.B. Cobb, «the rejection of the universalistic claims of a particular metaphysics is also, inescapably, a metaphysical statement» (cf. J.B. COBB, «Metaphysical Pluralism», 47). Questo fatto, però, deve essere interpretato alla luce di una distinzione – non separazione – fra il piano epistemologico e quello ontologico. Per di più, di nuovo si avverte in questa parte della riflessione di R. Panikkar la tensione fra un approccio innovativo, ma che eredita comunque qualcosa di una prospettiva filosofica di tipo classico. Come sostiene J. Prabhu, R. Panikkar «is an ontological universalist and a linguistic/cultural pluralist» (cf. J. PRABHU, «Introduction: Lost in Translation», 11).

[61] Egli difende, invece, la «relatività»: «Anche la *relatività* della verità, una volta distinta dal *relativismo*, non dovrebbe essere difficile da accettare. Il relativismo si autodistrugge quando afferma che tutto è relativo, perché in tal caso lo è anche l'affermazione stessa del relativismo. La relatività, invece, asserisce che ogni affermazione umana, e quindi ogni verità, è relativa ai suoi parametri; non può esserci una verità assoluta (*ab-soluta*), perché la verità è essenzialmente relazionale» (cf. R. PANIKKAR, «L'armonia invisibile», 199). Cf. TEUP, 55.84; EdV, 228; ID., «Alcune osservazioni su sincretismo ed eclettismo», 154-156. Per una lettura critica del pluralismo panikkariano: G.J. LARSON, «Contra Pluralism», 71-78.

[62] Cf. J. PRABHU, «Foreword», xix.

[63] EdV, 228.

[64] Cf. R. PANIKKAR, «Il mito del pluralismo», 23-30. Penso che il suo poliglottismo sia anche un riflesso di questa sua attitudine pluralista di base. Ancora una volta, in questa positiva valorizzazione della diversità, l'atteggiamento di R. Panikkar si armonizza

sua attitudine fondamentale si ripercuote principalmente sul tema della teologia delle religioni e del dialogo interreligioso. Importa però, dal mio punto di vista, tener presente questo suo atteggiamento pluralistico di base per una corretta interpretazione di alcune particolarità delle sue posizioni teologiche – specialmente dell'ambito cristologico, ma anche della riflessione sulla Trinità.

1.3 *Prospettiva dialogico-ossimorica: adualismo apofatico* advaita

Gli aspetti con cui finora si è cercato di caratterizzare la sensibilità e l'atteggiamento di R. Panikkar trovano nella sua riflessione sull'esperienza *advaita* il loro momento chiave. È davvero qui che meglio si capisce come queste non siano caratteristiche disconnesse fra loro, ma che descrivono un insieme che ci introduce alla peculiare *forma mentis* dell'autore.

R. Panikkar trova nella tradizione *advaita* orientale la chiave riflessiva per superare le aporie dilemmatiche del logicismo e per portare avanti il suo progetto di un approccio non frammentario alla realtà – simbolico, mistico, integrale, olistico, plurale. Sono molteplici le sue descrizioni di cosa sia l'esperienza o l'intuizione *advaita*. Ecco due esempi, di nuovo appartenenti a periodi diversi:

> *Advaita*: a-dualità. Espressione metafisica della non-dualità tra il mondo e il divino, elaborata filosoficamente da Śankara. L'Assoluto viene compreso nell'esperienza medesima della sua realizzazione[65];

> Quest'è l'intuizione *advaitica*: la consapevolezza della relazione senza la quale i due poli della relazione non sarebbero poli. Per essere consapevoli di una cosa come un polo abbiamo bisogno di conoscere «prima» la relazione che rende polo la cosa. La relazione non è né uno (ha bisogno dei poli) né due (non è due relazioni). È a-duale[66].

L'*advaita*, nella peculiare interpretazione di R. Panikkar, è unità senza identificazione. La sua evocazione della tradizione orientale *advaita* attua lo sforzo di trovare un'interpretazione autentica dell'esperienza umana, *leitmotiv* delle proposte panikkariane e più in particolare della visione cosmoteandrica. Due aspetti dell'*advaita* mi paiono essenziali:

---

appieno con quello di J. Moltmann. Per una lettura del pluralismo di R. Panikkar a dialogo con la «*process tradition*»: J.B. COBB, «Metaphysical pluralism», 46-57.

[65] VTC, 335. Se inizialmente *advaita* veniva tradotto come «non-duale», negli ultimi anni R. Panikkar ha definitivamente scelto di tradurlo come «a-duale», poiché non si tratta di negare la dualità, ma di riconoscerne l'inesistenza.

[66] RdE, 285. Cf. IM, 86.

i. *Conoscenza amorosa (non logica)*: alla «struttura adualistica della realtà» si accede soltanto attraverso una «conoscenza amorosa». In sintonia con quanto è stato detto sul suo atteggiamento simbolico-mistico, R. Panikkar, ricorrendo alla corrente *advaita*, vuole situarsi al di là degli stretti limiti di una razionalità ridotta ai parametri del solo *lógos* e situa il discorso sul piano di un'altra razionalità, agganciata al vissuto, ossia all'esperienza[67];

ii. *Dialogica (non dialettica)*: l'adualità *advaita* non equivale a una negazione della dualità che ci riconduca a una qualsiasi forma di monismo. Il prefisso *a* indica, invece, l'assenza di dualità nel reale, il che non equivale a sostenere una sua *reductio ad unum*. È una prospettiva che si coniuga con l'«a-monismo» inerente alla sua attitudine pluralistica. «La formulazione dell'*advaita* – dichiara – consiste in due negazioni: […] "non questo, non questo". La realtà non-è uno; realtà non-è due (*a–dvaita*)»[68]. La doppia negazione *advaita* non è, dunque, ben compresa se prospettata a partire da un paradigma logico-dialettico. Tali negazioni richiedono, invece, una prospettiva dialogica;

La prospettiva *advaita* dà, infatti, corpo sia a un atteggiamento apofatico sia a un'ermeneutica tipicamente dialogica. L'apofatismo, almeno per come lo vede R. Panikkar, risiede nei «margini di coscienza», è «consapevole del non-detto e non lo dice», sebbene l'ineffabile sia «diverso dallo sconosciuto»[69]. Il nesso fra apofatismo e sensibilità mistico-simbolica è evidente: il simbolo è l'«anticamera della teologia apofatica»[70]. Lo stesso si potrebbe dire del mito o della mistica. L'esperienza *advaita*, dal canto suo, offre a R. Panikkar uno schema mistico-simbolico di pensiero che gli permette di andare oltre il rifiuto del monismo e del dualismo, prospettando un'uscita dall'impasse del logicismo occidentale. L'*advaita* punta, infine, alla percezione del reale come trinitariamente strutturato. Esso è, in effetti, soprattutto un paradigma trinitario e apofatico, o meglio, doppiamente apofatico: non-monadico, non-dualistico.

La già enunciata prospettiva dialogica mostra un ricorrente rifiuto dei ragionamenti di tipo dialettico, incapaci di interpretare l'esperienza *advaita*, che è, in conclusione, l'autentica esperienza del reale. Ed è proprio a proposito dell'espressione «esperienza di Dio» che R. Panikkar

---

[67] Cf. RdE, 282-285.
[68] RdE, 283.
[69] RdE, 262-263.
[70] RdE, 263.

presenta il suo atteggiamento come «paradossale» o «ossimorico», benché quest'ultimo termine esprima meglio la sua prospettiva. L'autore stesso lo riconosce, quando afferma che «l'*oxymōron* coniuga due nozioni che prese isolatamente sono opposte. Il paradosso pone le sue opinioni (*doxai*) una accanto all'altra (*para*), l'*oxymōron* fa penetrare un'idea nell'altra. Il paradosso ci pone di fronte al dualismo, l'*oxymōron* al non-dualismo, all'*advaita*»[71]. Fare in modo che idee, culture, temi, prospettive, questioni, ecc. si penetrino vicendevolmente – si intere intra-penetrino – sta, infatti, al cuore della riflessione di R. Panikkar. Questa dinamica congiuntiva descrive un'ermeneutica ossimorica e si mostra centrale nell'approccio al tema della Trinità, nel superamento del dilemma monismo-dualismo che ci permette di scoprire la struttura trinitaria del reale.

È a questo punto già possibile identificare un elemento di contrasto fra R. Panikkar, J. Moltmann e G. Greshake. La prospettiva dialogica dell'autore indoispanico si contraddistingue dalla via dialettica di J. Moltmann e da quella, piuttosto analogica, riconoscibile in G. Greshake. Al pari di quanto si è visto negli autori tedeschi, tale ermeneutica panikkariana lascia le proprie impronte sulla sua riflessione «teo-logica».

La visione cosmoteandrica costituisce l'aspetto più innovativo e geniale del pensiero di R. Panikkar. Sarebbe, però, riduttivo apprenderla senza prestare uguale attenzione a quanto essa svela in termini di sensibilità, attitudine o prospettiva ermeneutica fondamentale. Avendo, appunto, cercato di cogliere la *forma mentis* che ha potuto generare questa visione congiuntiva di Dio, uomo e mondo, sono state poste le fondamenta che permetteranno, in seguito, di affrontare la questione dell'esperienza in ambito trinitario.

2. Il ritmo trinitario di tutto: dall'esperienza primordiale alla Trinità radicale

Le *Gifford Lectures* di R. Panikkar costituiscono una sorta di corona della sua opera. Avvenute nel 1989, solo nel 2010 sono state finalmente pubblicate. Il «lungo ritardo – spiega l'autore – nella pubblicazione mi ha aiutato a eliminare qualunque frase che non fosse frutto di esperienza». E aggiunge: «l'esperienza però deve essere espressa e interpretata»[72]. Tali motivazioni per il ritardo nella pubblicazione delle *Gifford*

---

[71] IM, 24.
[72] Cf. RdE, 9. Questo differimento è, però, dovuto principalmente al fatto che R. Panikkar ha voluto aggiungere un ultimo capitolo – che si sarebbe chiamato «La so-

Lectures mi permettono di mettere in relazione il pensiero panikkariano con l'ipotesi di una riflessione «teo-logica» impostata dall'esperienza e capace di trasformare l'esperienza. L'autore, in effetti, si mostra sensibile a tale circolarità fra esperienza e riflessione: da un lato si deve assumere quanto l'esperienza ci dischiude; dall'altro, la si deve interpretare. È questo il «ritmo» del suo teologare.

Il motivo del ritmo è, in effetti, caro a R. Panikkar[73] e va incontro alla sua sensibilità, in quanto implica sensi, mente e spirito – i tre occhi[74]. È, inoltre, dominio dell'esperienza: «l'esperienza del ritmo è l'esperienza della né-identità-né-diversità del reale»[75]. E quest'esperienza del ritmo – «ritmo dell'essere» o «ritmo della realtà» – si collega alla questione trinitaria: «è nell'esperienza umana della persona che noi troviamo una chiave per questo mistero dell'unità e della diversità [della Realtà] ed è la Trinità che ci offre un ottimo modello di questa onnipenetrante costituzione della Realtà»[76]. O, ancora, che il «ritmo è sinonimo di Essere, e l'Essere è Trinità»[77]. Si dischiude già un aspetto potenzialmente problematico del pensiero panikkariano: si potrà, come effettivamente fa l'autore, dire che il ritmo del reale coincide con la Trinità[78]? O si dovrebbe essere più cauti, sostenendo invece che tale ritmo è trinitario o ternario[79]? Mi pare necessario ricondurre la questione alla già indicata matrice simbolica della sua riflessione, per capire come per R. Panikkar la Trinità sia il vero simbolo del «ritmo della realtà»[80] e sia, quindi, capace di offrire la grammatica del «mito» in cui esistiamo. Anche quando egli identifica la Trinità con il reale o l'essere, come accade in queste citazioni, questo avviene sempre secondo la sua ermeneutica rimitizzante mistico-simbolica.

La presente analisi entra, adesso, propriamente nel tema dell'esperienza trinitaria. Allo scopo di cogliere il modo in cui il dinamismo

---

pravvivenza dell'Essere» e sarebbe stato dedicato all'escatologia e alla sua nozione di «tempeternità (*tempiternity*)». Sebbene lo abbia iniziato, lo ha trovato infine insoddisfacente e ha deciso di pubblicare l'opera senza il nono capitolo (cf. RdE, 521; J. PRABHU, «Foreword», xxiii).

[73] Cf. RdE, 57-73.
[74] Cf. RdE, 73.
[75] RdE, 71.
[76] TEUP, 63.
[77] RdE, 58.
[78] Cf. RdE, 335-337.
[79] Fondamentalmente, la domanda è se un'ermeneutica dialogica è davvero teologicamente possibile o se deve rimanere sul piano dell'analogia, come ad esempio sembra essere il caso di G. Greshake.
[80] Cf. F. D'SA, «The Notion of God», 42-44.

esperienziale viene integrato nella riflessione trinitaria di R. Panikkar, intendo dividere questo paragrafo in due momenti distinti: 1. partire dalla presentazione del modo in cui la nozione generica di esperienza e, particolarmente, di esperienza di Dio viene compresa; per poi 2. Verificare come quest'esperienza scaturisce e punta verso la Trinità, come l'esperienza si inserisce nel modo con cui l'autore prospetta la vita immanente di Dio e come la Trinità si trovi radicalmente iscritta nella realtà, che è in se stessa teantropocosmica.

2.1 *Esperienza: tocco cosciente della realtà*

L'appello ricorrente all'esperienza non può ignorare le difficoltà inerenti all'uso di questa categoria viva. R. Panikkar, suo assiduo frequentatore, si mostra consapevole di queste difficoltà. Da questo punto di vista – e a differenza di J. Moltmann o G. Greshake – egli presenta una sistemazione chiarificatrice di cosa si intende per «esperienza» e cosa possa essere un'«esperienza di Dio». È, in effetti, possibile trovare nel *corpus* dei suoi scritti una riflessione fondamentale sull'esperienza, concentrata sia attorno ai temi della mistica – all'interno della quale risaltano espressioni come «esperienza mistica», «esperienza umana integrale», «esperienza integrale della realtà» – sia attorno alla riflessione teologico-trinitaria[81]. Si cercherà, in seguito, di accompagnare l'autore indoispanico in questa sua sistemazione, riassumendo: 1. la sua caratterizzazione del fenomeno dell'esperienza; 2. la sua considerazione di una possibile esperienza di Dio; 3. il modo in cui il tema dell'esperienza viene integrato nella sua riflessione cristologica.

2.1.1 Esperienza: descrizione generale del fenomeno

Ho già esposto le mie esitazioni circa la ricerca di una definizione di esperienza. Questa, a mio avviso, difficilmente elude riduzionismi incapaci di integrare la complessità insita nel fenomeno stesso. Tuttavia, nella sua genialità e capacità suggestiva, R. Panikkar riesce a coniugare il rispetto per l'integralità e dinamicità inafferrabile del fenomeno con una sistemazione rigorosa. Esperienza è, secondo la sua bella espressione, «il tocco cosciente della realtà», l'uomo tocca la terra e

---

[81] Cf. R. PANIKKAR, «L'esperienza suprema»; IM, 41-119; EdV; TEUP, 47-126. Non si possono, inoltre, ignorare le sue interpretazioni trinitarie dell'antropologia e della cosmologia (cf. TEUP, 133-158; RC, 229-261).

tocca il cielo, scoprendosi mediatore fra loro[82]. In un'ambiguità suggestiva, il toccare la realtà riguarda tanto l'io che la tocca quanto la realtà che lo tocca. Per esperienza egli intende, inoltre, «la consapevolezza di ogni contatto immediato con la realtà»[83] e usa perciò il termine come «designazione di un contatto immediato tra un conoscente e un conosciuto, e quindi come un'intuizione intellettuale»[84]. «L'esperienza – dichiara ancora – non è un ricordo, l'esperienza è un fatto che ci accade e ci trasforma, anche se può trovare il suo fondamento in una memoria attualizzata, nel qual caso è una memoria ritrasmessa dalle generazioni precedenti»[85].

Sono molte le espressioni dell'autore indoispanico che si avvicinano a una definizione. In queste, però, emergono quei «molteplici fattori» che compongono il fenomeno esperienza. La sua «equazione» dell'esperienza rappresenta davvero uno dei più originali e globali tentativi di rivisitare, in modo sintetico, la nozione di esperienza senza chiuderla in una sua comprensione positivistica. Sempre nell'ambito della riflessione sulla mistica, R. Panikkar condensa il fenomeno dell'esperienza attorno alla formula: «E=e.l.m.i.r.a». Quest'equazione, che è stata gradualmente approfondita dall'autore[86], incorpora i seguenti «elementi costitutivi dell'esperienza» (E):

---

[82] Cf. EdV, 180-187.

[83] R. PANIKKAR, «L'esperienza suprema», 325.

[84] UMT, 154. In *Il ritmo dell'essere* esperienza viene presentata in chiave esplicitamente ternaria, in rapporto con il tema dei tre occhi: «Io uso esperienza, *empeiría*, quale termine generico per tutte le forme di conoscenza, immediata o ultima, forme, cioè irriducibili a ogni altra fonte antecedente. *Empeiría* rappresenta una percezione indubitabile per il soggetto di tale esperienza. Un essere immediato a cui non è necessaria alcuna mediazione. [...] La maggior parte dei sistemi medievali e indici, per esempio, affermano che la luce divina, passando attraverso il corpo e la materia produca l'*aisthēsis*, passando per la mente faccia emergere il *noēta*, e che al di là di questi due tramiti risplenda *ta pneumatika*, lo spirituale. Rimango a un livello più fenomenologico osservando che si tratta di un'unica "luce" che diffrange in modo triplice e insisto sul fatto che i tre sono inseparabili, sebbene un senso possa essere più acuto degli altri. Questa esperienza è triplice e corrisponde alla tradizionale "antropofania" tripartita di corpo, anima e spirito» (cf. RdE, 309).

[85] IM, 96.

[86] Stranamente, questo fatto sembra avere sfuggito a V. Pérez Prieto. Nelle pagine che dedica a «La experiencia de Dios» incorpora la formulazione – «E=e.m.i.r» – che R. Panikkar aveva proposto nell'opera inizialmente pubblicata con lo stesso titolo. Nell'opera posteriore *L'esperienza della vita. La mistica* (2005), l'autore rielabora questa formulazione, aggiungendo le variabili linguaggio (l) e attualizzazione (a) (cf. IM, 46-49; EdV, 221-243; V. PÉREZ PRIETO, *Dio, Hombre, Mundo*, 104-107).

+ *Esperienza (e)*: è la pura, nuda esperienza, la pura coscienza, evento unico, «momento vissuto, esperienziale immediato». È la ragione di essere dell'equazione stessa. In senso rigoroso la formulazione dovrebbe essere E=e.(l.m.i.r.a). Quest'esperienza «*e*» non è, però, reificabile o oggettivabile, poiché in tal caso la si starebbe già mediando. Pertanto, non le possiamo attribuire un «contenuto particolare» e, perciò, l'«esperienza (*e*) è vuota di contenuto; è pura vacuità». Ci troviamo a questo punto nella vertigine del paradosso – o dell'ossimoro dialogico –, poiché da un lato «*e*» non può essere «ridotta a zero», ma dall'altro si impone un radicale apofatismo circa il suo contenuto[87];

+ *Linguaggio (l)*: «l'esperienza è ineffabile, ma ne parliamo»[88]. Il linguaggio entra nella considerazione dell'esperienza in quanto è davvero performativo, la (ri)configura. In questo senso, è «inseparabile dall'esperienza» *de facto* – è sull'esperienza che si parla – e *de iure* – è più di un veicolo o strumento o sistema di segni che conduce a un contenuto[89]. Il referente verbale «non è il fonema né il mero concetto; è la cosa individualizzata nella stessa esperienza»[90]. Il linguaggio che esprime l'esperienza è, insomma, simbolico e non concettuale;

+ *Memoria (m)*: l'esperienza pura viene mediata anche dal ricordo, dalla memoria. La memoria non è l'esperienza, ma memoria ed esperienza non possono essere disgiunte. La memoria svolge qui un quadruplice ruolo: i. consente di parlare dell'esperienza (aspetto che la relaziona con il linguaggio); ii. trasforma l'esperienza (aspetto che la relaziona particolarmente con l'interpretazione); iii. fa rivivere l'esperienza; al contempo, iv. relativizza l'esperienza, poiché è per via della memoria che la variabile tempo entra nell'equazione dell'esperienza;

+ *Interpretazione (i)*: l'«interpretazione che viene data dell'esperienza è intimamente connessa all'esperienza stessa, alla memoria e, ov-

---

[87] L'autore estrae «tre corollari»: i. quest'esperienza pura non è isolabile in sé e per sé; ii. si intuisce qui una risposta al problema del pluralismo religioso: «quando arrivo alla mia E attraverso quelle mediazioni che me la rendono immediata, non posso separarla dalla mia esperienza (*e*). La mia E appare quindi come esperienza unica. La E di un altro non mi convince e non posso accettarla anche se debbo tollerarla relativizzando la mia» (cf. EdV, 228); iii. la verificata mancanza di un linguaggio adeguato, poiché *e* non può essere un nulla, ma neanche si può dire che è un qualcosa (cf. EdV, 231-232).
[88] EdV, 232.
[89] Cf. EdV, 232.
[90] EdV, 232.

viamente, al nostro linguaggio»[91]. Questa è, difatti, «la mediatrice comune a tutti e a ciascuno dei fattori dell'esperienza»[92]. L'esperienza non è riducibile alla sua interpretazione, benché non ci sia coscienza di un'esperienza senza interpretazione. L'interpretazione viene situata all'interno del dinamismo dell'esperienza perché, come giustamente nota l'autore, «quando si tratta dell'interpretazione di un'esperienza, non esistono [...] né l'oggettività dell'esperienza né l'immutabilità del soggetto»[93]. Il compito di interpretazione appartiene dunque all'esperienza stessa[94];

+ *Ricezione (r)*: introduce la variabile del contesto culturale di una determinata esperienza. «Per ricezione – dice R. Panikkar – intendiamo la matrice culturale nella quale si avvolgono le operazioni precedenti»[95]. L'interazione con il contesto influisce sull'esperienza e permette di ammettere una certa collettività nell'esperire: «ogni esperienza è non trasferibile perché è inseparabile dal soggetto che la vive – il che non esclude che una comunità, ad esempio, non possa essere il soggetto di un'esperienza (collettiva)»[96];

+ *Attualizzazione (a)*: è «la traduzione attiva [dell'esperienza], la sua espressione nella vita, il suo potere di trasformazione, la sua manifestazione nella prassi»[97]. Essa rimette, in sostanza, al «carattere esistenziale dell'esperienza», la sua intrinseca forza trasformatrice che, come si esprime l'autore, «modifica le nostre vite»[98].

R. Panikkar dipinge così un quadro organico dell'esperienza, riuscendo a proporre una sua autentica fenomenologia, attenta e integratrice della sua complessità, e che si avvale di una sistemazione rigorosa e al contempo aperta. Secondo il mio parere, non si trova qui una qualsiasi forma di definizione di esperienza, intendendo definizione nel suo senso etimologico: una «de-limitazione», un tracciare limiti e

---

[91] IM, 46.
[92] EdV, 237.
[93] EdV, 237.
[94] Posizione condivisa in altre descrizioni del fenomeno (cf. C. GRECO, *L'esperienza religiosa*, 40).
[95] EdV, 239.
[96] EdV, 236. Commento fatto, però, a proposito della memoria.
[97] EdV, 240.
[98] EdV, 242. L'integrazione di questo elemento dell'esperienza si accorda con la possibilità di una riflessione sull'esperienza capace di promuovere delle trasformazioni sull'esperire umano e credente.

circoscrivere in loro il definito. I sei parametri considerati costituiscono, per di più, una sola realtà, come una «corda di sei fili»[99] o «come il raggio policromatico che si concentra in una luce bianca»[100]. L'autore aggiunge che la formula aperta con cui l'esperienza viene descritta dovrà essere intesa come «combinazione in senso chimico», cioè non per addizione dei fattori, ma come un insieme dove gli elementi perdono la loro individualità[101].

È, inoltre importante, notare la tensione qui presente fra la considerazione ampia dell'«esperienza (E)» e la cosiddetta «esperienza pura (e)» – o «esperienza originaria» o «nuda esperienza»[102]. Per R. Panikkar «possiamo parlare dell'esperienza solo come fenomeno successivo all'esperienza stessa e quindi non più come esperienza pura»[103]. Qualsiasi riflessione sull'esperienza si situa, dunque, a livello del complesso proposto dall'equazione presentata (E), mentre l'«esperienza pura (e)» ci rimette al silenzio, all'apofatismo. Questo mi sembra essere un altro modo di prospettare ciò che E. Jüngel e, sulla sua scia, G. Greshake hanno chiamato un'«esperienza con l'esperienza»[104]. In questi, «esperienza con l'esperienza» caratterizza la fede e, specificamente, quella cristiana. In R. Panikkar però, sebbene egli si riferisca all'esperienza mistica, la percezione dell'«esperienza come fenomeno successivo all'esperienza» permette di allargare il discorso, poiché descrivendo la dinamica dell'«esperire umano integrale», interpreta la dinamica dell'esperienza *tout court,* senza ulteriori particolarizzazioni. Questa dinamica esperienziale è, in sintesi, trasversale a qualsiasi dominio in cui venga considerata. L'esperienza religiosa o della fede non segue, quindi, una dinamica radicalmente diversa dalle esperienze ordinarie, aspetto che reputo rilevante affinché l'esperienza possa davvero rappresentare una via teologica che aiuti a collegare la proclamazione di fede nella Trinità e la vita dei fedeli o, semplicemente, degli uomini.

---

[99] Adattamento di un'immagine che si trova in: V. PÉREZ PRIETO, *Dio, Hombre, Mundo,* 104.

[100] EdV, 243.

[101] Si consideri l'esempio da lui riportato, quello dell'acqua: non è $H+O$, né H_2+O, ma è H_2O (cf. IM, 48).

[102] Cf. UMT, 154.

[103] UMT, 154.

[104] Cf. E. JÜNGEL, *Gott als Geheimnis der Welt,* xi; IDU, 24 [DdG, 30].

2.1.2 Esperienza di Dio: luoghi e orizzonti

La problematizzazione dell'«esperienza di Dio» si confronta, fin dall'inizio, con l'apofatismo sempre latente nell'atteggiamento di R. Panikkar, che trova nella netta affermazione dell'impossibilità di un'esperienza di Dio, almeno nel senso monoteista, la sua massima espressione[105]. Quest'affermazione dovrà, tuttavia, essere ossimoricamente armonizzata con altre, come ad esempio:

> non possiamo nondimeno negare storicamente una genuina esperienza del divino. Esiste una certa esperienza della trascendenza. Tuttavia quest'esperienza è, primo, un'esperienza umana e, secondo, non è un'esperienza pura – quindi non esiste alcuno spirito «puro», ossia assoluto [...]. Possiamo dire che l'esperienza dell'assoluto non si basa su una memoria e non dipende solo da un'interpretazione culturale, bensì ha anche una storia che ora è inestirpabile[106].

Con queste sue parole si percepisce come e in che circostanze l'autore indoispanico intende quello che possa essere un'esperienza di Dio. Da un lato, la presenza del divino non è separabile dal piano dell'umanità, dell'esperienza umana. Qualsiasi rivelazione «ha luogo in un recipiente trasformato, ma tuttavia umano», ossia «non esiste alcuna trascendenza pura» e questo lo afferma non soltanto per rassegnazione rispetto a come capitano le cose – *de facto* –, ma «anche *de iure* non possiamo effettuare quella separazione assoluta tra l'uomo e la divinità. [...] Non esiste il divino senza l'umano, così come non esiste l'uomo senza la divinità»[107].

Dall'altro lato, non si tratta di esperienza pura. Tale affermazione è, tuttavia, ben più problematica e richiede uno sforzo supplementare di interpretazione, sia perché la questione torna più volte nel discorso panikkariano, sia, soprattutto, perché sembra di essere contraddetta da un'altra sua affermazione: «L'esperienza di Dio, poiché non è esperienza di nulla, è pura esperienza»[108]. Penso che emerga qui la già riconosciuta tensione fra quanto si è visto come «*E*», esperienza come processo ampio, ed «*e*», intesa come pura esperienza. Com'è possibile che l'esperienza di Dio sia e, allo stesso momento, non sia un'esperienza pura? La difficoltà è evidente. O si ammette qui una riflessione non

---

[105] Cf. IM, 23-24.
[106] UMT, 155.
[107] Cf. UMT, 153.
[108] IM, 60.

coerente, o si postula un cambiamento radicale di prospettiva, o si recupera la matrice ossimorica del pensiero panikkariano, sulla base della quale ci accorgiamo che con entrambe le affermazioni l'autore sembra voler salvaguardare lo stesso fatto: Dio non è puro oggetto di esperienza[109]. Mi pare che sia ciò che è in gioco in una e nell'altra affermazione[110]. La ragione per cui sia un'«esperienza successiva all'esperienza» – «*E*» – sta nel fatto che «se l'esperienza fosse nuda esperienza, non si distinguerebbe né il soggetto né l'oggetto»[111]. E, quando l'autore dichiara l'esperienza di Dio un'esperienza pura – «*e*» – lo fa giustificandolo proprio con il fatto che si tratta di un'esperienza non specialistica, ma vincolata al vivere ordinario. D'altronde, decorre dalla formulazione del fenomeno dell'esperienza che «*E*» ed «*e*», essendo distinte, non entrano in contrasto[112]. Al contrario, non si verifica una senza l'altra. La compatibilità fra queste affermazioni, che presentano formulazioni oggettivamente contrastanti, è data, infine, dall'impostazione apofatica e ossimorica di R. Panikkar. Non è, difatti, possibile descrivere con rigorosa razionalità quest'esperienza di Dio. Sarebbe idolatria ed equivarrebbe a trasformare l'ontologia in epistemologia e quest'ultima in una logica superiore al divino e all'umano[113]. Si conferma così la resistenza dell'esperienza di Dio a una sua stretta delimitazione e oggettivazione, il che non equivale – qualora si abbia una percezione ampia dell'esperienza – al rifiuto assoluto della sua possibilità[114].

---

[109] L'autore stesso, nell'ultima versione del suo *Iconos del misterio. La experiencia de Dios*, percepisce il problema e rimette il lettore proprio all'ossimoro come modalità non dualista di pensiero (cf. IM, 165).

[110] Si è davanti a un nodo problematico, nel quale si sente forse la necessità di andare oltre il principio di non contraddizione, come spesso ha proposto l'autore.

[111] UMT, 154.

[112] Questa tensione si declina anche nel gioco fra «esperienza di Dio» e «esperienza dell'io»: «tampoco puede decirse que se tiene la experiencia de Dios como un tú. […] Pero yo puedo experimentar a Dios experimentándome como un tú de Dios cuando me descubro "suyo", es decir cuando siento que "soy tuyo, tu-yo". […] La experiencia de Dios es entonces la experiencia del tú, del tú a quien Dios llama tú» (cf. IM, 125).

[113] Cf. IM, 59.

[114] Mi pare, perciò, che la riflessione di R. Panikkar sull'esperienza di Dio sia più complessa di quanto appare nell'interpretazione di V. Pérez Prieto. Egli segue, su questo punto, quasi esclusivamente l'opera «L'esperienza di Dio». Benché si tratti di un'opera assolutamente fondamentale per la comprensione del tema in R. Panikkar, non si potranno ignorare altri testi, né il fatto che quest'opera sembra di essere una tappa intermedia di una riflessione in corso – come, ad esempio, si è già visto a proposito dell'equazione E=e.l.m.i.r.a.

L'atteggiamento plurale si congiunge, anche nel modo in cui viene affrontato il tema dell'esperienza di Dio, con la sensibilità mistico-simbolica di R. Panikkar. Da un lato, è possibile elencare alcuni «frammenti intorno all'esperienza di Dio»[115], ma dall'altro si percepisce in quest'approccio la volontà di adempiere l'imperativo evangelico: *colligite fragmenta* (cf. Gv 6, 12)[116]. Anche sull'esperienza di Dio, l'autore cerca di raccogliere i frammenti e «riunirli in un insieme non monolitico ma armonico»[117]. Di nuovo, si avverte qui il ritmo caratteristico del suo teologare. L'esperienza di Dio, insomma[118]:

+ *non è monopolizzabile*: non è proprietà esclusiva di nessuna religione o sistema di pensiero, anche se può essere da essi mediata;

+ *non è esperienza di nulla*: non c'è un oggetto «Dio» di cui si fa esperienza. «È l'esperienza del vuoto, dell'assenza; l'esperienza mediante cui ci si rende conto che vi è una "ulteriorità", non nell'ordine della quantità, non nel senso di qualcosa che giunga alla sua pienezza, ma di un abisso, di un vuoto»[119]. È, in questo senso, un'esperienza assolutamente ineffabile;

+ *non è esperienza speciale*: non appartiene, perlomeno esclusivamente, a un determinato ambito. Perciò è «nell'esperienza del mangiare, del bere, del lavorare, dello stare con qualcuno, del dargli un buon consiglio, di fare un passo sbagliato, ecc., è là che si coglie l'esperienza di Dio»[120]. È, in questo senso e come si è visto, un'esperienza umana, un'«esperienza personale». Richiede «il nostro intero essere e il nostro essere intero», tutte le nostre facoltà, accostate in un modo non frammentato;

+ *radice di ogni esperienza*: l'esperienza di Dio soggiace a ogni esperienza umana, in quanto rivela in essa una «dimensione di infinito, non-finito, non-compiuto», in quanto è «l'esperienza in profondità di tutte e di ognuna esperienza umana»;

+ *rende consapevoli della contingenza*: da quanto si è visto sin qui deriva la percezione che l'esperienza di Dio avviene «nel riconoscimento

---

[115] Cf. IM, 59-67.
[116] Cf. RC, 167-261.
[117] Idea con cui presenta la sua riflessione cosmoteandrica (cf. RC, 170).
[118] Cf. IM, 59-65; V. PÉREZ PRIETO, *Dio, Hombre, Mundo*, 104-107.
[119] IM, 60.
[120] IM, 60.

della tangenzialità, cioè nel toccare i propri limiti» dove «la coscienza si apre e coglie che "c'è" qualcosa "oltre"»[121];

+ *non è un'esperienza dell'io*: partendo dal presupposto che l'esperienza di Dio ha a che fare con l'«esperienza dell'io profondo», non la si deve considerare un mero fenomeno psicologico. Quest'esperienza è «ontica e ontologica: è l'esperienza degli esseri e dell'Essere stesso nella sua identità più radicale»[122].

L'apofatismo della sua riflessione si manifesta qui con gran chiarezza. Circa l'esperienza di Dio sembra più corretto dire che cosa non è. La stessa percezione emerge dalla forma patica con cui l'iniziazione all'esperienza di Dio viene pensata, dove è chiaro che «Dio non è oggetto di indagine»[123], che «a questa esperienza non si arriva mediante il vigore della volontà», poiché essa «appartiene ad un altro ordine – quello della grazia»[124] e che, perciò, «per accedere all'esperienza del divino bisogna lasciarsi fecondare, sorprendere»[125]. Ciò emerge, ancora, – con un tipo di linguaggio che si trova anche in J. Moltmann – nell'interpretazione panikkariana dell'espressione «esperienza di Dio»: è un genitivo soggettivo e non un genitivo oggettivo, «cioè non è della *mia* esperienza *su* Dio, ma dell'esperienza *di* Dio – in me e attraverso me – di cui sono consapevole»[126].

R. Panikkar delinea, inoltre, una «topografia» dell'esperienza di Dio, proposta che avvicina il suo discorso sull'esperienza alla visione cosmoteandrica e al suo «ritmo trinitario». Si intende qui topografia nel suo senso etimologico, in quanto registro di luoghi dove avviene tale esperienza del divino. Anche in questo caso, la sistemazione di R. Panikkar si è chiaramente evoluta, poiché dai tre «luoghi privilegiati dell'esperienza di Dio» delle prime due edizioni di *La experiencia de Dios* – dalla seconda edizione sotto il titolo di *Iconos del misterio. La experiencia de Dios* –, si è passati a nove luoghi nelle edizioni seguenti – un altro «novenario» panikkariano[127]:

---

[121] IM, 61.
[122] IM, 64.
[123] IM, 77.
[124] IM, 68.
[125] IM, 77-78.
[126] IM, 78.
[127] Fatto che conferma l'impressione di una riflessione che era ancora *in fieri* al momento iniziale dell'opera – originariamente conferenze svolte nel monastero di

i. *l'amore*: è «nell'amore umano che dimora la divinità». Questo genera un'«unità non dualista». È il dinamismo per cui si tende verso l'altro come un *alter* – non come un *aliud* –, dinamismo peraltro patente dalla «Trinità fino all'ultima particola elementare della materia»;

ii. *il tu*: apre l'uomo a Dio come un tu – elemento tipico delle spiritualità abramiche – e all'esperienza di essere un tu di Dio – prospettiva preferita dall'autore. Comunque si svolga – tre sono le vie annotate: conoscenza, amore e opere –, l'esperienza del «tu» testimonia una dinamica a-duale: «non è né l'io né il non io». La relazione io-tu è, dunque, *advaitica*: «Fra il tu e l'io non esiste una relazione dialettica, ma dialogale, non dualista»;

iii. *la gioia*: se Dio, come lo sperimentano i credenti, è gioia di chi si incontra con lui, anche l'esperienza della gioia potrà rimandarci al divino. È, in questo senso, un'esperienza «estatica»;

iv. *la sofferenza*: ci mette a confronto con la nostra contingenza – è «enstatica» – e ci unisce a quanti la patiscono – esperienza di «fraternità universale», del «Corpo mistico di Cristo», del *buddhakâya*, del *karma*. C'è nella sofferenza un'inspiegabilità che apre al Mistero. È, quindi, un luogo paradossale, poiché se ci può avvicinare di Dio, può anche allontanarci da lui. Tutto dipende dall'interpretazione che di essa si fa. La sofferenza può, inoltre, purificare l'esperienza stessa di Dio;

v. *il male*[128]: aspetto ineludibile della realtà, il «male può essere un luogo per trovare il bene supremo». Ammetterlo libera dal pensiero «puramente dialettico». Essendo «fatto inintelligibile», sorge associato all'esperienza di Dio per due ragioni: trascende il piano etico-morale e, nella sua «inintelligibilità», mostra come la realtà non è razionalmente esauribile. «Il problema del male spacca gli schemi che facciamo *a priori* su Dio», il che punta verso un'immagine di Dio coinvolto nell'avventura del reale, che alla fine potrà aprire l'esperienza a un Dio Trinità;

vi. *il perdono*: insistendo più sul perdonare che sull'essere perdonato, l'autore sostiene che «colui che è capace di perdonare ha sicuramente

---

Santo Domingo di Silos, Spagna. Questa revisione non è scapata a V. Pérez Prieto (cf. V. PÉREZ PRIETO, *Dio, Hombre, Mundo*, 137-138).

[128] Integrata nell'esperienza del male, R. Panikkar indica anche l'esperienza della trasgressione, vista come momento decisivo del confronto con la nostra libertà e responsabilità, che «favorisce l'apertura ad un *plus*» e promuove una trasformazione dell'uomo.

trovato Dio». Non limitandosi a mutua riconciliazione, il perdono si situa a un «livello ontologico differente». Si sperimenta con il concorso dello Spirito Santo e lo sperimentiamo anche come una grazia che va oltre il dominio della volontà;

vii. *momenti cruciali della vita*: l'esperienza del tempo non è omogenea. R. Panikkar indica i «momenti speciali», i «momenti di discontinuità» – nascita, morte, l'iniziazione, matrimonio, malattia, un'esperienza estetica o intellettuale, ecc. – come luoghi dell'esperienza di Dio, siano essi propriamente religiosi o no. L'autore indica ancora quei «momenti interstiziali», comuni e ordinari, in cui è possibile ritrovare la dimensione divina del reale;

viii. *la natura*: «tempio di Dio», la natura è non soltanto un luogo dell'esperienza di Dio, ma il suo luogo naturale. Per ammetterlo non si è costretti a una «piroetta causale» di stile concettuale, né al «sentimento tellurico-numinoso di un *mysterium fascinans et tremens*». La natura è, anzitutto, esistenziale, esperienza di una presenza;

ix. *il silenzio*: è condizione e atmosfera dell'esperienza di Dio. Nella sua triplice forma – silenzio dell'intelletto, della volontà e dell'azione – il silenzio si sintonizza con Dio, che «è silenzio»[129], che è «simbolo intraducibile» e di cui si può parlare soltanto al vocativo.

Tutti questi luoghi sono profondamente interconnessi. È, peraltro, un elenco così ampio da descrivere l'esperienza di Dio semplicemente come «esperienza della vita»[130]. Si tratta, inoltre, di un insieme paradossale, particolarmente segnato dall'esperienza della contingenza creaturale, all'interno della quale l'incontro con Dio viene ammesso anche nell'esperienza di avvenimenti apparentemente incompatibili con la divinità. Perciò, sembra evidente che anche in questo caso l'esperienza di Dio è pensata attorno a una forma di ragionamento *sub*

---

[129] Affermazione illustrata con la poesia mistica di A. Silesius: «Gott ist so über all's, dass man nicht sprechen kann, / Drum betest du ihn auch mit Schweigen besser an. [...] Schweig, Alleliebster, schweig! Kannst du nur gänzliche schweigen, / So wird dir Gott mehr Guts, als du begehrst, erzeigen. [...] Mensch, so du willst das Sein der Ewigkeit aussprechen, / So musst du dich zuvor des Redens ganz entbrechen. [...] Niemand redt weniger als Gott ohne Zeit und Ort: / Er spricht von Ewigkeit nur bloß ein einzigs Wort [...] Wenn du an Gott gedenkst, so hörst du ihn in dir, / Schweigst du und wärest still, er redte für und für» (cf. A. SILESIUS, *Il pellegrino cherubico*, I, 240 [148]; II, 8 [162]; II, 68 [172]; IV 129 [275]; V, 330 [345]).
[130] IM, 164.

contrario, fondata non tanto sulla rivelazione storica di Dio in Gesù – come in J. Moltmann e G. Greshake –, ma piuttosto sull'intenzione di contestare visioni teologiche di stampo dualista[131]. L'esperienza di Dio tende, insomma, a significare un incontro con Dio. Quelli qui riportati sono esempi dove tale incontro può verificarsi con frequenza. Pure riconoscendo l'universalità della possibilità di questo incontro, tipica dell'intuizione cosmoteandrica, bisogna guardarsi da una sua banalizzazione. L'identificazione di «luoghi privilegiati» significa riconoscere una diversità qualitativa fra i diversi luoghi dell'esperienza di Dio nel grande spazio dove questa avviene: l'intera realtà antropo-cosmica.

Quest'elenco di luoghi tende, infine, a concretizzare il triplice orizzonte in cui, d'accordo con l'autore, si manifesta il divino:

i. l'orizzonte meta-cosmologico: il divino appare legato al mondo, come un suo polo;
ii. l'orizzonte meta-antropologico: l'umano e la sua interiorità diventano la sede del divino per eccellenza;
iii. l'orizzonte meta-ontologico: dalla percezione dell'eccesso della vita, la divinità emerge come pura trascendenza, davanti alla quale la risposta è il silenzio[132].

Non pare del tutto impossibile relazionare i citati nove luoghi dell'esperienza di Dio con questi tre piani, con i quali l'autore riassume tre tipi religiosi distinti. In effetti, sembra logico associare, per esempio, la natura al piano meta-cosmologico, o il silenzio a quel meta-ontologico, ovvero constatare il predominio dell'approccio di tipo antropologico[133]. È ancora possibile relazionare questi tre piani dell'esperienza del divino con i tre livelli di esperienza già menzionati e tante volte impostati attorno all'immagine dei tre occhi: l'esperienza sensibile, l'esperienza razionale e l'esperienza mistica.

---

[131] Tali visioni tenderebbero a escludere la possibilità di un'esperienza di Dio all'interno di fatti oggettivamente negativi, come ad esempio il male, la sofferenza o ancora alcuni dei momenti cruciali della vita.

[132] Cf. IM, 54-58.

[133] Non ritengo, tuttavia, che sia necessario vincolarli in modo rigido e stretto. Mi pare più suggestivo associarli in modo aperto e secondo i tratti dominanti di un determinato luogo. Per esempio, «il tu», pur essendo associabile al piano meta-antropologico, non è però totalmente svincolabile dal piano meta-cosmico – poiché anche «il tu» è cosmo – o del meta-ontologico – poiché anche in esso si tocca l'abisso dell'essere che stupisce.

2.1.3 Esperienza cristiana ed esperienza di Cristo: la cristofania

L'esperienza cristiana di Dio, benché inquadrata dal discorso precedente, si concentra sulla persona di Gesù, poiché «per il cristiano è centrale non tanto l'esperienza di Dio quanto l'esperienza di Cristo»[134]. Si può tuttavia, secondo R. Panikkar, distinguere l'«esperienza cristiana di Dio», ovviamente svolta dai credenti cristiani, dall'«esperienza di Gesù di Nazaret»[135], nel senso di un genitivo oggettivo.

Basandosi sulla lettura di tre piccoli testi neotestamentari, l'autore interpreta l'esperienza cristiana di Dio puntando verso tre dimensioni: i. come esperienza di un Mistero che ci coinvolge totalmente e del quale si fa esperienza di partecipazione – in lui «viviamo, ci muoviamo ed esistiamo» (cf. At 17, 28); ii. come esperienza non oggettivabile e perciò «l'apofatismo non è un lusso dei mistici»[136] – «Dio nessuno l'ha mai visto» (cf. Gv 1, 18); iii. come esperienza della circolarità pericoretica fra kenosi e divinizzazione, fra *egressus* e *regressus*[137] (aggiungo fra *enstatica* e *estatica*) – «Perché Dio sia tutto in tutti» (Cf. 1Cor 15, 28).

L'esperienza di Gesù, anch'essa abbozzata a partire dai testi della Scrittura, presenta tratti somiglianti e, in un certo senso, corrispondenti agli aspetti con cui l'esperienza cristiana di Dio viene presentata: i. l'esperienza di Cristo scaturisce dalla sua relazione «a-duale» con il Padre, di una distinzione in inseparabile comunione – «Io e il Padre siamo una cosa sola» (cf. Gv 10, 30); ii. Gesù è trasparenza del Padre – «Chi ha visto me ha visto il Padre» (Gv 14, 9); iii. è poi un'esperienza dinamica, mutevole, all'interno della quale lo Spirito svolge un ruolo particolare, poiché lo Spirito «è libertà» – «è bene per voi che io me ne vada, perché, se non me ne vado, non verrà a voi lo Spirito» (cf. Gv 16, 7)[138].

La centralità dell'esperienza di Cristo nell'esperienza cristiana di Dio viene, però, pensata in maniera pluralistica. Si tocca qui, a mio parere, l'aspetto più problematico della teologia panikkariana. Tutto si basa sulla distinzione tipica dell'atteggiamento pluralistico delle religioni: la non piena identificazione fra Gesù, in quanto personaggio storico, e Cri-

---

[134] IM, 83.
[135] Cf. IM, 100-110.
[136] IM, 103.
[137] Cf. IM, 104: «La experiencia de Dios es precisamente la experiencia de esa tensión, de ese dinamismo hecho de *egressio* y *regressio*, que informa toda la realidad – es la *perichôrêsis* trinitaria».
[138] R. Panikkar rivisita e dilata questa sua inchiesta sull'esperienza di Cristo nell'opera posteriore *La pienezza dell'uomo* (cf. PdU, 123-172).

sto, inteso come realtà «metastorica»¹³⁹. Sussiste, forse, un eccesso del Verbo o *Lógos* divino – la sua «identità» – che l'evento Gesù di Nazaret – la sua «identificazione»¹⁴⁰ – non può esprimere, perché storicamente, spazialmente e culturalmente limitato. Gesù sarebbe, dunque, un'identificazione storica della sua identità divina.

Da qui deriva che «per il cristiano l'esperienza di Gesù è l'esperienza di Gesù risorto [...]. Non è un'esperienza storica, ma metastorica»¹⁴¹. Tutto ciò porta, giustamente, alla comprensione di una simile esperienza come personale, intrasmissibile, non riducibile a mero ricordo, ma autentica memoria attualizzata e ritrasmessa. Più problematica credo sia, però, un'altra conseguenza di questo suo discorso: ci si trova in questo modo davanti a «un complesso di esperienze [...] che i cristiani esprimono mediante simboli cristiani e che in altre culture e religioni vengono espressi con altri simboli»¹⁴². D'altronde, questa è una posizione di R. Panikkar piuttosto antica, in quanto l'idea fondamentale del suo *The Unknown Christ of Hinduism* (1964) non è riflettere sulla

---

¹³⁹ Cf. J. DUPUIS, *Toward a Christian Theology of Religious Pluralism*, 151: «How are we to conceive the relation of the "reality" or "mystery", the Christ symbol, to the historical Jesus? It is on this point that Panikkar's thinking seems to have evolved, not without consequences: a distinction is now introduced between the Christ mystery and the historical Jesus that no longer seems to give adequate account of the Christian assertion that Jesus *is* the Christ». Critica giusta, ma che è stata rivolta, oltre che a R. Panikkar, allo stesso J. Dupuis (cf. G. D'COSTA, *The Meeting of Religions and the Triniy*, 110-113).

¹⁴⁰ Alla base di questa cristologia sta la distinzione promossa dall'autore fra «identificazione» – che «ci dà la possibilità di non confonderlo con nessun altro personaggio» – e «identità» – che «ci dà la possibilità di conoscerlo» (cf. IM, 95). Distinzione che, poi, sorgerà come il terzo *sūtra* dell'«esperienza cristica» (cf. PdU, 193-196).

¹⁴¹ IM, 96. Cf. TEUP, 55: «Destoricizzare l'evento cristico non significa eliminare la sua fatticità storica, ma semplicemente non identificare la sua storicità con la sua realtà».

¹⁴² IM, 97-98. L'autore si distacca però da quello che chiama un «monismo pancristico» di stampo rahneriano – che assume tutto come cristiano (cf. IM, 98-99). Con accenti personali, R. Panikkar offre la seguente testimonianza: «Dio per me ha un volto, Cristo, ma in questo volto trovo tutti gli altri; li trovo io, stando molto bene attento a non confonderli o affermare che anche gli altri debbono vedere il volto che vedo io o che tutti i volti sono uguali. È solo nel concreto che si radica l'universale» (cf. VdD, 39). Cf. R. PANIKKAR, «Ogni autentica religione», 258: «possiamo affermare che ogni autentica religione è una via di salvezza per coloro che in essa ripongono la propria fede. [...] Infatti deve esserci uno strumento di salvezza, se l'uomo deve raggiungere il suo fine, e questo strumento è proprio la religione concreta in ogni popolo, in ogni epoca e in ogni cultura. Accusare di falsità le religioni, dal punto di vista cristiano, è voler chiudere gli occhi sulla realtà».

presenza di Cristo nell'induismo sconosciuta agli induisti, ma puntare invece verso le tracce cristologiche presenti nell'induismo e sconosciute ai cristiani[143]. In fondo, tutto è riconducibile a quello che egli chiama «cristianía», ossia alle forme o modalità cristiane dell'esperienza religiosa dell'uomo. Nonostante quanto ci sia di valido in quest'approccio e nonostante l'onestà insita nel voler affrontare un problema di sempre e forse non interamente risolubile – la tensione fra la particolarità dell'evento Gesù Cristo e la sua universalità, pretesa dalla fede cristiana –, si rischia qui incorrere in una specie di modalismo teologico, per cui Gesù si configura come una modalità della rivelazione e presenza di Dio[144].

L'immagine di Cristo che emerge qui è soprattutto quella del «grande mistico», tipica delle cristologie dal volto indiano[145]. Infatti, R. Panikkar apre la riflessione cristologica alla considerazione delle manifestazioni cosmiche, culturali e religiose del *Lógos*. La sua descrizione dell'«esperienza cristica»[146] esprime, appunto, la convinzione dell'on-

---

[143] Cf. PdU, 197: «Il mio libro, *Il Cristo sconosciuto dell'induismo* (1964), era dedicato al *Cristo sconosciuto* come parallelo al "Dio sconosciuto" di cui parla Paolo (At 17, 23), ma è stato talvolta frainteso come se parlasse del Cristo conosciuto dai cristiani e sconosciuto agli hindu. Il "Cristo sconosciuto dell'induismo" è sconosciuto *a fortiori* ai cristiani e gli hindu non hanno bisogno di chiamarlo con quel nome greco»; ID., *Il Cristo sconosciuto dell'induismo*, 18-20. Bisogna, tuttavia, notare come questo suo discorso descriva meglio la sua posizione negli ultimi anni, poiché nella prima edizione di *The Unknown Christ of Hinduism* la prospettiva era più cristocentrica e meno pluralistica. Non a caso è stato intorno alle diverse edizioni di quest'opera che C.G. MacPherson ha collocato due fasi nel pensiero panikkariano (cf. C.G. MACPHERSON, *A Critical Reading*, 33-35.60-61.83-90; N. MADONIA, «Unicità e singolarità di Gesù Cristo», 231-233).

[144] Non a caso, l'autore parla di «*modalità* cristiana dell'esperienza religiosa». Altri commentatori di R. Panikkar si mostrano consapevoli anche dei problemi nella sua cristologia (cf. V. PÉREZ PRIETO, *Dio, Hombre, Mundo*, 407-410; N. MADONIA, «Unicità e singolarità di Gesù Cristo», 231-233). Non mi sembra soddisfacente la difesa delle posizioni di R. Panikkar avanzata da F. D'Sa: «In order to allay the fears of overzealous christian, who may feel that Panikkar has not done enough justice to the Jesus of history, Panikkar has repeatedly stated that Jesus is the Christ but the Christ is not Jesus. The reality of the Christ is much larger than that manifested in Jesus» (cf. F. D'SA, «The Notion of God», 39; ID., *Dio l'Uno e Trino e l'Uno-Tutto*, 69-94).

[145] Cf. K. CRAGG, *The Christ and the Faiths*, 173-241; R. NARDIN, «Cristologia: temi emergenti», 23-87; G. MATTAM, «Jesus Christ the Unique and Universal Guru», 487-513.

[146] Sono nove i *sūtra* con cui l'autore descrive l'«esperienza cristica»: i. Cristo è il simbolo cristiano di tutta la realtà; ii. il cristiano riconosce Cristo *in* Gesù e *attraverso* di lui; iii. l'identità di Cristo non è la sua identificazione; iv. i cristiani non hanno il monopolio della conoscenza di Cristo; v. la cristofania è il superamento della cristologia

nipresenza di quello che egli chiama «cristofania», attraverso la quale egli cerca «un'integrazione della figura di Cristo in una cosmovisione più ampia»[147]. Per dirla in chiave esplicitamente esperienziale, l'autore crede che non si può «rimanere nel livello particolaristico e limitato, forse perfino settario ed esclusivista, della sua [dell'uomo] esperienza individuale di Cristo, poiché l'esperienza di Cristo sta nella *koinōnia* umana e cosmica»[148]. Con l'apertura della cristologia alla cristofania, R. Panikkar mira, infine, a situare l'evento Cristo nella dinamica cosmoteandrica – ossia della nostra esperienza cosmoteandrica – e, conseguentemente, nel contesto della pericoresi trinitaria. Alla fine, l'esperienza di Dio, interpretata in chiave cristiana, integra anche l'apertura dello sguardo – del «terzo occhio» – al mistero cristico che ovunque si manifesta: la cristofania[149].

2.2 *Trinità: dinamismo cosmoteandrico*

R. Panikkar ci offre una riflessione profondamente organica. È, dunque, per ragioni di esposizione che solo adesso si entra propriamente nel terreno trinitario. Del resto, mentre si percorreva la sua ricca meditazione sull'esperienza, il «ritmo trinitario» del reale e del suo teologare era già presente[150]. Intendo ora affrontare *in recto* la questione trinitaria, cercando di far leva sulla sua intrinseca relazione con la dinamica esperienziale. È questo l'ambito in cui la già abbozzata visione cosmoteandrica trova il suo autentico fondamento: l'esperienza trinitaria. Progressivamente cercherò di dischiudere la peculiarità della «teo-logia» panikkariana, all'interno della quale la divinità viene declinata in quella «inter-in-dipendenza» antropo-cosmica che le conferisce la diversità di

---

tribale e storica; vi. il Cristo protologico, storico ed escatologico è un'unica e medesima realtà distesa nel tempo, estesa nello spazio e intenzionale in noi; vii. l'incarnazione come evento storico è anche inculturazione; viii. la chiesa si considera luogo dell'incarnazione; ix. la cristofania è il simbolo del *mysterium coniunctionis* della realtà divina, umana e cosmica (cf. PdU, 179-236).

[147] V. PÉREZ PRIETO, *Dio, Hombre, Mundo*, 414. Cf. G.T. CARNEY, «Christophany», 131-144.

[148] TEUP, 107. Si ritrova qui, nell'associazione dell'esperienza alla comunione, un punto di contatto con il cuore delle proposte di G. Greshake: la *communio*.

[149] Cf. J. RIES, «Presentazione», 15: «la cristofania non ha senso che all'interno di una visione trinitaria».

[150] I «novenari» o «nove *sūtra* (*navasūtrani*)», in quanto integrano la dinamica ternaria dello stesso numero tre (3x3), sono di tale ritmo un esempio simbolico e suggestivo.

facce propria, appunto, della diversità antropo-cosmica. Seguendo il pensiero dell'autore, si affronterà: 1. l'intuizione trinitaria come un'invariante culturale; 2. il modo in cui vengono interpretate e presentate le tre Persone divine; 3. la sua visione e proposta di una «Trinità radicale». Con questa tripartizione si cerca di mostrare la corrispondenza fra questi tre aspetti della riflessione di R. Panikkar e i tre momenti identificati dall'autore nella storia della teologia trinitaria, che si caratterizzano per una concentrazione sulla Trinità immanente, sulla Trinità economica e, come prospetta l'autore come via percorribile in futuro, sulla Trinità radicale[151].

2.2.1 La Trinità economica: un'esperienza umana primordiale

Con un tono un po' provocatorio, R. Panikkar è molto esplicito nel sostenere che «è semplicemente un'esagerazione ingiustificabile asserire che la concezione trinitaria della Divinità, e quindi di tutta la Realtà, sia un'esperienza o una rivelazione esclusivamente cristiana»[152]. Secondo lui «l'intuizione trinitaria è [invece] una specie di "invariante" culturale e pertanto umano»[153]. Risulta, dunque, abbastanza evidente che l'autore si allontana vigorosamente da altri autori e correnti teologiche che vedono nella fede trinitaria una specificità o peculiarità cristiana[154].

Dal punto di vista interno al cristianesimo stesso, R. Panikkar fa notare come le prime generazioni di cristiani abbiano vissuto la loro esperienza e fede trinitarie senza l'edificio teologico-filosofico e il linguaggio codificato che solo nei secoli seguenti si sono formati. «A rigore – dice l'autore – la Trinità non è dottrina rivelata ma esperienza vissuta»[155]. Da un altro punto di vista, forse più adatto alla sua sensibilità pluralistica e culturale, quest'«invariante culturale» si manifesta e si con-

---

[151] Cf. TEUP, 117-118. R. Panikkar intende la «Trinità immanente» come primo momento storico della riflessione trinitaria. Per motivi espositivi e a causa di questa corrispondenza, si dà qui, invece, precedenza alla «Trinità economica».

[152] TEUP, 58.

[153] TEUP, 52.

[154] Cf. IGdG, 11; L. SCHEFFCZYK, «Trinidad: Lo específico cristiano», 15-19. L'autore si mostra consapevole del rischio che quest'«invariante umano» sia interpretato come un «universale culturale» – fatto che tradirebbe il suo rifiuto di qualsiasi forma di «colonialismo culturale». L'«universale culturale» pretende di avere valore universale, oltrepassando tutti i confini culturali. L'«invariante umano», invece, punta verso una realtà che si trova a monte di ogni interpretazione possibile, ragione per cui conosce una pluralità culturale di interpretazioni (cf. RdE, 346-348).

[155] TEUP, 95. Cf. TEUP, 117-118.

ferma nelle visioni triadiche della realtà (il divino, l'umano, il cosmico), della divinità (io, tu, egli o ella o esso), dell'uomo (corpo, anima, spirito), del mondo (spazio, tempo, materia o energia), o ancora nelle forme di spiritualità (iconolatria/*karmamārga*, personalismo/*bhaktimārga*, *advaita*/*jñānamārga*) e nelle sue deformazioni (nichilismo, umanesimo, materialismo). Sono «fenomeni fondamentali» che attestano la persistenza della dinamica trinitaria[156]. A questi fenomeni si potrebbero ancora aggiungere alcune delle altre triadi alle quali l'autore si riferisce nei suoi testi, rintracciando in culture di tutto il mondo e di tutti i tempi l'onnipresente percezione del «ritmo ternario» del tutto[157].

Tale approccio permette, anzitutto, di situare il discorso trinitario sul piano della nostra esperienza e, dunque, anche su quello della nostra economia. L'economia dell'esperienza della Trinità acquisisce qui contorni religioso-culturali e antropo-cosmici, poiché è proprio su questi piani che l'«invariante Trinità» viene percepita. In effetti, Dio non è qui solo «un "ingrediente" reale dell'esperienza e della storia umana, e quindi della realtà»[158] in senso astratto o puramente monoteistico, ma lo è specificamente in quanto Dio Trinità. A mio parere, questo significa un chiaro passo in avanti in direzione della possibilità di riflettere teologico-trinitariamente sull'esperienza, in particolare se si ha in mente quanto sia difficile trovare chi parli di esperienza di Dio in termini propriamente trinitari. Questo merito R. Panikkar lo ha sicuramente.

---

[156] Benché non si ignori l'occorrenza di altre dinamiche numeriche: «Tutti gli esempi mostrano un certo *Urphänomen* – triadi divine, triadi metafisiche, triadi antropologiche e psicologiche, triadi cosmologiche, cronologiche, etiche, e anche liturgiche, come pure quelle leggendarie. In verità si possono anche trovare diadi, quaternità, e altri numeri sacri intorno a cui il numero delle divinità si cristallizza. Se non vanno tratte conclusioni affrettate da un così vasto materiale, si è comunque portati a pensare che un certo modello trinitario abbia avuto luogo spontaneamente nella coscienza umana sin dagli inizi della memoria storica» (cf. RdE, 301-302).

[157] Raccogliere tutti i suoi esempi di triadi è compito praticamente impossibile. In *The Rhythm of Being*, l'autore stesso organizza tali dati in universi culturali (cf. RdE, 297-302): l'Egitto antico (triadi di dei: «*Amm, Re, Ptah*»; «*Ptah, Sokaris, Osiris*»); la tradizione vedica (*Brahman* è verità, conoscenza, infinità; triade «*sat, cit, ānanda* – essere, consapevolezza, gioia»; il *triloka* o tre-mondi: «*pati, paśu, pāśa* – creatore, creatura, il loro vincolo»; ecc.); il buddismo (*trikāya*, la triplice manifestazione dei Budda; il *triratna*, i tre gioielli: «*Buddha, Dharma, Sangha*»; «*bodhisattva, mahāsthāma, buddha*»); la filosofia greca (triadi in Parmenide, Platone, Plotino); la mistica islamica ed ebraica; la gnosi (in Valentino: «*Deus, forma, materia*»); il taoismo (triade del reale: «*wu, yu, t'ai i* – non-essere, essere eterno, grande unità»). Cf. R. PANIKKAR, «La Divinità», 16-19; TEUP, 71-94.117-126; UMT, 158.

[158] VdD, 42.

L'altra faccia della medaglia non è, però, meno rilevante e a essa si è già fatto riferimento: non sarà eccessivo identificare Trinità e triadi di diverso tipo, fino al punto di confonderle? Difatti, il termine «Trinità» è un termine specifico in teologia, che ha un senso ben delimitato e che si riferisce propriamente al Mistero di Dio. In questo senso, il discorso panikkariano non può non sollevare problemi all'interno della teologia cristiana, poiché con Trinità essa non si riferisce a un qualsiasi aspetto culturale, né è chiaro che la Trinità cristiana possa essere assimilata ad altre figure triadiche della divinità. Perciò, credo che sarebbe più prudente associare quest'invariante culturale al «ritmo ternario» del tutto, trasversalmente sperimentato, piuttosto che alla «Trinità» in sé.

Bisogna, però, coordinare queste riserve con quanto si è visto all'inizio sulla matrice mistico-simbolica del pensiero panikkariano. La forma in cui questi «fenomeni fondamentali» sono integrati nella riflessione trinitaria è, in effetti, un procedimento che è connaturato allo stile di R. Panikkar e, pertanto, coerente con il suo tipico sguardo olistico, simbolico, mitizzante. Il significato rimane invariato invertendo i termini del discorso: l'integrazione della confessione trinitaria cristiana nell'orizzonte interculturale attualizza il suo atteggiamento mistico, contemplativo, esperienziale, caratteristico di chi tende a riconoscere e incontrare la divinità in ogni aspetto della realtà[159]. Sembra ermeneuticamente più esatto tenere sempre presente che con R. Panikkar la riflessione trinitaria si svolge in un orizzonte radicalmente diverso da quello che si è soliti trovare. È un cambiamento di paradigma che sta alla radice sia delle già espresse riserve di natura teologica sia della suggestività del poco frequente dialogo riflessivo fra la questione trinitaria e gli altri ambiti della vita, della realtà, delle culture e delle religioni[160].

2.2.2 La Trinità immanente: le Persone divine

Il discorso panikkariano sulla Trinità, come visto sin qui, sembra andare oltre gli schemi normalmente stabiliti in teologia trinitaria. È, per certi versi, più una riflessione trinitaria che propriamente «teo-logia» trinitaria. Ciò non significa, però, che vengano totalmente abbandonate alcune delle questioni tradizionalmente trattate dalla riflessione trinitaria

---

[159] C'è qui una circolarità che sembra avvicinarsi alla tesi sottoposta a prova in quest'inchiesta.

[160] Penso che il pensiero di R. Panikkar si inserisca in quella dinamica che J. Dupuis ha definito un cambio di paradigma che punta «al di là delle categorie occidentali» (cf. J. DUPUIS, *Il cristianesimo e le religioni*, 168-174).

cristiana. Al contrario, il tema della «Trinità immanente» compare anche nel pensiero di R. Panikkar – in particolare nell'opera *The Trinity and the Religious Experience of Man* (1973). Questa sua visione e riflessione su ciascuna delle tre Persone della Trinità presenta, sommariamente, i seguenti aspetti[161]:

+ *Il Padre*: la «teo-logia» panikkariana del Padre è il vertice del suo apofatismo trinitario. Il discorso teologico si fa silenzio, perché Dio «è silenzio totale e assoluto, il silenzio dell'Essere, e non soltanto l'essere del Silenzio»[162]. Non si propone, infatti, semplicemente un apofatismo verbale o discorsivo, ma un «apofatismo dell'essere», un «apofatismo totale». È questo secondo silenzio a giustificare il primo. Notando come simile impostazione non sia esclusiva del cristianesimo, R. Panikkar la declina in chiave esplicitamente trinitario-immanente. Il Padre si è dato pienamente al Figlio, incluso il suo stesso essere. Nulla del Padre potrà essere detto se non riferendosi anche al Figlio e allo Spirito. Il Figlio è diventato «l'è del Padre». Perciò non ha senso parlare dell'«in sé» del Padre: Egli non lo possiede, lo ha consegnato. Ha rinunciato persino alla sua paternità, ragion per cui neppure il nome Padre è del tutto appropriato. In sintesi, «L'Assoluto, il Padre, *non è*». O, dicendolo con parole di Riccardo di San Vittore, «non ha *ex-sistenza*, nemmeno quella dell'Essere»[163]. Alla radice di questo suo apofatismo – che, per certi versi, sembra sin troppo radicale – sta una comprensione comune dell'immanenza trinitaria: «Tutto ciò che il Padre *è* lo trasmette al Figlio. Tutto ciò che il Figlio *riceve* lo *ridona* a sua volta al Padre. Questa donazione (del Padre, in ultima analisi) è lo Spirito»[164]. Per questa sua visione dell'immanenza divina, R. Panikkar è un teologo cristiano alquanto classico. Tutto ciò fondamenta e punta verso la sua visione di una kenosi immanente del Padre: uno svuotamento assoluto del suo essere, «la Croce nella Trinità, ossia l'immolazione integrale di Dio (Padre), della quale la croce di Cristo, la sua immolazione, è la sua icona e la sua rivelazione»[165]. Si è di fronte a un effettivo «apofatismo essenziale del Padre»[166].

---

[161] Cf. TEUP, 97-115.
[162] TEUP, 100.
[163] TEUP, 99.
[164] TEUP, 98.
[165] TEUP, 99. Affermazione che si sintonizza con la «teologia della croce» di J. Moltmann.
[166] L'autore trova nell'«esperienza buddista del *nirvāna* e *śūnyatā* (vacuità)» la stessa percezione dell'assenza di essere dell'Assoluto divino.

La figura del Padre che emerge da questo discorso è profondamente apofatica, ma anche profondamente relazionale, poiché totalmente riferita al Figlio e allo Spirito;

+ *Il Figlio*: è quello che è il Padre, ossia Dio. Più specificamente, è il «Dio-da» Padre nell'espressione del simbolo: «*Dio da* Dio». R. Panikkar imposta, in questo modo, l'identità immanente dell'essere del Figlio secondo la relazione di origine – prospettiva che può anche essere considerata classica. Un altro aspetto, però, lo accomuna con la riflessione trinitaria contemporanea: un certo disagio nei confronti del termine *persona*. Si tratta, per lui, di un «termine equivoco», senza fondamento al di fuori dei Tre della Trinità. Da un lato, in una prospettiva di tipo rahneriano, sostiene che «solo la Trinità è Persona, se usiamo la parola nel suo senso eminente e analogico rispetto alle persone umane: nessuna delle "persone" divine è una Persona»[167]. Dall'altro, in una prospettiva agostiniano-anselmiana, accetta che «in mancanza di un termine migliore si potrebbe di certo chiamarle "Persone" nella misura in cui sono vere opposizioni relative in seno al mistero divino»[168]. L'autore cerca di fare in modo, cioè, che *persona* non sia sostanzializzata e significhi invece una «relazione costitutiva», sempre un «*pros ti*»[169]. Non a caso, tutto il suo discorso sul concetto di *persona* si svolge a proposito del Figlio, poiché «l'uomo può avere un rapporto personale solo con il Figlio»[170], solo in lui è Dio persona, così come solo a proposito del Figlio si può parlare, con giustizia, di rivelazione. Perciò è alla persona del Figlio che viene assegnata tutta l'attività divina nella storia – mediatore della creazione, della redenzione e della glorificazione. Tutto il reale è, come si è visto, una «cristofa-

---

[167] TEUP, 103. Infatti, le sue esitazioni rispetto all'impiego trinitario del termine *persona* coincidono con quelle di K. Rahner, benché con motivazioni diverse: in R. Panikkar per ragioni di tipo mistico-apofatico e in K. Rahner di tipo psicologico-logico, in quanto a quest'ultimo sembra «trinitariamente illogico» pensare in Dio «tre centri di azioni» distinti (cf. DdGtUH, 385-389).

[168] TEUP, 103. Riecheggiano qui sia la rassegnazione di sant'Agostino nel momento in cui accoglie il termine *persona*, già allora in uso, «per non tacere» del tutto davanti al Mistero; sia la formulazione trinitaria di sant'Anselmo sulla base dell'affermazione: «*omnia sunt unum, ubi non obviat relationis oppositio*» (cf. AGOSTINO DI IPPONA, *De Trinitate*, V, 9 [217]; ANSELMO DI AOSTA, *De processione Spiritus Sancti*, I [180]; COD, 570-571).

[169] Interpretazione che tende a coincidere con quelle di J. Moltmann e G. Greshake.

[170] TEUP, 103.

nia»[171]. La figura del Figlio che emerge è, in sintesi, personalistico-relazionale, nel suo doppio versante immanente e economico: Figlio pienamente riferito al Padre e Figlio mediatore di tutto;

+ *Lo Spirito*: è il «noi» del Padre e del Figlio. Pensare lo Spirito «in se stesso» è ugualmente una contraddizione. Egli è sempre «lo Spirito *del* Padre e *del* Figlio». È un «noi» con l'estensione propria di Dio: «abbraccia la totalità dell'universo». È un «noi» in senso *advaita*, un vincolo di unità non uniformizzante. «L'Io divino appare solo nel *tu* del *Lógos* attraverso il *noi* dello Spirito»[172]. Questo discorso pneumatologico panikkariano – in cui compare raramente l'espressione «Spirito Santo» – non sembra radicalmente innovativo. Egli lo svolge, tuttavia, anche all'interno di un apofatismo dello Spirito, del tutto simmetrico a quello del Padre: «la fede nello Spirito è anche silenzio»[173]. L'autore conferisce, così, una dinamica circolare, pericoretica alla sua visione della Trinità: dall'apofatismo del Padre a quello dello Spirito, tramite l'epifania del Figlio. La pneumatologia è qui l'ambito della riflessione sull'immanenza divina, intensa come «l'interiorità ultima di ogni essere, il Principio supremo, il *Fondamento* tanto dell'Essere come degli esseri»[174]. Si tratta, innanzitutto, di un'immanenza intradivina. Fondandosi sull'esperienza del Mistero trinitario, «che ci mostra che Dio è immanente a se stesso», R. Panikkar prospetta in Dio «una sorta di costante approfondimento, di "interiorizzazione" permanente». Al livello più profondo di questo movimento interiorizzante di e in Dio stesso si scopre lo Spirito, come «oceano senza sfondo della divinità»[175]. Perciò, il piano

---

[171] Torna a questo punto la sua interpretazione di tipo pluralistico, che non fa coincidere pienamente Gesù con il Cristo. Afferma R. Panikkar: «Non è mia intenzione discutere qui i diversi nomi e i titoli che possono essere stati attribuiti a questa manifestazione del Mistero in altre tradizioni religiose. Il motivo per cui insisto a chiamarlo Cristo è perché, fenomenologicamente, Cristo presenta le caratteristiche fondamentali di mediatore fra divino e cosmico, fra eterno e temporale, ecc., il mediatore che altre religioni chiamano Iśvara, Tathāgata o con altri nomi» (cf. TEUP, 104-105).

[172] Cf. TEUP, 109.

[173] Se il Padre, assolutamente trascendente, non ha nome proprio, perché è al di là di ogni nome, lo Spirito, assolutamente immanente, non lo ha ugualmente, ma perché è al di qua di qualsiasi nome (cf. TEUP, 110.112). È qui evidente un influsso del Maestro Eckhart, per cui Dio è anche «Il senza nome» (cf. MEISTER ECKHART, *I Sermoni*, XXb,3 [221]; XXXVIa, 2 [300-301]; LIII, 2 [399]; LXXXIII, 2 [551-552]).

[174] TEUP, 108.

[175] Immagine che l'autore fonda – forse troppo genericamente – sulle tesi dei Padri greci: «Se il Figlio è Dio e, come affermano i Padri greci sviluppando l'immagine, è il Fiume che fluisce dalla Sorgente [il Padre], allora lo Spirito è, per così dire, la Fine,

dello Spirito è quello della più intima immanenza trinitaria. «Per il Padre – dichiara R. Panikkar – lo Spirito significa, per esprimerlo in qualche modo, il ritorno alla sorgente che lo costituisce». Il Padre, che ha consegnato completamente se stesso nella generazione del Figlio, nello Spirito «riceve indietro la Divinità». È la «*perichōrēsis – circumincessio*»[176]. L'apofatismo dello Spirito, manifesto nella sua caratterizzazione di «oceano» di perenne interiorizzazione trinitaria, si accorda con la distinzione operata dall'autore indoispanico tra il modo personale con cui si conosce il Figlio – propriamente per rivelazione – e il modo mistico e sperimentale attraverso cui sorge l'intelligenza dello Spirito: «per connaturalità contemplativa»[177]. Si potrà, infine, parlare all'interno di questo discorso di una figura dello Spirito come sfondo immanente del Dio Trinità ma, portando l'affermazione al limite, anche di ogni essere.

R. Panikkar sintetizza così la sua visione sulla vita immanente della Trinità, ispirandosi a san Paolo:

> Ora ciò che vorrei azzardarmi a proporre, con il Vangelo in mano e nel cuore, è quanto segue: il Padre, Sorgente, l'*Io*; il Figlio, Essere, il *Tu*; lo Spirito, ritorno all'Essere (Oceano dell'Essere), il *Noi*. La formula trinitaria paolina di Dio «*sopra* tutti, *attraverso* tutti e *in* tutti» (Ef 4, 6) ce ne fornisce la chiave:
> *Epi pantōn*: *super omnes*, sopra tutti, la Sorgente dell'Essere, che non è l'Essere, poiché, se lo fosse, sarebbe l'Essere e non la Sua sorgente: l'*Io* ultimo.
> *Dia pantōn*: *per omnia*, attraverso tutti, il Figlio, l'Essere e il Cristo, per mezzo del quale e per il quale tutto è stato fatto, perché gli esseri partecipano all'Essere: il *Tu* ancora disperso nei molteplici *tu* dell'universo.
> *En passin*: *in omnibus*, in tutti, lo Spirito, l'immanenza divina e, nel dinamismo dell'atto puro, il fine (il ritorno) dell'Essere. Per questa ragione l'Essere – e gli esseri – esistono *solo* in quanto procedono dalla Sorgente e continuano a fluire nello Spirito: *il noi*, in quanto ci riunisci tutti nella comunione integrata di questa perfetta realtà[178].

---

l'Oceano sconfinato in cui si completa e si consuma il flusso della vita divina» (cf. TEUP, 110-111). Per un'antologia di testi dell'immagine trinitaria del fiume: X. PIKAZA, ed., *Enchiridion Trinitatis*, 59-60.68-69.72-74; R. MAISONNEUVE, ed., *Dieu inconnu, Dieu Trinité*, 72-73.

[176] Cf. TEUP, 108-109.

[177] Non si possono avere «relazioni personali» con lo Spirito, ma un'unione di tipo «non relazionale». Lo Spirito non si può, a rigore, pregare. Seguendo da vicino la teologia paolina, per R. Panikkar si può solo «pregare *nello* Spirito» (cf. TEUP, 108.111).

[178] TEUP, 114-115.

Da questa impostazione del Mistero della Trinità si capisce ormai il sottile passaggio da una visione trinitaria di tipo «classica» o «tradizionale» – per usare termini qui già impiegati[179] – a un'altra visione che pensa la Trinità come il «ritmo dell'essere», simbolo del gioco fra trascendenza e immanenza. Si tratta, come è evidente, di una tappa argomentativa che spinge il discorso verso la sua visione cosmoteandrica, verso il riconoscimento di una «Trinità radicale».

2.2.3 La Trinità radicale: la realtà cosmoteandrica

La visione cosmoteandrica è, allo stesso tempo, radice e apice del pensiero panikkariano. Si dischiude qui, a mio avviso, una circolarità, caratteristica di una riflessione di tipo simbolico e olistico. Infatti, si è partiti proprio dall'enunciazione della sua intuizione cosmoteandrica. Adesso, avendo percorso i grandi temi della sua riflessione trinitaria, si ritrova tale tema, posto ora sotto l'espressione di «Trinità radicale». Con le due espressioni – «visione/intuizione cosmoteandrica/teantropocosmica» e «Trinità radicale» – si fa riferimento alla stessa realtà, alla stessa intuizione.

La riflessione sulla «Trinità radicale» corrisponde, secondo l'autore indoispanico, al sopraggiungere di una terza e nuova fase nella questione teologico-trinitaria. Questa fase è stata preceduta, in un primo momento, da una concentrazione teologica sulla «Trinità immanente» e poi, in un secondo momento, sulla «Trinità economica». L'avvento di questa nuova tappa sarebbe stato ritardato sia dalla paura cristiana del panteismo – che sarebbe sfociato nel monismo – sia dalla conseguente accentuazione della creaturalità del mondo – che avrebbe aperto la porta al dualismo [180]. La terza via, intuita, proposta e assunta da R. Panikkar, è quella della dinamica trinitaria del tutto, pensata a partire e attorno all'esperienza *advaita*. Con la «Trinità radicale» si prendono, insomma, le difese di una «crescita nella comprensione del dogma»[181],

---

[179] Termini, peraltro, impiegati dall'autore stesso (cf. TEUP, 96).

[180] Interpretazione della storia che si coordina con tutto il suo discorso sull'emergere contemporaneo di una nuova coscienza religiosa: «la "secolarità sacra" che si sta manifestando oggi come la coscienza ecologica (che preferisco chiamare *ecosofica*) e il sospetto che l'attuale civiltà non sembra avere futuro preparano il terreno alla visione cosmoteandrica» (cf. TEUP, 117-118).

[181] Cf. TEUP, 118. La «crescita nella comprensione del dogma» dovrà soddisfare tre condizioni: i. non contraddire il «deposito della fede»; ii. integrarsi nella visione generale cristiana; iii. essere accolta da una comunità cristiana riconosciuta (cf. RdE, 334-335).

ma si ha a volte l'impressione che si promuova invece una crescita del dogma.

Ecco come l'autore articola la triplice visione della Trinità – immanente, economica e radicale:

> [Trinità radicale:] la definiamo radicale perché cerca di arrivare alle radici stesse di tutta la Realtà. Il che non vuol dire che respinge in qualche modo né la Trinità immanente di un Dio trascendente né la Trinità operante di un Dio creatore. Esse sono entrambe ammesse in questa visione trinitaria della Realtà che consente che le cosiddette creature non siano solo ombre di un Dio assoluto quando non mere apparenze. Stando le cose così, tanto Dio come l'Uomo e il Mondo sono in fondo astrazioni della nostra mente di una realtà trinitaria ovvero teantropocosmica[182].

In primo luogo, la visione cosmoteandrica cerca di essere non solo un'interpretazione concreta del reale, ma anche della Trinità. Credo che questo sia un aspetto importante ai fini di quest'investigazione, poiché quello che fa R. Panikkar è, in ultima analisi, puntare anche verso una riacquisizione concreta ed esistenziale del tema trinitario. L'autore lo fa situando questa «Trinità radicale» proprio sul piano dell'esperienza. Se tale *modus operandi* era già evidente nel proporre la Trinità come un'«invariante culturale», è adesso ripreso esplicitamente: «questa nozione della Trinità radicale è frutto di quella che abbiamo chiamato una *esperienza teantropocosmica*»[183]. Il tratto più singolare della sua riflessione trinitaria nasce, allora, dall'esperienza. Essa ha, dunque, nell'esperienza di Dio, dell'uomo e del mondo un suo punto di partenza.

Il reale è, quindi, un complesso divino-umano-cosmico. È cosmoteandrico. Non esiste, in questa prospettiva, un divino puro, un umano puro o un cosmo puro – sarebbero astrazioni. La secolarità è sacra, così come il sacro è secolare. È qui che si mostra maggiormente l'atteggiamento mistico-simbolico panikkariano: sono tre dimensioni di un solo reale, così come i Tre della Trinità sono uno solo Dio. Neppure c'è una *quaternitas* cosmoteandrica: non c'è reale se non in questa trinità divino-umano-cosmica. Risplende qui la sua grammatica *advaita* anti-monista e anti-dualista.

Rilevante è il suo esplicito sforzo di non rinunciare, pur puntando verso questa «Trinità radicale», a quanto la teologia cristiana ha sempre cercato di sostenere con le espressioni «Trinità immanente» e «Trinità

---

[182] TEUP, 125. Cf. RdE, 335-336.
[183] TEUP, 118.

economica». La visione panikkariana è, anche a questo riguardo, integrativa, cioè non dialettica. Un simile discorso, che riposizionando la Trinità ne cambia il senso, non potrà tuttavia non sollevare dei problemi «teo-logici». Si potrebbe, nuovamente, domandare se si stia ancora parlando di Trinità[184]. Attraverso questo far «crescere la comprensione della Trinità» l'autore procede, a mio avviso, in modo simmetrico a quanto è stato visto a proposito della sua cristologia: così come Cristo non è riducibile a Gesù di Nazaret, anche la Trinità non potrà essere ridotta al senso con cui tradizionalmente il cristianesimo l'ha intesa. Il pericolo è anche analogo: in quel caso si rischia di sciogliere la storicità di Cristo; con la «Trinità radicale» si rischia di sciogliere la specificità «teo-logica» della Trinità, almeno da un punto di vista cristiano.

Questa forma di relazionare immanenza e trascendenza di Dio fa riemergere il sospetto di panteismo, che il cristianesimo ha spesso trovato nelle religioni e filosofie indiane e che l'autore stesso ha, con vigore, voluto rifiutare. Mi pare che qui siano in gioco due cosmovisioni distinte e, su questo punto, difficilmente riconciliabili. Perciò non stupisce che R. Panikkar, da un lato, rifiuti il panteismo e, dall'altro, interpreti Dio come aspetto costitutivo della realtà teandrica e viceversa, senza che ciò implichi per lui un qualsiasi scontro dialettico. D'altronde, procedendo a una lettura rigorosa e dettagliata dell'autore, bisogna non perdere di vista che non viene affermato che Dio e reale siano una sola cosa – sarebbe monismo –, ma che la divinità è una dimensione costitutiva del reale antropocosmico. Si salvaguarda, dunque, quel *plus* divino che sempre sfugge – ossia trascende – il reale e l'economia del nostro vivere. L'interpretazione dell'immagine cosmoteandrica della «Trinità radicale» deve, perciò, passare sempre per il vaglio dell'apofatismo panikkariano.

La «Trinità radicale» è, in ultima analisi, la conseguenza logica dei presupposti ermeneutici da cui R. Panikkar è partito: una sensibilità

---

[184] Almeno in un modo in cui il cristianesimo si possa ancora riconoscere, che è, d'altronde, una delle condizioni di questo «allargamento nella comprensione del dogma». L'autore si mostra conscio di questo problema e lo affronta, ad esempio, in *The Rhythm of Being* (anche se la questione qui si relazioni con la «teologia naturale», ambito specifico delle *Gifford Lectures*). Chiedendosi se la sua è o no una «riflessione cristiana», egli afferma: «Vi è una dottrina cristiana della Trinità, "rivelata", "ispirata", "plasmata" dalla tradizione e promulgata dalla Chiesa. Ci sono migliaia di articoli e libri che cercano di dare a questo dogma un senso attuale. [...] Il senso di queste *Gifford Lectures*, tuttavia, è altro. Non ho intenzione di imporre la struttura della Trinità cristiana, per capire qualcosa della realtà, la mia congettura, piuttosto, è che sia la realtà stessa a rivelarsi come Trinità» (cf. RdE, 331).

simbolica e una prospettiva ossimorico-dialogica o, per dirla in modo più esplicito, la visione cosmoteandrica è l'altra faccia dell'ammissione della «relatività radicale» di tutto. Difatti, l'autore sembra voler portare alle estreme conseguenze il presupposto secondo il quale tutto è «inter-relazionato», «inter-(in)-dipendente». È per lui chiaro che «la Trinità come relazione pura compendia la relatività radicale di tutto ciò che esiste»[185]. Egli tenta perciò un effettivo *upgrade* dell'affermazione che la «realtà è trinitaria»[186], sostenendo che la «realtà è Trinità»[187]. Questa «crescita nella comprensione del dogma» viene accompagnata da una corrispondente estensione della comprensione di espressioni e temi classici della teologia cristiana. Il *Christus totus* di sant'Agostino, ad esempio, acquisisce il senso di una totalità cosmica – e non già eminentemente ecclesiologica[188] –, concorrendo quindi alla sua visione di una cristofania universale. O, ancora, il passaggio dal tema della *creatio continua* a quello di una *incarnatio continua* del Verbo di Dio, che asseconda la visione della divinità creatrice come costituente del creato[189].

L'approdo alla considerazione di una «Trinità radicale» mi sembra, infine, la consumazione della circolarità riflessiva a cui si è già fatto riferimento. L'approfondimento del tema della «Trinità radicale» promuove il passaggio dalla riflessione trinitaria al piano del vissuto e del reale – ossia dell'esperienza. Dischiudere il «ritmo» o la «struttura» trinitaria del reale svolge la funzione di far ritornare l'argomento all'economia del nostro vivere. Non a caso, come se si trattasse di un punto di arrivo, il cosmoteandrismo fonda la proposta panikkariana di un'«ecosofia»[190], cioè di una saggezza dell'abitare il mondo, di una necessaria «responsabilità umana verso il mondo»[191]. Questa sensibilità ecosofica

---

[185] TEUP, 63.

[186] Come, ad esempio, sostenuto da G. Greshake.

[187] Cf. RdE, 336: «La Trinità radicale [...] estenderebbe, per così dire, il privilegio della Trinità divina a tutta la realtà. La realtà non è solo "trinitaria"; è vera e definitiva Trinità».

[188] Il suo primo senso in sant'Agostino (cf. EdV, 313-316; A. TRAPÈ, *Introduzione generale a Sant'Agostino*, 200-212).

[189] Cf. RdE, 337.

[190] Cf. RC, 218-219: «*ecosofia*, cioè la saggezza della terra – come genitivo soggettivo, vale a dire non la nostra visione più o meno convincente su cosa sia la terra, ma [...] la saggezza della terra che l'uomo coglie quando entra in vera comunione con essa. [...] La coscienza ecosofica può essere l'interludio per una visione meno frammentaria della realtà». Cf. R. PANIKKAR, *Ecosofia: la nuova saggezza*.

[191] Cf. UMT, 163-164.

di R. Panikkar si concreta nell'indicazione di gesti conseguenti alla consapevolezza della matrice trinitaria dell'universo[192].

In sintesi, con l'ammissione di una «Trinità radicale» si sostiene che «la Trinità è il culmine di una verità che permea tutti gli ambiti dell'essere e della coscienza e che questa visione unisce agli uomini»[193].

3. Un Dio poliedrico: l'esperienza nel ritmo trinitario

Riflettere sul ruolo dell'esperienza nella teologia trinitaria e prospettare forme concrete di impostare la relazione fra esperienza e Trinità sono gli scopi principali del presente esercizio. In R. Panikkar si è trovato un interlocutore capace di integrare questa dinamica esperienziale all'interno della sua riflessione teologico-trinitaria. La sua preoccupazione fondamentale è qui condivisa: la verifica di un'«incompatibilità fra l'idea tradizionale del divino e la comprensione moderna del cosmo e dell'uomo»[194]. È da qui che è nata l'ipotesi di esplorare la possibilità di una teologia trinitaria in pericoretico rapporto con l'esperienza, anche se in R. Panikkar questo conduce ben oltre quanto qui si cerca di attivare – quasi a una riscrittura del significato stesso di «Trinità».

Non è, come ogni tanto è stato segnalato, un pensiero slegato dalla classica riflessione sul Dio uno e trino. Nella sua opera si riconosce la tensione fra posizioni innovative – in particolare: l'avvicinamento fra il discorso trinitario cristiano e le visioni «teo-logiche» di altre religioni; e la revisione cosmoteandrica e radicale del senso di Trinità – e aspetti che si possono considerare appartenenti al tradizionale discorso cristiano – la centralità attribuita al tema del Dio Trinità, cuore della *regula fidei* cristiana; la sua esposizione sull'immanenza trinitaria e l'esplicita voglia di non rinunciare a essa; la sensibilità alla portata ontologica della filosofia e teologia; la bibliografia degli autori con cui interagisce; e l'impiego di espressioni e temi di lunga vita nella riflessione teologica. Anche qui, nel rapporto fra conservazione e innovazione teologica, è presente la sua tipica prospettiva dialogico-ossimorica.

---

[192] Gesti riassunti in un altro dei ricorrenti novenari panikkariani: i. demonetizzazione della cultura; ii. smantellamento della torre di Babele dell'«omogenizzazione» culturale ed economica; iii. superamento dell'ideologia degli Stati-nazione; iv. ritorno della scienza moderna nei suoi limiti; v. correzione della tecnocrazia attraverso l'arte; vi. superamento della democrazia attraverso una nuova cosmovisione; vii. ricupero dell'animismo; viii. pace con la terra; ix. riscoperta della dimensione divina (cf. RC, 219; R. PANIKKAR, *Ecosofia: la nuova saggezza*, 141-157).
[193] TEUP, 60.
[194] RC, 211.

Il pensiero panikkariano presenta effettivamente delle potenzialità per una teologia trinitaria che abbia sul piano dell'esperienza del reale e del vissuto un suo fondamento e un suo orizzonte. Più di una volta si è potuta osservare nella sua riflessione un'analoga circolarità[195]. Il suo pensiero trinitario si mostra, in conclusione, metodologicamente pericoretico. Su J. Moltmann si è affermato qualcosa di molto simile. Questo è, infatti, un aspetto che avvicina i due autori e che, forse, in R. Panikkar appare ancora più evidente. Qui la pericoresi viene assunta come forma del Mistero, ossia del ritmo teantropocosmico, prospettiva che tende, alla fine, a generare un'immagine poliedrica di Dio, un Dio con tante facce[196].

Nel corso del presente capitolo si è già avuto modo di presentare una valutazione degli aspetti più significativi del suo pensiero, di quelli positivi e di quelli criticabili. Importa, adesso, puntare specificamente sul rapporto Trinità-esperienza, cercando di sottolineare e sviluppare gli aspetti che paiono più suggestivi e in sintonia con l'ipotesi qui sottoposta a prova. Lo si farà, come negli altri capitoli dedicati agli autori, rintracciando il possibile luogo di partenza e di arrivo dell'esperienza in teologia trinitaria.

3.1 *Esperienza: punto di partenza*

R. Panikkar assume l'esperienza come fondamento della sua riflessione in un modo differente degli altri tre autori qui in esame. La Trinità – almeno come la interpreta lui – sembra poter essere trovata ovunque o, perlomeno, ben oltre i limiti dalla fede cristiana. Coerentemente, il suo approccio alla questione trinitaria si allontana significativamente dai modi più comuni di affrontare l'argomento – che tendono a partire sia dalla Sacra Scrittura sia dalla storia del dogma. L'approccio panikkariano si concentra piuttosto nel concerto delle culture e religioni ed è, in questo particolare, molto singolare.

In rapporto con questo primo aspetto, si potrà dire che il pensiero panikkariano presenta una peculiare difesa della verità trinitaria, para-

---

[195] Nel gioco fra esperienze concrete e la loro interpretazione; nella caratterizazione dell'esperienza cristiana di Dio; e, soprattutto, nella visione cosmoteandrica, origine e termine del suo pensiero.

[196] Benché, come si è detto, anche a livello dei contenuti si denota in J. Moltmann una certa struttura pericoretica della Trinità. Gli autori si distinguono, peraltro, negli ambiti privilegiati in cui situano la matrice pericoretica delle loro «teo-logie» – J. Moltmann: storia, cristologia, pneumatologia, ecclesiologia; R. Panikkar: culture, religioni, visione mitico-mistico-simbolica.

digmaticamente confessata nel cristianesimo. È essa il grande contrappunto al monismo e al dualismo. In questo senso, benché io non trovi nell'autore un intento propriamente apologetico, ciò che il suo lettore coglie maggiormente è proprio la validità o la «plausibilità»[197] di una verità solitamente intesa come astrazione irrilevante e non pratica. Questo è un aspetto che credo importante e che, peraltro, si sintonizza pienamente con quanto si discute in questa sede.

Segnalo, in seguito, tre aspetti fondamentali della visione panikkariana che aiutano a determinare in che modo l'esperienza può svolgere un ruolo di sostrato della riflessione trinitaria.

3.1.1 Esperienza del reale: topografia graduale di un incontro trinitario possibile

R. Panikkar è, anzitutto, un interprete e traduttore della realtà. Da un lato, lui è un esegeta della realtà, nella sua complessa ricchezza culturale, religiosa ed epocale. Capitale è perciò l'incontro e l'«esperienza del reale». Questa è il veicolo privilegiato per coltivare – scopo perseguito da R. Panikkar – una fedeltà riflessiva alla realtà del mondo e della vita, un modo per farle giustizia. Dall'altro lato, attuando la sua sensibilità mistico-simbolica, questo reale è per lui un autentico *locus theologicus*. A differenza di K. Rahner, che fa dell'uomo il *locus* privilegiato, di J. Moltmann, che trova tale *locus* nella croce o nell'esperienza dello Spirito, o ancora di G. Greshake, che lo situa nella dinamica della *communio*, è nella realtà che per R. Panikkar si gioca l'esperienza di Dio. Questa si caratterizza come dimora di Dio, fino a essere divina[198]. Al di là di questo eventuale eccesso, al presente studio interessa ritenere questa possibilità ammessa e perseguita dall'autore: incontrare Dio nell'esperienza del reale.

Questa dinamica teologica del reale si trova paradigmaticamente espressa nel suo novenario di «luoghi privilegiati dell'esperienza di Dio», descritto come una topografia del divino. A tutti questi luoghi è concessa portata «teo-logica». Questa descrizione dell'esperienza sorge, però, come un quadro plurale. Tre aspetti accomunano questi diversi

---

[197] Termine importante nel lessico trinitario di G. Greshake.

[198] Rischiando, come è stato detto, di cadere in un nuovo panteismo. V. Pérez Prieto vede qui in questione la libertà di Dio: «la perspectiva teológica de la tradición cristiana quiere mantener la *libertad de Dios* ante el mundo creado y dice que no se puedan equiparar la relacionalidad constitutiva de Dios *en sí* y su relacionalidad con respecto del mundo» (cf. V. PÉREZ PRIETO, *Dio, Hombre, Mundo*, 497).

luoghi: i. la loro pregnanza «teo-logica»; ii. la paradossalità insita in loro; iii. la contingenza creaturale che tramite loro si manifesta. Penso che siano proprio queste due ultime caratteristiche a far risaltare la prima. Quanto al resto, come si è già detto, queste esperienze appartengono ad ambiti diversi (sensibile, intellettuale, mistico), scaturiscono da diversi orizzonti (meta-cosmologico, meta-antropologico, meta-ontologico) e si situano a livelli distinti di rilevanza trinitaria. Ecco una sistemazione possibile della crescente densità trinitaria di questi luoghi dell'esperienza di Dio:

– *Dio presente*: il piano del semplice riconoscimento della presenza divina – a livello cosmico, nell'esperienza della natura; a livello antropologico, nell'esperienza del perdono – non rimanda immediatamente il discorso teologico al dischiudersi della specificità trinitaria di Dio;

– *Dio diverso*: il piano della percezione di una certa inintelligibilità dell'esperienza di Dio – abitualmente avvertita nel confronto con il male o la sofferenza – apre la riflessione all'ammissione di un Dio diverso da come lo pensiamo e diverso in sé. Anche l'esperienza del silenzio punta verso un Dio fra la parola e il silenzio – il Figlio è parola; il Padre e lo Spirito sono, appunto, visti dall'autore come silenzio;

– *Dio nell'a-dualità*: a mio parere, l'esperienza acquisisce in R. Panikkar la sua massima densità trinitaria proprio nell'esperienza dell'«a-dualità» – toccata sovranamente in esperienze come quella dell'amore o del tu[199].

Non mi pare giusto chiudere ciascuna delle esperienze elencate all'interno di una di queste categorie. In questo modo si tradirebbe la percezione, così profonda in R. Panikkar, del ritmo trinitario di tutto. Quello che si intende sostenere e rendere concreto è soltanto che, avendo ciascun'esperienza umana una potenzialità trinitaria, esiste tra di loro una graduale e crescente capacità di svelare Dio come Trinità. Ciò arricchisce il discorso «teo-logico» impostato in prospettiva sperimentale. Peraltro, la potenzialità trinitaria di queste esperienze viene percepita, fondamentalmente, a partire da uno sforzo di interpretazione[200], fatto che

---

[199] Ma anche nell'esperienza della gioia o ancora della sofferenza, in quanto esperienza di una profonda «sim-patia» ed «em-patia» con l'altro.

[200] Il che sottolinea il ruolo di quelle variabili più soggettive che l'autore integra come componenti del fenomeno «esperienza»: linguaggio, memoria, interpretazione, ricezione e attualizzazione.

conferma la necessità dell'esistenza di un momento riflessivo – in particolare teologico – sull'esperienza.

Tutto questo permette, infine, di superare un certo carattere di vaghezza in cui il presente sforzo di considerazione delle possibilità di partire dall'esperienza in teologia trinitaria può incorrere. In effetti, questa topografia, meramente indicativa o suggestiva, conserva un sano equilibrio fra la concretezza che l'esperienza sempre richiede e una certa apertura al dinamismo della vita. I luoghi suggeriti sono equilibratamente concreti e aperti, rendendo così possibile un discorso esperienziale che non incorre né in una vaghezza che non permette superare l'impressione di astrazione nel discorso teologico, né in un eccesso determinativo non rispettoso della complessità del reale e della creatività con cui Dio sempre si fa presente.

3.1.2 Esperienza reale: non specialistica

Strettamente legata alla concentrazione panikkariana sull'esperienza del reale, si potrebbe dire che nel suo pensiero l'incontro con Dio acquisisce lo statuto di un'esperienza reale. Con i contributi di R. Panikkar sembra essere possibile ammettere una reale esperienza della divinità senza trascurare le difficoltà che quest'ammissione necessariamente comporta. L'equilibrio della sua impostazione si realizza a partire dalla congiunzione di un'effettiva fenomenologia dell'esperienza con un atteggiamento apofatico, che salvaguarda la singolarità di quest'oggetto non oggettivabile. L'alleanza fra la via fenomenologica e la sobrietà inerente alla sua sensibilità apofatica – prospettive non propriamente contrarie, ma che non sarà comunque frequente trovare congiunte – descrive un modo fecondo e valido di integrare l'esperienza nel discorso «teo-logico».

L'esperienza religiosa non è per l'autore, come si è avuto modo di intuire, una qualsiasi esperienza speciale. Questa presenta invece, fondamentalmente, una dinamica comune all'ordinario esperire umano. L'autore non isola l'esperienza di Dio dall'esperienza umana, fatto che credo importante nel momento in cui si pretende di riproporre la visione trinitaria come esistenzialmente rilevante e vitalmente significativa[201]. È un aspetto in più che converge positivamente con la prospettiva che ha motivato l'ipotesi qui esame: avvicinare il discorso teologico-trinitario alle dinamiche della vita umana.

---

[201] Visione non distante da quelle di G. Greshake e K. Rahner, per cui l'esperienza di Dio è un'esperienza mediata.

3.1.3 Esperienza a-duale: legame esperienziale alla Trinità

In tutto ciò, emerge con forza come un discorso teologico in chiave sperimentale non sia forzato a restare nei limiti del puro monoteismo, ma che al contrario possa aprirsi alla possibile esperienza di un Dio specificamente Trinità. In R. Panikkar, difatti, non esiste «teo-logia» che non sia trinitaria. D'altronde, quasi non si trovano nel suo discorso tracce del classico *De Deo uno*. La sua percezione del «ritmo trinitario di tutto» è onnipresente e scaturisce chiaramente dall'aspetto più decisivo della sua teologia sperimentale: l'a-dualità, l'esperienza *advaita*.

La giusta interpretazione dell'«esperienza del reale» punta verso la considerazione della sua intrinseca a-dualità: essa non è spiegabile né con logiche di tipo monista né di tipo dualista. Sviluppando quest'aspetto appare evidente che è proprio tale riconoscimento della dinamica a-duale della vita il principale fattore che permette di stabilire un legame fra l'esperienza e la riflessione trinitaria. L'a-dualità rinvia, allo stesso tempo, tanto all'uno quanto al trinitario. È l'«esperienza del né-identità-né-differenza del reale». È questa la verità proposta dalla confessione e dal dogma trinitario: uno e trino. Se in G. Greshake – che per certi versi si avvicina alle posizioni panikkariane – la percezione delle «strutture trinitarie» della realtà dà plausibilità alla confessione trinitaria di Dio, in R. Panikkar questa considerazione si intensifica, poiché le strutture o ritmo del reale diventano essi stessi la Trinità. Due logiche qui si confrontano: la prima analogica, la seconda ossimorica-dialogica. L'intensificazione della portata trinitaria dell'esperienza del reale comporta, però, un altissimo prezzo teologico: il rischio di diluire la specificità della visione cristiana della Trinità in un gioco di mutua interpenetrazione divino-umano-cosmica.

Per il proseguimento di una riflessione trinitaria impostata attorno all'esperienza, importa cogliere il versante positivo della linea teologica proposta da R. Panikkar: uno sguardo mistico-simbolico capace di riconoscere la presenza reale e nella realtà del Dio trino. È inoltre importante fissare i limiti teologici di questa proposta. Sarà necessario, a mio giudizio, seguire la via panikkariana di *non separare* Dio Trinità dalla realtà da noi sperimentata, sostenendo, con uguale forza e in rapporto tensionale, la *non confusione* fra la sfera divina e la sfera antropocosmica. Se il cosmoteandrismo e l'a-dualità proposti dall'autore confermano la non separazione, bisogna salvaguardare in modo più esplicito l'assenza di confusione «teo-logica» nell'esperienza umana e cosmica di Dio[202].

3.2 *Esperienza: punto di arrivo*

Anche l'altro versante della circolarità del rapporto Trinità-esperienza – quello che si chiede sui cambiamenti che derivano dal credere in e pensare a un Dio tripersonale – può essere individuato nell'opera panikkariana, benché in modo più discreto. Qui non sempre è facile capire in che senso l'approfondimento della riflessione trinitaria induca trasformazioni nel modo di affrontare e sperimentare la vita e il mondo[203].

Nella sistemazione panikkariana del fenomeno dell'esperienza si trovano, comunque, gli elementi teorici che rendono percepibile in che misura la riflessione teologico-trinitaria (ri)configura o può (ri)configurare l'esperienza. Con le variabili linguaggio, memoria, interpretazione, ricezione e attualizzazione – elementi dell'equazione panikkariana del fenomeno – si riconosce, in sostanza, il carattere performativo della riflessione sull'esperienza stessa. Trasponendo questo alla riflessione specificamente trinitaria, si possono indicare i seguenti aspetti che paiono più rilevanti ai fini di comprendere in che senso si può parlare dell'esperienza come suo punto di arrivo.

3.2.1 Rinnovata consapevolezza: dischiudere il ritmo cosmoteandrico della realtà

Il primo potenziale influsso sull'esperire umano della proposta trinitaria di R. Panikkar consiste in una crescita di quella «consapevolezza della realtà» centrale nel suo pensiero. Il fine della sua riflessione è di «trovare il senso dell'esperienza umana»[204] o, per dirla in chiave esplicitamente trinitaria, di intraprendere una crescita della comprensione del dogma trinitario. Orbene, il frutto primario di questa riflessione sulla Trinità è proprio una «ri-percezione» della stessa esperienza umana,

---

[202] Si tratta di accogliere in campo trinitario la logica con cui nella cristologia, perlomeno dal Concilio di Calcedonia (451), divinità e umanità si relazionano: «senza separazione e senza confusione» (cf. COD, 83-86). Così, inoltre, si dà forma al *nexus mysteriorum*, metodologia anch'essa cara all'autore.

[203] Una concretizzazione di questo rapporto tra esperienza e riflessione trinitaria si percepisce, ad esempio, nel modo in cui R. Panikkar prospetta il tema della pace: la pace interiore e la pace esteriore si rapportano in maniera a-duale (cf. R. PANIKKAR, «Pace e interculturalità», 319-321).

[204] RdE, 274.

che a questo punto viene compresa più consapevolmente come inserita nella dinamica trinitaria in cui Dio, uomo e mondo si trovano implicati e costituiscono l'integralità della realtà che ci avvolge e che ci coinvolge.

In questo senso, credo che sia possibile stabilire un ponte fra R. Panikkar e quanto si è visto a proposito del pensiero di J. Moltmann. Come ho accennato in quel contesto, penso che un cambiamento nella percezione del reale induca un nuovo modo di relazionarsi con il reale stesso, approdando cioè a un nuovo modo di sperimentarlo.

3.2.2 Rivalorizzazione della materia: la cosmicità

Questa ancorché generica «rinnovata consapevolezza» trova nell'evidente valorizzazione panikkariana della materia una concretizzazione. All'appropriazione del reale come *locus theologicus* si aggiunge adesso l'altro versante della questione: inserire il mondo della materia nel gioco «teo-logico» tende a cambiare il modo di sperimentarlo. Questo è un esempio paradigmatico della ritmica circolare e dialogica del pensiero dell'autore, cercata anche in questa tesi. La precedente ammissione della portata teologica del cosmo è, dunque, gemella della percezione della portata cosmica della «teo-logia».

Questa rivalorizzazione della materia, tipica della sensibilità mistico-simbolica dell'autore, tenderà a condizionare, a livello teorico, l'esperienza teologica stessa e, a livello pratico, il modo di interagire con il cosmo in cui siamo e abitiamo. Non a caso, R. Panikkar sviluppa il tema dell'ecosofia. La riflessione trinitaria è un fattore rilevante dell'approfondimento di questa saggezza nell'abitare il mondo, la quale, ovviamente, si attuerà in gesti concreti. È evidente che una simile valorizzazione della materia è patente sia in J. Moltmann – progressivamente più sensibile ai problemi del creato e alla categoria della spazialità – sia in G. Greshake – anche lui coscio della sfida teologica posta dalla crisi ambientale –, e che perciò su questo punto i tre autori si avvicinano. Con una differenza, a mio avviso non sprezzabile: mentre negli autori tedeschi questa è quasi una conseguenza delle loro teologie, in R. Panikkar la valorizzazione teologica della natura è, dall'inizio, onnipresente, situandosi non tanto fra le molte conclusioni, ma piuttosto a livello di intuizione e atteggiamento fondamentale. La cosmicità è, infatti, uno degli aspetti più singolari del contributo di R. Panikkar all'universo teologico.

3.2.3 Riscoprirsi e riposizionarsi nel dialogo religioso-culturale

Un ulteriore impatto trinitario sull'esperire umano potrà essere trovato nell'ambito delle culture e religioni. Importa, innanzitutto, sottolineare come l'esperienza interculturale e interreligiosa si rifletta nel ritmo del teologare panikkariano sia come suo fondamento, sia nel tentativo di rispondere alle problematiche dei rapporti fra culture e religioni. Anche a proposito dell'esperienza interculturale e interreligiosa si manifesta, dunque, la stessa circolarità riflessiva che si è potuta rintracciare nell'opera e pensiero di R. Panikkar.

Potrebbe sembrare che l'apporto della sua teologia trinitaria in ambito religioso-culturale si situi a livello di un'omologazione delle visioni trinitarie trovate in culture e religioni diverse. Non credo, però, che quest'interpretazione faccia giustizia al pensiero panikkariano. Egli, infatti, trova ovunque quel ritmo trinitario che, al limite estremo, coincide con la Trinità stessa. Pur essendo, come crede l'autore, un'esperienza transculturale e transreligiosa, i modi in cui la Trinità compare sono sempre culturalmente e religiosamente omeomorfi. L'incontro religioso-culturale che l'autore stabilisce all'interno della sua opera si situa, piuttosto, a livello di un interscambio o di un dialogo aperto fra le verità trasmesse e coltivate da culture e religioni diverse. In R. Panikkar quest'atteggiamento dialogico «intra-religioso» favorisce la scoperta di altri aspetti della propria tradizione, reinterpretata alla luce di altre culture e religioni.

Il contributo a questa riscoperta non è, certamente, un aspetto esclusivo della riflessione trinitaria. Tuttavia, nell'acuta sensibilità panikkariana si avverte che la riflessione trinitaria favorisce una riconfigurazione dell'esperienza «inter» e «intra» culture e religioni. Meditando su quanto c'è di simile e di diverso fra le diverse cristallizzazioni religioso-culturali dell'esperienza del ritmo trinitario, su quanto c'è di suggestivo nell'altro e di non ancora totalmente compreso nella propria tradizione, è la propria esperienza di incontro e dialogo fra culture e religioni che si «ri-sperimenta» in se stessa, che si «ri-scopre» con un'altra densità e fecondità. La riflessione trinitaria assume, dunque, un ruolo induttore di un riposizionamento dell'esperienza della pluralità culturale e religiosa.

Arrivando alla fine di questo percorso fatto con R. Panikkar, è possibile concludere che si è trovata in lui una ragionevole armonizzazione fra l'ipotesi di relazionare pericoreticamente esperienze umane e riflessione teologico-trinitaria. Si è, difatti, potuto percepire nell'autore indoispanico un pensare l'esperienza in chiave trinitaria o, guardando la questione dall'altro versante, la Trinità in chiave esperienziale. Ecco le linee fondamentali dei suoi contributi sull'argomento:

- la questione trinitaria nasce dall'esperienza umana del reale, che è «a-duale», così come «a-duale» è la Trinità;
- l'esperienza trinitaria è un invariante umano, ossia è transculturale e transreligiosa;
- la divinità è «tras-immanente»[205] al creato e, perciò, tutto il reale diventa, nella sua integralità cosmoteandrica, la Trinità;
- l'esperienza di Dio si ritrova, in maniera dialogica e ossimorica, fra la sua realtà – in una considerevole pluralità di luoghi possibili – e l'eccesso divino che rinvia al silenzio.

In queste succinte annotazioni sul rapporto Trinità-esperienza, ritornano i grandi temi che caratterizzano l'opera di R. Panikkar, sui quali l'autore erige il suo pensiero e che si potranno condensare attorno a tre nuclei:

i. il *mito*: le culture e religioni – la *mistica*: il simbolo;
ii. la *natura*: la cosmicità – la *soprannatura*: l'apofatismo;
iii. l'*immanenza* – la *trascendenza*: cosmoteandrismo come espressione «tras-immanente»;

Il pensiero di R. Panikkar si muove «inter» e «intra» questi grandi assi tematici, che egli relaziona in modo dialogico o ossimorico, attuando così la sua intuizione del ritmo «a-duale» della realtà. È, appunto, nel suo muoversi «inter» e «intra» questi temi che l'esperienza emerge come un elemento strutturante della sua riflessione e assume un'effettiva pregnanza teologico-trinitaria.

L'immagine di Dio che da qui scaturisce è quella di un Dio tanto plurale quanto plurali sono le possibilità di trovarlo, le tipologie attraverso le quali viene pensato o le tradizioni religioso-culturali che lo hanno sperimentato. Sia dalla prospettiva mistico-simbolica, con la sua forma meditativa e contemplativa di cercare e trovare Dio nel mondo, sia dall'attenzione al concorso di culture e religioni per una più autentica scoperta dell'identità di Dio, R. Panikkar presenta una figura poliedrica di Dio, plurale nelle tante facce che assume. Il suo Dio Trinità è, allo stesso tempo, quello da sempre creduto dai cristiani, ma anche la dinamica cosmoteandrica stessa; è quello di cui si può fare esperienza quasi dappertutto e nelle circostanze più contraddittorie, ma anche un'entità

---

[205] Cf. B. NITSCHE, ed., *Gottesdenken in interreligiöser Perspektive*, 159.

davanti alla quale il gesto primo e ultimo può solo essere il silenzio. La verità trinitaria si mostra particolarmente adatta a questa visione «teologica». Con la Trinità si è, da sempre, sostenuta la prospettiva che Dio ha più di una faccia – più di un *prósōpon* – pur essendo uno. Si potrà, dunque e in conclusione, dire che l'attitudine pluralistica di R. Panikkar non è sempre rimasta soltanto al livello di metodologia teologica, ma che ha raggiunto una profondità tale da contaminare anche la sua propria «teo-logia» e che la sua Trinità è espressione di questo Dio poliedrico, sperimentato con e in tante facce.

3.3 *Stile mistico-interculturale: dialogico, sapienziale, simbolico*

La riflessione trinitaria di R. Panikkar è, come si è avuto modo di constatare, sofisticata e complessa a un livello tale da non tollerare qualsiasi semplificazione riduttrice. Il suo tipo di pensiero è davvero poco comune: un modo biograficamente incarnato di fare teologia; un'enciclopedica conoscenza dei più diversi campi del sapere; una capacità di convocare autori e con loro animare un dialogo inaspettato attorno alla questione della Trinità. La peculiarità delle sue proposte in campo trinitario è, in gran misura, il prodotto di uno stile teologico caratterizzato da questi tre aspetti:

i. *Dialogico-ossimorico*: proporre un'alternativa al modo dialettico di pensare è stato uno dei principali scopi di R. Panikkar. La sua riflessione cerca, invece, di attraversare culture, religioni, argomenti o logiche diverse – «dia-lógos» – e di incrociarli, inter e intrapenetrarli, intrecciarli, fecondarli a vicenda – quello che l'autore intende dire con «ossimorico». La riflessione trinitaria mi sembra un campo di prova esemplificativo di questo modo di procedere;

ii. *Sapienziale*: è un carattere teologico in cui l'autore è consapevole di partecipare alla realtà su cui riflette. Non punta tanto verso una crescita di conoscenza quanto verso una crescita di consapevolezza. Non è perciò un pensiero intellettualistico, ma agganciato e indirizzato al vissuto e alla coltivazione di un'autentica arte e sapienza di vivere;

iii. *Simbolico*: lo sguardo panikkariano è quello di un credente affascinato dalla vita e dalla realtà. L'autore si sente, perciò, spinto alla considerazione della realtà come un insieme organico e olistico – «sim-bolico». È uno stile sensibile al ritmo degli elementi della vita. Questo si trova paradigmaticamente patente nella sua «intuizione cosmoteandrica»: una congiunzione delle sfere della divinità, dell'umanità e della cosmicità.

Attraverso questa sommaria descrizione di uno stile teologico davvero complesso e, anch'esso, poliedrico, ancora una volta si riscontra la specificità di R. Panikkar nel confronto con gli altri tre autori. Voce particolare nell'universo teologico, R. Panikkar non può che esercitare un certo fascino sul suo lettore. Anche quando il prezzo teologico da pagare sembra troppo alto – almeno dal punto di vista cristiano –, egli rimane una fonte feconda di suggestività teologico-trinitaria.

CAPITOLO IV

L'esperienza trascendentale-soprannaturale e la sua portata trinitaria secondo K. Rahner

La teologia trinitaria dello scorso secolo XX ha avuto in K. Rahner una delle sue voci più determinanti. Non è possibile riprendere la storia della dottrina trinitaria nel periodo contemporaneo tralasciando il suo nome o il suo contributo. Sia considerando la ricerca di nuovi modi di affrontare la fede nel Dio trinitario – un approccio antropologico-trascendentale – sia nel trovare delle formule teologiche che si sono mostrate feconde per la rivitalizzazione della questione – il *Grundaxiom* – sia ancora nella focalizzazione su questioni specifiche – ad esempio, il dibattito sul concetto di *persona* –, K. Rahner ha decisamente segnato il percorso della teologia trinitaria[1].

Benché in modo diverso e per tutt'altre ragioni, si potrà, fin da ora, affermare quanto è già stato detto a proposito di R. Panikkar: con K. Rahner la presente inchiesta entra in un dominio teologico-trinitario molto particolare, specialmente se lo si paragona a quelli degli altri tre autori qui studiati. La matrice prevalentemente antropologico-trascendentale della

---

[1] Negli ultimi anni si sono moltiplicate le sintesi sulla teologia trinitaria nel periodo contemporaneo. Nella maggior parte di queste, a K. Rahner tende a essere attribuito un ruolo centrale, benché solitamente si sottolinei più la sua valutazione dello *status quaestionis* o la promozione di dibattiti specifici – sul *Grundaxiom* o sul concetto di *persona* – che propriamente la sua impostazione trascendentale della questione di Dio (cf. M. SERENTHÀ, «La teologia trinitaria oggi», 90-116; G.M. SALVATI, «La dottrina trinitaria», 9-24; R. FERRARA, «La Trinidad en el posconcilio», 53-92; A. STAGLIANÒ, «Teologia trinitaria», 89-174; E. DURAND – V. HOLZER, ed., *Les sources du renouveau de la théologie trinitaire au XXe siècle* ; ID., ed., *Les réalisations du renouveau de la théologie trinitaire au XXe siècle*; A. PALMA, «A renovação contemporânea da teologia trinitária», 59-75).

sua riflessione trinitaria si distingue chiaramente dall'approccio narrativo di J. Moltmann, da quello comunionale di G. Greshake o da quello interculturale di R. Panikkar. È questa, infatti, la ragione principale per cui si include in questa sede lo studio del pensiero di K. Rahner. Si spera così di poter confrontare il proposto rapporto fra esperienza e Trinità con un'altra atmosfera teologica e, dunque, valutare le sue potenzialità e aporie alla luce del modello trinitario tipicamente rahneriano.

L'approccio si mantiene coerente a se stesso: una lettura tematica dedicata al tema dell'esperienza, la quale si chiede sul suo ruolo – esplicito, implicito e potenziale – all'interno della riflessione teologica sulla fede nel Dio Trinità. La legittimità di un simile esercizio risiede, anzitutto, nell'opera stessa dell'autore. Infatti, da una parte questa presenta un rilevante sviluppo della questione trinitaria, anche se più per il modo in cui valuta lo *status quaestionis* o per l'apertura di nuove prospettive «teo-logiche» che per il numero di testi specificamente dedicati alla Trinità[2]. Dall'altra parte, dalla lettura di K. Rahner emerge, quasi immediatamente, un ricorrente appello e ricorso all'esperienza, fatto che spicca in tanti titoli dei suoi scritti[3]. L'elevato numero di occorrenze della parola è, comunque, soltanto un indizio di qualcosa di ancora più rilevante: il suo approccio antropologico-trascendentale parte, in misura significativa, dall'«esperienza trascendentale (*transzendentale Erfahrung*)»[4].

Quest'approccio esperienziale trova ancora appoggio e conferma nella bibliografia secondaria dedicata a K. Rahner. Alcuni commentatori so-

---

[2] I testi esplicitamente dedicati a temi trinitari sono giudicati «non molto numerosi» e con un «carattere di frammentarietà e un po' dispersivo» (cf. S. DEL CURA ELÉNA, «Tra mistero ed esperienza», 146; G.J. ZARAZAGA, *Dios es comunión*, 19). Tali scritti trinitari di K. Rahner sono principalmente i saggi: K. RAHNER, «Bemerkungen zum dogmatischen Traktat "De Trinitate"» (BdTDT); ID., «Der dreifaltige Gott als transzendenter Urgrund der Heilsgeschichte» (DdGtUH). Vertendo anche su temi trinitari si possono ancora indicare: ID., «Einzigkeit und Dreifaltigkeit Gottes im Gespräch mit dem Islam»; ID., «Theos im Neuen Testament»; ID., «Erfahrung des Heiligen Geistes»; ID., «Über das Geheimnis der Dreifaltigkeit»; ID., «Über die Eigenart des christlichen Gottesbegriffs». Occorre infine ricordare le varie voci di dizionari, oggi raccolte in SW 17.

[3] Cf. K. RAHNER, «Über die Erfahrung der Gnade»; ID., «Gotteserfahrung heute»; ID., «Selbsterfahrung und Gotteserfahrung»; ID., «Die enthusiastische und die gnadenhafte Erfahrung»; ID., «Mystische Erfahrung und mystische Theologie»; ID., «Erfahrung des Geistes und existentielle Entscheidung»; ID., «Erfahrung des Heiligen Geistes»; ID., «Erfahrungen eines katholischen Theologen»; ID., «Transzendenzerfahrung aus katholisch-dogmatischer Sicht».

[4] Cf. G.J. ZARAZAGA, *Dios es comunión*, 48-52; A. CARR, «Theology and Experience», 359; J.A. WISEMAN, «"I have experienced God"», 23-24.

stengono che la rilevanza concessa all'esperienza è in lui diacronicamente crescente e, perciò, relativamente tardiva[5]. Tale interpretazione dell'evoluzione del pensiero rahneriano conferma, tuttavia, l'effettiva importanza del motivo esperienziale. Questa rilevanza è riconosciuta, ad esempio, in campo cristologico, da I. Sanna – che intende la teologia rahneriana come «mistagogia all'esperienza di Dio»[6] – o, nell'ambito specificamente trinitario, dalla rilettura di K. Rahner e del «dopo K. Rahner» compiuta da S. del Cura Eléna e che situa la sua dottrina trinitaria «tra mistero ed esperienza»[7]. La via qui percorsa trova, quindi, anche in questi approcci sostegno e ispirazione.

Nella lunga lista di studi dedicati a K. Rahner non mancano quelli riguardanti la questione trinitaria, siano essi di carattere introduttivo[8], monografico[9] o comparativo[10]. In questo contesto, la presente inchiesta si contraddistingue per il suo tema – esperienza e Trinità –, per il dialogo promosso tra K. Rahner e gli altri autori qui in esame – soprattutto in quanto rappresentano modelli teologici distinti – e per il confronto con l'ipotesi di una riflessione trinitaria che parta e torni all'esperienza[11].

---

[5] Cf. S. DEL CURA ELÉNA, «Tra mistero ed esperienza», 144.

[6] Cf. I. SANNA, *Teologia come esperienza di Dio*, 7; M. FRANÇA MIRANDA, *O Mistério de Deus em nossa vida*, 204-205.

[7] L'influsso di I. Sanna sulla riflessione di S. del Cura Eléna è, d'altronde, evidente (cf. S. DEL CURA ELÉNA, «Tra mistero ed esperienza», 143-190).

[8] Cf. G.J. ZARAZAGA, *Dios es comunión*, 21-248; A. GONZÁLEZ MONTES – *al.*, *La teología trinitaria de K. Rahner*; N.A. DALLAVALLE, «Revisiting Rahner», 133-150; L.F. LADARIA, «La théologie trinitaire de Karl Rahner», 87-127.

[9] Cf. M. FRANÇA MIRANDA, *O Mistério de Deus em nossa vida*; B.J. HILBERATH, *Der Personbegriff der Trinitätslehre in Rückfrage von Karl Rahner zu Tertullians*; M. GONZÁLEZ, *La relación entre Trinidad económica e inmanente. El «axioma fundamental» de K. Rahner y su recepción. Líneas para continuar la reflexión*; G.J. ZARAZAGA, *Trinidad y comunión. La teología trinitaria de K. Rahner y la pregunta por sus rasgos hegelianos*; F.X. BANTLE, «Person und Personbegriff in der Trinitätslehre Karl Rahners», 11-24; E. DURAND, «L'autocomunication trinitaire», 569-613.

[10] Cf. K.P. FISCHER, *Gotteserfahrung. Mystagogie in der Theologie Karl Rahners und in der Theologie der Befreiung*; D. KOWALCZYK, *La personalità di Dio. Dal metodo trascendentale di Karl Rahner verso un orientamento dialogico in Heinrich Ott*; V. HOLZER, *Le Dieu Trinité dans l'histoire. Le différend théologique Balthasar – Rahner*.

[11] Alcuni degli studi sull'esperienza in K. Rahner non considerano quest'ultima in rapporto con la dottrina trinitaria, fatto giustificabile perché tale rapporto non è sempre proposto dall'autore stesso (cf. A. CARR, «Theology and Experience», 359-376; J.A. WISEMAN, «"I have experienced God"», 22-57). Devo, comunque, riconoscere una vicinanza tematica, metodologica e interpretativa con il menzionato saggio di S. del Cura Eléna. Situandosi nel campo trinitario, l'autore inquadra giustamente la visione

Il presente capitolo, articolato in quattro momenti, si struttura in modo analogo ai capitoli precedenti: 1. in una prima fase si procede a un'introduzione critica ai fondamenti della riflessione trinitaria rahneriana; 2. si entra propriamente *in media res*, esaminando gli svariati modi con cui K. Rahner fa appello all'esperienza e analizzando la portata trinitaria di tali variazioni; 3. invertendo la prospettiva, si passa a considerare la portata esperienziale presente nei suoi scritti dedicati alla questione trinitaria; 4. infine, si abbozza una sintesi conclusiva del rapporto esperienza-Trinità in K. Rahner, confrontandolo con l'ipotesi che sottostà a questa tesi. Fin da ora si può affermare che l'evocazione rahneriana dell'esperienza è, in ambito trinitario, contemporaneamente suggestiva e problematica. Suggestiva in quanto fa di essa un elemento chiave alla base della sua «teo-logia». Problematica in quanto poco attiva al momento di mostrare come l'esperienza può ricondurre la «teo-logia» al dominio specificamente trinitario. Perciò oltre a descrivere il ruolo svolto dall'esperienza, è necessario esplorare la potenziale portata trinitaria dell'esperienza insita nel pensiero rahneriano e forse solo in parte attuata dall'autore.

1. Disfunzionalità teologico-trinitarie: dalla denuncia alla concretizzazione

Un'analisi della teologia trinitaria di K. Rahner dovrà interrogarsi sulla coerenza tra le sue indicazioni fondamentali sul modo di impostare il tema del Dio tripersonale e la sua effettiva proposta teologico-trinitaria. Penso che, in questo passaggio, sia possibile di individuare certe disfunzionalità. Tale critica deve, tuttavia, scaturire da una lettura dettagliata della sua visione teologica della Trinità. È proprio questo lo scopo del presente paragrafo: offrire un'introduzione critica alla riflessione trinitaria di K. Rahner.

---

trinitaria di K. Rahner tra esperienza e mistero – le «coordinate di base» della teologia rahneriana (cf. S. DEL CURA ELÉNA, «Tra mistero ed esperienza», 144). Questo binomio è rilevante e ricorrente anche all'interno dello studio che propongo. Va, inoltre, notato il modo in cui S. del Cura Eléna sistema le diverse sfumature del concetto rahneriano di esperienza. L'aspetto meno riuscito della sua esposizione risiede nelle difficoltà che incontra quando cerca di chiarire come si verifica il passaggio dall'esperienza al mistero. In più, egli non sottolinea a sufficienza che lo scarso approfondimento di questo passaggio deriva da un'insufficienza del sistema teologico stesso di K. Rahner, come spero di dimostrare in queste pagine. Un'altra differenza di base sta nel fatto che S. del Cura Eléna si occupa non solo di K. Rahner, ma anche del «dopo K. Rahner», andando in quest'aspetto oltre quanto si cerca di ottenere nel presente capitolo.

È importante, anzitutto, notare come la visione trinitaria di K. Rahner si inserisca in un paradigma teologico più ampio e attraverso il quale l'autore ha cercato di proporre un pensiero che sciogliesse un certo estrinsecismo in cui la teologia è talvolta incorsa[12]. Questo sforzo unificatore si manifesta, ad esempio, in campo «teo-logico», nell'articolazione tra Trinità economica e Trinità immanente o nell'avvicinare categorie teologiche all'uomo e al pensiero moderni. In campo cristologico e antropologico, ciò emerge nel modo in cui l'autore sottolinea l'unione ipostatica o fonda la sua riflessione sull'esistenziale soprannaturale[13]; nel modo in cui vede la creazione nella dinamica della redenzione[14] o nel modo in cui rilegge la cristologia come «antropologia che trascende se stessa» e l'antropologia come «cristologia deficiente o incompleta»[15].

In vista di un'introduzione, anche se sommaria, alla teologia trinitaria di K. Rahner, il presente paragrafo mira a chiarire: 1. il motivo e il contesto epocale da cui l'autore è partito e che ha determinato il suo approccio al tema trinitario: la valutazione dello *status quaestionis* e la conseguente denuncia di un isolamento della Trinità; 2. la ricerca di un antidoto per questa situazione: la proposta di una visione economico-salvifica della Trinità e di una dogmatica sempre trinitariamente riferita; 3. la verifica di quanto il teologo gesuita ha effettivamente realizzato in questo campo; 4. il ruolo contrastante che K. Rahner svolge in questo studio, non soltanto nel confronto con gli altri autori, ma anche per quanto riguarda la tentata impostazione esperienziale del tema della Trinità.

1.1 *La denuncia: «splendido isolamento» della Trinità*

La descrizione rahneriana dello *status quaestionis* della dottrina trinitaria è diventato un luogo comune nell'universo teologico. Elaborata negli anni Sessanta del secolo scorso[16], la sua analisi del trattato *De Deo* ha segnato profondamente, fino ai giorni nostri, quasi tutti i successivi

---

[12] Cf. G.J. ZARAZAGA, *Trinidad y comunión*, 25-26.50.65-72.
[13] È emblematica l'affermazione che l'uomo, nella sua costituzione trascendentale, è *potentia oboedientialis* nei confronti dell'unione ipostatica (cf. CFF, 282-286 [GG, 214-217]).
[14] Cf. A. CORDOVILLA, *Gramática de la encarnación*.
[15] K. RAHNER, «Problemi della cristologia d'oggi», 29-30 [«Probleme der Christologie von heute», 273].
[16] Con il suo saggio, del 1960, BdTDT, approfondito nel 1967 in DdGtUH.

studi di teologia trinitaria[17] – compreso questo. Due motivi fondamentali si potrebbero indicare per giustificare questo suo impatto: i. la lucidità della diagnosi, in un periodo decisivo della riflessione teologica; ii. la forza delle parole con cui descrive la situazione. Secondo K. Rahner:

> i cristiani, nonostante la loro esatta professione della Trinità, sono quasi solo dei «monoteisti» nella pratica della loro vita religiosa. Si potrà quindi rischiare l'affermazione che, se si dovesse sopprimere, come falsa, la dottrina della Trinità, pur dopo tale intervento gran parte della letteratura religiosa potrebbe rimanere quasi inalterata. A ciò non si può nemmeno obiettare che la dottrina sulla incarnazione sia teologicamente e religiosamente così centrale presso i cristiani, al punto che, muovendo di là, la Trinità sia sempre e dappertutto inseparabilmente «presente» nella loro vita religiosa. Poiché, quando oggigiorno si parla dell'incarnazione di Dio, lo sguardo cade, in senso religioso e teologico, solamente sul fatto reale che «Dio» s'è fatto uomo, che «una» Persona divina (della Trinità) ha assunto carne umana, ma non sul fatto che questa Persona è appunto proprio quella del *Lógos*. Si può avere il sospetto che, per il catechismo della mente e del cuore (a differenza del catechismo stampato), la rappresentazione dell'incarnazione da parte del cristiano non dovrebbe punto mutare, qualora non vi fosse la Trinità. […] Come conseguenza di tutto questo risulta che il trattato sulla Santissima Trinità rimane piuttosto isolato nell'insieme della dogmatica[18].

Trascorsi più di quarant'anni, non si può attribuire all'analisi del teologo gesuita la stessa validità[19]. Fondamentalmente, essa consiste nella

---

[17] Cf. TRD, 11-12 [TRG, 17-18]; IDU, 7-16 [DdG, 15-22]; B. FORTE, *Trinità come storia*, 13-21; A. STAGLIANÒ, *Il Mistero del Dio vivente*, 15-20; A. COZZI, *Manuale di dottrina trinitaria*, 11-18.

[18] *Trinità*, 21.23 [DdGtUH, 319-320].

[19] Bisogna qui fare una distinzione. In effetti, la relazione dei credenti cristiani con la loro professione di fede nella Trinità rimarrà, fondamentalmente, come l'ha descritta K. Rahner. Tuttavia, il suo giudizio sulla teologia non si dimostra attuale, poiché quando si considera la teologia degli ultimi decenni si trovano diversi e solidi tentativi di rileggere trinitariamente la teologia nel suo complesso (cf. J.-H. NICOLAS, *Synthèse dogmatique. De la Trinité a la Trinité*, I, 1985), come in aree specifiche – soltanto alcuni esempi: una «cristologia trinitaria» (cf. DgG; TRD; H.U. VON BALTHASAR, *Theologie der Drei Tage*; N. CIOLA, *Cristologia e Trinità*); lo sviluppo della «pneumatologia» (cf. DGL; Y. CONGAR, *Je crois en l'Esprit-Saint*); «ecclesiologie trinitarie» (cf. J. ZIZIOULAS, *Being as Communion*; B. FORTE, *La Chiesa della Trinità*); teologie della creazione di stampo trinitario (cf. J.-H. NICOLAS, *Synthèse dogmatique. De l'Univers a la Trinité*, II; A. GANOCZY, *Il creatore trinitario*); teologie della storia in chiave trinitaria (cf. B. FORTE, *Trinità come storia*); una mariologia in dialogo con la dottrina trinitaria (cf. S. DE FIORES, *Trinità mistero di vita. Esperienza trinitaria in comunione*

denuncia di una «*splendid isolation*»[20] della dottrina trinitaria, isolamento che si declina in due piani distinti: i. quello della vita di fede dei cristiani; ii. quello della riflessione teologico-dogmatica. Da una parte, la Trinità sembra essere oggetto di una confessione meramente verbale, senza un legame effettivo con l'esperienza di vita e di fede dei credenti, fatto che genera una spiritualità «monoliticamente monoteista» e, pertanto, non trinitaria[21]. Dall'altra parte, anche la teologia – specialmente quella scolastica – non riesce a connettere la dottrina trinitaria con gli altri trattati teologici, neutralizzando la connessione fra i misteri cristiani – il *nexus mysteriorum*. K. Rahner esemplifica questa situazione con le dottrine dell'incarnazione, della grazia, della creazione e con la dottrina delle opere divine *ad extra*[22].

Lo «splendore» di questo isolamento deriva dalla considerazione formale del dogma trinitario come la corona della rivelazione divina, sebbene poi, nella pratica teologica, questo suo statuto privilegiato non sia particolarmente evidente. Il problema consiste, appunto, nell'incoerenza tra gli enunciati di principio e l'effettiva pratica teologica.

La presente diagnosi rappresenta perciò uno dei punti di partenza della teologia trinitaria di K. Rahner. Nel suo discorso, le deficienze identificate nello *status* della questione non sono però separabili dalla proposta di una riconfigurazione della teologia trinitaria. In effetti, è in vista di una superazione di questa «paura antitrinitaria»[23] che l'autore si impegna a progettare un altro modo per pensare la Trinità.

1.2 *Il progetto: Trinità come mistero salvifico e asse della dogmatica*

Quest'isolamento ha le sue radici, almeno in parte, nell'impostazione trinitaria che gradualmente si è imposta nella teologia occidentale[24].

---

con Maria). L'inattualità del giudizio rahneriano è un segno di quanto questo stesso giudizio sia stato determinante per la teologia contemporanea.

[20] *Trinità*, 26 [DdGtUH, 324].

[21] Cf. G.J. ZARAZAGA, *Dios es comunión*, 101-104; L. MÖDL, «Trinitarischer Ansatz einer christlichen Spiritualität für heute», 409-415.

[22] Si verificano, ancora, brevissimi accenni all'escatologia e alla teologia dei sacramenti (cf. OTDT, 589-595 [BdTDT, 104-108]; *Trinità*, 21-24 [DdGtUH, 319-323]).

[23] *Trinità*, 23 [DdGtUH, 321].

[24] Cf. *Trinità*, 25-30 [DdGtUH, 320-327]. Attribuzione che è stata considerata poco rigorosa (cf. G.J. ZARAZAGA, *Dios es comunión*, 104-105; L.F. LADARIA, *La Trinidad, Misterio de comunión*, 19-23). L'autore segue la divisione, diventata classica, tra teologia trinitaria occidentale e orientale. Dissentendo dall'opinione di M. França Miranda, penso che K. Rahner rimanga maggiormente debitore del modello occidentale (uno

La divisione del trattato in *De Deo uno* e *De Deo trino*[25], l'anteriorità concessa a un trattamento speculativo-filosofico della «teologia», la resistenza a valorizzare positivamente i *vestigia Trinitatis* o le *analogiae Trinitatis*, la visione dell'agire divino *ad extra* come essendo solo trinitariamente appropriabile sono tutte tracce di un'impostazione della questione trinitaria che, secondo K. Rahner, ha portato al suo isolamento. Il suo giudizio severo si rivolge, in definitiva, a un approccio «teo-logico» sganciato dalla storia, astratto e troppo formale[26].

In questa breve descrizione è già discretamente presente tutto il suo progetto di (ri)strutturazione della dottrina trinitaria e del quale il *Grundaxiom* rappresenta la formula condensata: «la Trinità economica è la Trinità immanente e vice-versa»[27]. Della Trinità – nella sua immanenza – si sa quello che ci ha mostrato Dio stesso nella storia – l'economia. Questa storia o economia vissuta in Dio è sempre storia o economia salvifica. Perciò, anche la Trinità e la sua conoscenza sono per noi realtà salvifiche. Allora, importa che la rivelazione della Trinità impregni tutti gli ambiti teologici all'interno dei quali la salvezza viene pensata. È, sinteticamente, questa la prospettiva del teologo gesuita:

> La Trinità è un mistero salvifico. Altrimenti non sarebbe rivelata. Ed allora è necessario che venga chiarito perché lo è. Bisogna che in tutti i trattati di dogmatica risulti chiaro che queste realtà salvifiche in essi considerate non possono venir comprese senza rifarsi a questo mistero originario del cristianesimo[28].

---

stile formale-concettuale in cui predomina ancora un'immagine unitaria di Dio), fatto che costituisce un primo aspetto disfunzionale della sua riflessione trinitaria (cf. M. FRANÇA MIRANDA, *O Mistério de Deus em nossa vida*, 41). Peraltro, data la sua matrice monarchica, lo schema orientale non è esente dallo stesso pericolo che l'autore riconosce nell'impostazione occidentale: concedere priorità all'uno di fronte al trino in Dio – in questo caso, alla persona del Padre.

[25] Divisione che non è un esclusivo della teologia cattolica. W. Pannenberg nota giustamente che la teologia protestante ha allargato la distinzione nel trattato *De Deo*, poiché tende a lavorare secondo due logiche radicalmente diverse: quella speculativo-filosofica (*De Deo uno*) e quella biblica (*De Deo trino*) (cf. W. PANNENBERG, *Systematische Theologie*, I, 315-326; G.J. ZARAZAGA, *Dios es comunión*, 111-112).

[26] Cf. OTDT, 594-605 [BdTDT, 108-115]; *Trinità*, 23-30 [DdGtUH, 322-327].

[27] Cf. OTDT, 606 [BdTDT, 115-116]; *Trinità*, 30-32 [DdGtUH, 327-329]. Per un elenco delle formulazioni dell'assioma: M. GONZÁLEZ, *La relación entre Trinidad económica e inmanente*, 67-73.

[28] OTDT, 605 [BdTDT, 115].

Il suo progetto trinitario implica, dunque, quel doppio movimento contenuto nel *Grundaxiom*: i. partire dall'economia; ii. mostrare che il Dio di cui si occupano i diversi trattati teologici corrisponde alla Trinità immanente. Partendo dall'economia, la Trinità comparirà come Mistero salvifico, quindi esistenzialmente rilevante – *res nostra agitur* – facendo venir meno in questo modo uno degli aspetti del suo isolamento. Pensando dappertutto Dio come Trinità, la dogmatica tenderà a trovare nella dottrina trinitaria uno dei suoi nuclei fondamentali e non già un trattato isolato, né passibile di una pura scissione fra *De Deo uno* e *De Deo trino*. È l'autore stesso a sostenere che il *Grundaxiom* mette «in evidenza la Trinità come mistero salvifico per noi» e permette di unire i diversi campi teologici – l'autore propone una «pericoresi fra i trattati» teologici[29].

È inoltre importante mettere in relazione queste affermazioni sui fondamenti della teologia trinitaria con il suo modo di programmare l'insieme della dogmatica – presentato nel saggio: *Über den Versuch eines Aufrisses einer Dogmatik* (1954). In linea con la verificata valorizzazione dell'economia, si sostiene che la «dogmatica cattolica dev'essere essenziale ed esistenziale. [...] Deve investigare e riferire che cosa effettivamente è accaduto [...] nella storia della salvezza»[30]. L'aspetto esistenziale-salvifico viene ancora più sottolineato nella sua definizione di teologia dogmatica: «è uno sforzo dell'intelligenza e una scienza, che devono servire al proprio tempo, come da esso crescono [...] perché devono servire alla salvezza e non alla curiosità teoretica»[31]. Era proprio questo che K. Rahner aveva criticato nella dottrina trinitaria scolare, più occupata con sottigliezze teologiche che con la storia e l'esistenza concrete.

La riflessione trinitaria dovrà dunque, secondo K. Rahner e in coerenza con il suo «schema di dogmatica», essere impostata in chiave esplicitamente storico-economica. Solo sul piano del concretamente accaduto si potrà sciogliere l'impressione di verità astratta e riflessione troppo teorica. Il presupposto del progetto rahneriano è, poi, doppio: i. la Trinità è, anzitutto, mistero salvifico – e non verità astratta[32]; ii. se parlare di Dio è sempre parlare della Trinità, allora tutta la teologia dovrà

---

[29] Cf. OTDT, 605-606 [BdTDT, 115-116]; *Trinità*, 30 [DdGtUH, 327-328].

[30] K. RAHNER, «Saggio di uno schema di dogmatica», 75 [«Über den Versuch eines Aufrisses einer Dogmatik», 415].

[31] K. RAHNER, «Saggio di uno schema di dogmatica», 53-54 [«Über den Versuch eines Aufrisses einer Dogmatik», 405].

[32] Cf. M. FRANÇA MIRANDA, *O Mistério de Deus em nossa vida*, 207-209.

sempre essere trinitariamente configurata – e non «a-trinitariamente». Il progetto trinitario del teologo gesuita propone, insomma, un modo teologico di promuovere il passaggio dall'«esilio della Trinità» alla «patria trinitaria»[33].

1.3 *La concretizzazione: astrazione concettuale scarsamente trinitaria*

Fin qui il pensiero rahneriano si è mostrato coerente e solido nel passare dalla denuncia di limitazioni nell'approccio tradizionale alla Trinità al progetto teologico delineato per una nuova comprensione della fede e riflessione trinitarie. È, comunque, nella considerazione del momento successivo, quello della necessaria concretizzazione teologica, che la sua sintesi trinitaria presenta alcune disfunzionalità. Tale impressione emerge quando si leggono i suoi testi alla luce delle sue indicazioni metodologiche. Si tratta, in fondo, di applicare a K. Rahner i criteri con cui lui stesso ha valutato e progettato la teologia trinitaria.

Queste disfunzionalità riguardano, essenzialmente, tre caratteristiche generali del discorso teologico di K. Rahner: i. una predominante radicazione della teologia sul piano antropologico-trascendentale; ii. uno svolgimento «teo-logico» ancora troppo formale; iii. un discorso nel quale non emerge sempre chiaramente il volto trinitario di Dio. Si ribadisca, tuttavia, l'aspetto generale di queste caratteristiche. Sarà sempre possibile, percorrendo il lunghissimo *opus* rahneriano, trovare indicazioni di senso diverso. Questi aspetti deficitari emergono, però, dalla considerazione di elementi trasversali al pensiero rahneriano, quali rispettivamente il suo metodo trascendentale, la matrice atematica o anonima della sua «teo-logia» e la forma poco espressiva con cui la dottrina trinitaria compare fuori dagli scritti a essa esplicitamente dedicati.

In primo luogo, la matrice trascendentale della teologia rahneriana tende a concentrare la riflessione sull'aspetto «pre-storico» dell'«autocomunicazione» divina[34]. Occorre, però, prestare attenzione a non sta-

---

[33] Cf. B. FORTE, *Trinità come storia*, 13-17.

[34] La specificità del «metodo trascendentale» sta nella ricerca di strutture antropologiche *a priori* che permettono all'uomo di accogliere la rivelazione divina. In quanto creato da Dio e verso di lui orientato, l'uomo ha in se stesso le capacità per relazionarsi con Dio che gli si «autocomunica». Questo è il suo presupposto fondamentale, una sorta di rilettura del motivo patristico dell'uomo come *capax Dei*: c'è una compatibilità fondamentale fra le strutture trascendentali dell'uomo e l'«autocomunicazione» di Dio (cf. G.J. ZARAZAGA, *Trinidad y comunión*, 30-52; K.H. NEUFELD, «Metodo trascendentale rahneriano», 91-102; R. GIBELLINI, *La teologia del XX secolo*, 240-244).

bilire un'artificiale dicotomia fra «trascendentale» e «categoriale»[35]: le strutture *a priori* dell'uomo sono anche storiche e non è possibile parlare di esse al di fuori dell'esperienza storico-categoriale[36]. K. Rahner stesso, cercando di rispondere a critiche affini a quelle qui esposte[37], dichiara che «l'interrogazione trascendentale non significa neppure un deprezzamento della storia o dell'esperienza fattuale (*Erfahrung des Faktischen*)»[38]. Peraltro, alla base di una simile impostazione sta una coerente preoccupazione soteriologica. Presentando cosa sia la «teologia trascendentale», l'autore sostiene che questa è una metodologia genuinamente teologica, poiché «indaga circa la salvezza dell'uomo in quanto essa consiste nella automediazione di Dio, e propriamente circa null'altro»[39]. Tuttavia, insistendo su questa via antropologico-trascendentale – la cui legittimità e fecondità teologiche non sono qui in discussione – K. Rahner rischia di radicare il discorso teologico, e perciò anche quello trinitario, non tanto nella storia, come teoricamente lui aveva progettato, ma piuttosto nell'«*a priori*» della storia, nelle strutture che rendono la storia possibile, dando cioè vita a un discorso che, alla fine, assume come suo effettivo punto di partenza il «pre-storico».

Importa, comunque, notare come nella logica trascendentale del teologo gesuita si verifichi un'amplificazione del significato di «economia». Se per «economia» s'intende comunemente l'insieme degli avvenimenti storicamente verificati, nel pensiero rahneriano «economia» tende a includere inoltre la struttura trascendentale che rende possibile il rapporto storico Dio-uomo e Dio-mondo. Tenendo presente questo, si dovrà riconoscere come il pensiero rahneriano si mostra internamente coerente: esso, infatti, prende le mosse dall'«economia», sebbene si tratti di un'«economia» che integra il momento trascendentale *a priori* e non solo quello categoriale *a posteriori*. Da qui scaturisce, però, il se-

---

[35] Questo tradirebbe la posizione di K. Rahner: «Unsere transzendentale Erkenntnis oder Erfahrung muß also insofern aposteriorisch genannt werden, als jede transzendentale Erfahrung zunächst durch eine kategoriale Begegnung mit konkreten Wirklichkeiten in unserer Welt, in unserer Umwelt und Mitwelt vermittelt ist» (cf. GG, 61 [CFF, 81]). Cf. CFF, 207-209 [GG, 157-158].

[36] Cf. CFF, 191-192 [GG, 145-146].

[37] Cf. H.U. VON BALTHASAR, recensione di K. RAHNER, *Geist in Welt*, ZKTh 63 (1939) 375-379; P. EICHER, «Immanenz oder Transzendenz?», 29-62.

[38] K. RAHNER, «Riflessioni sul metodo della teologia», 124 [«Überlegungen zur Methode der Theologie», 99].

[39] K. RAHNER, «Teologia trascendentale», 347 [«Transzendentaltheologie», 1332]. Cf. CFF, 64-67 [GG, 50-52].

condo aspetto disfunzionale del pensiero rahneriano: un eccessivo formalismo concettuale[40].

Contrastando con l'ideata concretezza nell'esposizione trinitaria, il discorso «teo-logico» rahneriano soffre ancora di un sensibile formalismo, cioè presenta una costruzione intellettuale nella quale non si riesce a verificare un legame effettivo tra riflessione e vita concreta. Questo si avverte, anzitutto, nei suoi saggi trinitari, nei quali si propone, come «punto di partenza», una concettualizzazione sistematica della Trinità economica[41]. È, però, attorno alla nozione, tipicamente rahneriana, di «autocomunicazione (*Selbstmitteilung*)» che il formalismo concettuale si percepisce più distintamente[42]. Questa si configura come «un rapporto ontologico-reale di ciascuna delle tre divine persone all'uomo»[43], oppure un «concetto asintotico limite circa questo rapporto»[44]. Benché si capisca che, attraverso l'«autocomunicazione», K. Rahner voglia conferire lo statuto più intenso possibile al rapporto Dio-uomo, il concetto sembra sempre più debitore alla costruzione intellettuale e formale dell'autore, piuttosto che alla storia concreta[45].

In *Grundkurs des Glaubens* questo formalismo concettuale risulta ancora più evidente, come d'altronde si annuncia immediatamente nel sottotitolo dell'opera: «Introduzione al concetto di cristianesimo». Si attua, infatti, un'approssimazione alla teologia, anzitutto, trascendentale, terminologica, gnoseologica e analogica, che solo successivamente approfondisce il rapporto Dio-mondo e lo fa ancora in uno stile palesemente formale: un Dio fondamento e orizzonte[46]. Solo nella «Sezione V» si entra propriamente nel campo storico e di nuovo per svilupparlo nei termini di una «teologia fondamentale della storia», occupata con i rapporti fra «trascendentalità» e «trascendenza», «storia salvifica» e

---

[40] Lettura condivisa da G.J. Zarazaga (cf. G.J. ZARAZAGA, *Dios es comunión*, 51-52).

[41] Cf. *Trinità*, 83-84 [DdGtUH, 370-371].

[42] Cf. M. FRANÇA MIRANDA, *O Mistério de Deus em nossa vida*, 175-176; E. SALMANN, *Neuzeit und Offenbarung*, 35-41; G.J. ZARAZAGA, *Dios es comunión*, 196-198.

[43] OTDT, 597 [BdTDT, 109].

[44] *Trinità*, 87 [DdGtUH, 374].

[45] L'esposizione della «Trinità economica» è troppo condizionata da questo concetto di «autocomunicazione», che, ad esempio, in *Der dreifaltige Gott als transzendenter Urgrund der Heilsgeschichte* domina completamente il paragrafo a essa dedicato (cf. *Trinità*, 83-97 [DdGtUH, 370-382]).

[46] Mi riferisco alla «Sezione II», intitolata «L'uomo di fronte al Mistero assoluto (*Der Mensch vor dem absoluten Geheimnis*)» (cf. CFF, 71-126 [GG, 54-96]).

«storia mondana». Soltanto in seguito si entra davvero nel tema della rivelazione[47].

Per quanto detto sin qui, non stupisce che questo formalismo si rispecchi nella sostanza della sua teologia. L'immagine che emerge è quella di un Dio «Mistero santo», «Mistero assoluto», «ineffabile», «anonimo», «silente»[48], la cui conoscenza nasce da un'«esperienza non tematica (*Erfahrung als unthematisch*)»[49] e la percezione di essere in relazione con lui si trova nell'«esperienza trascendentale (*transzendentalen Erfahrung*)», non nel «fenomeno empirico (*empirischen Phänomen*)»[50]. Si ha una visione di Cristo che, a causa della sua predominante impostazione trascendentale, tende a concentrarsi sulla nozione di «unione ipostatica»[51], una cristologia che non concede sempre né priorità né centralità alla fenomenologia del rapporto uomo-Cristo[52] e, conseguentemente, si sviluppa un'antropologia che non sottolinea la dimensione storica e intersoggettiva dell'uomo[53]. La sopravvivenza di questo eccesso formale comporta, insomma, una parziale incapacità di dare concretezza al discorso «teo-logico», fatto che tende a generare un'immagine di Dio non propriamente trinitaria.

La terza disfunzionalità deriva, infine, da una visione «teo-logica» in cui la pretesa trasversalità della dimensione trinitaria non è sempre

---

[47] Cf. CFF, 189-233 [GG, 143-177].

[48] CFF, 74 [GG, 56].

[49] Cf. GG, 62-63 [CFF, 82-83]: «Diese Erfahrung als unthematisch und bleibend waltende [...] ist der dauernde Grund, aus dem jene thematische Gotteserkenntnis erwächst, die wir im explizit religiösen Tun und in der philosophischen Reflektion vollziehen».

[50] CFF, 110 [GG, 84].

[51] È significativo che K. Rahner conceda grande rilevanza alla nozione di «unione ipostatica». Questa si è consolidata nel Concilio di Calcedonia (451), momento importante della storia della teologia e tappa significativa del suo transito da un approccio di tipo storico-economico a uno concettuale. Per di più, in quest'aspetto, l'autore sembra avvicinarsi a quella tradizione occidentale di cui si è mostrato critico (cf. CFF, 237-241.258-266 [GG, 180-183.196-202]; M. FRANÇA MIRANDA, *O Mistério de Deus em nossa vida*, 102-104; W. KASPER, *Der Gott Jesu Christi*, 366-369; G.J. ZARAZAGA, *Dios es comunión*, 84-85).

[52] Nel *Grundkurs* – «Sezione VI» – si parte dalla considerazione della cristologia nel contesto di una «concezione evolutiva del mondo» il cui centro è concesso alla «cristologia trascendentale» (cf. CFF, 237-277 [GG, 180-211]).

[53] Cf. G.J. ZARAZAGA, *Dios es comunión*, 42.51. Bisogna, comunque, notare come si verificano testi dove l'autore integra esplicitamente queste dimensioni antropologiche della storia e dell'intersoggettività (cf. K. RAHNER, «Selbsterfahrung und Gotteserfahrung»; ID., «Das „Gebot" der Liebe unter den anderen Geboten»; ID., «Über die Einheit von Nächstenliebe und Gottesliebe»).

manifesta⁵⁴. Tale fatto non è slegabile né dall'impostazione trascendentale né dal menzionato formalismo teologico e si verifica, ovviamente, in quegli scritti che non pertengono immediatamente alla teologia trinitaria. Di nuovo, l'esempio sintomatico è il *Grundkurs*. Oltre un breve accenno alla Trinità nell'«Introduzione»⁵⁵, solo nel finale della «Sezione IV» emerge esplicitamente la dottrina trinitaria e il suo assioma fondamentale⁵⁶. La prima immagine «teo-logica» è, quindi, quella del Dio «Mistero», «anonimo», orizzonte e fondamento atematico e, quindi, tendente a sottolineare la sua unità e unicità. Nemmeno sembra soddisfacente risolvere il problema sostenendo che l'autore abbia sempre in mente il Dio Trinità, poiché allora lo stesso si dovrebbe affermare a proposito dei criticati esponenti della cosiddetta teologia «occidentale-agostiniana». La questione non è se l'autore abbia sempre in mente il volto trinitario di Dio – che si dà per scontato – ma se tale consapevolezza trovi o no concretizzazione teologica. La prevalenza del Dio uno sarà, inoltre, visibile in un tema trinitario caro al teologo gesuita: la revisione del concetto di *persona*. La formula proposta di «modi di sussistenza (*Subsistenzweisen*)», sembra involontariamente tendere ancora una volta a un'accentuazione dell'unità divina e non tanto della sua triplice distinzione⁵⁷.

La concretizzazione teologico-trinitaria di K. Rahner dimostra, insomma, queste tre distinte ma interconnesse disfunzionalità. In sintesi, e considerando da un lato la sua denuncia circa lo *status quaestionis* e dall'altro il suo progetto trinitario, sembra giusto affermare che la teologia di K. Rahner è, quindi, «più illuminante e profonda al momento

---

⁵⁴ Cf. W. KASPER, *Der Gott Jesu Christi*, 367-368.
⁵⁵ Cf. CFF, 30 [GG, 24].
⁵⁶ Cf. CFF, 183-188 [GG, 139-142].
⁵⁷ Sulla scia di K. Barth, anche K. Rahner vede nella comprensione moderna di *persona* il pericolo di generare una visione della Trinità con tre centri spirituali di azione e tre coscienze, che sfocerebbe nel triteismo. L'autore propone, perciò, la formula «distinto modo di sussistenza», volendo così salvaguardare che in Dio esiste un'unica «coscienza che sussiste in triplice modo» (cf. *Trinità*, 100-110 [DdGtUH, 385-393]). Cercando, però, di evitare il rischio del triteismo, K. Rahner opta per una formulazione che sottolinea l'unità divina. Simile è il parere di G. Lafont: "Mode de subsistence" ne peut pas dire *à la fois* la triple modalité personnelle selon laquelle existe l'essence divine, et la primauté (comme principe) du premier mode de subsistence en qui on considère d'abord l'essence divine» (cf. G. LAFONT, *Peut-on connaître Dieu en Jésus-Christ?*, 199). La proposta di K. Rahner, come afferma M. França Miranda, non dice nulla sulla vita cristiana concreta e, come sostiene W. Kasper, non serve alla dossologia né al kerigma cristiano (cf. M. FRANÇA MIRANDA, *O Mistério de Deus em nossa vida*, 176-179; W. KASPER, *Der Gott Jesu Christi*, 350-351).

della diagnosi, di scoprire le sue cause e di proporre nuove vie e prospettive teologiche alternative, che al momento di andare fino alla fine su questi cammini da lui stesso indicati»[58].

1.4 Interludio introduttorio: invito a una moderazione trinitario-esperienziale

Con quest'introduzione al pensiero trinitario di K. Rahner, questo studio sembra essere entrato in una specie di vicolo cieco teologico. Come si preannunziava all'inizio del capitolo, l'ambiente trinitario rahneriano si presenta assai singolare, specialmente considerato alla luce di quanto si è visto in J. Moltmann, G. Greshake e R. Panikkar. In questi autori, infatti, si sono potuti trovare modi di relazionare dogmatica trinitaria ed esperienza vitale, anche se con le limitazioni già indicate. In K. Rahner, invece, l'ipotesi di una teologia trinitaria che parta e torni all'esperienza, senza esserne respinta, dovrà comunque essere moderata. Se i tre altri autori precedentemente citati, con i loro modelli «teologici», hanno rappresentato una prova genericamente positiva per un approccio esperienziale alla Trinità, K. Rahner svolge qui il ruolo di «contro-prova». Con il suo atteggiamento antropologico-trascendentale e la sua «teo-logia» ancora molto legata all'unità di Dio, egli invita alla precauzione nei passaggi fra esperienza e Trinità. La teologia rahneriana svolge dunque, nella valutazione dell'eseguibilità di una simile impostazione trinitaria, un ruolo critico, depuratore da un eccessivo ottimismo teologico-esperienziale.

Eppure, nella teologia rahneriana sopravvive qualche possibilità di impostare il discorso trinitario in chiave esperienziale. Basta, ad esempio, considerare le seguenti parole dell'autore:

> se vogliamo comprendere nel modo giusto il discorso delle tre Persone [...] dobbiamo sempre risalire all'esperienza originaria della storia della salvezza (*ursprüngliche heilsgeschichtliche Erfahrung*): noi facciamo l'esperienza dello Spirito e precisamente come Dio (che è uno solo), del Figlio e precisamente come Dio, del Padre e precisamente come Dio[59].

C'è in quest'affermazione una prospettiva che molto si avvicina all'ipotesi di pensare la Trinità a partire dall'esperienza. Lo stesso si può dire del modo in cui K. Rahner getta le fondamenta teoriche dell'approccio storico-economico alla questione trinitaria – il *Grundaxiom*.

---

[58] G.J. ZARAZAGA, *Dios es comunión*, 85.
[59] *Trinità*, 102 [DdGtUH, 386].

208 «ESPERIENZA DELLA TRINITÀ – TRINITÀ NELL'ESPERIENZA»

Da quest'introduzione si può già intravedere come il pensiero trinitario del teologo gesuita svolga un ruolo ambivalente in relazione all'ipotesi di riflettere sulla Trinità a partire e in vista dell'esperienza. È, inoltre, importante evidenziare che quest'ambivalenza scaturisce dalle verificate disfunzionalità interne al pensiero rahneriano. Il suo progetto trinitario sembra non solo sopportare, ma anche ispirare un approccio trinitario di tipo esperienziale, mentre la sua concretizzazione sembra contestarlo. Queste difficoltà invitano a una decisa moderazione nel considerare il rapporto fra esperienza e riflessione trinitaria.

2. L'esperienza di Dio uno e unico: potenzialità trinitarie di un motivo ricorrente e variegato

Una volta definito l'inquadramento fondamentale della riflessione trinitaria di K. Rahner, è possibile avanzare verso il momento successivo: analizzare il suo variegato e ricorrente appello all'esperienza. Fin qui sono stati trattati gli aspetti formali su cui l'autore fonda la sua teologia trinitaria. Si considera ora quello che è uno dei punti di partenza materiali della «teo-logia» rahneriana: l'esperienza di Dio. L'autore stesso è, a questo riguardo, abbastanza esplicito nel prescrivere che «in questo trattato possiamo innanzitutto cercare semplicemente l'accesso alla dottrina della Trinità in Gesù e nello Spirito, così come li sperimentiamo in noi nella storia della salvezza e della fede (*heils- und glaubensgeschichtlichen Erfahrung*)»[60].

L'ammissione che l'esperienza possa essere una base della riflessione trinitaria manifesta la sua intenzione di distanziarsi da un approccio speculativo al tema, ma anche una presa di posizione in difesa della possibilità e dell'effettività di un'esperienza di Dio[61]. «Nella mia teologia – dichiara K. Rahner – il darsi di una genuina, originale esperienza di Dio e del suo Spirito è di fondamentale importanza»[62]. Lo stesso viene affermato quando l'autore, attualizzando il discorso di Ignazio di Loyola, condensa tanto la sua sensibilità teologica quanto il suo percorso biografico:

> ho sperimentato Dio (*Gott erfahren*), il Dio che non ha nome, insondabile, silente eppur vicino nel suo amore trinitario per me. Ho sperimentato Dio

---

[60] *Trinità*, 4 [DdGtUH, 340].
[61] Presupposto di K. Rahner criticato da: P. MOLNAR, «Can we know God directly?», 228-261.
[62] K. RAHNER, *Im Gespräch: 1978-1982*, II, 257. Cf. ID., «Esperienza di Dio oggi», 205-208 [«*Gotteserfahrung heute*», 138-139].

anche e soprattutto al di là di ogni immaginazione e di ogni figura, quel Dio che, quando si avvicina personalmente nella grazia, non può affatto esser scambiato per qualcos'altro[63].

L'intenzionalità esperienziale che si dischiude in queste affermazioni non cancella i problemi sollevati dalle già ricordate disfunzionalità. Infatti, è necessario verificare se l'immagine «teo-logica» che risulta dal discorso esperienziale di K. Rahner è autenticamente trinitaria o se, invece, tende soltanto a sottolineare l'unità divina. Per capirlo, si presenteranno nel prosieguo di questo studio: 1. le variazioni rahneriane sull'esperienza, ossia un elenco delle formulazioni attraverso le quali il motivo esperienziale compare nella sua opera; 2. l'immagine «teo-logica» che l'insieme di queste variazioni suggerisce, indagando particolarmente la sua portata trinitaria.

2.1 *Variazioni sull'esperienza: declinazioni di un fenomeno complesso*

Oltre che ricorrente, l'appello rahneriano all'esperienza è variegato. Frequenza e diversificazione sono due caratteristiche che connotano il richiamo esperienziale all'interno degli scritti del teologo gesuita. La matrice antropologico-trascendentale e l'intenzionalità storico-economica del pensiero di K. Rahner spiegano, in gran misura, l'uso ricorrente. La varietà di forme con le quali il termine «esperienza (*Erfahrung*)» compare deriva, invece, dall'ambito specifico e dal contesto immediato dei testi in cui tale appello si manifesta. Non si verifica perciò un uso del tutto uniforme della nozione di «esperienza»[64], ma un insieme di

---

[63] K. RAHNER, «Discorso di Ignazio di Loyola a un gesuita odierno», 524 [«Rede des Ignatius von Loyola an einen Jesuiten von heute», 300].

[64] K. Rahner non propone una definizione precisa di esperienza. Come si è detto a proposito di G. Greshake, sembra che all'autore basti una certa precomprensione del fenomeno per seguire il suo discorso. Una definizione di esperienza, però, è proposta nel dizionario realizzato con H. Vorgrimler: «ist eine Form der Erkenntnis, die aus dem unmittelbaren Empfangen eines Eindrucks von seiten einer unserer freien Verfügung entzogen (inneren oder äußeren) Wirklichkeit entspringt. [...] Weil sich die Gegenwart des Erfahrenen selbst unwiderstehlich bezeugt, eignet der Erfahrung eine ausgezeichnete Gewißheit (Evidenz). Die religiöse Erfahrung im strengen Sinne (die und insofern sie den Glauben konstituiert) umfaßt sowohl die metaphysische, sittliche und existentielle Erfahrung des Seins und Daseins als auch die Erfahrung der Selbstbezeugung Gottes im Offenbarungsereignis, in dem sich dem „Gewissen" [...] die Tatsache einer göttlichen Selbstbezeugung anzeigt; schließt also als solche die transzendentale Erfahrung des Menschen ein, in der dieser sich intuitiv (in einer „Ur-erfahrung") als solcher, als auf Dinge und Welt verwiesener, als Subjekt und Grund seines Denkens und seiner Akte [...] erfahren hat» (cf. K. RAHNER, «Erfahrung», 552 [«Esperienza», 231]).

diverse forme per descriverla che creano una visione sfaccettata della dinamica esperienziale. È proprio attorno a queste variazioni che – a somiglianza di quanto si è già fatto per il concetto di *communio* in G. Greshake – si strutturerà il seguente tentativo di sistemare l'appello di K. Rahner all'esperienza[65].

2.1.1 Esperienza trascendentale – Esperienza della trascendenza

Se è vero che la specificità del modello teologico di K. Rahner sta nell'impostazione antropologico-trascendentale, allora con l'espressione «esperienza trascendentale (*transzendentale Erfahrung*)» si tocca il nocciolo del suo pensiero. Questa, infatti, dà forma concreta alla sua posizione epistemologica[66], la quale incorpora nell'atto di conoscere, oltre che il rapporto con un oggetto esterno, una dinamica interna di «autopossesso cosciente», nel quale il soggetto si «con-conosce»[67]. Per K. Rahner esiste una «con-conoscente, atematica autopossessione del soggetto»[68] e questa viene da lui, appunto, denominata «esperienza trascendentale». Ecco come lui presenta, scomponendo l'espressione, ciò che intende per «esperienza trascendentale»:

> Questa con-conoscenza del soggetto conoscente, con-conoscenza soggettiva, atematica, presente in ogni atto di conoscenza spirituale, necessaria, ineliminabile, nonché la sua apertura alla sterminata ampiezza di tutta realtà possibile, viene da noi denominata *esperienza trascendentale* (*transzendentale Erfahrung*). Essa è un'*esperienza* perché questa conoscenza di natura atematica ma inevitabile è momento e condizione della possibilità (*Bedingung der Möglichkeit*) di qualsiasi esperienza concreta in qualche soggetto. Diciamo che essa è un'esperienza *trascendentale*, perché fa parte delle strutture necessarie e ineliminabili del soggetto conoscente e perché

---

[65] Per altre proposte di sistemazione della presenza del concetto di «esperienza» in K. Rahner: A. CARR, «Theology and Experience», 359-376; J.A. WISEMAN, «"I have experienced God"», 29-50; J.N. KING, «The Experience of God in the Theology of Karl Rahner», 174-202; D. KOWALCZYK, *La personalità di Dio*, 33-102; S. DEL CURA ELÉNA, «Tra mistero ed esperienza», 151-169.

[66] Questione approfondita, principalmente, nell'opera *Geist in Welt*, nella quale l'autore promuove un dialogo fra I. Kant e Tommaso d'Aquino, fra il metodo trascendentale del primo e i fondamenti metafisici della teologia proposti dal secondo, per presentare una «metafisica della conoscenza» (cf. K. RAHNER, *Geist in Welt*; A. CARR, «Theology and Experience», 361-365).

[67] CFF, 37 [GG, 29].

[68] CFF, 38 [GG, 30].

consiste precisamente nel superamento di un determinato gruppo di possibili oggetti, nel superamento di categorie[69].

L'«esperienza trascendentale» o «con-conoscenza» del soggetto – atematica, inevitabile, originaria – è strutturale e rappresenta la condizione di possibilità di qualsiasi altra esperienza. L'ammissione di una possibile «esperienza di Dio» non è, dunque, svincolabile da quest'«esperienza trascendentale»[70]. L'autore stesso sostiene che «l'esperienza trascendentale è l'esperienza della *trascendenza (Erfahrung der Transzendenz)*»[71]. Tale trascendenza non è, però, immediatamente «teo-logica», poiché si riferisce anzitutto al superamento dell'«esperienza sensibile (*sinnliche Erfahrung*)» nella stessa «esperienza sensibile», cioè all'esperire un'«apertura soggettiva e illimitata del soggetto» che si verifica proprio nello sperimentarsi «condizionato e limitato dall'esperienza sensibile». Trascendenza significa qui, in primo luogo, un autotrascendersi dell'uomo, il quale si scopre soggetto di un'«anticipazione (*Vorgriff*)» che non ha alcun limite intrinseco[72]. L'identificazione fra «esperienza trascendentale» ed «esperienza della trascendenza» scaturisce, quindi, da questa visione dell'uomo come essere strutturalmente in tensione fra limitatezza storico-sensibile e apertura illimitata verso un «orizzonte (*Woraufhin*)» non oggettivabile[73].

Il passaggio «teo-logico» è, tuttavia, onnipresente ed è chiaramente affermato dal teologo gesuita: «occorre mostrare [...] che con questa esperienza trascendentale è già data come una *conoscenza anonima e atematica di Dio*» e che «quindi la conoscenza originaria di Dio non consiste nel cogliere un oggetto [...], bensì che essa possiede il carattere di un'esperienza trascendentale»[74]. Trattandosi di un'«esperienza trascendentale», la conoscenza di Dio si annuncia dall'interno. Essendo un'«esperienza della trascendenza», il soggetto che si autotrascende si sperimenta strutturalmente orientato verso un orizzonte che è sempre «mistero» – «esperienza del mistero (*Erfahrung des Geheimnis*)»[75] – e

---

[69] CFF, 40 [GG, 31].

[70] Cf. K. RAHNER, «Erfahrung des Heiligen Geistes», 46 [«Esperienza dello Spirito Santo», 290]: «Transzendentale Erfahrung ist, auch wenn und wo sie vermittelt ist durch einen konkreten, kategorialen Gegenstand, immer auch Gotteserfahrung mitten im Alltag».

[71] CFF, 40 [GG, 31].
[72] Cf. CFF, 38-40 [GG, 30-31].
[73] Cf. CFF, 41-42 [GG, 32].
[74] CFF, 41 [GG, 32].
[75] Cf. CFF, 88-92 [GG, 67-70].

che al limite, secondo l'autore, è «quello che noi chiamiamo Dio»[76]. È una conoscenza trascendentale di Dio, che si dà in maniera «atematica e priva di nome». Nella sua misteriosità si cela, però, una paradossale evidenza di Dio, poiché

> se l'uomo [...] è l'essere della trascendenza verso il mistero santo e assolutamente reale, se l'orizzonte e l'origine della trascendenza [...] è questo mistero santo assolutamente esistente, allora possiamo e dobbiamo dire in maniera singolare: il mistero nella sua incomprensibilità è l'evidente. Se la trascendenza non è qualcosa che coltiviamo marginalmente come un lusso metafisico [...], ma è la condizione più semplice, più ovvia, più necessaria della possibilità di *ogni* intelligenza e comprensione spirituale, allora il mistero santo è propriamente l'unico evidente, l'unica cosa fondata in stessa anche per noi[77].

Una lettura critica dell'appello rahneriano all'«esperienza trascendentale» e all'«esperienza della trascendenza» permette, insomma, di estrarre tre indicazioni per la riflessione «teo-logica»: i. l'esperienza è un effettivo accesso alla conoscenza di Dio; ii. c'è un passaggio dal piano trascendentale al piano teologico; iii. la «teo-logia» gode di una certa evidenza antropologica. Questa lettura deve, però, aggiungere che all'interno di questa riflessione non si percepisce alcuno spiraglio trinitario. L'immagine del Dio conoscibile dall'«esperienza trascendentale» – il Dio mistero senza nome, senza volto, orizzonte non oggettivabile – sembra puntare verso una visione puramente monoteistica.

2.1.2 Esperienza di sé – Esperienza di Dio – Esperienza dell'altro

Con le espressioni «esperienza trascendentale» ed «esperienza della trascendenza» sono ormai gettate le fondamenta di quanto si intende con «esperienza di sé (*Selbsterfahrung*)» ed «esperienza di Dio (*Gotteserfahrung*)». Queste sono, essenzialmente, variazioni testuali della stessa posizione antropologica e teologica[78]. La scelta di quali espressioni

---

[76] CFF, 71 [GG 54]. Espressione tipica di K. Rahner e in cui risuona la formulazione con cui Tommaso d'Aquino chiude ciascuna delle sue cinque vie: «et hoc omnes intelligunt Deum»; «quam omnes Deum nominant»; «quod omnes dicunt Deum»; e «et hoc dicimus Deum» (cf. STh I, q. 2, a. 3, resp. [IV, 31-32]; J. A. WISEMAN, «"I have experienced God"», 36).

[77] CFF, 42 [GG, 32-33].

[78] Cf. J.A. WISEMAN, «"I have experienced God"», 34. K. RAHNER, «Gotteserfahrung heute», 146 [«Esperienza di Dio oggi», 221]: «Die heutige Gotteserfahrung ist viel deutlicher und radikaler als die frühere eine Transzendenzerfahrung».

usare è, per l'autore, una questione di «secondaria importanza»[79]. Con esperienza si fa appello a quella «conoscenza, che è originariamente e insostituibilmente presente in ogni uomo e costituisce il punto di partenza e la premessa per ogni riflessione e per ogni conoscenza successiva»[80]. Attraverso l'esperienza, l'autore punta a un dinamismo simultaneamente precedente e più ampio di quello che deriva dalla semplice conoscenza riflessa. Così il suo discorso si concentra ancora una volta sul piano trascendentale, in questo caso attraverso le espressioni «esperienza di sé – autoesperienza», che esprimono «quell'esperienza che viene anzitutto vissuta in maniera irriflessa, [...] che sorregge ogni antropologia oggettivante [...] e che non può mai essere adeguatamente colta dalla riflessione dell'uomo su se stesso»[81]. Nelle profondità di quest'«autoesperienza» si verifica un passaggio «teo-logico», poiché «l'orientamento trascendentale dell'uomo al mistero inconcepibile e ineffabile, [...] significa già una reale, anche se atematica esperienza di Dio»[82]. Il discorso rahneriano impostato attorno al gioco fra «esperienza di sé» ed «esperienza di Dio» tende poi a presentarsi come una rielaborazione della stessa dinamica verificata precedentemente a proposito dell'esperienza trascendentale e della trascendenza.

L'articolo specialmente dedicato a tale tema – *Selbsterfahrung und Gotteserfahrung* (1971) – più che la spiegazione particolare di cosa siano una e l'altra esperienza, accentua la loro unità nella distinzione e, soprattutto, cerca di indicare una concretizzazione di questo modo trascendentale di impostare il tema dell'esperienza.

L'unità differenziata fra «esperienza di sé» ed «esperienza di Dio» risulta dal fatto che ambedue sono «condizione di possibilità» una dell'altra, fatto che crea tra loro un rapporto circolare o pericoretico. Da un lato, l'«originaria esperienza di Dio – spiega K. Rahner – è condizione della

---

[79] Cf. K. RAHNER, «Esperienza di Dio oggi», 214-215 [«Gotteserfahrung heute», 143].

[80] K. RAHNER, «Esperienza di se stessi ed esperienza di Dio», 176 [«Selbsterfahrung und Gotteserfahrung», 179-180].

[81] K. RAHNER, «Esperienza di se stessi ed esperienza di Dio», 177 [«Selbsterfahrung und Gotteserfahrung», 180].

[82] K. RAHNER, «Esperienza di se stessi ed esperienza di Dio», 177 [«Selbsterfahrung und Gotteserfahrung», 180]. Cf. K. RAHNER, «Gotteserfahrung heute», 141 [«Esperienza di Dio oggi», 212]: «Die Gotteserfahrung ist vielmehr (wenn wir von besonderen, eigentlich mystischen Erfahrungen vielleicht absehen) die letzte Tiefe und Radikalität jeder geistig-personalen Erfahrung (der Liebe, Treue, Hoffnung und so fort) und ist somit gerade die ursprünglich eine Ganzheit der Erfahrung, in der die geistige Person sich selbst hat und sich selbst überantwortet ist».

possibilità e momento dell'autoesperienza, poiché senza esperienza di Dio non è possibile alcuna esperienza di se medesimi»[83]. Dall'altro lato, «l'autoesperienza è la condizione della possibilità dell'esperienza di Dio, perché l'orientamento all'essere in generale e quindi a Dio è possibile solo là dove il soggetto coglie se stesso [...] come distinto dal suo proprio atto e dal suo soggetto»[84]. Così si arriva a quello che, considerando le similitudini nella formulazione, si potrebbe chiamare il suo *Grundaxiom dell'esperienza*: «la storia dell'autoesperienza è la storia dell'esperienza di Dio e vice-versa»[85].

Il teologo gesuita cerca, comunque, di allontanare il sospetto di una diluizione di Dio nella sfera della trascendentalità umana – e viceversa –, sottolineando sempre che «esperienza di Dio ed esperienza di se stessi non sono identiche», che «unità non significa naturalmente immedesimazione assoluta», perché «l'autoesperienza lascia che il soggetto [...] rimanga finito, benché [...] sia orientato verso l'infinito e l'incomprensibile [...] senza con questo identificarsi con lui»[86]. Senza queste precisazioni, difficilmente si scapperebbe da quell'ontologismo che K. Rahner ha sempre rifiutato in modo assoluto e reiterato[87].

Particolarmente significativo è lo sforzo dell'autore per far scendere queste considerazioni, «apparentemente astratte e lontane», a un piano più concreto. Esse possiedono, secondo K. Rahner, «un significato concreto per la vita»[88]. È l'unità di queste due esperienze – di sé e di Dio – che rende possibile l'altra unità vangelicamente espressa come unità tra l'amore di Dio e l'amore del prossimo (cf. Mt 22, 37-40). L'autore ri-

---

[83] K. RAHNER, «Esperienza di se stessi ed esperienza di Dio», 180 [«Selbsterfahrung und Gotteserfahrung», 182].

[84] K. RAHNER, «Esperienza di se stessi ed esperienza di Dio», 180 [«Selbsterfahrung und Gotteserfahrung», 182].

[85] K. RAHNER, «Esperienza di se stessi ed esperienza di Dio», 181 [«Selbsterfahrung und Gotteserfahrung», 182].

[86] K. RAHNER, «Esperienza di se stessi ed esperienza di Dio», 179 [«Selbsterfahrung und Gotteserfahrung», 181]. Cf. K. RAHNER, «Erfahrung des Heiligen Geistes», 46 [«Esperienza dello Spirito Santo», 289]: «[Gott] wird in dieser unheimlichen Transzendenzerfahrung erfahren, auch wenn es hier nicht möglich ist, metaphysisch Einheit und Verschiedenheit zwischen der Transzendenzerfahrung des geistigen Subjekts in Erkenntnis und Freiheit einerseits und der Erfahrung Gottes selbst, die in der Transzendenzerfahrung gegeben ist, anderseits genauer zu bestimmen».

[87] Cf. CFF, 96 [GG, 73]; K. RAHNER, «Gotteserfahrung heute», 141 [«Esperienza di Dio oggi», 210-211]; J.A. WISEMAN, «"I have experienced God"», 29-31.

[88] K. RAHNER, «Esperienza di se stessi ed esperienza di Dio», 181 [«Selbsterfahrung und Gotteserfahrung», 182].

legge, alla luce del comandamento di Gesù, il rapporto di mutuo condizionamento fra l'«esperienza di sé» e l'«esperienza degli altri (*Erfahrung der anderen*)» o dell'«incontro col prossimo (*Begegnung mit dem Nächsten*)»[89]. Situando la riflessione sul piano dell'«esperienza vitale (*Lebenserfahrung*)» o «esperienza dell'ambiente (*Erfahrung der Mitwelt*)», l'autore verifica come l'«autoesperienza avviene unitamente all'esperienza degli altri» e che «colui che non trova il prossimo non trova veramente neppure se stesso»[90]. L'altro non è mai un puro oggetto. In lui il soggetto si «sperimenta sperimentando *l'altro* e non *l'altra cosa*»[91]. Perciò, K. Rahner conclude che:

> l'unità dell'esperienza di Dio e l'autoesperienza, da una parte, e l'unità dell'autoesperienza e dell'incontro col prossimo, dall'altra, sono tre esperienze che in fondo si riducono ad una sola con tre aspetti, reciprocamente condizionantisi. [...] In breve: l'unità dell'esperienza [...] risulta anche teologicamente dalla unità tra amore di Dio e amore del prossimo. Tale proposizione suona vera nel suo senso reale e nella sua radicalità solo se il soggetto [...] si riferisce con la stessa necessità trascendentale anche a Dio e al prossimo così come a se stesso, solo se Dio e l'altro [...] non sono eventi particolari regionali all'interno dello spazio complessivo dell'esperienza, bensì realtà date con necessità trascendentale, che schiudono e sorreggono l'esperienza nella sua totalità[92].

C'è, allora, una sola esperienza in tre momenti distinti, in mutuo rapporto e in condizionamento reciproco. La logica esperienziale acquisisce qui un volto quasi trinitario, di unità triplicemente differenziata, una rete di interazioni tra tre entità distinte, ma inseparabili. Più che forzare una simile analogia – l'autore non stabilisce mai questo passaggio trinitario – penso che si apra qui un modo non estrinseco di parlare di Dio a partire dall'esperienza, senza però ricondurre una tale impostazione al suo maggiore pericolo: confondere l'antropologico con il «teo-logico» o, peggio ancora, sussumere uno nell'altro.

Questo modo di riferirsi a se stesso, all'altro e a Dio permette, peraltro, di presentare un quadro articolato dell'esperienza che risponde ad

---

[89] Cf. K. RAHNER, «Esperienza di se stessi ed esperienza di Dio», 181-185 [«Selbsterfahrung und Gotteserfahrung», 182-184].

[90] K. RAHNER, «Esperienza di se stessi ed esperienza di Dio», 183 [«Selbsterfahrung und Gotteserfahrung», 183].

[91] K. RAHNER, «Esperienza di se stessi ed esperienza di Dio», 183 [«Selbsterfahrung und Gotteserfahrung», 183].

[92] K. RAHNER, «Esperienza di se stessi ed esperienza di Dio», 183-185 [«Selbsterfahrung und Gotteserfahrung», 184].

alcune delle disfunzionalità summenzionate. Senza invalidare il giudizio sulle sue concretizzazioni teologiche, si dischiude qui una sfumatura del pensiero di K. Rahner che attesta come anche in lui è possibile trovare tracce di un'effettiva concretezza storica, economica, vitale. Tre indicazioni conclusive si potranno, in sintesi, estrarre da questo suo modo di pensare le esperienze «di sé», «di Dio» e «dell'altro»: i. di nuovo, l'esperienza appare intrinsecamente associata alla conoscenza di Dio e alla riflessione «teo-logica», qui presentata nella sua dinamica di unità differenziata; ii. l'«esperienza di Dio» è reale, ma, poiché atematica, sempre avvolta da una certa ombra d'indefinitezza; iii. l'apertura del discorso «teo-logico» di tipo trascendentale all'alterità conferisce al pensiero rahneriano una concretezza vitale non sempre percettibile nell'autore.

2.1.3 Esperienza della grazia

Nel complesso delle variazioni rahneriane sull'esperienza, l'espressione «esperienza della grazia (*Gnadenerfahrung*)» merita un'attenzione particolare. Nonostante si inserisca nello stesso atteggiamento teologico di tipo antropologico-trascendentale, questa tende a evidenziare degli aspetti complementari a quelli che sono emersi dalle espressioni fin qui analizzate. Se la visione della grazia come un «esistenziale soprannaturale» dell'uomo – e non realtà «puntiforme e intermittente»[93] – si può facilmente associare all'impostazione trascendentale dominante in K. Rahner, la descrizione della grazia come Dio stesso che si «autocomunica» apre l'antropologia alla «teo-logia» in un modo più esplicito e introduce nella sua riflessione il momento della libera decisione da parte del soggetto che sperimenta.

Sembra, inoltre, possibile indicare un'analogia fra il modo in cui K. Rahner si è avvicinato alla questione trinitaria e alla teologia della grazia. In ambedue i casi, egli cerca di oltrepassare una visione estrinsecista, in un caso, fra economia e immanenza trinitarie e nell'altro fra natura e grazia. Per quanto riguarda il problema della grazia, il teologo gesuita rivede il modo (neo)scolastico di intendere la grazia come una specie di «sovrastruttura» della natura. La natura sarebbe «quella cosa che noi sperimentiamo di noi stessi senza l'ausilio della rivelazione [...]. E viceversa: soltanto la natura e i suoi atti costituiscono quella vita

---

[93] Cf. K. RAHNER, «Esperienza della trascendenza dal punto di vista dogmatico cattolico», 265 [«Transzendenzerfahrung aus katholisch-dogmatischer Sicht», 229].

CAP. IV: L'ESPERIENZA TRASCENDENTALE IN K. RAHNER   217

che noi sperimentiamo come la nostra»[94]. Secondo questo paradigma, infatti, non sarebbe ammissibile un'«esperienza della grazia»: se ne riconoscerebbe l'esistenza e azione, ma l'elevazione che essa opera in noi non rientrerebbe nell'ambito della coscienza e, perciò, dell'esperienza umana[95].

L'interpretazione rahneriana del rapporto natura-grazia punta, invece, a una visione in cui la grazia appare come qualcosa di strutturale o costitutivo dell'uomo[96], come un «esistenziale soprannaturale». L'uomo è sempre trascendentalmente sorretto dalla grazia, la quale eleva la stessa trascendentalità umana. È in questo senso che si verifica un'ovvia approssimazione fra quanto si è detto riguardo all'«esperienza trascendentale» e l'ammissione di un'«esperienza della grazia», come risulta dalle parole dell'autore:

> Se concepiamo la grazia così come essa va concepita – come possibilità sul piano filosofico, come realtà su quello teologico e come speranza messa in atto [...] su quello esistentivo –, dobbiamo dire che l'esperienza della trascendenza (*Transzendenzerfahrung*), che è esperienza di Dio (*Gotteserfahrung*), nell'ordine effettivo della realtà è già sempre esperienza della grazia (*Gnadenerfahrung*), perché la sua radicalità e la sua dinamica sono sorrette dall'autocomunicazione divina nel più intimo della nostra esistenza, sorrette da quell'autocomunicazione che rende tutto questo possibile, che fa di Dio il fine e la forza trainante del movimento verso di lui e che noi chiamiamo grazia e Spirito Santo[97].

Sebbene riconosca che «la possibilità di esperimentare la grazia (*Erfahrbarkeit der Gnade*) e la possibilità di esperimentare la grazia *come* grazia (*Erfahrbarkeit der Gnade als Gnade*) non sono la stessa cosa»[98], K. Rahner sostiene ancora che:

> L'esperienza trascendentale dell'autocomunicazione graziosa da parte di Dio (*transzendentale Erfahrung der gnadenhaften Selbstmitteilung Gottes*) [...] e la natura della dinamica spirituale possono essere descritte in maniera

---

[94] K. RAHNER, «Natura e grazia», 83 [«Natur und Gnade», 211].

[95] Cf. K. RAHNER, «Natura e grazia», 80-86 [«Natur und Gnade», 21-213].

[96] Cf. GG, 135 [CFF, 178]: «Die gnadenhafte Selbstmitteilung Gottes als die Modifikation des Transzendenz [...] kann daher nicht ohne weiteres durch eine einfache, individuelle Reflexion und psychologische Introspektion abgehoben werden von den Grundstrukturen des Transzendenz des Menschen».

[97] K. RAHNER, «Esperienza dello Spirito Santo», 291 [«Erfahrung des Heiligen Geistes», 46-47].

[98] K. RAHNER, «Rapporto tra natura e grazia», 49 [«Über das Verhältnis von Natur und Gnade», 326].

adeguata solo dicendo così: lo spirito dotato di grazia si muove nel fine (attraverso l'autocomunicazione divina) verso il fine (la *visio beatifica*), e così di conseguenza [...] non si può di qui concludere che tale autocomunicazione divina sia assolutamente al di là del soggetto e della coscienza e che venga postulata *solo* attraverso una teoria dogmatica accostata all'uomo dall'esterno. Si tratta realmente di un'esperienza trascendentale (*transzendentale Erfahrung*) che si rende percettibile e si esplica nell'esistenza dell'uomo[99].

Emerge qui il carattere propriamente teologico – e non filosofico – della riflessione trascendentale di K. Rahner. L'apertura illimitata dell'uomo, nella conoscenza e libertà, che lo orienta verso il «mistero santo» e che, come si è visto, è il nocciolo della sua impostazione trascendentale, non è, dunque, separabile dal modo in cui la grazia viene pensata nell'opera di K. Rahner[100]. La possibilità di un'esperienza soprannaturale della grazia non si situa fuori da quest'apertura, né l'apertura trascendentale è teologicamente pensabile al di fuori della logica della grazia divina. La grazia, oltre a essere presentata come un «esistenziale», è anche «autocomunicazione di Dio»[101]. Questo significa che ciò che viene «comunicato o partecipato è realmente Dio nel suo proprio essere e quindi che la comunicazione consiste in un afferrare e in un possedere Dio nella visione immediata e nell'amore»[102]. È proprio in questo «Dio della vicinanza e dell'immediatezza»[103], frutto dell'interpretazione della grazia come Dio stesso che si comunica, che si vede quell'intensificazione della portata «teo-logica» del motivo esperienziale accennata all'inizio del paragrafo.

---

[99] CFF, 179 [GG, 136].

[100] Cf. GG, 66 [CFF, 87]: «Diese Ausgerichtetheit nennen wir Gnade; sie ist ein unentrinnbares Existential des ganzen Wesens des Menschen auch dann noch, wenn er sich diesem im freien Nein verschließt».

[101] La «grazia giustificante» e la «*visio beatifica*» sono due fasi dell'unica autocomunicazione di Dio (cf. CFF, 163-164 [GG, 123-124]).

[102] CFF, 163 [GG, 124]. K. Rahner, certamente consapevole dei pericoli insiti nel parlare di autocomunicazione di Dio all'interno di un modello teologico di tipo trascendentale, cerca sempre di sottolineare il suo carattere «assolutamente indebito» (cf. CFF, 170-171 [GG, 129-130]; S. DEL CURA ELÉNA, «Tra mistero ed esperienza», 160-161).

[103] Cf. GG, 135 [CFF, 178]: «Diese vorgängige und der Freiheit vorgegebene Selbstmitteilung Gottes bedeutet nichts anderes, als daß die transzendentale Bewegung des Geistes in Erkenntnis und Freiheit auf das absolute Geheimnis hin so von Gott selbst in seiner Selbstmitteilung getragen ist, daß diese Bewegung ihr Woraufhin und Wovonher nicht in dem heiligen Geheimnis als ewig fernem, nur asymptotisch erreichbaren Ziel hat, sondern in dem Gott absoluter Nähe und Unmittelbarkeit».

Importa, inoltre, registrare che il modo in cui K. Rahner si appella all'«esperienza della grazia» non soltanto integra nel discorso teologico l'affermazione della possibilità di un'«esperienza di Dio», ma ammette anche l'immediatezza di tale esperienza. L'autore è, infatti, chiaro nel presentare il «cristianesimo come la religione della vicinanza immediata a Dio nella sua autocomunicazione»[104]. Ai fini del presente studio, è molto interessante ritrovare nel cuore della teologia di K. Rahner la nota dell'immediatezza, solitamente inclusa nel senso comune di esperienza[105]. Comunque, è importante chiarire che la sua ammissione di un'immediatezza di Dio deve essere interpretata sempre all'interno del paradigma trascendentale. Si tratta sempre di un'immediatezza trascendentale – e non oggettivabile –, un'«immediatezza mediata (*vermittelte Unmittelbarkeit*)»[106], storicamente mediata[107] o ancora, usando il vocabolario dell'autore, «categorialmente mediata»[108].

Nella sua autocomunicazione graziosa, Dio è al contempo donatore, dono e fondamento della sua accettazione[109]. Questo mette in gioco, in un modo che fin a qui non ha trovato riscontri, il ruolo attivo del soggetto nel confronto con l'«esperienza trascendentale dell'autocomunicazione graziosa di Dio». Infatti, questa si svolge secondo due modalità distinte: i. nella modalità di offerta preesistente e di invito; ii. nella modalità duplice di accettazione o rifiuto da parte della libertà umana[110]. Se la prima tocca la libertà divina di autocomunicarsi, la seconda coinvolge la risposta umana. L'autocomunicazione sperimentata come grazia

---

[104] Titolo di uno dei paragrafi del *Grundkurs*: «*Das Christentum als die Religion der Unmittelbarkeit zu Gott in dessen Selbstmitteilung*» (cf. CFF, 172-174 [GG, 131-132]). Vertendo sull'«esperienza della trascendenza», K. Rahner parla di un'«esperienza originaria, mai derivata», anche se non si tratta di un'«esperienza sensibile», poiché allora si cadrebbe nel rifiutato ontologismo (cf. CFF, 99-100 [GG, 75-76]).

[105] Aspetto nel quale si potrà ammettere un influsso di K. Rahner su G. Greshake, che addotta la stessa prospettiva di un'«immediatezza mediata».

[106] Mediatezza e immediatezza non sono concetti semplicemente opposti, poiché c'è sempre una mediazione nei confronti del contatto personale con Dio (cf. CFF, 118-120 [GG, 90-92]).

[107] Cf. CFF, 123 [GG, 94].

[108] Cf. K. Rahner, «Esperienza dello Spirito e decisione esistentiva», 55, [«Erfahrung des Geistes und existentielle Entscheidung», 273].

[109] Formulazione che concretizza l'opzione rahneriana di pensare il rapporto Dio-uomo non secondo la causalità efficiente – che introduce una distanza fra loro – ma secondo la causalità (quasi-)formale (cf. CFF, 167-169.173 [GG, 126-128.131]).

[110] A volte presentate anche come tre modalità (cf. CFF, 164-165 [GG, 124-125]; K. Rahner, «Esperienza della trascendenza dal punto di vista dogmatico cattolico», 265 [«Transzendenzerfahrung aus katholisch-dogmatischer Sicht», 229]).

è sempre una «auto-offerta assoluta» e libera di Dio alla libertà umana[111]. Questo elemento della riflessione di K. Rahner permette di introdurre una nota dialogica nella grande antropologia e «teo-logia» trascendentali del teologo gesuita, nota che, in ultima analisi, mitiga il formalismo soggiacente a questo suo paradigma.

Cercando di identificare le linee fondamentali dell'immagine di Dio che derivano da questa variazione soprannaturale dell'esperienza, si può affermare che essa acquisisce sfumature di stampo più personale[112]. Non è, ovviamente, una rottura con quanto si è visto in precedenza. Il formalismo concettuale si mantiene sia nel riferirsi alla grazia come a un «esistenziale soprannaturale», sia nell'identificarla con l'«autocomunicazione» divina. Tuttavia, la dinamica del dono della grazia arricchisce il suo discorso sull'esperienza con qualche accenno a una logica più dialogale, personale e interpellante. Nonostante certe allusioni fugaci[113], non si verifica qui un'effettiva ed esplicita considerazione della Trinità.

2.1.4 Esperienza dello Spirito – Esperienza dello Spirito Santo

Nel discorso rahneriano spunta ancora un'altra variazione: «esperienza dello Spirito (*Erfahrung des Geistes*)» o «esperienza dello Spirito Santo (*Erfahrung des Heiligen Geistes*)»[114]. Questa variazione pneumatologica dell'esperienza tende a riprodurre l'essenziale della visione trascendentale-soprannaturale dell'autore, come è manifesto nella sua spiegazione di che cosa si intende per «esperienza dello Spirito»:

> Un'autentica esperienza dello Spirito (*Erfahrung des Geistes*) [...] non è fatta di singoli dati esperienziali presenti nella coscienza dell'uomo, bensì

---

[111] In accordo con la logica trascendentale, la presupposta «offerta universale della grazia» implica che l'«esperienza vera e propria della grazia» possa darsi al di là del «cristianesimo istituzionale» (cf. K. RAHNER, «Esperienza della trascendenza dal punto di vista dogmatico cattolico», 266-271 [«Transzendenzerfahrung aus katholisch-dogmatischer Sicht, 230-232]).

[112] Benché in modo diverso, anche D. Kowalczyk nota come l'esperienza trascendentale in K. Rahner, pur essendo atematica, non è però «apersonale» (cf. D. KOWALCZYK, *La personalità di Dio*, 33-69).

[113] Ad esempio, il riferimento a un'«esperienza dell'essere (unitrino) per eccellenza» o la descrizione dell'«esperienza della grazia» come quella «visitazione dello Spirito Santo del Dio Trino, che in Cristo è divenuta realtà» (cf. K. RAHNER, «Natura e grazia», 104-105 [«Natur und Gnade», 225]; ID., «Sull'esperienza della grazia», 75 [«Über die Erfahrung der Gnade», 105]).

[114] Espressioni che tendono a essere equivalenti (cf. K. RAHNER, «Erfahrung des Geistes und existentielle Entscheidung»; ID., «Erfahrung des Heiligen Geistes»).

consiste nell'esperienza della radicalizzazione graziosa della trascendentalità dell'uomo (nella conoscenza e nella libertà) verso la vicinanza immediata di Dio ad opera dell'autocomunicazione di Dio per grazia. [...] L'esperienza dello Spirito è di conseguenza esperienza della sempre esistente radicalità della trascendentalità umana che trascende verso Dio-in-sestesso, perché permanentemente sorretta dalla sua autocomunicazione[115].

È indicativo che, in questa spiegazione, compaiano così tanti concetti tipici della teologia rahneriana. In questo senso, la presente variazione, da un lato, si situa in continuità con l'impostazione trascendentale della questione di Dio[116] e, dall'altro, incorpora quella dinamica comunicativa e personale che si è trovata nel suo discorso sulla grazia. Come nell'esperienza della grazia, anche qui «Spirito e decisione esistentiva» si intreccino nello stesso problema: accettazione o rifiuto di Dio che comunica se stesso[117]. Se in precedenza si sottolineava che questo spiraglio trascendentale dell'uomo al «mistero santo» è nient'altro che Dio stesso «autocomunicantosi», anche qui si tratta dello Spirito Santo stesso che viene sperimentato. Questo fatto, però, non spinge immediatamente l'argomento verso una visione trinitaria di Dio. Di nuovo, anche in questo contesto pneumatologico emerge, anzitutto, l'immagine di un Dio «anonimo», «silenzioso», «senza volto», «soprannaturale» e di una sua conoscenza soltanto «atematica»[118]. Come l'autore stesso riconosce, nel confronto con l'«esperienza dello Spirito» si privilegia la *via negationis*[119], fatto che non può non lasciare una sua impronta sul quadro «teo-logico» soggiacente a quest'interpretazione dell'«esperienza dello Spirito».

Questo inquadramento generale, però, non cancella la possibilità, effettivamente presente nei testi del teologo gesuita, di parlare di Dio

---

[115] K. RAHNER, «Esperienza dello Spirito e decisione esistentiva», 54-55 [«Erfahrung des Geistes und existentielle Entscheidung», 274].

[116] Cf. K. RAHNER, «Erfahrung des Heiligen Geistes», 47 [«Esperienza dello Spirito Santo», 290]: «Die Gott anwesend-sein-lassende Transzendenzerfahrung ist faktisch immer [...] Erfahrung des Heiligen Geistes».

[117] Cf. K. RAHNER, «Esperienza dello Spirito e decisione esistentiva», 56-63 [«Erfahrung des Geistes und existentielle Entscheidung», 275-280].

[118] Cf. K. RAHNER, «Esperienza dello Spirito Santo», 292-293.299-300 [«Erfahrung des Heiligen Geistes», 47-48.51-53].

[119] Cf. K. RAHNER, «Erfahrung des Heiligen Geistes», 48 [«Esperienza dello Spirito Santo», 293]: «Die *via eminentiae* und die *via negationis* sind im letzten nicht zwei Wege oder zwei hintereinanderliegende Etappen eines Weges, sondern zwei Aspekte ein und derselben Erfahrung, auch wenn es, wie gesagt, der Deutlichkeit halber berechtigt ist, die *via negationis* besonders hervorzuheben».

Trinità in modo esperienziale. È quanto emerge, ad esempio, dalle seguenti parole di K. Rahner:

> L'esperienza dello Spirito (*Geisterfahrung*) e la partecipazione alla morte di Cristo […] si identificano. Il calice dello Spirito Santo in questa vita è identico al calice di Cristo. Però lo beve soltanto colui che ha imparato lentamente a gustare un poco la pienezza del vuoto, l'alba nel tramonto, la vita nella morte, il ritrovamento nella rinuncia. Chi impara queste cose fa l'esperienza dello Spirito, del puro Spirito, e fa in questa esperienza l'esperienza dello Spirito Santo della grazia (*in dieser Erfahrung die Erfahrung des Heiligen Geistes der Gnade*). Infatti perveniamo complessivamente e col tempo a sperimentare così lo Spirito solo attraverso la grazia di Cristo nella fede. E dove Cristo ci fa sperimentare questo Spirito, ce lo fa sperimentare attraverso la grazia soprannaturale, la quale immette nella vita di Dio stesso[120].

L'«esperienza dello Spirito» acquista qui un'effettiva pregnanza trinitaria, poiché non si presenta vagamente «teo-logica», né scarsamente trinitaria, neppure puramente anonima o atematica: è grazia di Cristo ed esperienza dello Spirito. Queste sono, inoltre, realtà nelle quali si avverte «la vita di Dio stesso», attuando così quel passaggio all'immanenza divina proposto nel *Grundaxiom*.

Si aggiunga che questo paragrafo si prefigge di «indicare le esperienze concrete della vita», le quali sono sempre esperienze dello Spirito[121]. In questa concretizzazione del suo pensiero, K. Rahner riferisce[122]: i. la speranza totale, al di là delle speranze particolari; ii. l'accoglienza libera della fede; iii. l'esperienza della libertà ultima; iv. l'accoglienza tranquilla della morte; v. ritenere buona la somma di tutti i conti della vita, perché si ha fiducia in un «Altro»; vi. le esperienze presenti dell'amore, della bellezza e della gioia come promesse di una loro esperienza pura; vii. il sopportare l'amarezza della realtà; viii. la preghiera; ix. la deposizione delle armi come autentica vittoria; x. l'esperienza della caduta come uno stare di piedi; xi. la sperimentazione della consolazione nella disperazione; xii. l'affidamento di conoscenze e pro-

---

[120] K. RAHNER, «Esperienza dello Spirito Santo», 303 [«Erfahrung des Heiligen Geistes», 54].

[121] Cf. K. RAHNER, «Esperienza dello Spirito Santo», 293 [«Erfahrung des Heiligen Geistes», 48]. Associazione tra «esperienze concrete della vita» ed «esperienza dello Spirito» che segue una via simile a quella della «topografia» dell'esperienza di Dio in R. Panikkar.

[122] Cf. K. RAHNER, «Esperienza dello Spirito Santo», 294-298 [«Erfahrung des Heiligen Geistes», 48-51].

blemi al «mistero» silente; xiii. l'esperienza del morire. L'elenco è meramente indicativo, non esauriente, ma in queste esperienze comuni, dove «ci sono Dio e la sua grazia liberatrice [...] sperimentiamo quel che noi cristiani chiamiamo Spirito Santo»[123].

Senza anticipare troppo di quanto si dirà a proposito dell'insieme di queste variazioni rahneriane sull'esperienza, bisogna comunque dire che, a proposito dell'«esperienza dello Spirito», si verifica sia un discorso «teo-logico» di tipo astratto, tendente a generare un'immagine puramente unitaria di Dio, sia un discorso con evidenti spiragli esperienziali alla considerazione della Trinità e con un notevole sforzo di concretizzazione. Sinteticamente, questa posizione manifesta come il discorso di K. Rahner si mostri qui oscillante e non del tutto armonico, fatto che credo possa contribuire a confermare alcune delle disfunzionalità indicate in precedenza.

2.1.5 Esperienza mistica – Esperienza dell'entusiasmo

Le considerazioni rahneriane sull'«esperienza mistica (*Mystische Erfahrung*)» si inseriscono anche nel contesto della sua visione di tipo trascendentale-soprannaturale. L'autore parte dall'accettazione della testimonianza dei mistici, che considera credibili. Costoro hanno «sperimentato, in un'irruzione improvvisa o dopo una lunga e graduale ascesa, la grazia, la vicinanza immediata di Dio, unione con lui nello Spirito»[124]. La particolare esperienza di Dio che fanno i mistici è una declinazione di quanto s'intende come esperienza dello Spirito, della grazia, della trascendenza. Usando le parole di K. Rahner, l'«esperienza mistica [...] è davvero una sottospecie dell'esperienza dello Spirito» e «l'oggetto specifico nel campo del mistico deve essere quell'esperienza graziosa dello Spirito»[125].

Le riflessioni dell'autore a proposito dell'«esperienza mistica» si concentrano, però, attorno a tre problemi specifici: i. riflettere su come mistica ed esperienza ordinaria di fede si relazionino; ii. indagare la possibilità di esperienze mistiche fuori del cristianesimo; iii. pensare il rapporto tra fenomeni mistici e fenomeni (para)psicologici. In questi ultimi

---

[123] K. RAHNER, «Esperienza dello Spirito Santo», 298 [«Erfahrung des Heiligen Geistes», 51].

[124] K. RAHNER, «Esperienza dello Spirito Santo», 282 [«Erfahrung des Heiligen Geistes», 41].

[125] K. RAHNER, «Esperienza mistica e teologia mistica», 529 [«Mystische Erfahrung und mystische Theologie», 264-265].

si potrà includere la cosiddetta «esperienza dell'entusiasmo (*enthusiastische Erfahrung*)»[126].

Relativamente alla prima questione, K. Rahner cerca di mantenere l'equilibrio fra l'affermazione che l'«esperienza mistica» non è l'unica via per il perfezionamento dell'uomo e la percezione che quest'esperienza è, comunque, una tappa possibile sulla via della perfezione[127]. Egli prende distanza dalla posizione, per lui troppo diffusa nella teologia cristiana, che insiste sul carattere straordinario ed elitario dei fenomeni mistici e che, di conseguenza, ha generato l'idea che la mistica non riguarda la comune vita di fede[128]. Critico nei confronti di questa prospettiva, il teologo gesuita crede invece che «il fenomeno fondamentale vero e proprio dell'esperienza mistica della trascendenza si verifica già – per quanto in modo irriflesso – nel semplice fatto della vita cristiana di fede, speranza e carità»[129]. Nuovamente contro l'estrinsecismo, è per lui chiaro che non è possibile ammettere un qualsiasi «stato intermedio» che superi le normali esperienze della trascendenza o della grazia. La mistica segue e si inserisce, dunque, nell'unica economia trascendentale-soprannaturale. «La mistica – conclude l'autore – [...] va concepita solo all'interno della cornice normale della grazia e della fede»[130]. K. Rahner, senza cancellare la possibilità e la validità delle esperienze mistiche, opera, quindi, un deciso radicamento della mistica nella vita comune della fede. Il compito della teologia è, perciò, quello di mostrare che un'esperienza mistica della trascendenza è già presente nella comune vita cristiana di fede e «che tale trascendenza (diciamo) irriflessa verso il mistero senza nome, detto Dio, esiste già per la grazia di questa fede»[131].

---

[126] Anche se la sua riflessione sull'«esperienza dell'entusiasmo» si svolge più in dialogo con altre espressioni – come «esperienza della grazia» o «esperienza dello Spirito» – che propriamente nel contesto del suo discorso sulla mistica (cf. K. RAHNER, «L'esperienza dell'entusiasmo e l'esperienza della grazia» [«Die enthusiastische und die gnadenhafte Erfahrung»]).

[127] Cf. K. RAHNER, «Esperienza della trascendenza dal punto di vista dogmatico cattolico», 255 [«Transzendenzerfahrung aus katholisch-dogmatischer Sicht», 223].

[128] Cf. K. RAHNER, «Esperienza dello Spirito Santo», 283 [«Erfahrung des Heiligen Geistes», 42]. Benché, secondo J.A. Wiseman, il giovane K. Rahner condividerebbe l'opinione che la mistica avrebbe poco da dire ai cristiani normali (cf. J.A. WISEMAN, «"I have experienced God"», 44-45).

[129] K. RAHNER, «Esperienza della trascendenza dal punto di vista dogmatico cattolico», 257 [«Transzendenzerfahrung aus katholisch-dogmatischer Sicht», 224].

[130] K. RAHNER, «Esperienza mistica e teologia mistica», 528 [«Mystische Erfahrung und mystische Theologie», 264].

[131] K. RAHNER, «Esperienza della trascendenza dal punto di vista dogmatico cattolico», 257 [«Transzendenzerfahrung aus katholisch-dogmatischer Sicht», 224].

CAP. IV: L'ESPERIENZA TRASCENDENTALE IN K. RAHNER 225

La considerazione di possibili esperienze mistiche poste al di fuori del cristianesimo «istituzionale e verbalizzato» segue la stessa impostazione. L'intero argomento procede secondo la logica trascendentale-soprannaturale, com'è chiarissimo in questa dichiarazione di K. Rahner:

> Presupposta la tesi dell'offerta universale della grazia sempre e dappertutto, fatta precisamente in primo luogo alla trascendentalità dell'uomo in quanto tale [...]; presupposto inoltre che tale accettazione [...] può verificarsi pure – per quanto non solo – proprio e in modo particolarmente intenso nelle esperienze mistiche della trascendenza (*mystischen Transzendenzerfahrungen*), ne viene che quella mistica che viene interpretata giustamente dalla teologia cristiana come esperienza vera e propria della grazia, può e deve riscontrarsi anche al di là del cristianesimo istituzionale[132].

Importa, comunque, notare che per K. Rahner la grazia che sorregge queste esperienze mistiche extra-cristiane è sempre «la grazia dello Spirito Santo di Dio», storicamente tangibile attraverso Gesù Cristo[133].

Se la grazia che opera nei fenomeni mistici è la stessa che è ordinariamente sperimentata nella fede cristiana e oltre la fede cristiana, allora il distintivo della mistica si situa a livello del suo «sostrato naturale»[134], anche se si tratta sempre di una natura aggraziata, soprannaturalmente elevata. È esattamente a questo punto che K. Rahner si «autolimita» come teologo a cui interessa *che* tali fenomeni avvengono e non *come* avvengono. Egli lascia così aperte le questioni riguardanti il modo in cui alcuni fenomeni mistici accadono, poiché dal punto di vista strettamente teologico tali questioni sono affatto secondarie[135].

---

[132] K. RAHNER, «Esperienza della trascendenza dal punto di vista dogmatico cattolico», 266-267 [«Transzendenzerfahrung aus katholisch-dogmatischer Sicht», 230].

[133] Cf. K. RAHNER, «Esperienza della trascendenza dal punto di vista dogmatico cattolico», 264 [«Transzendenzerfahrung aus katholisch-dogmatischer Sicht», 228].

[134] Cf. K. RAHNER, «Mystische Erfahrung und mystische Theologie», 267 [«Esperienza mistica e teologia mistica», 534]: «Entscheidend für die mystische Theologie ist es an dieser Stelle, daß sich mystische, von der Gnade getragene und den Geist Gottes zugänglich machende Erfahrung von den Widerfahrnissen normaler christlicher Existenz nicht dadurch unterscheiden, daß sie als mystische Geisterfahrungen höherer Art wären, sondern dadurch, daß sich ihr naturales Substrat [...] als solches von den psychologischen Gegebenheiten des Alltags unterscheidet».

[135] Questioni come: se le esperienze mistiche sono preternaturali o acquisite o ambedue; se sono possibili fenomeni mistici a cui mancherebbe la mediazione categoriale; la valutazione dei peculiari fenomeni (para)psicologici; qual è la rilevanza di un eventuale *training* psicologico nella preparazione di esperienze mistiche (cf. K. RAHNER, «Esperienza mistica e teologia mistica», 531-532 [«Mystische Erfahrung und mystische Theologie», 265-267]; ID., «Esperienza della trascendenza dal punto di vista

Anche riflettendo sull'«esperienza dell'entusiasmo»[136], l'autore nota come il «fenomeno dell'entusiasmo *nel suo complesso* rappresenta un'autentica esperienza della grazia»[137]. Nella sua peculiarità ed eccentricità, questa costituisce una «specie di mistica volgare» e questo tipo di fenomeni «possono senz'altro essere spiegati in se stessi sul piano psicologico, della psicologia del profondo, della parapsicologia o in un altro modo ancora»[138]. Con questa interpretazione, K. Rahner non intende squalificare teologicamente tali esperienze. La trascendentalità aggraziata garantisce di per se stessa la loro qualità teologica. Quello che è suscettibile di critica sono le configurazioni categoriali delle «esperienze dell'entusiasmo»[139]. La riflessione rahneriana sull'«esperienza dell'entusiasmo» si caratterizza, dunque, per una sua valorizzazione che parte dalla sua inserzione nella dinamica mistica, trascendentale e soprannaturale e per la difesa di un necessario e prudente discernimento dei suoi contenuti categoriali[140].

La visione «teo-logica» che scaturisce da queste variazioni sta, naturalmente, in una continuità fondamentale con l'immagine di Dio dedotta dalle esperienze trascendentali e della grazia. Ad eccezione di puntuali accenni interpretabili come spiragli trinitari, che sono spesso

---

dogmatico cattolico», 270-275 [«Transzendenzerfahrung aus katholisch-dogmatischer Sicht», 232-235]).

[136] Espressione che racchiude fenomeni associati a movimenti di tipo pentecostale come, ad esempio, esperienza dello Spirito, la glossolalia, l'esperienza di una conversione radicale ad opera dello Spirito di Dio (cf. K. RAHNER, «L'esperienza dell'entusiasmo e l'esperienza della grazia», 64-65 [«Die enthusiastische und die gnadenhafte Erfahrung», 242]).

[137] K. RAHNER, «L'esperienza dell'entusiasmo e l'esperienza della grazia», 78 [«Die enthusiastische und die gnadenhafte Erfahrung», 250]. Cf. ID., «Esperienza dello Spirito Santo», 284-285 [«Erfahrung des Heiligen Geistes», 42-43].

[138] K. RAHNER, «L'esperienza dell'entusiasmo e l'esperienza della grazia», 84 [«Die enthusiastische und die gnadenhafte Erfahrung», 253].

[139] Cf. K. RAHNER, «Die enthusiastische und die gnadenhafte Erfahrung», 253-254 [«L'esperienza dell'entusiasmo e l'esperienza della grazia», 84]: «Damit ist gegeben, daß die enthusiastischen Erlebnisse in ihrem kategorialen Inhalt, in der verwendeten Begrifflichkeit, in der Eigenart ihrer Bilder, in der Einzelinhalte liefernden Prophetie, in den konkreten Antrieben, die der einzelne, eine Gemeinde oder die Gesellschaft aus ihnen erfahren, zunächst einmal menschlichen Ursprungs sind und nicht einfach als göttliche Eingebung verstanden werden dürfen, die für diese kategorialen Einzelinhalte eindeutig eine himmlische Garantie und Legitimation liefern würde».

[140] Secondo criteri come la conformità alla Scrittura, alla coscienza di fede della chiesa, ecc (cf. K. RAHNER, «L'esperienza dell'entusiasmo e l'esperienza della grazia», 87 [«Die enthusiastische und die gnadenhafte Erfahrung», 255-256]).

situati soltanto in una sorta d'interpretazione finale in chiave specificamente cristiana[141], il discorso rahneriano sulle esperienze mistiche ed entusiastiche sembra rimanere «teo-logicamente» indistinto, ossia prevalentemente unitario.

2.2 *Interludio teologico-esperienziale: esplorando la portata trinitaria di un discorso unitario*

Arrivando a una sintesi conclusiva di questo percorso attraverso le variazioni rahneriane sull'esperienza si possono raccogliere alcune indicazioni sul quadro «teo-logico» che scaturisce da tali variazioni e suggerire delle possibili aperture a un discorso più palesemente trinitario. Importa, tuttavia, chiarire un ulteriore aspetto, trasversale rispetto al pensiero di R. Rahner: la realtà di queste esperienze non dipende da una loro consapevolezza positiva o interpretazione esplicita. Il permanente gioco fra i piani trascendentale e categoriale, fra l'*apriori* e l'*aposteriori*, fra la strutturale apertura dell'uomo al mistero trascendente e la storica esperienza riflessa, permette all'autore di pensare l'onnipresenza della trascendentalità umana – in sintonia con l'universale volontà salvifica di Dio, di cui è conseguenza antropologica – anche quando essa non viene formulata nei termini di un'esperienza di Dio o dello Spirito, della grazia o della trascendenza[142]. Quest'approccio, sebbene sia criticabile offre perlomeno un modello teologico che cerca una coniugazione fra quello che l'uomo è e quello che la fede in Dio propone. Anche se non sempre riuscito, è uno sforzo positivo, poiché tende a contestare l'impressione che la «teo-logia» sia pura astrazione.

La serie delle variazioni rahneriane sull'esperienza presenta non soltanto delle implicazioni «teo-logiche», ma anche delle potenzialità per un discorso propriamente trinitario. Si tratta di un modo di pensare Dio e l'uomo che parte effettivamente dall'esperienza, cui è riconosciuta lo statuto di mezzo per conoscere Dio. La considerazione dell'esperienza si concentra sul piano trascendentale e su quello soprannaturale della

---

[141] Cf. K. RAHNER, «Esperienza dello Spirito Santo», 301-303 [«Erfahrung des Heiligen Geistes», 53-54]; ID., «Esperienza della trascendenza dal punto di vista dogmatico cattolico», 273-275 [«Transzendenzerfahrung aus katholisch-dogmatischer Sicht», 234-235].

[142] Si tocca qui il sostrato teologico-filosofico della sua famosa e polemica proposta dei «cristiani anonimi» (cf. K. RAHNER, «Die anonymen Christen»; ID., «Anonymes Christentum und Missionsauftrag der Kirche»; ID., «Bemerkungen zum Problem des „anonymen Christen"»; ID., «Anonymer und expliziter Glaube»).

grazia, che appaiono nel pensiero di K. Rahner come gli ambiti privilegiati di un incontro con Dio e, dunque, come le basi fondanti del discorso e della riflessione «teo-logica». L'immagine di Dio che scaturisce da questa formula teologica è eminentemente quella del Dio uno. Non è – come si vedrà in seguito – un discorso che si chiude fermamente ad altre prospettive, ma a mio giudizio queste variazioni configurano un quadro «teo-logico» che difficilmente esula da una visione unitaria di Dio. Alla radice di questo unitarismo nel discorso esperienziale rahneriano risiede l'interpretazione dell'«esperienza di Dio» come «a-tematica» e «a-nonima». Da un lato, l'«a-temacità» del «mistero santo», volendo giustamente evitare una riduzione di Dio a semplice oggetto d'esperienza, lascia però il discorso in una certa indefinitezza non facilmente compatibile con la concretezza storica alla base della fede trinitaria. Dall'altro lato, l'«a-nonimato» divino impedisce che si attribuiscano uno o più nomi a questo «mistero che chiamiamo Dio», come fa la fede cristiana quando confessa Dio nominandolo Padre, Figlio e Spirito Santo[143].

La proposta rahneriana permette, comunque, di continuare e approfondire la riflessione, poiché contiene in sé le possibilità di aprire il discorso a un'immagine di Dio propriamente trinitaria. Alla luce di quanto si è visto a proposito delle diverse variazioni sull'esperienza, queste possibilità potranno passare per i seguenti aspetti:

i. *Un'alterità iscritta nell'esperienza di tipo trascendentale*: l'approccio trascendentale, tipico di K. Rahner, si fonda sul presupposto che nell'esperienza profonda della propria finitudine l'uomo si scopre orientato verso quell'orizzonte misterico infinito che chiamiamo Dio. Questo significa che l'uomo si scopre allo stesso tempo aprioristicamente spinto verso un'altra realtà e dinamicamente determinato da quest'altra realtà. L'immanenza umana si rivela, dunque, misteriosamente abitata e animata da un'alterità. Si intravede qui una possibile analogia fra l'antropologia trascendentale e la dogmatica trinitaria: sia l'uomo, sia il Dio della confessione cristiana sono connotati, nella loro immanenza, dall'alterità. Ovviamente si tratta di alterità di carattere radicalmente diverso e per questo è necessario parlare di analogia. Nonostante ciò, nell'esperienza profonda di questa peculiare alterità si apre una via che si sintonizza con la confessione che Dio «in sé» è un'alterità tripersonale.

---

[143] Curiosamente, in questo particolare, la formulazione «teo-logica» di K. Rahner, pur seguendo vie diverse, arriva a una visione «anonima» di Dio che ha degli aspetti in comune con la visione «teo-logica» di R. Panikkar.

Approfondendo la strada tracciata da K. Rahner e cercando di rimanere fedele ai caratteri essenziali della sua impostazione, sembra aprirsi qui uno spazio per parlare di un passaggio possibile dall'esperienza – in tutte le sue variazioni – alla riflessione trinitaria. L'alterità iscritta nell'esperienza trascendentale mostra così una sua prima potenzialità trinitaria[144];

ii. *La triplice dinamica dell'autocomunicazione graziosa di Dio*: alla luce dell'interpretazione rahneriana dell'esperienza della grazia, è possibile identificare un'ulteriore potenzialità trinitaria[145]. Si è visto come per l'autore, nella sua «autocomunicazione» graziosa, Dio è, in simultaneo, il «donatore», il «dono» e il «fondamento» della sua accoglienza. Quasi immediatamente si dischiude qui una dinamica trinitaria della grazia o «autocomunicazione» divina, in quanto nel «donatore» si può riconoscere il Padre, nel «dono» il Figlio (e lo Spirito) e nel «fondamento» l'azione dello Spirito Santo;

iii. *Il Dio autocomunicativo e la responsorialità umana*: nel pensiero del teologo gesuita, grazia è Dio «autocomunicandosi» e comprende le modalità o della sua accettazione o del suo rifiuto. L'uomo sperimenta la sua libertà coinvolta in questo dialogo che è la grazia divina. Sperimenta, inoltre, che anche Dio coinvolge la sua libertà. Questa nota dialogica presente nell'esperienza della grazia può, allora, implicare una visione di Dio molto più personalizzata di quanto emerge dai testi dell'autore. Infatti, se Dio è sperimentato come un'entità comunicativa, se questo segna decisamente l'economia del rapporto Dio-uomo, allora, in coerenza con il *Grundaxiom*, questo Dio dovrà essere in se stesso un'«autocomunicazione» immanente e libera. L'immagine di un Dio comunicativo o dialogico in se stesso che così emerge si avvicina significativamente alla confessione trinitaria.

Le conclusioni di questo percorso, che ha come scopo una lettura trinitaria del discorso esperienziale di K. Rahner, consistono quindi nel riconoscere che il suo pensiero resiste a un semplice passaggio dall'esperienza alla Trinità e che, tuttavia, nella sua «teo-logia» trascendentale

---

[144] Non è, peraltro, obbligatorio che quest'alterità sia freddamente anonima e atematica, come lo aveva già intuito sant'Agostino nel suo «*interior intimo meo*» (cf. AGOSTINO DI IPPONA, *Confessiones*, III, 6, 11 [32]).

[145] Cf. M. FRANÇA MIRANDA, *O Mistério de Deus em nossa vida*, 209: «Ora a experiência da graça, a experiência que faz o homem de Deus dado proximamente como mistério, é uma experiência trinitária».

e soprannaturale sono presenti dei sottili spiragli che rendono ammissibile un simile passaggio.

3. Spiragli esperienziali e teologia trinitaria: ambivalenze di un'«autocomunicazione» fra economia e concettualizzazione

Finora si è esplorata la portata anonimamente trinitaria della riflessione di K. Rahner sull'esperienza di Dio. È ora necessario modificare, se non capovolgere, l'angolo di lettura per cercare gli spiragli esperienziali presenti nella sua teologia trinitaria. Se fin qui il legame fra esperienza e Trinità si è spesso mostrato possibile, sebbene sia stato raramente attuato dall'autore, è ora possibile riconoscere un più esplicito appello all'esperienza negli scritti che egli dedica propriamente alla questione della Trinità. In effetti, secondo K. Rahner, «per renderci conto del contenuto della dottrina della Trinità, possiamo sempre risalire all'esperienza della storia e della grazia (*heils- und gnadengeschichtliche Erfahrung*) – di Gesù e dello Spirito di Dio che opera in noi»[146].

L'integrazione dell'esperienza nella teologia trinitaria è in linea con la progettata (ri)strutturazione degli studi trinitari, di cui il *Grundaxiom* è la formula condensata. L'assunzione dell'economia come lo spazio in cui la Trinità si offre e si fa conoscere colloca naturalmente le esperienze del Dio «per noi» al centro della riflessione. Queste dovranno infondere nell'assioma la concretezza vitale che la sua densa enunciazione non può che formulare in modo ancora teorico e formale. Le esperienze di Dio sono economia salvifica in atto. Perciò, per passare dalla Trinità economica all'immanente, è necessario partire dall'esperienza che si fa di Dio nell'economia del vivere umano. Quest'aspetto è, da un lato, il primo spiraglio esperienziale del discorso trinitario dell'autore e, dall'altro, la radice di tutte le altre prospettive esperienziali che nella riflessione trinitaria rahneriana si possono individuare. L'integrazione della dinamica esperienziale nel pensiero trinitario di K. Rahner scaturisce, insomma, da questa prospettiva fondamentale: un Dio che si «autocomunica» nella storia è un Dio di cui si fa esperienza. Perciò, impostare la riflessione «teo-logica» in chiave economica implica una certa assun-

---

[146] *Trinità*, 45 [DdGtUH, 340-341]. Cf. GG, 440 [CFF, 581]: «Dennoch ist es vielleicht keine bloße theologische Spielerei, wenn man diese drei Formeln [des Glaubens] in ihrem Nebeneinander und Ineinander als Spiegelungen und Konsequenzen des christlichen Trinitätsglaubens zu verstehen sucht bzw. als die drei Zugangswege des menschlichen Erfahrung interpretiert, auf denen zunächst ein Verständnis der heilsökonomischen Trinität und von da aus auch der immanenten erreicht wird».

CAP. IV: L'ESPERIENZA TRASCENDENTALE IN K. RAHNER 231

zione dell'esperienza come suo punto di partenza, fatto che tende a validare l'ipotesi che è alla base di questo studio.

In tutto questo, la teologia delle missioni gioca un ruolo centrale. In effetti, lo stampo propriamente trinitario del Dio che si «autocomunica» nell'economia e nell'esperienza viene garantito dall'ammissione che il suo agire *ad extra* è trinitariamente distinto – e non soltanto trinitariamente appropriabile[147]. La posizione di K. Rahner è, nel fondo, che Dio ha «un rapporto tale che lo pone in relazione con il mondo in quanto trino e pone quindi ogni Persona in relazione con il mondo alla sua propria maniera»[148]. La presente messa in discussione della tradizionale dottrina delle appropriazioni è, da un lato, una conseguenza logica di quanto viene sostenuto nel *Grundaxiom* e, dall'altro, diventa un presupposto metodologico che rende teologicamente possibile pensare la Trinità a partire dall'esperienza. Solo riconoscendo che l'esperienza dell'«autocomunicazione» divina è davvero segnata dalla triplice distinzione personale in Dio diventa possibile aprire il discorso trinitario alla dinamica esperienziale e viceversa.

Gli spiragli esperienziali della teologia trinitaria di K. Rahner si basano, dunque, su questi due presupposti: i. un discorso «teo-logico» che parte dall'economia delle nostre esperienze di Dio; ii. l'ammissione che l'azione di Dio nella storia rispecchia la Trinità che lui stesso è. Anche se segnata da un certo formalismo che introduce nella «teo-logia» rahneriana, come si è visto, alcune disfunzionalità fra presupposti e concretizzazioni, la sua proposta trinitaria cerca di attuare queste due premesse, peraltro profondamente interconnesse. Questa ricerca lo spinge, inoltre, a concentrarsi su due domini specifici della riflessione teologica: la cristologia e la dottrina della grazia. Su tali ambiti dell'economia salvifica e della sua esperienza l'autore fonda il suo discorso sulla Trinità[149]. È al loro interno che si verifica e consuma l'«autocomunicazione»

---

[147] K. Rahner giudica l'ammissione o il rifiuto di relazioni «non appropriate» una questione teologica di «opinione libera» (cf. *Trinità*, 34 [DdGtUH, 336]).

[148] *Trinità*, 35 [DdGtUH, 332].

[149] Cf. DdGtUH, 356 [*Trinità*, 35]: «Für diesen Ausgangspunkt der Erkenntnis Gottes als des Vaters muß hier auf die Christologie und die Gnadenlehre verwiesen werden. Wir sagen öfters absichtlich „erfahren", weil die Selbstoffenbarung Gottes als des Vaters zwar das Moment begrifflicher Aussage als konstitutiv und unerläßlich einschließt, diese Aussage aber ein Moment an einem realen Ereignis der Erfahrung Jesu Christi und seines Geistes ist». Cf. DdGtUH, 371 [*Trinità*, 83]: «Natürlich haben wir ein vorläufiges Verständnis dessen, was mit „ökonomischer" Trinität gemeint ist. Heilsgeschichte, ihre Erfahrung und deren biblische Aussage geben ein solches Vorverständnis, das immer Grundlage und unüberholbarer, ja reicherer Ausgangspunkt bleibt,

storica di Dio. Difatti, il concetto di «autocomunicazione» svolge qui un ruolo assiale, nella misura in cui l'economia salvifica, tanto nell'incarnazione del *Lógos* quanto nell'ordine della grazia, altro non è che «autocomunicazione» libera di Dio.

Di conseguenza, è attorno a questo trittico – cristologia, dottrina della grazia e approfondimento del concetto di «autocomunicazione» – che si strutturerà, in seguito, l'individuazione degli appelli rahneriani all'esperienza in campo trinitario. Si tratta di notare, assieme a K. Rahner, che la triplicità divina costituisce una realtà di cui si può fare una determinata esperienza: 1. nell'evento dell'incarnazione del *Lógos* di Dio; 2. nell'esperienza della grazia; 3. nella riflessione sugli aspetti che descrivono la doppia modalità dell'«autocomunicazione» di Dio. All'interno dell'opera del teologo gesuita i primi due appaiono associati alla legittimazione teologica del *Grundaxiom*. Sono visti, infatti, come gli eventi che lo confermano. Il terzo aspetto, invece, risulta maggiormente associato allo sviluppo sistematico della prospettiva trinitaria che l'assioma sintetizza[150]. A questi tre paragrafi è necessario aggiungere un quarto, nel quale cercherò di abbozzare una sintesi critica della teologia trinitaria di K. Rahner in chiave esperienziale.

3.1 *Triplicità divina nell'esperienza del* Lógos

L'incarnazione del *Lógos* divino è, per K. Rahner, il primo «caso» che conferma la validità teologica del *Grundaxiom*. Cristo è la «ex-sistenza» di Dio Trinità nel mondo[151]. In effetti, la fede cristiana sostiene che:

> Gesù non è semplicemente Dio in generale, ma il Figlio; la seconda divina Persona, il *Lógos* di Dio, è uomo, lui e solamente lui. C'è dunque, come minimo, *una* missione, *una* presenza nel mondo, *una* realtà economico-salvifica, la quale non viene solamente appropriata a una determinata persona divina, ma le è propria. [...] Qui fuori della vita intradivina, nel mondo stesso, accade qualcosa che non è semplicemente evento del Dio triperso-

---

auch wenn es auf einem systematischen Begriff gebracht wird. Eben dieses Vorverständnis wird aber erst wirklich genau entfaltet in der Christologie und Gnadenlehre».

[150] La legittimazione cristologica e soteriologica dell'assioma, esposta subito dopo la sua enunciazione, è presente tanto in BdTDT come nel saggio posteriore DdGtUH. Al contrario, l'approfondimento della dinamica dell'«autocomunicazione» divina sembra molto più sviluppata in quest'ultimo saggio, proprio nel capitolo dove si abbozza uno «schema sistematico d'una teologia trinitaria».

[151] Cf. G.J. ZARAZAGA, *Dios es comunión*, 82.

nale, operante come unico Dio nel mondo con la causalità efficiente, bensì un qualcosa che si addice solamente al *Lógos* e che è storia di una Persona divina in distinzione dalle altre Persone divine[152].

In queste parole spunta con chiarezza il rifiuto rahneriano di un discorso che si limiti a considerare l'agire storico di Dio come trinitariamente appropriabile. Almeno nel «caso» del Verbo fatto uomo ci si trova davanti a un avvenimento che, in senso proprio, riguarda solo il Figlio. Non che si possa rifiutare l'implicazione del Padre e dello Spirito in tale avvenimento, ma le modalità della loro presenza e azione sono chiaramente distinguibili dalla presenza e azione specifiche del Figlio. Il teologo gesuita, partendo dall'incarnazione, conclude che «se questo succede una volta» si può ammettere che succeda altre volte e che, perciò, «la dottrina trinitaria e la dottrina economica (la dottrina trinitaria e la dottrina salvifica) non sono adeguatamente distinguibili»[153].

K. Rahner, d'altronde, si serve delle possibili obiezioni a una tale posizione per consolidare e illustrare la via «teo-logica» compresa nel suo assioma[154]. Si tratta di assumere che «in linea di principio l'incarnazione si può intendere come "caso" dogmaticamente sicuro di un rapporto economico [...] proprio di una Persona divina con il mondo», fatto che «non implica che queste tre relazioni non-appropriate delle tre divine Persone con il mondo stiano indipendentemente l'una accanto all'altra»[155]. Si verifica, invece, un unico rapporto con il mondo, all'interno del quale, tuttavia, ogni Persona si relaziona alla sua propria maniera. Di conseguenza, nell'unione ipostatica si svela non un qualsiasi aspetto generico di Dio, come accade quando si ammette la possibilità dell'incarnazione di un'altra Persona divina, ma una specificità della persona del *Lógos*. Perciò, «la natura umana [del *Lógos*] non è là schera (il *prósōpon*) presa dall'esterno, [...] bensì fin dall'origine è il simbolo reale del *Lógos* stesso»[156], alla quale si unisce in un rapporto essenziale – e non solo formale. Solo così, secondo l'autore, si fa

---

[152] *Trinità*, 31 [DdGtUH, 329]. Cf. OTDT, 606-607 [BdTDT, 115-117]; K. RAHNER, «Teologia dell'incarnazione», 93-97.116-121 [«Zur Theologie der Menschwerdung», 309-310.320-322].

[153] *Trinità*, 32 [DdGtUH, 329]. Cf. OTDT, 610-611 [BdTDT, 118].

[154] Obiezioni che sono, fondamentalmente, tre: i. il carattere particolare dell'incarnazione; ii. l'ammissione della possibilità dell'incarnazione di un'altra Persona divina; iii. l'opinione che l'umanità assunta avrebbe con il Figlio soltanto un rapporto meramente formale o estrinseco (cf. *Trinità*, 32-40 [DdGtUH, 329-336]).

[155] *Trinità*, 35 [DdGtUH, 332].

[156] *Trinità*, 39 [DdGtUH, 335].

giustizia alla confessione che davvero trova il *Lógos* divino in Gesù di Nazaret.

In questa radicazione cristologica del *Grundaxiom* – totalmente incentrata sull'unione ipostatica[157] – si verifica una discreta apertura nei confronti della dinamica esperienziale. «La storia della salvezza – afferma K. Rahner –, la sua esperienza e l'espressione biblica di quest'ultima sono le fonti di un tale concetto preliminare [di Trinità economica]»[158]. L'argomento rahneriano deriva, in sostanza, dal presupposto che in Gesù Cristo si fa esperienza non di un Dio genericamente uno e trino, ma proprio del Figlio, del *Lógos* eterno di Dio. Ciò significa, quindi, che nell'esperienza del *Lógos* incarnato si fa un'esperienza vera e propria – non solo appropriata – di Dio Trinità o, perlomeno, di una Persona della Trinità. L'avvento del Figlio incarnato ha dischiuso all'uomo, dunque, la possibilità di un'esperienza reale di incontro con la Trinità in quanto Trinità, possibile grazie al contatto storico e personale con una delle Persone divine: il *Lógos*.

L'importanza che K. Rahner attribuisce all'incarnazione permette, insomma, di parlare di un certo accesso alla triplicità divina nell'esperienza storica del *Lógos*. Far esperienza del Figlio, così come attestano i Vangeli, è già accostarsi alla Trinità. Questo è un esempio di che cosa possa significare l'assunzione dell'esperienza come punto di partenza della teologia trinitaria e che, per certi versi, si avvicina al modo in cui J. Moltmann fa derivare il dischiudersi della Trinità dalla cristologia[159].

3.2 *Triplicità divina nell'esperienza della grazia*

Nell'«ordine della grazia» K. Rahner trova argomenti supplementari che corroborano la sua impostazione trinitaria. Se la presenza storica del *Lógos* fatto uomo è il primo «caso» che consente di parlare di un'esperienza propria di un ente della Trinità, la dottrina della grazia apre la riflessione all'esperienza di un «triplice modo di comportarsi di Dio verso di noi»[160]. La logica con cui l'incarnazione viene interpretata si

---

[157] Che, perciò, sembra tralasciare altri aspetti della persona e della storia di Gesù.
[158] *Trinità*, 83 [DdGtUH, 371].
[159] Il presupposto degli autori è, fondamentalmente, lo stesso: in Gesù di Nazaret abbiamo accesso alla Trinità. Nell'economia della sua vita si svela l'essenziale della vita immanente del Dio Trinità. Il contrasto fra gli autori è, però, evidente: mentre K. Rahner, negli scritti trinitari, si concentra sull'unione ipostatica, ossia sull'incarnazione del Verbo, J. Moltmann privilegia invece una cristologia di tipo staurocentrico.
[160] Cf. OTDT, 618-625 [BdTDT, 123-128]; *Trinità*, 40-46 [DdGtUH, 336-340].

estende all'interpretazione del rapporto fra Dio e l'uomo giustificato. La sua tesi è che «ciascuna delle tre divine Persone si partecipa all'uomo, per grazia, nella sua particolarità e differenza personale»[161]. L'inabitazione di Dio, la sua «autocomunicazione», si situa non tanto a livello di una «partecipazione alla natura divina», ma piuttosto di una «partecipazione delle Persone»[162].

La triplicità con cui Dio agisce nell'ordine della grazia non corrisponde, però, a semplici modalità di intervento dell'unico Dio. Questo sarebbe, in accordo con K. Rahner, un «falso sabellianismo economico»[163]. Tale triplicità rispecchia, invece, quello che Dio effettivamente è in se stesso. Dio «si comporta con noi in modo trinitario e proprio questo comportamento trinitario [...] con noi non è soltanto un'immagine od analogia della Trinità immanente, bensì è questa stessa Trinità»[164]. Ciò implica, anzitutto, l'ammissione di un contatto reale con la Trinità nell'ordine della grazia. L'«autocomunicazione» graziosa di Dio è mediata da lui stesso. Se così non fosse, non si potrebbe neppure parlare di vera «autocomunicazione»[165]. Ciò significa, inoltre, che nell'esperienza della grazia ciascuna delle tre Persone divine si comporta verso di noi in assoluta coerenza con la forma attraverso la quale si relazionano fra di loro. Coerenza che è appunto quella che il *Grundaxiom* individua intercorrente fra economia e immanenza divina. Come ricorda l'autore, le Persone divine «non sono assolutamente nulla di diverso dal loro proprio modo di comunicazione»[166].

Sembra abbastanza chiaro che qui, negli scritti trinitari e in rapporto con quanto si è visto prima, la questione della grazia si coniuga in modo più riuscito con una «teo-logia» propriamente trinitaria. Difatti, la comunicazione della grazia si declina qui, esplicitamente, in ritmo ternario:

Quest'autocomunicazione di Dio a noi ha [...] un triplice aspetto: [1.] è l'autocomunicazione, in cui la realtà partecipata rimane realtà sovrana, non comprensibile, che, anche in quanto ricevuta, rimane nella sua indisponibile e incomprensibile assenza di origine; [2.] è autocomunicazione nella quale il Dio che si dischiude è «presente» come verità che si rivela e come forza che dispone liberamente e agisce storicamente; ed [3.] è

---

[161] *Trinità*, 41 [DdGtUH, 337].
[162] Cf. OTDT, 41 [DdGtUH, 337-338].
[163] *Trinità*, 43 [DdGtUH, 339].
[164] *Trinità*, 41-42 [DdGtUH, 337].
[165] Concezione che sarebbe, in fondo, ariana (cf. *Trinità*, 43 [DdGtUH, 339]).
[166] *Trinità*, 42 [DdGtUH, 338].

autocomunicazione nella quale Dio che si dona ottiene in colui che riceve l'accettazione amorosa della sua autocomunicazione[167].

In questa citazione ricompare la triplice dinamica che caratterizza la visione rahneriana dell'esperienza della grazia: donatore, dono e fondamento della sua accoglienza. Il passaggio che prima si è accennato – dall'esperienza della grazia alla Trinità –, sebbene rischia di andare oltre l'autore, trova in questa sede una certa legittimazione, come si coglie in queste altre parole del teologo gesuita:

> Nella dimensione della economia della salvezza questa differenza [dell'autocomunicazione] è veramente «reale»: [1.] l'origine dell'autocomunicazione di Dio, [2.] la sua «esistenza» che si dischiude radicalmente e che si esprime, [3.] la sua accettazione da lui stesso attuata, non sono in maniera indistinta «la medesima realtà», che sarebbe solo indicata con parole diverse. In altri termini: il Padre, la Parola (il Figlio) e lo Spirito […] rinviano, secondo l'evidenza della esperienza di fede (*Glaubenserfahrung*) quale è testimoniata nella Scrittura, ad una vera distinzione, ad una duplice mediazione entro questa autocomunicazione[168].

La dinamica della grazia si svolge, dunque, secondo una triplicità che ci svela l'identità immanente del Dio che si «autocomunica». Questa dinamica è, anzitutto, un'esperienza che si fa: quella della grazia. Si mostra qui una reale apertura del discorso trinitario rahneriano all'esperienza che, come uomini aggraziati, facciamo di Dio. Se l'incarnazione è il «caso» storico che rende possibile il transito attraverso l'economia e immanenza divine, l'ordine della grazia amplifica tale transito, rendendolo sempre contemporaneo all'uomo giustificato. Non si tratta soltanto della memoria di un'esperienza compiuta nel passato, ma anche della possibilità di sperimentare personalmente il «triplice modo di comportarsi di Dio verso di noi». È, come dichiara l'autore, un accedere «alla dottrina della Trinità in Gesù e nello Spirito, così come li sperimentiamo in noi nella storia della salvezza e della fede»[169]. L'esperienza dell'«autocomunicarsi» di Dio, del suo agire nell'uomo che è grazia, si afferma, dunque, in K. Rahner, come luogo di percezione della tripersonalità divina confessata nel Simbolo della fede. L'esperienza della grazia localizza il problema trinitario «in noi»: «per noi – sostiene l'autore

---

[167] *Trinità*, 42-43 [DdGtUH, 338-339]. L'indicazione numerica è un'aggiunta che non si trova nell'originale.
[168] *Trinità*, 43 [DdGtUH, 339]. Di nuovo, l'indicazione numerica è un'aggiunta all'originale.
[169] *Trinità*, 44 [DdGtUH, 340].

– la Trinità non è solo una realtà esprimibile in maniera puramente dottrinale. Essa stessa viene *in noi* [...] è proprio concessa *a noi*»[170]. La questione trinitaria non si risolve, allora, nell'ambito puramente verbale o riflessivo. Deve, invece, partire e aprirsi all'esperienza della triplicità presente nell'«autocomunicazione» graziosa di Dio.

3.3 *Trinità nella dinamica della sua «autocomunicazione»*

Fin qui si è potuto osservare come, negli scritti trinitari di K. Rahner, l'incarnazione e la grazia costituiscono gli assi teologici fondamentali dell'economia salvifica. Il passaggio dall'economia all'immanenza divina suppone, tuttavia, una tappa intermedia che costituisca una mediazione fra loro. È questo che l'autore si propone con la ricerca di una concezione sistematica della Trinità economica[171]. È solo a questo punto che viene introdotto il concetto di «autocomunicazione (*Selbstmitteilung*)», anche se a esso si è già, in precedenza, fatto riferimento. Con il concetto di «autocomunicazione» K. Rahner intende sistemare quanto si è riconosciuto nell'economia della rivelazione e dell'esperienza del Dio Trinità.

La sistemazione rahneriana della teologia trinitaria si basa, fondamentalmente, sulla compatibilità fra i modi in cui avviene l'«autocomunicazione» di Dio e la struttura dell'uomo, il suo destinatario. In questo particolare, riemerge la matrice antropologica e trascendentale tipica della sensibilità teologica di K. Rahner. In effetti, da un lato, si parte dalla confessione che «Dio liberamente decide di uscire da se stesso»[172] e che lo fa in un modo corrispondente alla sua vita immanente; dall'altro, si presuppone che Dio si rivolge all'uomo in un modo adeguato alla sua capacità di accoglierlo, cioè corrispondentemente alla natura del destinatario[173]. È proprio fra comunicazione divina e struttura ricettiva umana che l'autore traccia la via teologica con cui cerca di caratterizzare l'«autocomunicazione» di Dio, la quale, pur essendo una realtà unitaria, avviene secondo modalità distinte.

In primo luogo, il suo discorso si fonda sulla percezione che l'«autocomunicazione» divina si svolge secondo una duplice modalità. Essendo un movimento uno e coerente di Dio che esce da se stesso, la sua

---

[170] *Trinità*, 44-45 [DdGtUH, 340].
[171] Cf. *Trinità*, 83-98 [DdGtUH, 370-383]. Ricorre, di nuovo, la tendenza concettualizzante della teologia rahneriana.
[172] *Trinità*, 86 [DdGtUH, 373].
[173] Cf. *Trinità*, 88-90 [DdGtUH, 376-378]; M. FRANÇA MIRANDA, *O Mistério de Deus em nossa vida*, 109-112.

autorivelazione procede secondo due forme che, oltre a descrivere l'economia, caratterizzano Dio in se stesso. Afferma K. Rahner:

> L'enunciazione della Trinità economica riguarda i due modi diversi, tra loro correlati, condizionantisi a vicenda in questo reciproco rapporto di condizionamento costituenti una *táxis* della libera e indebita autocomunicazione di Dio alla creatura spirituale in Gesù Cristo e nello «Spirito». [...] La questione decisiva riguardo questo concetto [autocomunicazione] è come esso possa aiutare a far comprendere i due modi dell'autocomunicazione attraverso il Figlio e lo «Spirito» e come questi due modi possono essere intesi quali elementi intrinseci tra loro correlati e distinti l'uno dall'altro dell'*unica* autocomunicazione di Dio[174].

Rimane, comunque, poco chiaro in quale aspetto della precedente esposizione circa l'avvento di Dio Trinità nell'economia – centrata sulla cristologia e sulla grazia – l'autore trovi le basi per parlare della doppia forma di «autocomunicazione» divina. Certamente, l'incarnazione del *Lógos* può, senza difficoltà, essere vista come epifania di una modalità dell'«autocomunicazione» di Dio. Tuttavia, nel discorso intorno alla questione della grazia si parla di «triplice comportamento di Dio verso di noi» e non di duplice «autocomunicazione». Evidentemente, le due affermazioni non sono necessariamente contraddittorie, poiché, «autocomunicazione» e «comportamento di Dio» non sono sinonimi. Al contrario, ambedue servono a far emergere la matrice trinitaria dell'economia. In questo nodo della sistemazione trinitaria, tuttavia, la sua «concettualizzazione» sembra giungere un po' meno a contatto con l'economia salvifica ed essere fortemente debitrice alla necessaria conciliazione della sua prospettiva con le «linee fondamentali» del magistero sulla Trinità[175].

Successivamente, considerando l'«autocomunicazione» divina a partire dal suo destinatario, K. Rahner nota come questa si debba strutturare secondo quattro coppie di aspetti. È in loro o alla loro luce che si può parlare di una certa apertura all'esperienza del concetto di «autocomunicazione» in teologia trinitaria, anche se questa è qui meno evidente di

---

[174] *Trinità*, 84-85 [DdGtUH, 371-372]. Salvaguardate le rispettive differenze, il modo come K. Rahner si impegna in mostrare come si verificano due e solo due modi di Dio si «autocomunicare» si assomiglia, ad esempio, al modo come S. Tommaso d'Aquino si sforza in mostrare come in Dio si danno due e solo due processioni (cf. STh I, q. 27, a. 5 [IV, 315-317]).

[175] Capitolo che media il passaggio fra le indicazioni iniziali circa la Trinità economica e la sistemazione rahneriana della dottrina trinitaria (cf. *Trinità*, 55-79 [DdGtUH, 348-368]).

quanto si è riscontrato in precedenza. Prima, però, di esplorare la potenziale dimensione esperienziale dell'«autocomunicazione», è importante indicare quali sono e cosa intende l'autore con le quattro coppie che ne descrivono gli aspetti fondamentali:

i. *Origine – futuro*: l'«autocomunicazione» partecipa della tensione fra «un inizio come costituzione del destinatario d'una possibile autocomunicazione divina» e il *futuro* del suo compimento, orizzonte verso il quale l'uomo è orientato. L'autore cerca, però, di salvaguardare lo statuto radicalmente nuovo di questo futuro, che non è semplice conseguenza evolutiva dell'origine[176];

ii. *Storia – trascendenza*: l'uomo si trova tra «l'*a priori* e l'*a posteriori* della conoscenza e della libertà». Per raggiungere l'uomo intero e nella sua unità, l'autocomunicazione dovrà situarsi in una storia aperta alla trascendenza. Trascendenza che «si vede e si trova [...] nell'oggetto stesso», ossia nella storia. In sintesi, «se l'autocomunicazione di Dio si attua nei confronti dell'uomo storico, che è ancora in divenire, allora essa può attuarsi solo nella dualità unificante di storia e trascendenza, quale l'uomo è»[177];

iii. *Offerta – accettazione*: dalla libertà del destinatario, K. Rahner fa derivare la conseguenza che «l'autocomunicazione di Dio deve comportare anche la differenza fra *offerta* e *accettazione*»[178]. La tesi è, sostanzialmente, quella che si è già vista a proposito dell'esperienza della grazia: l'accettazione è ancora un momento dell'«autocomunicazione»;

iv. *Conoscenza – amore*: la quarta coppia, simultaneamente la più singolare e la più allineata con la tradizione teologica[179], presenta l'«autocomunicazione» di Dio come atto di conoscenza e di amore. Entrambi costituiscono determinazioni trascendentali dell'uomo e non sono né assolutamente superabili né integrabili. Il «*verum* e *bonum*, conoscenza e amore, pur con tutta la loro "pericoresi", la loro unità trascendentale [...], sono la più originaria diversità, cosicché nessuno dei due si lascia considerare come *puro* momento dell'altro»[180]. La conseguenza è, allora, che

---

[176] Cf. *Trinità*, 90 [DdGtUH, 376].
[177] *Trinità*, 91 [DdGtUH, 377].
[178] *Trinità*, 91 [DdGtUH, 377].
[179] Conoscenza e amore corrispondono, di fatto, al modo in cui la teologia trinitaria prospetta tradizionalmente le due processioni in Dio.
[180] *Trinità*, 92 [DdGtUH, 378].

«un'autocomunicazione di Dio all'uomo deve dunque costituirsi come autocomunicazione all'uomo della verità assoluta e, come tale, dell'amore assoluto»[181].

Con tale rappresentazione dell'«autocomunicazione» K. Rahner cerca di essere coerente con il presupposto secondo il quale le modalità in cui Dio esce da se stesso devono essere compatibili con le strutture antropologiche del suo destinatario. Solo così sarà possibile che l'«autocomunicazione» tocchi l'uomo nella sua integralità. Tuttavia, l'interesse è qui specificamente trinitario. Questi modi dell'«autocomunicazione» rappresentano, infatti, il nostro accesso all'immanenza divina e, pertanto, queste quattro copie non caratterizzano soltanto Dio nell'economia, ma aprono lo sguardo teologico alla sua immanenza. K. Rahner deve ancora mostrare che *origine*, *storia*, *offerta* e *conoscenza* – i primi termini delle coppie – formano tra loro una tale unità che ci consente di affermare che questi descrivono un primo modo di Dio «autocomunicarsi»[182] e che lo stesso capita con *futuro*, *trascendenza*, *accettazione* e *amore* – i secondi termini delle coppie – per configurare una sua seconda modalità[183]. È proprio questa la conclusione della sua riduzione dell'economia dell'«autocomunicazione» di Dio a concetto teologico:

> L'autocomunicazione divina ha, quindi, due modalità fondamentali: autocomunicazione come *verità* e come *amore*. [...] Tale tesi implica che questa autocomunicazione, in quanto si attua come *verità*, avvenga nella *storia*; in quanto si attua come *amore*, significa l'apertura di questa storia alla

---

[181] *Trinità*, 92 [DdGtUH, 378].

[182] Cf. DdGtUH, 378-380 [*Trinità*, 93-94]: «Herkunft – Geschichte – Angebot bilden deutlich eine Einheit. Die Herkunft aller nichtgöttlichen Wirklichkeit und ihrer Geschichte ist der Wille Gottes zum Angebot göttlicher Selbstmitteilung, insofern die geschichtliche Welt als Adressat in freier Annahme für solche Selbstmitteilung konstituiert ist. Das Angebot göttlichen Selbstmitteilung ist die Herkunft von Welt und Geschichte, der Grundplan, nach dem die geschichtliche Welt entworfen ist. [...]. Wahrheit ist somit zunächst die getane Wahrheit, die Tat, in der man sich fest vor sich und einem anderen dar-stellt, die Tat, die darauf wartet, wie ihr begegnet wird. Von da aus ist zu verstehen, daß der Vorgang der Selbstmitteilung, insofern sie sich als Herkunft, Geschichte und Angebot konstituiert, sich als Wahrheit zeigt».

[183] Cf. DdGtUH, 381 [*Trinità*, 95-96]: «Insofern also die göttlichen Selbstmitteilung den Willen ihrer Annahme impliziert, ist sie die Konstitution der Transzendenz und der Zukünftigkeit und das Ankommensein der absoluten Zukunft selbst, das deren Annahme mitbringt. [...] Jedoch: die Selbstmitteilung, die sich absolut will und ihre Annahmemöglichkeit und Annahme schafft, ist das, was Liebe meint, der spezifisch göttliche (weil ihre Annahme selbst schaffende) „Fall" der Liebe als frei angeboteter und frei angenommener Selbstmitteilung der „Person"».

trascendenza verso il *futuro* assoluto. [...] Questi due *modi* dell'autocomunicazione divina né sono l'uno estraneo all'altro, né sono tra loro collegati puramente per decreto divino, bensì formano l'unica autocomunicazione divina che si dispiega come *verità* nella *storia*, nell'*origine* e nell'*offerta* come *amore* nella *trascendenza* verso il *futuro* assoluto accettato. [...] Se volessimo ridurre ad una formula breve queste due modalità [...] allora potremmo dire: *l'autocomunicazione divina avviene in unità nella storia (della verità) e nello spirito (dell'amore)*[184].

Le due forme attraverso le quali Dio si «autocomunica» sono, come si è detto, espressione del Mistero di Dio «in sé». Da questa riduzione concettuale dell'economia, K. Rahner fa discendere tre conclusioni sull'immanenza divina: i. in Dio esiste una «reale differenza tra l'unico e medesimo Dio»; ii. questa differenza è costituita da una doppia «autocomunicazione» del Padre; iii. si verifica una vera relazione fra l'autocomunicatore originario e colui che viene espresso e accolto[185]. Con questo inquadramento della questione, il teologo gesuita crede, finalmente, di raggiungere «ciò che nelle definizioni ecclesiastiche trinitarie si dice del Padre, Figlio e Spirito»[186].

Individuare appelli esperienziali all'interno di questa sistemazione rahneriana non è compito facile. La sua matrice concettuale e formale solleva delle difficoltà quando viene a contatto con una lettura esperienziale della fede trinitaria. In effetti, la sua concettualizzazione della Trinità economica si mostra più debitrice all'analisi della struttura trascendentale dell'uomo che propriamente a una fenomenologia del rapporto storico Dio-uomo. In questo fatto, si verifica una certa regressione di fronte al modo – molto più vicino allo svolgersi di questo rapporto – sul quale si fonda la validità teologica del *Grundaxiom*. Se negli scritti dedicati al tema dell'esperienza non è sempre possibile riconoscere il volto tripersonale di Dio, parallelamente, in quest'approccio schematico alla questione trinitaria non sembra facile percepire in che misura si concede un ruolo rilevante alla dinamica esperienziale.

Nonostante tutto, si può intravedere un tenue spiraglio esperienziale. Questo si percepisce in due dimensioni della sua sintesi trinitaria: i. l'esperienza come accesso alla reale tri-unità divina; ii. la struttura del destinatario umano come via per l'interpretazione dell'autocomunicazione di

---

[184] *Trinità*, 96-97 [DdGtUH, 381-382].
[185] Cf. *Trinità*, 99-100 [DdGtUH, 383-384].
[186] *Trinità*, 97 [DdGtUH, 382]. Cf. M. FRANÇA MIRANDA, *O Mistério de Deus em nossa vida*, 136-146.

Dio. Per quanto riguarda il primo aspetto, è importante ricordare che per K. Rahner l'«autocomunicazione» di Dio è realtà concretamente *sperimentata* da noi[187]. Dietro la complessità della sua costruzione sistematica, la base del concetto di «autocomunicazione» rimane l'esperienza di Dio nell'uomo e nella storia. La percezione di una duplice modalità dell'«autocomunicazione» divina ci è data nel piano dell'esperienza, poiché la differenza «sperimentata anche nell'autocomunicazione di Dio ("umanità di Cristo" e "grazia creata") non costituisce la differenza delle due modalità dell'autocomunicazione divina, bensì la fa apparire come loro conseguenza»[188].

Nelle quattro coppie in cui si concretizzano le modalità dell'«autocomunicazione» divina si può trovare un secondo aspetto di un residuo esperienziale in questa sistemazione trinitaria. Come si è visto, la pensabilità del concetto di «autocomunicazione» e delle due modalità del suo accadere deriva dalla confluenza di rivelazione storica di Dio e capacità umana di accoglierla. La percezione di ambedue si basa, però, rispettivamente, sull'esperienza di Dio nella storia e sull'esperienza di sé. Perciò, anche nel momento più alto della costruzione formale del teologo gesuita in ambito trinitario, un vincolo esperienziale non è mai del tutto assente. Origine e futuro, storia e trascendenza, offerta e accettazione, conoscenza e amore sono, in fondo, realtà umane, realtà delle quali abbiamo una certa esperienza. L'esperienza storica di un Dio che si comunica com'è e l'esperienza che l'uomo fa di se stesso e che condiziona lo svolgimento di tale una «autocomunicazione»[189] sono, allora, discretamente presenti nella sistemazione trinitaria di K. Rahner, anche se risultano avvolte in un discorso che non concede loro esplicita rilevanza.

3.4 *Interludio teologico-trinitario: ambivalenza esperienziale fra speculazione ed economia*

La presente lettura tematica degli scritti trinitari di K. Rahner ha confermato, nell'essenziale, le difficoltà prospettate all'inizio di questo capi-

---

[187] Cf. DdGtUH, 383 [*Trinità*, 98].
[188] *Trinità*, 98 [DdGtUH, 383].
[189] La struttura della natura umana, intesa come condizione di possibilità dell'«autocomunicazione» divina, non costituisce, però, un condizionamento della libertà di Dio. Inversamente, è la libera ed eterna volontà divina di «autocomunicare» se stesso a determinare tale struttura, poiché il presupposto di K. Rahner è che Dio crea avendo già in vista la sua comunicazione e che, dunque, crea l'uomo come essere capace di accoglierlo così com'è: uno e trino. La creazione è, allora, già un momento dell'«autocomunicazione» di Dio Trinità (cf. *Trinità*, 88-90 [DdGtUH, 375-376]).

tolo, ma ha anche permesso di identificare in essi alcuni spiragli esperienziali. Le difficoltà sono radicate, soprattutto, nella matrice speculativa della sua riflessione trinitaria e, come si è visto, si fanno maggiori all'accentuarsi di questa caratteristica[190]. Importa, comunque, notare quanto c'è in comune e di diverso fra le riserve rahneriane a un'impostazione «teo-logica» di tipo esperienziale trovate negli scritti trinitari e quelle trovate, in precedenza, nell'ambito della sua teologia dell'esperienza. Le difficoltà sollevate in questi due ambiti hanno in comune lo sfondo concettualizzante, che tende ad allontanare la riflessione dall'esperienza vissuta. Distinte sono, invece, le immagini «teo-logiche» che da loro derivano: negli scritti trinitari si presenta, ovviamente, un'immagine trinitaria di Dio, mentre nella teologia dell'esperienza si tende a suggerire una visione unitaria di Dio.

La riflessione trinitaria di K. Rahner presenta, inoltre, delle possibili aperture alla dinamica esperienziale, sebbene siano situate più a livello di enunciazioni teoriche che di effettive affermazioni sulla Trinità. Nel ruolo primordiale attribuito dall'autore alla teologia delle missioni trinitarie[191], si trova, certamente, un'apertura della riflessione «teo-logica» alla dinamica esperienziale. Come si è osservato, questa è tanto più consistente quanto più l'autore riflette sull'agire storico di Dio inteso in senso trinitariamente proprio. L'interpretazione non appropriata delle missioni delle tre Persone divine è, comunque, una concretizzazione della prospettiva fondamentale del *Grundaxiom*: partire dall'economia salvifica per riflettere sulla Trinità. Questo presupposto (ri)fondante degli studi trinitari rimane, secondo me, il grande spiraglio esperienziale alla e della teologia trinitaria riscontrabile in K. Rahner. Fondare la riflessione trinitaria nell'economia del rapporto Dio-uomo rende possibile una valorizzazione dell'esperienza come autentica via teologico-trinitaria.

La teologia trinitaria di K. Rahner si mostra, insomma, ambivalente nel momento in cui la si consideri nella prospettiva di un suo possibile rapporto con la dinamica esperienziale. Non essendo, nel suo insieme, propriamente una «teo-logia» esperienziale, la sua riflessione presenta

---

[190] Caratteristica evidente nella sua sistemazione della Trinità economica di stampo antropologico-trascendentale.

[191] Le missioni divine svolgono qui il ruolo di principale punto di partenza della teologia trinitaria, in chiaro contrasto con il tradizionale modo di riflettere sulla Trinità, che tendeva, invece, a situare le missioni nel finale del *De Deo trino*, come ad esempio nella *Somma teologica* di san Tommaso d'Aquino (cf. *Trinità*, 52 [DdGtUH, 347]; STh I, q. 43 [IV, 445-454]).

comunque la grande premessa di un possibile approccio alla Trinità a partire dall'esperienza di Dio: il *Grundaxiom*.

4. Esperienza nella «teo-logia» rahneriana: ambivalenza fra resistenze unitario-concettuali e potenzialità trinitarie

In K. Rahner la presente inchiesta ha trovato un interlocutore di particolare importanza. Lo si accennava già all'inizio del capitolo e, giunti in prossimità della sua conclusione, si potrà adesso affermare che tale aspettativa si è confermata. La sua rilevanza per uno studio che, come spesso si è detto, si propone di investigare la validità e l'eseguibilità di una riflessione trinitaria impostata in chiave esperienziale, non consiste solo nella prospettiva fondamentale che l'autore ha aperto agli studi sulla Trinità, né solo nella sintonia parziale tra certi aspetti della sua teologia e l'ipotesi qui valutata. La rilevanza sta anche nei tanti aspetti del suo pensiero, fondamentali e secondari, che ci mostrano come non sempre la sua «teo-logia» è autenticamente trinitaria o che, quando effettivamente lo è, non sempre sembra essere considerata in chiave esperienziale. K. Rahner rappresenta, dunque, nell'insieme di questo esercizio e in contrasto con gli altri tre autori, una «contro-prova» dell'ipotesi di una teologia trinitaria impostata a partire e in vista dell'esperienza.

Lo statuto di «contro-prova» che si gli riconosce aiuta a capire come egli svolga qui un ruolo ambivalente. Da un lato, il suo pensiero sembra confutare la prospettiva di una riflessione trinitaria di stampo esperienziale. Tale si è avvertito, principalmente, nella quasi totale assenza di riferimenti alla Trinità nel momento in cui problematizza la questione dell'esperienza e, viceversa, nella non sempre conseguente considerazione dell'esperienza negli scritti trinitari. In K. Rahner si percepisce un discreto scetticismo riguardante la possibilità di congiungere esperienza e Trinità. Da questo confronto con l'autore, si capisce la necessità di conservare una salutare circospezione nell'ammissione di una teologia trinitaria di stampo esperienziale. Dall'altro lato, però, non si potranno negare, come si è indicato nel corso della presente esposizione, degli spiragli trinitari, effettivi e potenziali, nel suo variegato discorso sull'esperienza e, specularmente, degli spiragli esperienziali, effettivi e potenziali, nel suo discorso sulla Trinità. In ciò risiede l'ambivalenza denunciata e, pertanto, credo che la riflessione di K. Rahner, paradossalmente, attribuisca all'ipotesi esperienziale lo *status* di aporia teologico-trinitaria e, allo stesso tempo, si riveli piena di potenzialità per un tale approccio alla fede nel Dio uno e trino.

Importa, comunque, notare che quest'ambivalenza appartiene anche al pensiero rahneriano stesso. Il pensiero dell'autore è attraversato da enormi potenzialità trinitarie – che la teologia contemporanea ha saputo esplorare –, ma anche da quelle aporie presentate all'inizio come disfunzionalità teologiche. Infatti, a uno sguardo generale si può affermare che in lui si verifica un'oscillazione fra un'impostazione dominante prevalentemente unitaria e una più discreta, ma anche effettiva, considerazione di Dio come Trinità[192]. Sono, inoltre, presenti fluttuazioni fra un discorso prevalentemente formale o concettuale e accenni a un'altra logica, più agganciata alla storia, all'economia, infine, all'esperienza.

Ambivalenti sono, di conseguenza, le indicazioni conclusive con cui si dovrà valutare, alla luce di K. Rahner, l'ipotesi di assumere l'esperienza come punto di partenza e di arrivo della riflessione trinitaria. Tali indicazioni si potranno riassumere nel modo seguente:

i. *Resistenze di una teologia dell'esperienza di stampo unitario*: la «teo-logia» presente nel suo variegato approccio al tema dell'esperienza e la matrice trascendentale-soprannaturale in essa predominante puntano verso un'immagine di Dio prevalentemente unitaria[193]. Si potrà, dunque, ammettere che l'autore, tacitamente, rimanga scettico circa la possibilità di passare semplicemente dall'esperienza alla Trinità. Questo significa, nel concreto, una resistenza alla prospettiva trinitaria qui ipotizzata;

ii. *Resistenze di una prospettiva trinitaria di tipo concettuale*: la concettualizzazione della Trinità economica, il cui nocciolo è la nozione di «autocomunicazione» e il cui vertice è il modo in cui si arriva alla configurazione delle due modalità di quest'«autocomunicazione», allontana la sistematica trinitaria dal piano esperienziale. È certo che l'ipotesi valutata in quest'inchiesta comprende anche la necessità di un simile momento riflessivo circa quanto è stato sperimentato. Tuttavia, la fragile forma con cui l'autore relaziona esperienza e riflessione trinitaria tende a rappresentare una resistenza reale alla conciliazione fra la sua «teo-logia» e quest'ipotesi;

iii. *Potenzialità trinitaria nell'assioma fondamentale dell'esperienza*: il presupposto fondamentale della teologia rahneriana dell'esperienza

---

[192] Il problema risiede nel fatto che la logica trinitaria non è sempre percettibile oltre i testi propriamente a essa dedicati, come si è visto a proposito delle variazioni sull'esperienza.

[193] Dico prevalentemente per non screditare gli spiragli trinitari che sono stati identificati in tale teologia dell'esperienza.

è che «la storia dell'autoesperienza è la storia dell'esperienza di Dio e viceversa»[194]. Con questo *Grundaxiom* dell'esperienza, K. Rahner stabilisce la base teorico-fondamentale che sorregge l'ipotesi di un pensiero trinitario impostato in prospettiva esperienziale. Difatti, cristianamente, il Dio di cui si fa esperienza storica nell'autoesperienza non può essere altro che quello che la fede confessa come Trinità. Sebbene non sia stata percorsa dall'autore, si apre qui una strada per la riflessione trinitaria;

iv. *Potenzialità di una riflessione trinitaria che parte dall'economia delle missioni divine*: il pensiero trinitario del teologo gesuita si fonda sulla visione espressa nel *Grundaxiom*, prospettiva che si attua nell'assunzione delle missioni delle Persone divine come realtà trinitariamente proprie. Questa sua visione dell'agire di Dio apre al discorso «teo-logico» la possibilità di trovare e sperimentare nella storia una presenza divina trinitariamente distinta, in totale corrispondenza con quanto Dio è nella sua immanenza. Diventa, allora, teologicamente ammissibile che l'esperire umano possa dirci qualcosa sulla Trinità.

In sintesi, l'ipotesi di una teologia trinitaria impostata a partire e in vista dell'esperienza trova in K. Rahner una parziale ma importante contestazione. Si deve, quindi, moderare la convinzione di una stretta connessione fra esperienza e Trinità, cioè l'ammissione dell'esperienza come via capace di dischiudere il volto trinitario di Dio. Tuttavia, paradossalmente, in lui si riconosce l'enunciazione dei principi che sono alla base di una simile ipotesi. Difatti, considerando non tanto le sue concretizzazioni «teo-logiche», quanto la sua riflessione sui fondamenti della «teo-logia», si può dire che K. Rahner ha posto i presupposti affinché un tale approccio teologico-trinitario possa essere pensato.

È con lo scopo di proseguire la riflessione – in linea con quanto è stato proposto dal teologo gesuita, ma forse andando anche oltre – che in seguito si delineerà una caratterizzazione dell'esperienza come possibile punto di partenza e di arrivo della considerazione teologica del Mistero trinitario di Dio.

4.1 *Esperienza: punto di partenza*

Nel corso del presente studio dedicato al pensiero di K. Rahner, si è potuto più volte constatare come l'esperienza svolga davvero un ruolo di

---

[194] K. RAHNER, «Esperienza di se stessi ed esperienza di Dio», 182 [«Selbsterfahrung und Gotteserfahrung», 182].

base o punto di partenza della sua riflessione. Questo è un elemento centrale nella caratteristica impostazione rahneriana di tipo trascendentale e si coniuga ad alcune delle problematiche più care all'autore, come il tema della grazia o la considerazione dell'azione divina oltre i limiti del cristianesimo «istituzionale e verbalizzato». In teologia trinitaria, l'esperienza della storia salvifica è teoricamente postulata come punto di partenza «insostituibile e ricco»[195]. A partire dai contributi del teologo gesuita alla considerazione dell'esperienza come uno dei possibili punti di partenza della riflessione trinitaria, si possono trarre le seguenti indicazioni.

4.1.1 Esperienza come via introspettiva

La matrice trascendentale del pensiero rahneriano colloca l'esperienza che il soggetto fa di se stesso al centro della riflessione teologica. La peculiarità di tale metodologia trascendentale sta nel modo in cui egli percorre la via antropologica, nel modo in cui sonda l'uomo per trovare nelle sue strutture più profonde la presenza o l'itinerario verso il «Mistero santo» che, per dirla con l'autore, «chiamiamo Dio». Questa è, in misura significativa, una via introspettiva verso l'uomo, un guardare del soggetto a se stesso. Benché la nozione di «esperienza trascendentale» si allontani dal comune significato di esperienza e benché possa rapportarsi più a elaborate costruzioni teologico-filosofiche che al piano dell'esistenza concreta, mi pare, comunque, che il contributo di K. Rahner apra alla presente inchiesta – con una densità riflessiva non trovata finora – un'altra possibilità nel contesto esperienziale: l'esperienza che facciamo di noi stessi.

È, tuttavia, necessario prendere sul serio le già indicate difficoltà nel sostenere un effettivo passaggio, in ambito trascendentale, dall'esperienza di se a una visione «teo-logica» propriamente trinitaria. Se nel pensiero di K. Rahner è possibile cogliere l'importanza di tale sfumatura della dinamica esperienziale, è altresì importante riconoscere l'effettiva difficoltà teologica che risiede nel partire dall'esperienza trascendentale per arrivare alla Trinità.

4.1.2 Esperienza come immediatezza mediata

Il tema della presenza immediata di Dio è uno dei problemi con cui il presente lavoro, fin dal suo inizio, si è dovuto confrontare. In effetti,

---

[195] Cf. *Trinità*, 51-53.83 [DdGtUH, 345-347.370].

tale questione tocca la validità stessa della ricezione della nozione di esperienza all'interno del discorso teologico. Analogamente a quanto si è visto in precedenza negli altri autori, anche K. Rahner non elude problema. Al contrario, il modo in cui lo affronta offre un valido contributo alla desiderata caratterizzazione dell'esperienza come possibile punto di partenza della riflessione «teo-logica».

La visione rahneriana sull'argomento è ambivalente. Alla sua luce, si potrebbe dire che la nostra esperienza di Dio è «immediatamente mediata». Particolare attenzione merita, a tal riguardo, l'esperienza della grazia. È attraverso questa che Dio si fa assolutamente vicino all'uomo. L'ambivalenza risale, perciò, proprio all'espressione «immediatezza mediata (*vermittelte Unmittelbarkeit*)»[196]. Tuttavia, se alcune delle ambivalenze precedentemente individuate sembrano segnali di una certa inconsistenza, tendo, al contrario, a interpretare positivamente questa visione del problema. Difatti, l'esperienza di Dio non può essere definita semplicemente mediata, poiché allora, a rigore, non sarebbe di Dio che si farebbe esperienza, ma soltanto delle realtà o degli oggetti che lo mediano. Neppure può essere intesa solo come immediata, poiché, come si è già avuto modo di dire, Dio non può essere puro oggetto di un'esperienza umana[197]. La caratterizzazione paradossale del nostro incontro con Dio come «immediatamente mediato» permette di integrare sia la percezione dei credenti, sia l'ineffabilità divina. In quest'aspetto particolare, si constata una notevole e rara sintonia fra gli autori studiati[198].

4.1.3 Esperienza come luogo dell'«autocomunicazione» differenziata

Alcuni suggestivi spiragli esperienziali e trinitari sono stati identificati nel pensiero del teologo gesuita, anche quando rimangono solo a livello di presupposti teologici non davvero attuati. Questi spiragli sono riassumibili nell'ammissione di un agire diversificato di Dio all'interno dell'economia salvifica, agire che è sempre un «autocomunicarsi» di Dio. Infatti, il concetto di «autocomunicazione» svolge qui un ruolo as-

---

[196] Mediatezza e immediatezza non sono concetti necessariamente opposti, poiché ci sarà sempre una determinata mediazione al contatto immediato con Dio (cf. CFF, 118-120 [GG, 90-92]).

[197] Aspetto, d'altronde, che in K. Rahner viene palesemente sottolineato nella visione di Dio come Mistero.

[198] In particolare con G. Greshake, che usa questa stessa espressione per esprimere la sua posizione, fatto che permette di intravedere qui un influsso di K. Rahner su G. Greshake.

siale e dà alla sua posizione una certa unità. Considerando l'azione divina sia sotto l'angolo dell'esperienza trascendentale e della grazia, sia come trinitariamente propria, la nozione rahneriana di «autocomunicazione» incorpora, come minimo, la possibilità che questa avvenga in modi differenziati. La concezione rahneriana dell'«autocomunicazione» non è monolitica. Al contrario, essa avviene in una pluralità di modi possibili. Conseguentemente, sperimentare l'«autocomunicazione» divina significa sperimentare, almeno come possibilità, Dio che agisce in un modo differenziato assolutamente coerente con la sua immanenza. L'esperienza diventa, allora, luogo di un possibile incontro vitale con la dinamica tripersonale di Dio. In accordo con K. Rahner, ma andando decisamente oltre le sue proposte, all'esperienza si potrà dunque riconoscere lo statuto di punto di partenza per una «teo-logia» specificamente trinitaria.

4.2 *Esperienza: punto di arrivo*

Intravedere, nel pensiero rahneriano, in che misura l'esperienza possa venire riconfigurata dalla fede e dalla riflessione trinitaria, non sembra compito facile. L'ipotesi che la riflessione trinitaria possa promuovere una metamorfosi di quell'esperienza da cui si è partiti, in una specie di pericoresi fra esperienza e riflessione trinitaria, non trova grande accoglienza in K. Rahner. Un leggero accenno a questa possibilità si coglie, ad esempio, in questa citazione:

> Dove una dottrina trinitaria esatta viene anche esattamente ascoltata e condivisa, lì una concettualizzazione rettamente intesa spinge da sola a quell'attuazione dell'esistenza nella fede e nella grazia, in cui domina il mistero del Dio trino stesso e che non viene costituita semplicemente mediante l'oggettivazione concettuale di tale mistero[199].

La spinta a cui si riferisce l'autore è quella che in quest'inchiesta si intende con l'esperienza vista come punto di arrivo della riflessione trinitaria. Dalle parole di K. Rahner emerge anche la convinzione che una retta riflessione sul Mistero trinitario di Dio ha o può avere degli impatti sull'«attuazione dell'esistenza». Questo sarebbe un momento della riflessione «teo-logica» importante per sciogliere, come giustamente nota K. Rahner, l'impressione che la questione trinitaria sia una sottile «acrobazia concettuale»[200].

---

[199] *Trinità*, 52 [DdGtUH, 346].
[200] Cf. *Trinità*, 52 [DdGtUH, 347].

Nonostante la sintonia fra queste parole e l'ipotesi qui in esame, si dovrà ribadire la scarsa ricezione che una simile prospettiva ha avuto all'interno del pensiero trinitario del teologo gesuita. Anzitutto, perché questo tipo di affermazioni non sono frequenti nell'*opus* rahneriano. Sono, inoltre, affermazioni abitualmente abbastanza generiche, che non vanno oltre la semplice enunciazione di un principio teorico. Di conseguenza, si tratta di una possibilità ammessa astrattamente, ma quasi mai realmente attuata. In K. Rahner non si avvertono facilmente i possibili impatti che la riflessione trinitaria ha o può avere sull'«attuazione dell'esistenza». Sarà questo l'aspetto teologicamente più rilevante che determina l'impressione di una scarsa assunzione di una visione trinitaria avente l'esperienza come suo effettivo orizzonte.

In questo particolare, si sente un evidente contrasto fra la riflessione di K. Rahner e le preoccupazioni ecclesiologiche, socio-politiche e interculturali che emergono dalle proposte trinitarie di J. Moltmann, G. Greshake e R. Panikkar. Il teologo gesuita sembra, in effetti, autolimitarsi al dominio dello strettamente «teo-logico» in modo più rigido degli altri autori.

Andando oltre le proposte di K. Rahner, si può comunque affermare che il modello trascendentale-soprannaturale non rimane necessariamente chiuso a una certa considerazione di possibili impatti della riflessione «teo-logica» sull'esperienza umana. Sembra, invece, ragionevole pensare che questo modo di riflettere sull'esperienza, sulle condizioni *a priori* che permettono che Dio graziosamente si «autocomunichi» precisamente com'è, possa promuovere una riconfigurazione dell'esperienza che il soggetto fa di se stesso e, di conseguenza, dell'esperienza del suo rapporto con Dio. Giustamente, anche S. del Cura Eléna trae delle «conseguenze antropologiche» dall'approccio di tipo trascendentale[201]. La sua grande metamorfosi esperienziale si situa, allora, senza sorpresa, proprio a livello dell'esperienza di sé[202]. Tramite la riflessione «teo-logica» sull'esperienza di sé, l'uomo si (ri)scopre a se stesso e, prevedibilmente, si (ri)sperimenta a se stesso[203]. In tal modo, si riscon-

---

[201] Queste conseguenze si situano a livello della comprensione della conoscenza umana, che passa a essere intesa come «accettazione amorosa dell'altro nella sua alterità», invece che come «forma di dominio» (cf. S. DEL CURA ELÉNA, «Tra mistero ed esperienza», 173-174).

[202] A proposito degli altri autori si era anche puntato verso una trasformazione del soggetto come possibile impatto esperienziale della riflessione trinitaria.

[203] Gli effetti concreti che una tale dinamica può suscitare non sono, però, facilmente avvertibili.

CAP. IV: L'ESPERIENZA TRASCENDENTALE IN K. RAHNER 251

tra una circolarità fra esperienza e riflessione simile a quella che caratterizza l'ipotesi che sottostà alla presente investigazione.

4.3 Stile mistagogico-formale: concettualizzazione, percorso biografico e intenzionalità pastorale

Attraverso quest'analisi del pensiero di K. Rahner è possibile individuare non solo la sostanza della sua «teo-logia», ma anche lo stile del suo teologare. Sin dall'inizio è stato possibile capire che il teologo gesuita presenta un modo contrastante di affrontare il tema trinitario. Anche da questo punto di vista, egli si distingue da J. Moltmann, G. Greshake e R. Panikkar. Tale stile rahneriano potrà essere descritto con queste tre note caratteristiche:

i. *Formale-concettuale*: nonostante la sua critica alla teologia scolare, K. Rahner rimane ancora, nello stile, debitore di questa impostazione. La ricorrente opzione di ridurre a concetto gli avvenimenti e i fatti a cui la fede si riferisce dà alla sua «teo-logia» un profilo speculativo, formale, concettuale. Cercando vie che rendono comprensibile la fede cristiana alla mentalità moderna, l'autore tende a privilegiare una certa formalizzazione del dato rivelato e dell'esperienza dei credenti. La concettualizzazione e la formalizzazione aiutano, dunque, a caratterizzare il modo rahneriano di abbordare i temi teologici in genere e, specificamente, quello trinitario;

ii. *Biografico-ignaziano*: benché in un modo più discreto di quello di J. Moltmann, anche lo stile teologico di K. Rahner ha qualcosa di biografico. Questo non scaturisce tanto dalle crisi epocali o dalle sfide socio-politiche del suo tempo – come avviene nell'opera del teologo evangelico. L'aspetto biografico del teologare rahneriano si situa, invece, a un livello più personale. Da gesuita, egli «tentò di fare sua, anche sul piano del pensiero, l'esperienza di Dio, testimoniata da Ignazio di Loyola, alla quale egli aveva avuto accesso»[204]. Il suo teologare cerca, come sostiene K. Neufeld, una «comprensione esperienziale di Dio»[205]. La sua teologia si situa, allora, «fra Dio "sperimentato" e Dio "pensato"» e questo definisce «il filo conduttore del suo itinerario biografico e teologico»[206];

---

[204] S. DEL CURA ELÉNA, «Tra mistero ed esperienza», 153.
[205] Cf. K.H. NEUFELD, «Worte ins Schweigen», 427-436; H. VORGRIMLER, *Karl Rahner. Gotteserfahrung im Leben und Denken.*
[206] S. DEL CURA ELÉNA, «Tra mistero ed esperienza», 155.

iii. *Mistagogico-pastorale*: la motivazione che porta K. Rahner a soffermarsi sulla dottrina trinitaria rivela anche la preoccupazione pastorale insita nella sua teologia[207]. È vero che il suo formalismo rischia di tradire il proposito di creare un discorso che renda la Trinità accessibile all'uomo moderno. Tuttavia, almeno sul piano dell'intenzione, questa è una marca caratteristica della «teo-logia» di K. Rahner e che, d'altronde, ha segnato il rinnovamento contemporaneo degli studi trinitari. Quest'intenzionalità pastorale di base si attua soprattutto nell'aspetto mistagogico del suo pensiero. In effetti, l'autore cerca di (ri)condurre al Mistero divino attraverso una «giustificazione intellettualmente onesta della fede cristiana»[208]. Il suo pensiero presenta, quindi, un carattere di iniziazione graduale al Mistero di Dio attraverso la riflessione teologica su questo stesso Mistero.

Il presente capitolo si è proposto di intraprendere un'analisi del tema dell'esperienza, interrogandosi sul suo ruolo all'interno della riflessione trinitaria di K. Rahner. Giungendo ora al suo termine, importa ribadire quella che sarà la conclusione fondamentale di quest'analisi: quando l'autore riflette sull'esperienza e a partire dall'esperienza praticamente non si riferisce alla Trinità; e, in senso contrario, quando riflette appunto sulla Trinità, non sembra di considerarla in chiave esperienziale. Certamente, sono stati individuati e sviluppati alcuni aspetti trinitari della sua teologia dell'esperienza, come anche gli aspetti esperienziali della sua considerazione della Trinità. Questi aspetti, però, come si è visto, spesso non sono altro che prospettive teologiche presenti nella sua opera soltanto in potenza e non adottate dall'autore stesso. Da un lato, le esperienze trascendentale e della grazia ci dischiudono la via a un Dio misterioso e assoluto, santo e anonimo, indicazioni «teo-logiche» che si avvicinano più al Dio uno che a quello trino. Dall'altro lato, la sua concettualizzazione della Trinità, impostata attorno alla giustificazione trascendentale delle due modalità della sua «autocomunicazione», non sembra toccare la nostra esperienza. In sintesi, esperienza e riflessione sulla Trinità non presentano in K. Rahner un rapporto effettivo e diretto.

Confrontata, allora, con il pensiero rahneriano, l'ipotesi di una riflessione trinitaria impostata a partire e in vista dell'esperienza, pur senza essere totalmente respinta, dovrà comunque essere moderata. La teologia di K. Rahner è, come viene aggettivata, una «contro-prova» dell'ipo-

---

[207] Cf. M. FRANÇA MIRANDA, *O Mistério de Deus em nossa vida*, 36.42.216-217.
[208] CFF, 8 [GG, 6].

tesi in esame. Ciò vuol dire che in lui si è trovata una voce dissonante, sia relativamente a quest'ipotesi, sia relativamente agli altri tre autori analizzati. Lo scetticismo che K. Rahner esibisce circa una tale metodologia trinitaria, impone che si prendano sul serio le resistenze che la sua densa riflessione suggerisce. In questo si può individuare un contributo della sua teologia alla presente dissertazione: è necessario conservare un'adeguata prudenza riguardo la possibilità di passare dall'esperienza alla Trinità.

La sopravvivenza di un certo unitarismo «teo-logico» nella sua riflessione sull'esperienza invita, inoltre, ad apprezzare la forma in cui in teologia, tradizionalmente, si rapporta l'esperienza di Dio al *De Deo uno*, e non tanto al *De Deo trino*. K. Rahner tende a mitigare l'ottimismo teologico-trinitario sottinteso nell'ipotesi di impostare la questione in chiave esperienziale. Lo stampo unitario della sua «teo-logia» dall'esperienza definisce, dunque, un suo ulteriore contributo a quest'investigazione: la via esperienziale sembra più adatta a promuovere un'immagine prevalentemente unitaria di Dio.

La «teo-logia» rahneriana non implica, tuttavia, il rifiuto assoluto della possibilità di assumere l'esperienza come punto di partenza e di arrivo della riflessione trinitaria. Benché non sia questa la sua prospettiva, egli stabilisce i presupposti che rendono ammissibile una tale metodologia. Si tocca con mano, in quest'aspetto, quella disfunzionalità fra il progetto trinitario dell'autore e la sua effettiva concretizzazione e che ha spinto a parlare di ruolo ambivalente nella valutazione della validità e dell'eseguibilità di un'impostazione esperienziale della riflessione trinitaria. I suddetti presupposti sono il *Grundaxiom* e la visione non appropriata dell'agire *ad extra* di Dio Trinità. Ritengo che, congiungendo questi due poli, possa risultare teoricamente pensabile che nell'economia del nostro vivere si possa trovare e sperimentare Dio agendo propriamente come Trinità. Considerando l'ipotesi che motiva quest'inchiesta alla luce di tali presupposti, penso che la teologia trinitaria di K. Rahner non respinga in assoluto una riflessione trinitaria di stampo esperienziale, al contrario ne getta le fondamenta. Dal presente colloquio con la «teo-logia» di K. Rahner emerge, allora, un risultato ambivalente: da un lato, uno scetticismo pratico relativo all'eseguibilità reale di passare alla riflessione sulla Trinità partendo dall'esperienza; dall'altro, una sintonia per quanto attiene ai presupposti teorici che sostengono un possibile modo esperienziale di impostare la teologia trinitaria.

Le linee fondamentali dei contributi di K. Rahner alla presente inchiesta potranno, infine, essere condensati nei seguenti aspetti:

- l'autore dischiude un'altra sfumatura della complessa realtà dell'esperienza: il piano trascendentale e la comunicazione della grazia sono esperienze fondamentali nella percezione del rapporto Dio-uomo e per la riflessione su di esso;
- egli conferma l'ammissione di un'effettiva «esperienza di Dio», nella quale si accede a Dio in un'«immediatezza mediata»;
- l'autore propone una visione «teo-logica» che si mostra scettica quanto alla possibilità di costruire un discorso specificamente trinitario partendo dal piano esperienziale, fatto che tende a ricondurre l'argomento, piuttosto, a un Dio uno, unico, misterico, assoluto;
- si osserva l'ambivalenza di una riflessione nella quale predomina l'immagine del Dio uno, ma dove teoricamente si accetta che nell'economia Dio agisce secondo la sua tripersonalità o che nell'ordine della grazia Dio si comporta triplicemente.

In conclusione, in K. Rahner si è trovato un pensiero aperto a considerare valido, sul piano teorico, un modo esperienziale di impostare la riflessione trinitaria, ma scettico quanto all'eseguibilità pratica di una tale prospettiva «teo-logica». Questo fatto chiarisce il ruolo che il teologo gesuita svolge nel contesto della presente dissertazione: sostiene e critica, cioè, l'ipotesi in valutazione. È, infatti, attraverso i suoi contributi che si capiscono più profondamente i limiti insiti nell'assumere l'esperienza come un fondamento della riflessione trinitaria. La «teologia» rahneriana permette, per così dire, di vedere tale prospettiva in controluce. La sua rielaborazione dei presupposti della teologia trinitaria apre, comunque, la possibilità e conferma l'utilità di un più stretto collegamento fra la riflessione dogmatica sulla Trinità e la nostra esistenza concreta. In K. Rahner si coglie, allora, un'intuizione fondamentale che si sintonizza con la prospettiva adottata in questo studio, ma si capisce anche come, realisticamente, un'impostazione esperienziale della riflessione trinitaria non è sempre possibile.

CAPITOLO V

Esperienza e riflessione trinitaria: modelli di una loro configurazione

All'interno della teologia ci sono più teologie[1]. Questo fatto, confermato attraverso la lettura degli autori svolta sin qui, ha permesso di mettere a confronto il tema del rapporto tra esperienza e riflessione trinitaria con tipi teologici diversi. Gli autori studiati rappresentano modi diversi di situarsi davanti alla fede in Dio Trinità e, più specificamente, modi diversi di interpretare e impostare il suddetto rapporto tra esperienza e riflessione trinitaria. Se, da un lato, questa pluralità teologica arricchisce il presente studio, dall'altro, richiede uno sforzo supplementare di sistemazione. Una caratterizzazione finale delle distinte proposte trinitarie di J. Moltmann, G. Greshake, R. Panikkar e K. Rahner, che permetta di evidenziare e sistematizzare i tratti specifici del loro atteggiamento, può contribuire sia alla comprensione del modo nel quale in ciascun autore esperienza e teologia trinitaria si relazionano, sia alla valutazione dell'ipotesi che propone di assumere l'esperienza come punto di partenza e di arrivo della considerazione trinitaria di Dio.

Osservando che gli autori studiati assumono tipi teologici distinti, credo che la metodologia dei modelli sia particolarmente adatta allo svolgimento di questa sistematizzazione finale. La delineazione di modelli a loro corrispondenti consentirà, infatti, di dare forma a tali tipi teologici, sottolineandone le caratteristiche più salienti e offrendo una percezione più chiara e immediata degli aspetti che hanno in comune e di quelli in cui, invece, il contrasto fra loro è più significativo. Come sostiene A. Dulles – uno dei grandi responsabili della ricezione di questa

---

[1] Cf. M. BIELAWSKI, «La questioni dei modelli teologici», 276.

metodologia in teologia –, la costruzione di modelli ha il grande vantaggio di offrire una visione e comprensione unitaria di un determinato tipo teologico[2]. Si accetta qui, insomma, la tesi di M. Bielawski: «una realtà può o deve essere espressa attraverso diversi modelli che eventualmente messi insieme avvicinano la conoscenza umana alla verità della realtà studiata»[3].

Prima, però, di entrare propriamente nella modellizzazione delle prospettive teologico-trinitarie degli autori in esame, è necessario esplicitare alcune indicazioni fondamentali sul metodo e, soprattutto, sui modelli che successivamente si delineeranno. Anzitutto, occorre tenere a mente che i modelli sono sempre un «costrutto» (H.R. Niebuhr), sono un'«immagine organizzante», sono «schemi interpretativi (I.G. Barbour), sono «prototipi schematici» (A. Dulles), sono una «riproduzione o una rappresentazione di una realtà teologica» e una «semplificazione utile» (M. Bielawski)[4]. Nel ventaglio di tipi e stili teologici distinti, la delineazione di determinati modelli si mostra utile a una visione più sistematica e a una comprensione più ampia dello scenario teologico. Ovviamente, la modellizzazione comporta sempre una certa semplificazione. Le posizioni teologiche degli autori sono spesso più complesse di quanto si possa delineare attraverso una forma tanto schematica. Possono, inoltre, verificarsi posizioni teologicamente ibride, ossia posizioni in cui si manifestano elementi caratteristici di diversi tipi teologici. Tuttavia, tali limiti non svuotano questa metodologia del suo valore cognitivo[5]. Si dovrà, infatti, essere consapevoli che i modelli sono sempre «forme limitate e inadeguate»[6], ma rimane comunque il grande plusvalore apportato da questo metodo agli studi teologici: «suggerire dei modi per render conto degli elementi teologicamente rilevanti e per spiegare, nei limiti del possibile, ciò in cui credono i cristiani in materia di fede»[7].

---

[2] A rigor, A. Dulles, sotto influsso di E. Troelsch, H.R. Niebuhr e I.G. Barbour, si riferisce a «tipi (*types*)». Tuttavia, egli tende ad avvicinare le due categorie, sostenendo che un modello è il caso ideale di un determinato tipo teologico (cf. A. DULLES, *Models of Revelation*, 24-31).

[3] M. BIELAWSKI, «La questioni dei modelli teologici», 282-283.

[4] Cf. H.R. NIEBUHR, *Christ and Culture*, 43; I.G. BARBOUR, *Myths, Models, and Paradigms*, 16; A. DULLES, *Models of Revelation*, 31; M. BIELAWSKI, «La questioni dei modelli teologici», 283-286.

[5] Cf. A. DULLES, *Models of Revelation*, 32.

[6] Cf. A. DULLES, *Models of Revelation*, 32; I.G. BARBOUR, *Myths, Models, and Paradigms*, 38.

[7] A. DULLES, *Models of Revelation*, 32.

CAP. V: MODELLI DI UNA LORO CONFIGURAZIONE 257

I modelli teologico-trinitari che, in seguito, si proporranno sono, fondamentalmente, modelli paralleli e teoretici. Seguendo la presentazione della metodologia proposta da M. Bielawski[8], i modelli qui delineati sono triplicemente paralleli: i. dal punto di vista cronologico; ii. dal punto di vista tematico; iii. in quanto contrastanti tra loro. Contrapponendosi a modelli di tipo storico, i modelli indicati sono sincronici, ossia corrispondenti a uno stesso periodo storico, poiché costruiti intorno ad autori contemporanei. Il parallelismo fra i modelli si caratterizza, poi, per la tematica attorno a cui sono costruiti, cioè il rapporto tra esperienza e riflessione trinitaria. Con la presente modellizzazione si cercherà, infatti, di offrire una visione di modi paralleli di affrontare tale tema. Infine, visto che questi modi paralleli sono teologicamente contrastanti fra loro, il presente esame mira a metterli a confronto, indicando sia gli elementi comuni, sia le contraddizioni, sia, infine, le complementarità fra i modelli.

I modelli sono, inoltre, teoretici[9]. Per opposizione ai modelli sperimentali, i cosiddetti modelli teoretici sono costrutti intellettuali con cui si cerca di proporre un modo ragionevole di interpretare determinati fenomeni[10]. Loro hanno dunque, principalmente, un'esistenza mentale. Nel caso presente, i modelli proposti descrivono forme intellettuali di interpretare la fede nella Trinità e come tali forme si rapportano con la realtà e con la categoria dell'esperienza. Tuttavia, sopravvive ancora qualcosa di sperimentale in questo sforzo di modellizzazione teologica. In effetti, la precedente lettura degli autori svolge, nel contesto di quest'analisi, un ruolo analogo a quello di un laboratorio teologico, all'interno del quale si sono sperimentate quattro forme distinte di relazionare la riflessione trinitaria con la dinamica esperienziale. I modelli di tipo teoretico che seguito più avanti verranno esposti si configurano, dunque, come tappa finale di un percorso che ha, in se stesso, una certa dimensione di sperimentazione teologica.

La struttura dei modelli si ispira all'ipotesi di una riflessione trinitaria impostata in chiave esperienziale. Il doppio movimento che questa

---

[8] Cf. M. BIELAWSKI, «La questioni dei modelli teologici», 289-292.

[9] Cf. I.G. BARBOUR, *Myths, Models, and Paradigms*, 30-34.

[10] Cf. A. DULLES, *Models of Revelation*, 31: «Theoretical models are more like working models than scale models, for they do not claim to give a literal picture of the reality under investigation. They are "imagined mental constructs invented to account for observed phenomena" and are used to "develop a theory which in some sense explains the phenomena"». I.G. Barbour li chiama «*useful fictions*» (cf. I.G. BARBOUR, *Myths, Models, and Paradigms*, 38).

comprende – dall'esperienza alla riflessione trinitaria e dalla riflessione trinitaria all'esperienza – offre lo schema fondamentale intorno al quale si sistemano i tipi teologico-trinitari di J. Moltmann, G. Greshake, R. Panikkar e K. Rahner[11]. In concreto, la modellizzazione dei loro atteggiamenti si struttura lungo questi due assi: 1. la visione di Dio Trinità che emerge da ciascun tipo «teo-logico»; 2. la visione della vita che scaturisce dal loro modo di pensare la fede trinitaria. Creando, così, una griglia comune, diventeranno più chiari i contrasti e le sintonie esistenti tra i modelli. Il primo si interroga sull'immagine del Dio uno e trino che caratterizza ciascun modello e se e come questo si rapporti con l'esperire umano. Il secondo inverte la prospettiva e cerca di identificare sinteticamente dei principi che, dalla riflessione teologico-trinitaria, connotano i loro modi di interpretare altre realtà di cui abbiamo una determinata esperienza[12]. In sintesi, si potrà dire che nel primo caso si analizza la «teo-oria» degli autori, mentre nel secondo la loro «teo-prassia».

1. Modello dialettico di J. Moltmann: esperienza e «teo-logia» sub contrario

La «teo-logia» di J. Moltmann segue, fondamentalmente, una logica dialettica. Per dialettica si intende qui un modo di pensare le contraddizioni del reale secondo il principio che la realtà è essenzialmente contraddittoria e in costante trasformazione. Orbene, il tipo teologico e il rapporto fra esperienza e riflessione trinitaria assunti dal teologo di Tubinga si mostrano, appunto, dialettici[13]. In effetti, la sua visione teologico-trinitaria è particolarmente segnata sia dalle paradossalità degli avvenimenti in cui Dio si rivela, sia dalle trasformazioni che il divenire storico induce in Dio stesso. L'autore rappresenta un modo di fare teo-

---

[11] M. Bielawski, riflettendo sulla dimensione apofatica della metodologia dei modelli in teologia, assume una posizione assolutamente conforme all'ipotesi qui in esame: «il vero modello teologico parte dall'esperienza di Dio e alla sua esperienza rimanda. Il modello è un veicolo dell'esperienza con il quale si impara a vedere l'invisibile attraverso il visibile e a pensare aldilà del pensiero» (M. BIELAWSKI, «La questione dei modelli teologici», 298).

[12] Cf. I.G. BARBOUR, *Myths, Models, and Paradigms*, 16: «We will find that religious models, like literary metaphors, influence attitudes and behavior and also alter ways of seeing the world».

[13] Cf. DgG, 72 [DC, 89]: «Kreuzestheologie kann von ihrem Subjekt her darum bis in ihre Methode und Praxis hinein nur polemische, dialektische, antithetische und kritische Theorie sein». Cf. W. KASPER, *Der Gott Jesu Christi*, 86; R. GIBELLINI, *La teologia del XX secolo*, 311-316.

logia in cui le contraddizioni (teo)logiche e le trasformazioni storiche divengono i fondamenti che la sostengono e i criteri che la conducono. Si tratta di un modello «teo-logico» costruito soprattutto *sub contrario*, fatto non già a partire da considerazioni astratte o da presupposti tipici di una teologia naturale[14], ma dalle perplessità generate nella storia in cui Dio è presente e dischiude se stesso. Si tratta, dunque, di un modello teologico eminentemente induttivo, circostanza che spiega il ruolo assiale che in esso gioca l'esperienza. È una «teo-logia» fatta a partire dal *sub contrario* della croce, che rappresenta l'evento simbolico e radicale di un Dio totalmente esposto alla storia e coinvolto nella storia. La paradossalità teologica di tale avvenimento è la realtà che davvero permette non solo di conoscere qualcosa su Dio nella sua immanenza, ma anche di definire l'impatto trasformante che la croce svolge in Dio stesso.

La matrice dialettica della «teo-logia» moltmanniana si manifesta tanto a livello materiale, quanto a livello formale, cioè tanto nelle posizioni teologiche che assume, quanto nel modo in cui si fa teologia. Considerando la sua visione «teo-logica», emerge una chiara traccia di quanto è stato detto circa un Dio *sub contrario*, caratterizzato da un'immagine contraddittoria sotto molti aspetti: un Dio uno e in unificazione; un'unità attuale e in tensione verso la consumazione escatologica; un'unità effettiva, ma che si trasforma; un Dio tripersonale che agisce in perfetta sintonia, ma che sulla croce conosce una scissione in se stesso; un agire divino che è trinitario e, allo stesso tempo, personalmente proprio; una percezione mutevole delle relazioni intratrinitarie, conforme a una loro considerazione che parta dal «piano della costituzione» o dal «piano della relazione»; una descrizione dell'immanenza divina come un «circuito aperto». Dunque, la dialettica, con il suo gioco di contrari, diviene palesemente un elemento strutturante della visione teologico-trinitaria di J. Moltmann.

Inoltre, considerando il modo in cui si svolge il suo approccio alla questione trinitaria, la dialettica emerge anche come forma privilegiata del suo teologare. Attraverso l'aspetto esperienziale del suo stile si mette in risalto come il teologo di Tubinga provi approcci successivi e complementari alle stesse questioni. La sua visione teologica nasce, in gran misura, dalla convergenza di tali approcci. In tal senso, il tipo teologico di J. Moltmann ha elementi di tipo dialogico. Tuttavia, questo dialogo fra approcci distinti, fra prospettive diverse, viene impostato in chiave

---

[14] Come, ad esempio, l'immutabilità e l'impassibilità divine, concetti a cui J. Moltmann più decisamente si oppone.

polemica[15], poiché tende a privilegiare il confronto fra di esse e a valorizzare i contrasti che derivano da tale confronto[16]. La dinamica del suo pensiero assume spesso quella logica ternaria, caratteristica della dialettica, che dal confronto fra due posizioni approda a una nuova posizione[17]: sul confronto fra una metafisica della sostanza e una metafisica della soggettività si fonda il suo approccio storico-sociale; a partire dal confronto fra una visione «teo-logica» a-storica o puramente speculativa e l'assunzione dell'economia come accesso all'immanenza trinitaria si ammette la possibilità dell'economia connotare Dio nella sua immanenza; dal confronto fra un'immagine «a-patica», uniforme e statica di Dio e l'ateismo si arriva a una figura teologico-trinitaria patica, pericoretica ed escatologica. Anche a livello del suo *modus operandi* si percepisce, in J. Moltmann, un teologare di tipo dialettico.

Oltre che cercare una descrizione generale della tipologia «teo-logica» adottata in J. Moltmann, è importante considerare il modo in cui nel suo pensiero esperienza e riflessione si relazionano. La configurazione tra esperienza e riflessione trinitaria è anche essenzialmente dialettica. In effetti, come prima si è potuto osservare, l'esperienza gioca nell'opera moltmanniana un ruolo centrale. La dialettica che caratterizza il suo pensiero si svolge, in gran misura, sia intorno al contrasto tra le immagini «teo-logiche» proprie di un approccio deduttivo o speculativo e quelle configurate da quanto è storicamente accaduto e sperimentato sia intorno alle paradossalità inerenti alle esperienze storiche stesse. È, precisamente, da questa dialettica fra riflessione «teo-logica» ed esperienze che, nell'opera moltmanniana, si va costruendo la visione della Trinità. È la storia dell'esperire divino e umano, presa come fondamento di qualsiasi affermazione «teo-logica», che si mostra paradossale, richiamando una modalità dialettica d'impostare la riflessione. L'esperienza si afferma come un contrappunto che fonda e critica continuamente la riflessione stessa. In questa circolarità fra esperienza e riflessione risiede l'essenza del loro rapporto dialettico. Infatti, l'esperienza è un luogo privilegiato di contatto con le paradossalità che alimentano il modo dialettico di affrontare la questione di Dio. La logi-

---

[15] Aspetto che A. Cozzi sembra non valorizzare quando parla di «Trinità dialogica» in J. Moltmann (cf. A. Cozzi, *Manuale di dottrina trinitaria*, 831).

[16] Nella comparazione fra J. Moltmann e R. Panikkar si può trovare la differenza essenziale fra un modello di tipo dialettico e un altro di tipo dialogico: il primo valorizza le tensioni tra prospettive e tradizioni teologiche; il secondo valorizza gli aspetti che le accomunano.

[17] Dalla tesi e antitesi alla sintesi; dall'affermazione e negazione all'eminenza.

ca esperienziale è, dunque, intimamente connessa al modello dialettico con cui viene considerato il Mistero trinitario di Dio.

Giustificata la caratterizzazione della «teo-logia» di J. Moltmann e della sua considerazione dell'esperienza come dialettica, importa enunciare gli elementi che credo più rilevanti di un tale modello teologico-trinitario. Come si è già detto, questa modellizzazione del tipo «teo-logico» del teologo di Tubinga si struttura secondo l'ipotesi di impostare la questione trinitaria dall'esperienza e in vista dell'esperienza. Di conseguenza, nei paragrafi successivi si cercherà di indicare: 1. il nucleo della visione di Dio Trinità che deriva da quest'approccio dialettico fra esperienza e riflessione; 2. l'ermeneutica dell'esperienza che scaturisce da questo modello teologico-trinitario.

1.1 *Visione di Dio Trinità: kenosi e dinamicità trinitaria*

Il modello «teo-logico» di tipo dialettico tende a mettere in risalto l'aspetto trinitario del Mistero divino. Assumendo il paradosso e la trasformazione come luoghi «teo-logici» che permettono di abbozzare un'immagine di Dio più rigorosa e meno esposta al rischio delle proiezioni umane, la modalità dialettica del teologare tende a concentrarsi sulla dinamica tripersonale in Dio, poiché vede in questa lo «spazio» che permette di trasporre una tale logica di ragionamento nell'immanenza divina. Una visione puramente unitaria di Dio non tollererebbe un modo di pensare che ha il suo specifico nel contrasto e nella trasformazione. Una visione esplicitamente trinitaria, invece, si mostra aperta a una tale impostazione. In effetti, la confessione della Trinità suppone l'ammissione di un certo contrasto fra le tre Persone che la compongono. Il nodo di relazioni che caratterizza la sua vita immanente permette di delineare un'immagine di Dio intrinsecamente dinamica. Non è, quindi, casuale che un modello dialettico tenda a generare una «teologia» decisamente trinitaria. È possibile attuare una tale impostazione proprio perché Dio è Trinità.

L'approccio moltmanniano alla Trinità ha nella dialettica fra esperienza e riflessione uno dei suoi fondamenti. Tale relazione connota l'immagine della Trinità che emerge dall'opera di J. Moltmann e che, in questa sede, si cerca di presentare sotto la forma schematica di elementi che caratterizzano la sua visione «teo-logica». Gli aspetti che in seguito si proporranno sono, appunto, quelli che si mostrano più immediatamente legati al modo in cui esperienza e riflessione trinitaria si relazionano all'interno del pensiero del teologo di Tubinga. Il profilo «teo-logico» che emerge da questo rapporto esperienza-Trinità di tipo dialettico è, allora, di un Dio: 1. patico; 2. pericoretico-aperto; 3. escatologico.

1.1.1 Patica

La prima caratteristica teologico-trinitaria che deriva da quest'approccio dialettico è quella di un Dio patico o kenotico[18]. Quest'aspetto si sviluppa, essenzialmente, a partire dall'evento della croce. Tuttavia, in J. Moltmann, il profilo kenotico di Dio va ben oltre il semplice dato storico del Dio che, in Gesù, patisce sulla croce. Come si è già indicato, l'esperienza della croce assume il ruolo di un evento simbolico attraverso il quale si cerca di pensare, fino alle sue ultime conseguenze, un Dio che si coinvolge con la storia. È per questo motivo che nella sfera dell'esperienza della croce è possibile trovare anche altre esperienze, come la morte, il silenzio o l'abbandono. L'esposizione patica di Dio alla storia è, anzitutto, il riflesso della sua dinamica immanente. L'immagine «teo-logica» che emerge da questo rapporto dialettico tra esperienza storica e riflessione è, dunque, quella di un Dio patico in se stesso[19]. Si tratta di un Dio che, nella sua stessa immanenza, sperimenta la dinamica di totale esposizione all'altro, fatto che punta verso una configurazione «teo-logica» specificamente trinitaria. Le Persone divine si espongono così kenoticamente le une alle altre, si «autolimitano», «autoumiliano» o «autoalienano» in favore delle altre. La visione «teo-logica» di un modello dialettico come questo è non tanto quella di un Dio patico soltanto per via della sua presenza storica, ma soprattutto quella di un Dio trinitariamente patico.

1.1.2 Pericoretica-aperta

Un altro aspetto teologico-trinitario distintivo di questo modello dialettico è la sua forte matrice pericoretica. Da un lato, la dimensione patica dell'immanenza divina implica una visione pericoretica della Trinità. Di fatto, la già citata dinamica di continua autoesposizione non è caratteristica peculiare di una sola delle Persone divine, ma di tutte tre. La dimensione patica presuppone, infatti, un movimento di autodona-

---

[18] Cf. R. GIBELLINI, *La teologia del XX secolo*, 315-316.

[19] D'altronde, la specificazione della sofferenza divina come «attiva» segnala come la teopatia avvenuta nella storia non sia un avvenimento tragico, ma corrisponda al modo libero di essere di Dio.

zione costante e reciproca fra Padre, Figlio e Spirito Santo. Gli aspetti patico e pericoretico risultano, quindi, intimamente connessi.

Dall'altro lato, questa dimensione pericoretica del modello dialettico si fonda anche sulla necessità di affrontare una considerevole diversità di esperienze storiche di Dio. La sua caratteristica pericoretica non è scindibile dalla dialettica fra esperienza e riflessione. Lo stile esperienziale di J. Moltmann, con il suo continuo assumere punti di osservazione diversi, tende, come si è visto, a generare un'immagine oscillante e aperta della Trinità. In coerenza con il «presupposto della reciprocità» fra economia e immanenza proposto dall'autore, e in linea con il *Grundaxiom* di K. Rahner, emerge qui una forte relazione fra la diversità di esperienze storiche e la diversità di figure trinitarie che le corrispondono e che compongono una visione aperta e pericoretica della Trinità. La dialettica fra esperienza e riflessione trinitaria tende, dunque, a connotare la percezione teologica dell'immanenza divina. Questa visione eminentemente pericoretica si concretizza nell'indicazione di variazioni nel ritmo della vita intratrinitaria e, particolarmente, della sua unità, conforme alla sua costituzione, alla sua vita interiore o all'impatto intratrinitario della pienezza escatologica[20].

1.1.3 Escatologica

L'immagine «teo-logica» di quest'approccio dialettico alla Trinità e al suo rapporto con l'esperienza storica è, infine, escatologica. Con questa caratteristica si sottolinea la percezione che la consumazione escatologica della creazione esercita anche un impatto effettivo in Dio. L'evento escatologico diventa, quindi, non soltanto un fatto che riguarda il creato e la sua storia, ma anche un evento propriamente «teo-logico». L'unità fra le Persone divine solo allora trova la sua forma definitiva. È, inoltre, importante sottolineare come una simile immagine escatologica dell'immanenza divina punti, di nuovo, verso una «teo-logia» specificamente trinitaria. Difatti, se si trattasse di un Dio strettamente uno, una situazione simile a quella descritta non sarebbe neppure pensabile. Un

---

[20] Mentre la costituzione della Trinità viene concentrata nella persona del Padre, la vita interiore viene configurata attorno al Figlio e la consumazione escatologica attribuita in particolar modo all'azione dello Spirito. Si prospettano, ancora, altre variazioni nel ritmo e nell'*ordo* trinitario: nella «missione, consegna e risurrezione di Cristo»: Padre – Spirito – Figlio; nella «signoria di Cristo e missione dello Spirito»: Padre – Figlio – Spirito; nel «compimento e glorificazione»: Spirito – Figlio – Padre (cf. TRD, 76-107 [TRG, 81-111]).

Dio segnato da questa nota escatologica deve, per forza, essere un Dio che sperimenta in se stesso una qualsiasi distinzione, cioè un Dio che è Trinità.

Questa prospettiva risulta, in misura significativa, una conseguenza logica dell'intendimento patico e pericoretico della vita trinitaria. Il prolungamento della dinamica escatologica all'immanenza divina costituisce un modo per radicalizzare la logica di reciprocità, in base alla quale il Dio cristiano è un Dio totalmente esposto alla storia. Si tratta di un'esposizione che connota il gioco pericoretico immanente fra Padre, Figlio e Spirito Santo fino alla consumazione definitiva del creato e che si coniuga con la prospettiva panenteistica assunta anche da J. Moltmann.

La dimensione dialettica di questa prospettiva è parimenti manifesta. Infatti, una visione «teo-logica» di stampo escatologico come quella di J. Moltmann tende a elevare il modo dialettico di ragionare a contenuto stesso della riflessione. Il fascino di una simile coerenza non potrà, tuttavia, nascondere le difficoltà teologiche che solleva: un Dio dialetticamente dipendente del processo storico[21].

1.2 Visione teologico-trinitaria: esperienza nello spettro del Regno della libertà

Storia e Trinità sono, in J. Moltmann, pensate in maniera fortemente interconnesse. Se questo è già stato mostrato nel dischiudersi del Mistero di Dio alla luce dell'esperienza storica, si mostra anche nel modo in cui quest'esperienza storica viene (ri)pensata e (re)interpretata alla luce della «teo-logia». Se l'autore si mostra sensibile agli impatti della storia sull'immanenza trinitaria, è altrettanto vero che è anche sensibile agli impatti della «teo-logia» sull'economia del nostro vivere ed esperire. Dalla visione della Trinità si passa, quindi, a una visione dell'esperienza storica trinitariamente connotata. In questo passaggio si tocca un aspetto essenziale della sua impostazione dialettica.

In questa visione trinitaria dell'esperienza risplende l'altro versante della dottrina storica e sociale della Trinità, tipica di J. Moltmann. Infatti, attraverso di essa l'autore non approfondisce soltanto la sua perce-

---

[21] Al riguardo, dichiara A. Cozzi: «La proposta di J. Moltmann di ripensare l'unità di Padre, Figlio e Spirito nell'azione salvifica come anticipazione o promessa dell'unità escatologica in cui tutti alla fine entreremo, smarrisce addirittura la differenza qualitativa (ontologica) tra storia e Dio e mette il mistero trinitario di Dio e il processo storico salvifico in rapporto diretto di continuità, mantenendo solo una differenza escatologica [...], destina ad essere riassorbita nell'unità» (cf. A. COZZI, *Manuale di dottrina trinitaria*, 735).

zione dell'immanenza trinitaria, ma cerca anche di dare espressione concreta alla «vocazione pubblica» della teologia. La visione della Trinità tende, quindi, a configurare una determinata visione circa l'esperienza storica e a ispirare le critiche che promuovono una sua trasformazione. Se, da un lato, l'esperienza è fondamento e critica della teologia trinitaria, dall'altro la riflessione «teo-logica» è fondamento e critica anche di una visione trinitaria dell'esperienza. Si scopre, allora, una notevole sintonia tra questo modello dialettico di pensare la Trinità e la circolarità tra esperienza e riflessione trinitaria ipotizzata nel presente studio. Questa visione moltmanniana dell'esperienza di stampo trinitario si fonda, essenzialmente, su due criteri principali: 1. la libera «autolimitazione» di Dio come spazio e criterio della libertà storica; 2. la visione sociale della Trinità come criterio dell'esperienza sociale storica.

1.2.1 Liberante

La riflessione trinitaria moltmanniana tende, in primo luogo, a rileggere l'esperienza storica alla luce della liberazione operata dalla signoria del Crocifisso. La logica dialettica e pericoretica è, anche qui, manifesta: da un lato, l'esperienza credente di liberazione si pone alla base della considerazione trinitaria di Dio; dall'altro, la dinamica trinitaria con la quale vengono interpretati il Regno e la storia tende a far (ri)sperimentare la liberazione stessa.

La configurazione trinitaria di Dio offre all'esperienza di libertà un contesto teologico e rivela un modo diverso di essere liberi. In questo senso, si può affermare che la riflessione trinitaria libera l'esperienza della libertà. L'orizzonte è quello di una teologia della storia e del Regno di Dio di stampo trinitario. L'esperienza di libertà si vede, allora, inserita nella dinamica trinitaria con la quale Dio si relaziona con tutto il creato. L'autentica libertà si ritrova, allora, nella Trinità stessa. Contro la visione ateistica che oppone signoria divina e libertà umana, la logica patica, pericoretica ed escatologica, attraverso la quale le Persone trinitarie si relazionano fra loro e con la creazione, apre delle nuove possibilità all'esperienza storica della libertà. Questa passa, infatti, a intendersi e ad attuarsi come momento di «co-operazione» con Dio, fino alla consumazione finale. La particolare attenzione tributata al tema della libertà descrive dunque, all'interno di questo modello dialettico, un primo impatto trasformante della riflessione trinitaria sul modo di intendere la vita e, perciò, sul modo di sperimentarla.

1.2.2 Sociale

Nella critica trinitaria a diverse esperienze di socialità umana si rintraccia un secondo aspetto che caratterizza il modo in cui la riflessione sulla Trinità può illuminare le nostre esperienze mondane. La «dottrina sociale della Trinità», con la sua visione pericoretica dell'immanenza divina, genera una grammatica delle esperienze sociali umane che tende a valorizzare la loro dimensione plurale, a detrimento di schemi di tipo monarchico. Perciò, sia nella sfera socio-politica, sia in quella ecclesiologica, dalla riflessione trinitaria di tipo pericoretico derivano forme democratiche, comunitarie, partecipative e fraterne di pensare le configurazioni storiche della socialità umana. Queste sono, nel giudizio dell'autore, le forme storiche più vicine all'immagine trinitaria di Dio e svolgono, all'interno di questo modello, il ruolo di criterio nella ricerca di forme sociali più conformi a Dio e al ritmo trinitario del suo Regno.

Importa, a tal proposito, sottolineare come la valorizzazione della pluralità nell'esperienza della socialità discenda dall'impostazione moltmanniana della questione trinitaria. Infatti, il suo approccio al tema trinitario parte dal presupposto che il dato biblico e teologico di base è la pluralità di persone in Dio e non la sua unità essenziale. Si parte, dunque, dalle distinzioni trinitarie e si cercano forme per pensare l'unità in Dio. Considerando l'esperienza della socialità umana alla luce della dinamica trinitaria, si segue una stessa logica. Perciò, il dato sociale di base poggia anche sulla sua costituzione plurale. La sfida consiste nella ricerca di forme di unità sociale conformi all'unità trinitaria percepibile in Dio.

Con il termine «sociale» si indica, infine, nel presente studio, un modo di pensare il problema classico del rapporto tra unità e pluralità che dà la priorità a quest'ultimo polo. Oltre che caratterizzare il modo in cui, nel modello dialettico, l'esperienza umana è (re)interpretata alla luce del Mistero di Dio, la nota «sociale» serve anche da contrasto con le visioni trinitarie assunte da altri modelli, come, ad esempio, quello di G. Greshake[22].

2. Modello analogico di G. Greshake: tra approssimazione esperienziale e ispirazione trinitaria

In G. Greshake si è trovato un modello «teo-logico» essenzialmente analogico. La dinamica analogica determina, difatti, non soltanto il suo approccio alla Trinità divina, ma caratterizza anche il modo in cui nel

---

[22] Mi riferisco, in particolare, al contrasto tra la nota «sociale» di questo modello dialettico e la nota «comunionale» del modello analogico in G. Greshake.

suo pensiero si sviluppa il rapporto tra esperienza e riflessione trinitaria. In ambedue i casi, il fulcro di una simile forma di teologare è coerentemente lo stesso: la *communio* intesa come l'analogia che meglio descrive Dio nella sua immanenza e che meglio indica un modo trinitario di interpretare e prospettare l'esperienza umana[23].

La matrice analogica di un modello teologico-trinitario come quello di G. Greshake si mostra, anzitutto, nell'identificazione di Dio come *communio*. Tale identificazione implica necessariamente una certa esperienza di *communio*. La nostra precedente percezione di *communio* è l'analogia su cui si fonda la lettura comunionale di Dio. Dire che Dio Trinità è *communio* costituisce, allora, una forma di linguaggio analogico; costituisce l'assunzione di una realtà a noi conosciuta – un'«esperienza antropologica» – per interpretare la singolare esperienza di Dio fatta nella persona di Gesù, cioè l'«esperienza neotestamentaria basilare».

L'approccio di tipo analogico caratterizza, quindi, il modo in cui in questo modello si articolano esperienza e riflessione trinitaria. Anche sotto quest'aspetto il concetto di *communio* svolge un ruolo assiale. *Communio* è, per così dire, il punto di contatto tra esperienza e riflessione che media i passaggi tra una e l'altra. Da una parte, la riflessione «teo-logica» arriva a una visione comunionale dell'immanenza divina che, idealmente, dovrebbe partire da una certa esperienza di *communio* – biblica, ecclesiale, umana – anche se, effettivamente, l'autore parte più dal concetto di *communio* che dalla sua esperienza[24]. L'esperienza svolge, su questo versante, il ruolo di approssimazione trinitaria. Dall'altra parte, le «conseguenze» trinitarie assumono la Trinità come archetipo alla luce della quale si (ri)legge la fede cristiana e si (ri)configurano le esperienze ecclesiali e mondane, fino a postularne una loro fondamentale «struttura trinitaria»[25]. La riflessione sulla Trinità svolge, su questo diverso versante, la funzione di «ispirazione». Il

---

[23] G. Greshake è esplicito nel riconoscere lo statuto analogico del suo discorso sulla Trinità. Non si può ignorare, tuttavia, che l'autore, nel tentativo di sottolineare il posto particolare della *communio* nel confronto con altre analogie possibili, sembra, talvolta, quasi attribuirgli uno statuto diverso (cf. IDU, 198-203 [DdG, 179-182]).

[24] Conseguenza del modo poco radicato in una fenomenologia dell'esperienza con cui G. Greshake arriva al concetto di *communio* e lo associa alla Trinità.

[25] Espressione paradigmatica del rapporto analogico che si stabilisce tra l'immanenza divina e le «conseguenze» esperienziali della confessione e della dogmatica trinitaria, tra il Dio che «in sé» è strutturalmente *communio* e la fede cristiana che ha nella *communio* il suo «concetto chiave».

profilo analogico di un simile modo di teologare si manifesta, allora, tanto nel passaggio dall'esperienza alla Trinità, quanto nel ritorno dalla riflessione trinitaria all'esperienza. È, infatti, una prospettiva «teologica» pensata a partire da un rapporto di somiglianza parziale con realtà di cui si ha una certa esperienza previa[26] e che sviluppa un'ermeneutica della vita e della fede che si configura avendo per base la *communio* trinitaria. La *communio* storica è l'analogia privilegiata per parlare della Trinità, mentre la *communio* trinitaria stabilisce il modello con cui l'autore interpreta e prospetta l'esperienza di vita e di fede[27].

In G. Greshake si riconosce, dunque, una forma di teologare che assume una realtà creata per parlare di Dio Trinità ed esplora la somiglianza che rende possibile un tale esercizio. Allo stesso tempo, egli è consapevole che la *communio* rappresentata da Dio non è semplicemente la *communio* storicamente sperimentata, né questa raggiungerà mai la densità che si percepisce in Dio. Con il teologo di Friburgo si è, dunque, di fronte a un esempio di come, seguendo un ragionamento di tipo analogico, si può riflettere sulla Trinità relazionandola con l'esperienza. D'altronde, se lo si paragona a un approccio di tipo dialettico, l'equilibrio, tipico dell'analogia, tra il momento positivo e quello negativo della riflessione teologica, tra il rapporto di somiglianza e quello di dissomiglianza, permette di ottenere una visione nella quale si riesce a relazionare la Trinità con le nostre esperienze, senza però renderla troppo dipendente dal divenire storico.

Poiché il presente tentativo di modellare, a partire dai contributi di G. Greshake, un modo analogico di considerare la Trinità in rapporto con l'esperienza deve anche mirare alla sommaria caratterizzazione della sua visione dell'immanenza divina e dell'economia del vivere umano, si indicheranno in seguito: 1. i tratti più salienti con cui, in questo modello teologico, si rappresenta l'immanenza trinitaria; 2. gli aspetti più determinanti di quello che si potrebbe chiamare un'ermeneutica trinitaria dell'esperienza vitale e di fede.

---

[26] Cf. A. COZZI, *Manuale di dottrina trinitaria*, 50: «In ambito teologico l'analogia è un discorso su Dio che sta tra l'equivocità del simbolismo (le cose che diciamo di Dio sono puri simboli che rimandano al suo mistero senza farcene conoscere nulla) e l'univocità dell'antropomorfismo (per cui Dio possiede le cose che gli attribuiamo così come ci immaginiamo a partire della nostra esperienza)».

[27] In questo particolare, G. Greshake e J. Moltmann adottano una prospettiva simile: la vita immanente della Trinità diviene il paradigma privilegiato di un'ermeneutica propriamente cristiana.

2.1 *Visione di Dio Trinità:* communio *tensionale*

In un approccio di tipo analogico, l'immagine da cui si parte per parlare di Dio influisce, inevitabilmente, sulla stessa visione «teo-logica». Dall'analogia adottata per contemplare il Mistero trinitario di Dio scaturisce, almeno in parte, l'aspetto essenziale di una determinata proposta «teo-logica». Prendendo, ad esempio, un caso a cui G. Greshake attribuisce grande importanza, se si contemplano le relazioni tra le Persone divine a partire dall'immagine della generazione umana, si tenderà a sviluppare una teologia trinitaria basata sulle relazioni di origine e, pertanto, una «teo-logia» di stampo prevalentemente unitario o monarchico[28]. Ma poiché, a suo parere, una tale prospettiva non rende giustizia all'«esperienza neotestamentaria basilare», unica vera fonte di conoscenza della Trinità, l'autore fonda invece la sua visione trinitaria sull'immagine di *communio*. Non stupisce, pertanto, che la dinamica comunionale costituisca l'aspetto più significativo e peculiare della sua visione della Trinità.

In effetti, la prospettiva «teo-logica» di G. Greshake è prevalentemente trinitaria. Lo è, tuttavia, non tanto per via dell'approccio di tipo analogico, quanto a causa dell'analogia su cui fonda tutta la riflessione trinitaria. In questo, si percepisce una sottile differenza tra il modello teologico-trinitario dialettico e quello analogico. Mentre il primo approccio implica, quasi necessariamente, una visione trinitaria di Dio, il secondo oscilla tra una prospettiva unitaria e una trinitaria, a seconda dall'analogia adottata.

L'elenco schematico con cui si sintetizzano le basi della visione della Trinità in G. Greshake riflette, naturalmente, la sua concentrazione comunionale del Mistero di Dio. D'altronde, le caratteristiche con cui, nel suo pensiero, si presentano le Persone divine e la loro vita immanente altro non sono che elementi particolari contenuti nella sua definizione di *communio*. La visione greshakiana del Mistero trinitario di Dio come *communio* può, dunque, essere definita: 1. pericoretica-comunionale; 2. tensionale; 3. «a-ordinata».

2.1.1 Pericoretica-comunionale

Al cuore della visione comunionale della Trinità sta, anzitutto, la dinamica pericoretica con cui si presentano le Persone divine e la loro vita immanente. I tre della Trinità sono costitutivamente correlativi ed

---

[28] Cf. IDU, 225-232 [DdG, 201-207].

estaticamente orientati vicendevolmente. Ciascuna Persona divina è quello che è sempre in rapporto all'altro in Dio. L'immanenza trinitaria è, quindi, un «gioco trialogico di amore», che si caratterizza per un «reciproco procedere e donarsi» delle tre Persone. Richiamando un'espressione tipicamente rahneriana, questa vita intratrinitaria è «vicendevole autocomunicazione»[29] tra Padre, Figlio e Spirito Santo. Da quest'inquadratura «teo-logica» fondamentale, emerge allora che la Trinità, nella visione di G. Greshake, è prima di tutto una «comunità pericoretica»[30].

Importa, comunque, notare che, al contrario di quanto si è riscontrato in J. Moltmann, la percezione della dinamica pericoretica di Dio non si mostra immediatamente basata sull'esperienza. Con l'eccezione della sua revisione del tema delle processioni trinitarie[31], sembra che la nota pericoretica della «teo-logia» analogica di G. Greshake sia maggiormente debitrice a un'idea di *communio* perfetta o al processo plurisecolare di approfondimento del concetto di *persona* che propriamente all'esperienza storica.

2.1.2 Tensionale

Un altro aspetto specifico della proposta comunionale di G. Greshake – forse il più originale – sta nella tensionalità della vita intratrinitaria. Infatti, la sua prospettiva «teo-logica» si fonda sulla convinzione che Dio è «mediazione di unità e pluralità». In Dio unità e pluralità, sostanza e persone, identità e alterità sono simultanee e ugualmente originarie. L'unità sostanziale avviene tra e nella triade personale e viceversa. L'elemento primario nell'essere di Dio non è, dunque, né l'unità sostanziale né la trinità personale, ma, nella visione di G. Greshake, la tensione tra loro. Il primordiale nella Trinità è la mediazione che li sostiene senza che a nessuno sia concessa qualunque priorità. La sua «teo-logia» trinitaria è, allora, intrinsecamente tensionale[32].

Ancora una volta, le proposte di J. Moltmann e di G. Greshake tendono a percorrere vie teologiche simili, arrivando, però, a prospettive trini-

---

[29] IDU, 198 [DdG, 179].
[30] IDU, 206 [DdG, 185].
[31] Cf. IDU, 224-232 [DdG, 200-207].
[32] Segnale che non ci sono modelli puri, ma sempre ibridi, è il fatto che, in questo particolare, la riflessione teologico-trinitaria di G. Greshake segue una via di tipo dialettico. L'autore stesso è esplicito nell'affermare che soltanto in un «andirivieni dialettico» si può riflettere un tale incrociarsi tensionale di unità e pluralità, identità e alterità (cf. IDU, 224 [DdG, 200)].

tarie distinte. Esse condividono il rifiuto di seguire un approccio trinitario, dominante in Occidente, basato più sull'unità di essenza che sulla trinità di persone. Divergono, invece, sul fatto che, mentre J. Moltmann imposta la questione della Trinità dalla pluralità personale, G. Greshake parte dalla tensione che caratterizza Dio «in sé». Questa prospettiva sembra più vicina al nocciolo della confessione cristiana – che è, comunque, un monoteismo – e più riuscita nell'intento di valorizzare l'aspetto trinitario della «teo-logia» cristiana senza rimandare l'unità divina all'escatologia.

2.1.3 «A-ordinata»

Coerente con la prospettiva che intende la comunione come una tensione, la «teo-oria» di G. Greshake non ammette un *ordo* trinitario specificato. In tal senso, egli propone una visione «a-ordinata» della Trinità. Infatti, dal rifiuto di un qualsiasi «prius logico od ontologico»[33] in Dio, deriva che le relazioni intratrinitarie si caratterizzano per la loro semplice e totale reciprocità e non per la logica delle relazioni d'origine. Ciò vuol dire che le relazioni tra le Persone divine sono assolutamente correlative e, pertanto, tanto il Padre quanto il Figlio e lo Spirito sono vicendevole dono e ricezione. La ritmica comunionale e pericoretica del vivere immanente di Dio è, perciò, una pura circolarità tra le Persone divine, senza che sia necessario cercare il suo punto d'avvio. Non c'è, dunque, un *ordo* trinitario determinato.

Proseguendo il confronto tra gli autori, appare come G. Greshake abbia soltanto portato a compimento la revisione dell'*ordo* trinitario che J. Moltmann aveva iniziato. Difatti, distinguendo l'*ordo* della costituzione dall'*ordo* della relazione, per giunta senza mai chiarire davvero il loro modo di rapportarsi, J. Moltmann aveva già indebolito lo statuto teologico del tradizionale modo ordinato di considerare le relazioni delle Persone in Dio. In G. Greshake si trova l'esplicitazione di un modo di intendere le relazioni nella Trinità che non crede né necessario né corretto fondarle sulla base delle relazioni di origine. Egli assume, insomma, ciò che tacitamente era già presente in J. Moltmann.

2.2 *Visione teologico-trinitaria: chiave per comprendere*

La precedente esposizione del pensiero trinitario di G. Greshake ha già permesso di capire come l'autore sviluppi una riflessione propriamente

---

[33] IDU, 210 [DdG, 188].

trinitaria e non soltanto sulla Trinità. La prolungata ricerca di «conseguenze» della fede nella Trinità, in cui si mette in atto la convinzione che la verità trinitaria può diventare una «chiave ermeneutica» plausibile dell'esperienza di fede e del reale e con cui si pretende di confutare l'impressione di astrazione e irrilevanza pratica di una tale visione «teologica», costituisce il vero punto focale del pensiero trinitario dell'autore. La ricerca di un modo autenticamente trinitario di vedere e interpretare tutto il reale – fede e teologia incluse – è, eventualmente, l'aspetto più rilevante delle sue proposte teologiche e il suo contributo più incisivo.

Anche su questo versante si conferma la matrice profondamente comunionale della sua riflessione, poiché visione trinitaria è qui, fondamentalmente, sinonimo d'interpretazione comunionale. Oltre che «chiave per comprendere» il Mistero di Dio, la concezione trinitaria della *communio* viene proposta come «chiave per comprendere» la fede, la teologia e il reale nel suo insieme. Questo risulta da un'applicazione analogica della visione dell'immanenza trinitaria al piano del vivere umano. Con questo modo di procedere si può, davvero, parlare di un'autentica visione trinitaria dell'esperienza, di una mondovisione trinitariamente ispirata e configurata e che può, schematicamente, essere definita: 1. strutturale; 2. comunionale. Con la prima affermazione, si mette in risalto la ricerca di un'ermeneutica che renda possibile una visione non frammentaria della vita; con la seconda, si punta, invece, verso un modo di pensare il reale che comprenda integralmente i suoi paradossi.

2.2.1 Strutturale

La visione teologico-trinitaria dell'esperienza è, in primo luogo, strutturale. La realtà è, nel più profondo del suo essere, trinitaria. Ciò significa che la realtà, come l'immanenza divina, è strutturalmente relazionale, è strutturalmente polare e segnata da una pericoresi tra i diversi poli che la compongono. Un'intrinseca relazionalità di tutto il creato che fa sì che esso sia maggiormente se stesso quanto più è in relazione. L'essere delle cose di cui si ha una certa esperienza è, poi, strutturalmente estatico e, perciò, passibile di analogia con l'essere di Dio. Nella rivelazione trinitaria di Dio si coglie, dunque, non soltanto l'autentica grammatica dell'essere divino, ma anche la più precisa ermeneutica dell'esperienza storica.

Quest'aspetto strutturale della visione trinitaria della realtà e, quindi, dell'esperienza della realtà rende possibile il passaggio analogico tra vita immanente di Dio ed economia del vivere umano. Non si tratta di un aspetto immediatamente operativo o capace di indurre cambiamenti pratici subitanei. L'autore stabilisce, comunque, il presupposto fondamentale perché si possa parlare di un modo davvero trinitario di intendere e riconfigurare l'esperienza della fede e delle realtà mondane. In questo senso, la percezione della dinamica di tipo trinitario-comunionale come una componente strutturale delle realtà storiche è un elemento decisivo perché si generi un'ermeneutica trinitaria dell'esperienza.

Qualificare la struttura del reale come trinitaria non significa, però, identificare la Trinità stessa con tale struttura. In ciò si percepisce quanto c'è, a questo riguardo, di simile e di radicalmente diverso tra la visione comunionale di G. Greshake e quella cosmoteandrica di R. Panikkar. Ambedue puntano verso un'«ontologia trinitaria» del reale. G. Greshake, tuttavia, non confonde, come fa R. Panikkar, questa struttura con la Trinità stessa. Al contrario, l'autore tedesco riesce ad associare Trinità ed esperienza del reale senza confonderle e lo fa, a mio avviso, grazie alla sua impostazione analogica del tema. Questo gli permette di avvicinare la Trinità alle realtà mondane salvaguardando le dissomiglianze che qualsiasi rapporto analogico sempre racchiude.

2.2.2 Comunionale

Con la nota comunionale si vuole qui indicare non tanto la sensibilità che percorre trasversalmente tutte le affermazioni di G. Greshake, quanto piuttosto l'aspetto tensionale della sua comprensione della fede cristiana, dei fenomeni storici e delle loro esperienze. Se la caratteristica messa in luce nel paragrafo precedente stabiliva l'orizzonte fondamentale della sua ermeneutica dell'esperienza, con la matrice comunionale si punta verso l'applicazione concreta della logica trinitaria a diverse dimensioni della fede cristiana e ai cosiddetti «nodi problematici della realtà»[34].

Quest'ermeneutica trinitaria è un'ermeneutica congiuntiva, configurata dalla percezione che la *communio* è mediazione tensionale di opposti. I temi trattati dall'autore vengono ricondotti a un conflitto logico tra elementi contrastanti che solo una grammatica che li consideri simultanei e ugualmente originari potrà effettivamente comprendere. Contro ermeneutiche di tipo unilaterale che, privilegiando un versante delle polarità, conducono ad aporie logiche e pratiche, l'autore propone la

---

[34] IDU, 503 [DdG, 439].

via della mediazione e dell'integrazione. Il modo davvero trinitario di interpretare la vita consiste, dunque, in quella forma del pensiero che sostiene le disparità dell'esperienza del reale e della fede, addirittura le loro paradossalità, in una salutare tensione.

Il fulcro della visione trinitaria di G. Greshake risiede, quindi, nella logica mediatrice, tensionale e integrativa della *communio*. Questo sarà l'approccio ermeneutico più adatto a dar conto del reale nella sua integralità. La nota comunionale della visione trinitaria di G. Greshake contrasta, infine, con la prospettiva sociale delle proposte di J. Moltmann. In quest'ultimo il centro di gravità della visione trinitaria va collocato nella dimensione plurale del mondo e delle comunità umane. G. Greshake parte, invece, dalla tensione tra unità e pluralità. Non privilegia né una, né l'altra. G. Greshake e J. Moltmann rappresentano, quindi, due forme distinte di critica dell'unitarismo trinitario predominante in Occidente. Se tale aspetto si era già avvertito nell'ambito propriamente «teo-logico», esso è, inoltre, una divergenza che si manifesta nelle rispettive visioni trinitarie dell'esperienza della vita.

3. Modello dialogico di R. Panikkar: simbolica esperienziale e trinitaria

La «teo-logia» panikkariana, con il suo modo di riflettere in chiave esperienziale, adotta un modello dialogico. Per modello dialogico si intende qui un modo di ragionare che cerca di penetrare, attraversare e fecondare reciprocamente le polarità che molto spesso segnano sia questioni teologiche, sia la realtà, sia ancora la nostra esperienza. Oltre che stabilire il confronto tra i poli – come nella dialettica – o conservarli in una simultaneità tensionale – come nel modello analogico studiato –, viene coltivato un rapporto di tipo ossimorico tra questi diversi poli, all'interno dei quali le logiche a loro soggiacenti vengono penetrate le une dalle altre[35]. Si tratta, allora, di un'autentica «dia-logica», di una «tras-logica», o, per dirla con espressioni dell'autore, di un'«ermeneutica dia-topica», di un «dialogo dialogale e duologale»[36]. L'elemento ca-

---

[35] Cf. VdD, 35; IM, 24. Qualcosa di simile viene sostenuto a proposito della teologia spirituale in R. Panikkar: «Die Spiritualität der kosmotheandrischen Intuition ist radikal dialogisch, weil sie aus einer radikalen Relativität heraus lebt [...]. Wahrheit wird dadurch nicht – wie so oft befürchtet – in das Belieben des einzelnen gestellt, vielmehr ist sie von Liebe umfangen und durchdrungen» (cf. M. BUTTER, «Die dialogische Dimension», 142).

[36] Cf. RdE, 399; R. PANIKKAR, «Pace e interculturalità», 262.

ratteristico di un atteggiamento dialogico è, quindi, un modo di teologare che prova ad attraversare le diverse prospettive e argomentazioni, compenetrandole le une nelle altre, in vista di una comprensione simbolica e di una visione complessiva e olistica della realtà.

Nel caso specifico del pensiero panikkariano, l'approccio di tipo dialogico si mostra il più conforme alla sua intuizione filosofico-teologica di base: il ritmo trinitario della realtà intera. Il modo in cui monismo e dualismo vengono contestati deriva, per certi versi, da un'interpenetrazione reciproca tra queste due prospettive sull'essere che provoca la loro implosione e genera o conferma la percezione che il reale è, invece, «non-uno» e «non-duale» e, pertanto, «a-duale» e «trinitario». In questo senso, si può aggiungere che la sua interpretazione trinitaria dell'esperienza *advaita* – che contrasta con l'interpretazione dell'*advaita* di tipo monista, dominante tra correnti e scuole orientali[37] – è, almeno in parte, debitrice della sua impostazione di tipo dialogico.

Alla base di quest'approccio – che l'autore descrive come «metodo imparativo»[38] – si trova un'intelligenza simbolica. È vero che in R. Panikkar l'approccio dialogico è una conseguenza naturale della sua sensibilità mistico-simbolica. Tuttavia si può anche argomentare che l'approccio di tipo dialogico anima lo sviluppo di una tale percezione simbolica della realtà. L'incrociarsi dialogico di logiche e realtà diverse implica proprio il lanciarle insieme, il metterle insieme dall'interno che caratterizza il simbolo. Un modello dialogico di teologare tende allora, come risulta chiarissimo in R. Panikkar, a generare una visione simbolica di Dio, del creato e dei loro rapporti.

Ne deriva, dunque, che un tale paradigma teologico si fonda sulla percezione della matrice relazionale del tutto. Mettere in dialogo implica sempre un relazionare. Quando un tale dialogo si svolge dall'interno delle realtà, allora la portata costitutiva di questa relazionalità viene immensamente approfondita. Si tratta, pertanto, di un modello congiuntivo. A differenza di quanto può avvenire nel modello analogico, questo non si limita ad associare estrinsecamente realtà di natura diversa, ma fa un passo in avanti e sostiene che tutto è, come afferma R. Panikkar,

---

[37] Cf. E.H. COUSINS, «Panikkar's Advaitic Trinitarism», 119-121.
[38] Cf. R. PANIKKAR, «L'armonia invisibile», 216-217: «La religione *imparativa* è un processo aperto. [...] Nella mia ipotesi le polarità rimangono, e l'ideale non lo si trova in una teoria universale ma in un mito che incessantemente emerge e ci sfugge, rendendo possibile la comunicazione e anche la fecondazione reciproca, ma senza ridurre tutto a una sola fonte di intelligibilità o a pura intelligibilità. La vera teoria è dialogica. In sintesi, il carattere dialogico dell'essere è un aspetto costitutivo della realtà».

costitutivamente «inter-in-dipendente». Qui la relazione non è, in primo luogo, un frutto della riflessione, ma un aspetto appartenente al «ritmo della realtà» stessa[39]. Una nota caratteristica di quest'atteggiamento di tipo dialogico è, allora, l'interpretazione letterale ed estrema dell'espressione «relatività radicale»: tutto è, essenzialmente, «inter-in-dipendente».

L'attuazione di un simile atteggiamento dialogico si manifesta quasi dappertutto nell'opera del teologo indoispanico. Egli cerca, infatti, di situarsi sempre «inter» e «intra» culture e religioni, filosofia e teologia, secolarità e sacralità, cosmicità e spiritualità, mito e mistica, immanenza e trascendenza. È proprio in ragione di quest'ubicarsi «inter» e «intra» che si può parlare non soltanto di un modo dialogico di riflettere sulla Trinità, ma anche di un modo dialogico di considerare quest'ultima in chiave esperienziale. La sua riflessione trinitaria consiste, essenzialmente, nel «dia-logo» tra la visione tradizionale, nella teologia cristiana, della Trinità economica e immanente e la sua proposta, abbastanza originale, di una Trinità radicale. Questa riflessione trinitaria si svolge, come si è potuto constatare, fondandosi su un «dia-logo» con le tante forme dell'esperienza di Dio e con gli orizzonti in cui questa si attua. Si tratta, dunque, di un costante «dia-logo» tra un ventaglio considerevole di esperienze diverse – primordiali e cristiane, culturali e religiose, cosmiche e spirituali – e il tentativo di pensarle trinitariamente. Il pensiero di R. Panikkar rappresenta, in sintesi, un tentativo di riflettere sulla Trinità in reale rapporto con l'esperienza e di farlo specificamente secondo un modello dialogico.

La presentazione del modello dialogico di configurazione del rapporto tra esperienza e riflessione trinitaria prosegue, in seguito, con una schematica indicazione degli elementi più determinanti: 1. del suo modo di vedere il Dio Trinità; 2. del suo modo di vedere e reinterpretare l'esperienza alla luce di questa stessa Trinità.

3.1 *Visione di Dio Trinità: «a-dualità» tras-immanente*

Lo studio di R. Panikkar ha mostrato come il suo pensiero «teologico» è decisamente trinitario. Infatti, le tracce di un *De Deo uno* so-

---

[39] Nel paradigma analogico, la relazionalità, anche quando presentata come ontologica, sembra di essere, in primo luogo, una caratteristica del modo de ragionare e, solo in seguito, della realtà. Nel paradigma dialogico, l'ordine sembra invertirsi: prima viene la relazionalità come proprietà della realtà, a cui la riflessione, successivamente, cerca di corrispondere.

no residuali, quando non del tutto assenti. Si verifica un legame tra il suo approccio di tipo dialogico e questo profilo fortemente trinitario della sua visione «teo-logica». La dinamica propria di quest'approccio, con la sua attenzione alla diversità del reale e alle polarità nei dibattiti filosofico-teologici, tende a creare uno sguardo che parte dalla verifica e dalla considerazione del plurale nell'esperienza e che, in conseguenza, tende ad adottare una tale prospettiva anche nell'ambito propriamente «teo-logico». Si può, quindi, affermare che l'approccio dialogico, con la sua valorizzazione della pluralità, sta anche alla base del carattere trinitario del pensiero panikkariano.

Nonostante R. Panikkar presenti un pensiero autenticamente trinitario, la domanda sulla sua visione della Trinità, intesa nel senso preciso che le attribuisce la dogmatica cristiana, non trova una facile risposta. Come si è visto prima, la Trinità divina è, secondo l'autore, primariamente quel complesso «teo-antropo-cosmico» chiamato Trinità radicale. Analizzare la visione della Trinità di R. Panikkar significa, dunque, interrogarsi non propriamente sulla vita immanente di un Dio che è Padre, Figlio e Spirito Santo, ma soprattutto sul ritmo cosmoteandrico della realtà. L'indicazione schematica degli elementi che più caratterizzano la sua visione trinitaria di Dio deve, perciò, riflettere questa peculiarità e difficoltà della sua «teo-logia». La «teo-logia» panikkariana, condensata nei suoi aspetti più rilevanti, può essere descritta come: 1. tras-immanente; 2. pericoretica-ritmica; 3. plurale.

3.1.1 Tras-immanente

Il cosmoteandrismo panikkariano manifesta, in primo luogo, un'immagine tras-immanente di Dio. Né si può dire che la divinità sia assolutamente trascendente all'uomo e al cosmo – come nel dualismo –, ma neanche che sia totalmente immanente a questi due elementi – come nel monismo. Da un lato, il versante simbolico della sensibilità dell'autore è incline a considerare Dio indissolubilmente coinvolto nella realtà. Dall'altro, il versante mistico-apofatico lo porta a resistere al rischio di dissolvere il mistero di Dio nel mondo. La visione tras-immanente di Dio sorge, allora, come una formulazione «teo-logica» di stampo «dialogico» che traduce il doppio apofatismo e l'«a-dualità» dell'intuizione cosmoteandrica.

Il profilo trinitario di questa tras-immanenza divina deriva da una ricomposizione della Trinità. Senza escludere una visione della Trinità immanente, in cui le persone del Padre, del Figlio e dello Spirito si configurano come «tras-immanenti» tra loro, l'accento del pensiero panikkariano poggia, invece, sulla suddetta «tras-immanenza» di Dio, uomo e mondo.

3.1.2 Pericoretico-ritmica

L'approccio panikkariano di tipo dialogico tende a generare una visione della Trinità divina che è, in secondo luogo, pericoretica. Questa caratteristica descrive, anzitutto, l'approccio o la metodologia teologica stessa. L'impostazione circolare o pericoretica costituisce un momento concreto del suo tentativo di promuovere quell'«inter-penetrazione» e «intra-penetrazione» che connota il suo modello dialogico. È, inoltre, importante ricordare come questa metodologia dialogico-pericoretica si mostri, nell'opera di R. Panikkar, proprio attraverso il modo in cui si relazionano esperienza e riflessione trinitaria.

Tuttavia, con questa nota pericoretica si vuole qui caratterizzare il contenuto di una visione della Trinità di tipo dialogico e non tanto la metodologia che la genera. Secondo il pensiero panikkariano, l'intuizione cosmoteandrica si fonda sull'esperienza del ritmo trinitario della realtà, del ritmo trinitario dell'essere. Con la Trinità radicale non si prospetta una semplice giustapposizione, ma un'effettiva circolarità dialogica e tras-immanente tra Dio, uomo e mondo. La ritmica cosmoteandrica è allora, nel suo senso pieno, una pericoresi.

Sarebbe, comunque, riduttivo associare la dimensione pericoretica della visione panikkariana esclusivamente alla Trinità radicale. Anche le sue descrizioni della Trinità economica e, in particolare, della Trinità immanente riflettono questa caratteristica. La prima, tende a identificarsi con l'esperienza primordiale del ritmo trinitario della realtà. La seconda, suggerisce una dinamica trinitaria esplicitamente pericoretica: un Padre senza essere, perché lo dona al Figlio; un Figlio mediatore; uno Spirito che interiorizza la vita trinitaria, restituendola alla sua sorgente prima: il Padre. La vita immanente di Dio viene, allora, intesa in senso propriamente circolare. Così, oltre la sua poco comune Trinità radicale, in R. Panikkar si trovano sufficienti indicazioni sull'immanenza divina che consentono di capire che un modello dialogico tende a generare una visione pericoretica e ritmica della Trinità.

3.1.3 Plurale

Il pensiero dialogico di R. Panikkar dà origine, infine, a un'immagine teologico-trinitaria plurale. L'amplificazione del senso di Trinità tende a generare una visione di Dio tanto plurale quanto plurali sono le realtà e gli orizzonti in cui egli viene sperimentato. Il suo modo esperienziale di riflettere su Dio trova nella teologia trinitaria la possibilità di pensare una sola divinità, ma che è plurale «in sé». In questo senso, la visione trinitaria è non soltanto la superazione del monismo e del dualismo, ma anche del politeismo. Plurale non significa diversi dèi, ma una stessa divinità che si rivela in una notevole pluralità di realtà e di esperienze, proprio perché è «in sé» questa stessa pluralità e perché partecipa del ritmo plurale del tutto[40].

Concretamente, questa pluralità si manifesta nel fatto che, in ultima analisi, qualsiasi realtà antropo-cosmica partecipa della Trinità di R. Panikkar. La Trinità acquisisce qui la pluralità del cosmoteandrismo e della sua esperienza. Per esprimere tale concetto in chiave più esplicitamente teologico-trinitaria, si tratta di un intendimento della Trinità in cui la persona del Padre diviene la sorgente dell'essere, il Figlio l'essere stesso e lo Spirito la presenza immanente di Dio, che come atto puro chiude il cerchio trinitario. Il Figlio è il tu del Padre, ma un tu «disperso nei molteplici tu dell'universo». Lo Spirito è il «noi» dell'universo[41]. La sua visione della Trinità integra la pluralità propria del reale. Trinità significa, allora, non soltanto l'unità trinitaria di tre Persone divine, ma soprattutto la tras-immanenza plurale della realtà teantropocosmica. La pluralità dell'universo connota, dunque, la propria visione della Trinità.

3.2 *Visione teologico-trinitaria: consapevolezza del ritmo trinitario*

L'intuizione cosmoteandrica di R. Panikkar è tesa principalmente alla formazione di un modo trinitario di interpretare e abitare la realtà. Infatti, il suo modo di impostare la questione ha come fine l'approfondimento della «consapevolezza» della matrice trinitaria del tutto e non una qualsiasi spiegazione trinitaria dei meccanismi della realtà. La riflessione trinitaria dell'autore si situa, intenzionalmente, più a livello di una sapienza di stampo trinitario che di un discorso scientifico sulla Trinità o di una ricerca di soluzioni d'ispirazione trinitaria a problemi della vita secolare. In questo senso, il pensiero dell'autore indoispanico stimola lo sviluppo di un'autentica visione trinitaria dell'esperienza umana della realtà, anche se non cerca di rifletterla immediatamente in

---

[40] Il rifiuto di una visione modalista della Trinità si fonda, sostanzialmente, su questo modo «dia-logico» di relazionare la pluralità dell'economia dell'esperire umano e la pluralità dell'immanenza «teo-logica».
[41] Cf. TEUP, 114-115.

strutture umane e sociali – a differenza di J. Moltmann e G. Greshake. Come l'autore stesso riconosce, l'intuizione cosmoteandrica può «costituire la base per una nuova visione della realtà»[42]. La ricerca di questa nuova visione costituisce, senz'altro, uno dei principali scopi di tutta la sua opera.

Anche in questo si avverte la peculiarità di un approccio di tipo dialogico. La «nuova visione della realtà» e la riconfigurazione dell'esperienza del reale sono, in questo modello, momenti della riflessione sulla Trinità e non una sua estensione – a differenza di J. Moltmann e G. Greshake. Dal momento che Dio non è un ente dualisticamente slegato dal reale antropo-cosmico, quando si riflette sulla Trinità si sta già costruendo una visione trinitaria del tutto e riconfigurando la propria esperienza di Dio, dell'uomo e del cosmo. Un approccio di tipo «dia-logico» come questo tende, allora, a coordinare intrinsecamente visione trinitaria e visione della Trinità, riconfigurazione dell'esperienza e riflessione «teo-logica». Non sorprende poi che, in R. Panikkar, l'essenziale della visione e dell'interpretazione dell'esperienza umana rispecchi il nucleo della sua visione della Trinità. Quest'ermeneutica trinitaria dell'esperienza può, schematicamente, essere condensata in due caratteristiche particolari: 1. la radicalità trinitaria insita nell'esperienza dell'universo; 2. la relazionalità del tutto come il mistero fondamentale della realtà.

3.2.1 Radicale

La Trinità radicale è, in R. Panikkar, il vertice dell'«inter-in-dipendenza» tra visione «teo-logica» e visione della realtà, tra riflessione trinitaria ed esperienza umana. Secondo l'autore, il reale antropo-cosmico non è soltanto passibile di essere interpretato e prospettato in chiave trinitaria. Questo reale antropo-cosmico è «radicalmente» trinitario. Dischiudendo così il mistero o ritmo dell'essere, la riflessione panikkariana finisce con il cambiare l'orizzonte della contemplazione della realtà e, infine, con il cambiare il proprio modo di vedere la realtà. La riflessione «teo-logica» non cerca più di scoprire dei dispersi *vestigia Trinitatis* per provare la sua validità o di plasmare il mondo secondo un determinato paradigma «teo-logico» per mostrare la sua portata pratica. Cerca, invece, di abitare il reale in un modo consapevole di partecipare alla Trinità integrale – Dio, uomo e mondo. La sua visione delle realtà e delle esperienze mondane è dunque, in senso specifico, trinitariamente

---

[42] VTC, 3.

radicale. È questo il contesto fondamentale del suo modo trinitario di situarsi nell'universo e, conseguentemente, di interpretarlo.

3.2.2 Relazionale

La mondovisione trinitaria di R. Panikkar è, inoltre, profondamente relazionale. A rigore, non si potrebbe separare la matrice relazionale del suo modo di vedere la realtà dalla summenzionata forma radicale di associare quest'ultima alla Trinità. Essa implica già un'impostazione relazionale della comprensione della vita e dell'universo. Tuttavia, mettendo schematicamente in risalto la matrice relazionale della visione panikkariana del reale si vuole sottolineare come questa si fondi sul presupposto che tutto è in relazione, che tutto è «inter-in-dipendente». L'ermeneutica dell'esperienza segue e attua la premessa che il reale sperimentato non è né monisticamente unitario, né dualisticamente frammentato. Tutto in esso è sempre in intrinseca relazione trinitaria, ossia in una forma intima e «a-duale» di rapporto. È, allora, alla luce di questa percezione trinitario-relazionale che si genera una grammatica della vita, della realtà e dell'esperienza umana. Insomma, se con l'aspetto radicale si evidenziavano l'orizzonte e il contesto della visione trinitaria dell'esperienza in R. Panikkar – Dio coinvolto nella realtà antropo-cosmica – con l'aspetto relazionale si indica la premessa che conduce a una comprensione e, eventualmente, a una trasformazione dell'esperienza dell'universo.

4. Modello trascendentale di K. Rahner: esperienza del mistero

Il pensiero di K. Rahner adotta, tanto nell'affrontare la questione dell'esperienza quanto nel riflettere su Dio e sulla Trinità, un modello prevalentemente trascendentale. La prospettiva di analisi si focalizza, anzitutto, sull'uomo e sulla storia e si interroga circa le loro strutture profonde, che vengono viste come «condizioni della possibilità di udire la risposta cristiana» e «condizioni trascendentali e storiche della possibilità della rivelazione cristiana». La rivelazione cristiana sorge, dunque, come risposta adattata alla struttura trascendentale dell'uomo. La dinamica del ragionamento trascendentale si fonda sul mutuo condizionamento tra domanda umana e risposta divina. Da un lato, la risposta divina, per essere effettiva, dovrà darsi in un modo conforme alla capacità umana di «udirla». Dall'altro, la domanda umana scaturisce da un suo orientamento originario verso «il mistero che chiamiamo Dio». In questo modo di teologare, il punto di contatto tra domanda umana e risposta divina è, allora, posto preferenzialmente sul piano trascendentale[43].

In tutto ciò, è proprio l'esperienza detta trascendentale a fondare la riflessione «teo-logica». Quando in qualsiasi atto di conoscenza il soggetto, mediato dall'esperienza spazio-temporale, «con-conosce» se stesso – scoprendosi strutturalmente aperto all'ampiezza di tutta la realtà –, gli è già data una certa conoscenza di Dio. È proprio a questa peculiare forma di conoscenza di Dio che una «teo-logia» di tipo trascendentale dedica la sua attenzione. In questo paradigma, Dio non viene colto dall'esterno del soggetto come semplice oggetto, bensì trascendentalmente come sua origine e suo orizzonte[44].

Risulta, allora, abbastanza chiaro come K. Rahner indichi un altro modo, diverso dai precedenti, di stabilire un rapporto «teo-logico» tra esperienza e riflessione. La riflessione «teo-logica» dovrebbe dedurre un'immagine di Dio a partire da quella particolarissima forma di esperienza che è l'esperienza trascendentale. Questa, invece, acquisisce una portata davvero «teo-logica» grazie all'orizzonte verso cui l'uomo si scopre orientato: il mistero, ossia «quello che chiamiamo Dio». Una vicendevole deduzione determina dunque, in questo paradigma, il rapporto tra esperienza e riflessione «teo-logica».

Certamente, come si è visto, K. Rahner fa ancora appello ad altre forme d'esperienza. Tuttavia, attraverso il precedente studio della sua teologia dell'esperienza, è stato possibile capire come la logica trascendentale tenda a essere trasversale a loro e, pertanto, a dare alla sua riflessione sull'esperienza una certa coerenza e unità. A questo riguardo, è significativo che l'esperienza trascendentale venga inoltre considerata un'azione soprannaturale della grazia. Con l'«esperienza della grazia» si rafforza l'opinione che quanto avviene in una tale «esperienza trascendentale» è un evento davvero teologico, e che l'esperienza di una tale apertura fondamentale al «mistero» è resa possibile e sorretta dall'«autocomunicazione» graziosa di Dio.

È, appunto, tramite il concetto di «autocomunicazione» che si sviluppa un approccio di tipo trascendentale nella riflessione rahneriana specificamente dedicata al Mistero trinitario di Dio. Nuovamente, il ragionamento tende a ricavare la realtà divina dalla struttura del soggetto a cui Dio si rivolge. L'immanenza trinitaria deve essere dedotta, in misura significativa, dalla doppia modalità con cui Dio si «autocomunica».

---

[43] Cf. CFF, 28-30 [GG, 22-23].
[44] Cf. CFF, 36-43 [GG, 28-34].

Tuttavia, questa doppia modalità va pensata alla luce della struttura trascendentale dell'uomo. Benché inquadrata dalle difficoltà e ambivalenze sopramenzionate, la riflessione trinitaria di K. Rahner assume, dunque, una prospettiva trascendentale.

Lo sforzo di sistemare, alla luce degli autori qui in esame, forme teologiche di relazionare esperienza e riflessione trinitaria prosegue con la presentazione schematica di alcuni dei tratti più salienti di un atteggiamento trascendentale. Coerentemente con quanto si è fatto fin qui, questa presentazione si occuperà: 1. della rappresentazione «teo-logica» che emerge da un approccio trascendentale; 2. delle indicazioni per un'ermeneutica dell'esperienza che derivano da questo stesso approccio.

4.1 *Visione di Dio Trinità: mistero che si autocomunica*

Dal modello trascendentale emerge un'immagine eminentemente unitaria di Dio Trinità. Com'è stato già verificato, ciò si può percepire nel modo in cui K. Rahner pensa «teo-logicamente» l'esperienza e pensa Dio a partire dall'esperienza. Tale si mostra evidente proprio nell'ambito degli studi trinitari, all'interno dei quali il Mistero di Dio sembra ancora troppo avvolto in una concettualizzazione che personalizza solo superficialmente la sua visione «teo-logica». Le persone del Figlio e dello Spirito sono le «autocomunicazioni» immanenti del Padre, le quali si danno in Dio in sintonia con quanto si rivela nell'economia: rispettivamente, come «autocomunicazioni» della verità e dell'amore[45]. C'è qui, nella sua riflessione sulla Trinità, una certa accentuazione monarchica che segna la «teo-logia» rahneriana e che porta alla conclusione che ci si trova davanti a un'immagine teologico-trinitaria in cui domina l'aspetto unitario.

I tratti con cui, in seguito, si cercherà di caratterizzare la visione «teo-logica» di quest'approccio di tipo trascendentale rispecchiano, naturalmente, questa sua matrice unitaria. In netto contrasto con le immagini teologico-trinitarie degli altri tre autori e dei loro rispettivi modelli, nel modello trascendentale di K. Rahner si trova una visione di Dio Trinità che è: 1. trascendentale; 2. misterica; 3. oblativa.

4.1.1 Trascendentale

Il Dio del modello trascendentale è, in primo luogo, proprio un Dio trascendentale. Quest'affermazione, che forse può apparire come una

---

[45] Cf. *Trinità*, 93-100 [DdGtUH, 378-384].

ridondanza, serve a sottolineare come un simile approccio teologico tenda a intendere Dio, anzitutto, associandolo a una condizione di possibilità dell'esistenza umana, cioè un Dio che assume i contorni di quella «anticipazione» che segna l'esperienza trascendentale. L'approccio trascendentale trova in Dio la premessa e la risposta per quell'apertura illimitata che definisce l'esperienza trascendentale. Si tratta, allora, come dichiara l'autore, di un Dio che è «fondamento originario»[46], che è «presupposto inafferrabile e ineffabile»[47]. Attraverso questo modo di teologare, l'immagine di Dio sorge, dunque, connotata proprio dall'angolo di visione adottato.

4.1.2 Misterica

La decisiva impronta della «teo-logia» trascendentale di K. Rahner è, però, la sua palese dimensione misterica. Il Dio di K. Rahner è, al di sopra di tutto, mistero. Al cuore di questo modo di impostare la questione di Dio sta l'esperienza della sua totale inafferrabilità. D'altronde, è proprio tramite la nozione di mistero che si avvia il passaggio dall'antropologia alla «teo-logia». L'orizzonte verso cui ci spinge l'esperienza trascendentale è il «mistero che chiamiamo Dio». Quest'orizzonte è «non delimitabile» e «non nominabile», è «anonimo» e «assoluto». Dio è, insomma, «mistero santo», ossia «qualcosa che non possiamo cogliere e abbracciare», ma che, invece, tutto dispone e che sempre agisce con «amore e libertà»[48]. La dimensione mistagogica dello stile teologico di K. Rahner prova, allora, a far risaltare questo nocciolo della sua visione di Dio. La riflessione è qui al servizio di un'iniziazione all'esperienza di questo Dio che è mistero.

4.1.3 Oblativa

Dalla congiunzione tra «esperienza trascendentale» ed «esperienza della grazia» scaturisce questo terzo aspetto della «teo-logia» rahneriana. K. Rahner costruisce un'immagine «teo-logica» profondamente segnata dall'«autocomunicazione divina». È in questo senso che si può parlare di un Dio oblativo. Infatti, il ruolo assiale che la nozione di «autocomunicazione» svolge nel suo pensiero genera un'immagine di Dio come di colui che ha nel darsi un suo tratto decisivo. Almeno è così che

---

[46] CFF, 94 [GG, 72].
[47] CFF, 116 [GG, 89].
[48] Cf. CFF, 92-98 [GG, 70-75].

egli viene percepito a partire da una lettura simultaneamente trascendentale e soprannaturale dell'uomo e della storia. La grazia è Dio stesso, «nel suo proprio essere»[49], che si comunica e che, perciò, si mostra oblativo. Egli è, peraltro, come sostiene l'autore, il donatore, il dono e il fondamento che rende possibile accogliere questa sua presenza di grazia. In questa descrizione tripartita dell'«autocomunicazione» risplende, con la sua massima intensità, la dimensione oblativa della visione rahneriana di Dio.

La nota oblativa non connota, comunque, solo Dio nel rapporto con le realtà storiche, ma è anche un tratto che lo caratterizza «in sé». Secondo il principio enunciato nel *Grundaxiom*, l'immagine dell'immanenza divina va caratterizzata anche per questa visione oblativa. In Dio c'è, dunque, una dinamica oblativa o «autocomunicativa», fatto che introduce nella visione rahneriana di Dio l'elemento propriamente trinitario. Una tale dinamica intradivina è «condizione di possibilità necessaria» per la libera «autocomunicazione» di Dio all'uomo[50]. È, pertanto, uno sguardo teologico che prospetta anche nell'immanenza trinitaria una modalità di vita di tipo oblativo.

4.2 *Visione teologico-trinitaria: sperimentarsi anticipato dalla grazia*

Una teologia di tipo trascendentale finisce con assumere anche una determinata ermeneutica dell'esperienza umana. Si potrebbe dire che la sua visione di Dio Trinità è già conseguenza di una determinata comprensione teologica della realtà, poiché fondata sull'intendimento dell'uomo come soggetto di un'apertura fondamentale al «mistero» e sempre sorretto dalla grazia divina. Benché non sia tra le preoccupazioni principali di K. Rahner, è comunque possibile, alla luce del suo pensiero, cogliere alcune indicazioni generali sull'ermeneutica teologica dell'esperienza che scaturisce da un approccio di tipo trascendentale.

In fase introduttiva, è importante rilevare lo stampo non esplicitamente trinitario di quest'ermeneutica teologica. Ponendosi in contrasto con la mondovisione che scaturisce dagli altri modelli, una riflessione di tipo trascendentale sembra suggerire un modo teologico di vedere e interpretare la vita maggiormente basato su una «teo-logia» di stampo unitario. Nel caso delle proposte di K. Rahner, tale dato è conseguenza, da un lato, della portata scarsamente trinitaria della sua teologia

---

[49] CFF, 163 [GG, 124].
[50] Cf. *Trinità*, 99-100 [DdGtUH, 383-384].

trascendentale dell'esperienza e, dall'altro, di una riflessione trinitaria che non viene piegata a mostrare l'impatto esperienziale della fede trinitaria. In netto contrasto con J. Moltmann e G. Greshake, K. Rahner non cerca di estendere la «teo-logia» della Trinità a una riflessione che generi una criteriologia trinitaria dell'esperienza della vita e della fede.

I due tratti fondamentali con i quali si cerca di caratterizzare la visione dell'esperienza nel contesto di un modello trascendentale derivano, allora, da una considerazione globale del pensiero teologico-trinitario di K. Rahner. Il modo in cui la riflessione «teo-logica» trascendentale tende a originare una determinata visione dell'esperienza può, dunque, essere detta: 1. conoscitiva; 2. soprannaturale.

4.2.1 Conoscitiva

L'approccio trascendentale si fonda sul rapporto tra autoconoscenza del soggetto e conoscenza di Dio. Se, da un lato, la sua «teo-logia» è connotata dalle strutture aprioristiche del soggetto conoscente, dall'altro si può individuare un influsso della riflessione «teo-logica» sull'autoconoscenza del soggetto stesso. La visione trascendentale dell'esperienza umana sorge, dunque, segnata da un «ri-conoscersi» del soggetto umano a partire dalla riflessione teologica. Si tratta, perciò, di un «ri-sperimentarsi» dell'uomo segnato dalla percezione che Dio è l'origine e l'orizzonte della sua costitutiva apertura alla trascendenza[51]. Sul piano conoscitivo s'individua, quindi, una prima influenza della riflessione «teo-logica» di tipo trascendentale su un'ermeneutica dell'esperienza.

Quest'influenza della visione «teo-logica» sulla visione dell'esperienza si attua, più concretamente, nella percezione della portata specificamente «teo-logica» della già sperimentata apertura dell'uomo alla trascendenza. La «con-conoscenza» del soggetto, ossia la sua «esperienza trascendentale», pur rimanendo sempre atematica, viene però illuminata dalla percezione che in essa si cela una «conoscenza atematica di Dio». La sua aprioristica e radicale apertura alla trascendenza non è semplice evento antropologico, ma è anche un evento teologico. Si tratta, infatti, di un modo di «re-interpretare» l'esperienza storica che vede quest'ultima costitutivamente abitata da una tale portata teologica. Il modo in cui una riflessione di tipo trascendentale tende a illuminare autoconoscenza umana e conoscenza teologica, oltre che pun-

---

[51] Cf. CFF, 54-55 [GG, 42-43].

tare verso un singolare accesso al «mistero» di Dio, qualifica e segna anche il modo in cui l'uomo si sperimenta e si autoconosce.

4.2.2 Soprannaturale

In secondo luogo, il modello trascendentale di K. Rahner propone una visione soprannaturale dell'esperienza. Ciò significa che la verificata apertura e indirizzamento costitutivo dell'uomo verso un orizzonte originario e misterico non è semplice disposizione naturale ma realtà soprannaturale, gesto divino che graziosamente lo rende possibile. Il Dio oblativo di K. Rahner crea, nell'uomo, le condizioni perché la sua «autocomunicazione» possa venire accolta. Dio è donatore, dono e fondamento dell'accoglienza umana di questa sua «autocomunicazione». Perciò, grazie a quest'impostazione trascendentale-soprannaturale della riflessione «teo-logica», l'esperienza categoriale è costantemente anticipata dalla presenza e dall'azione divina, sempre sorretta dalla grazia dell'«autocomunicazione» di Dio. Questo è, allora, un contributo in più offerto dalla riflessione «teo-logica» a una visione o ermeneutica dell'esperienza umana: intendere tale esperienza come toccata e anticipata dalla grazia divina, anche se il soggetto non è consapevole di questo. È, insomma, un approccio che crea una grammatica teologica della vita non estrinsecista, ma che invece unisce – senza confondere – trascendentalità e categorialità, natura e sopranatura, grazia divina e azione umana. Questo modello teologico trascendentale permette, dunque, di ampliare la comprensione che si ha delle proprie esperienze. Nel momento in cui vengono integrate nell'economia della grazia, esse assumono una densità teologica che solitamente non viene loro riconosciuta.

5. Un modello di modelli: per una configurazione duttile tra esperienza e riflessione trinitaria

La realtà è sempre più complessa degli schemi con cui si la interpreta. I modelli finora proposti soffrono di questa stessa limitazione. Essi sono, come si accennava all'inizio del capitolo, «semplificazioni utili» dei modi con cui gli autori in esame impostano la questione trinitaria e di come in loro si configura il rapporto tra esperienza e riflessione trinitaria. L'identificazione, però, degli elementi fondamentali dell'impostazione assunta da ciascun autore – dialettica, analogica, dialogica e trascendentale – e delle conseguenti immagini di Dio Trinità e dell'esperienza umana permette, in primo luogo, di verificare che le forme in base alle quali è possibile integrare il tema dell'esperienza in teologia trinitaria sono diverse. La configurazione del rapporto tra esperienza e riflessione trinitaria è plurale. D'altronde, quest'elenco non pretende di essere esaustivo, ma solo indicativo di forme concrete per situare teologicamente tale rapporto. La presente modellizzazione chiarisce poi, anzitutto che le forme teologiche di riflettere su Dio Trinità in chiave esperienziale sono molteplici.

La riconduzione schematica delle proposte degli autori ai loro nuclei permette, in secondo luogo, di capire che il modo in cui esperienza e riflessione trinitaria vengono coniugate dipende dalla prospettiva adottata. Non esistono impostazioni neutrali. In effetti, l'angolo adottato esercita sempre un rilevante influsso sulla percezione teologica del Mistero di Dio e dell'esperienza. Nel caso presente, risulta evidente come tanti dei tratti che caratterizzano i modelli sopraindicati derivano sia dalla logica che sorregge il loro teologare, sia dalle esperienze che gli autori privilegiano nell'ambito degli studi trinitari. La varietà delle tipologie di approccio permette, dunque, di esplorare non soltanto i diversi aspetti della questione, ma anche di verificare che tipo di sguardo teologico-trinitario viene proposto dai diversi modelli.

L'esistenza di modelli diversi e contrastanti tra loro solleva, in terzo luogo, la necessità di un certo discernimento teologico. Come valutare l'esistenza di più modalità di configurare il rapporto tra esperienza e teologia trinitaria? Eleggere uno solo di questi modelli significherebbe disprezzare alcune delle feconde prospettive che si sono ritrovate in tutti gli autori. Un'alternativa consiste nell'armonizzarli, generando poi, come dice A. Dulles, un nuovo «supermodello»[52]. Tale operazione implicherebbe, però, non valutare adeguatamente le divergenze che si verificano tra queste quattro forme di impostazione del tema. Risposta più adeguata è, allora, considerare la diversità di modelli teologico-esperienziali un plusvalore. In effetti, il mosaico offerto da questi autori non sembra passibile di una *reductio ad unum* e ciò impoverirebbe lo sguardo teologico sulla questione dell'esperienza che ne risulterebbe.

Questa diversità di forme non è considerata un elemento positivo soltanto per rassegnazione al fatto che, concretamente, ci sono prospettive diverse e irriducibili a una sola. Tale diversità rappresenta, inoltre, un modo corretto di adeguarsi alla dinamica esperienziale e di riferirsi al Mistero di Dio. Da una parte, approcci univoci tendono a non essere in grado di accompagnare l'esperienza in tutta la sua ampiezza. Approcci ampi sembrano, invece, più atti a rendere conto del complesso e, per

---

[52] Cf. A. DULLES, *Models of the Church*, 187.

CAP. V: MODELLI DI UNA LORO CONFIGURAZIONE

certi versi, paradossale dinamismo dell'esperienza umana. Dall'altra parte, la ricerca trinitaria si riferisce al mistero per antonomasia di tutta la teologia: Dio. Approcciando il mistero con le nostre parole, siamo «condannati a lavorare con modelli che sono sempre inadeguati alle realtà che indicano»[53]. La pluralità di forme teologiche con cui ci si rivolge al mistero è, perciò, il modo umano di avvicinarsi a realtà sempre ineffabili.

La tappa conclusiva della presente applicazione della metodologia dei modelli teologici al tema dell'esperienza in ambito trinitario punta, quindi, a una specie di *modello di modelli*. Condividendo l'impressione che anche questi modelli sono «abbastanza flessibili per esserne vicendevolmente aperti e compenetrabili»[54], dalla loro analisi si passa all'esplorazione delle indicazioni essenziali da loro fornite[55] per una configurazione adeguata del rapporto tra esperienza e riflessione trinitaria. Si tratta, infatti, di uno sguardo sul tema che promuove una visione di sintesi, conservando comunque lo spazio per una sana pluralità di forme teologiche. Si propone, infine, una sistemazione finale che possa offrire i parametri teologici per un corretto rapporto tra esperienza e riflessione trinitaria, che non ceda a un'uniformizzazione degli approcci e che sia capace di accogliere alcune delle prospettive dei modelli studiati[56]. È in questo senso che si parla di un modello di modelli e di un modo duttile di pensare la Trinità in chiave esperienziale[57].

---

[53] A. DULLES, *Models of the Church*, 187. È proprio dalla matrice misterica della Chiesa che A. Dulles fa derivare la necessità di conservare la diversità di modelli ecclesiologici.

[54] A. DULLES, *Models of the Church*, 187.

[55] Cf. A. DULLES, *Models of the Church*, 16-18.

[56] In questa tensione tra la necessità di cercare una sintesi e la diversificazione degli approcci si tocca una caratteristica della teologia contemporanea, come giustamente sostiene V. Holzer: «la théologie trinitaire au XXe siècle ne se donne plus sous la forme d'une doctrine et d'une langue univoques. Elle s'est très largement délestée de son lien au genre littéraire du manuel, pour s'épanouir dans des œuvres qui portent la marque de leur auteur et des combats intellectuels qu'ils ont menés. Ce phénomène a provoqué, non pas tant un éclatement, qu'une extrême diversification des points de vue […]. Sommes-nous dès lors spectateurs d'une doctrine trinitaire pour le moins éclatée, sommes-nous voués à l'impossible synthèse, ou peut-on, en dépit ou en raison de cette diversité, dessiner quelques principes directeurs qui président aux "réalisations" du renouveau trinitaire […]?» (cf. V. HOLZER, «"Formes" et "Figures" de la théologie trinitaire», 333). Il proposto modello di modelli è un modo molto concreto di cercare, a partire dalla questione dell'esperienza, di rispondere a questa domanda e a questa sfida.

[57] Cf. E. SALMANN, *Presenza di Spirito*, 321: «I misteri cristiani sono in se stessi complessi, pluridimensionali, pluriprospettici; la loro ricostruzione richiede pertanto

Concretamente, questa composizione finale si struttura attorno ai tre nodi problematici dell'integrazione del tema dell'esperienza in teologia trinitaria: 1. il problema della proiezione umana; 2. il problema di una «teo-logia» ermetica all'esperienza storica; 3. il problema della paradossalità, sperimentata tanto nella fede quanto nel comune vivere umano. Questi nodi si configurano come un triplice criterio, ispirato alla cristologia di Calcedonia, di un giusto rapporto tra esperienza e riflessione trinitaria. Nei due paragrafi finali si puntualizza: 4. il ruolo di regola teologica di questo rapporto svolto dalla definizione dogmatico-cristologica calcedonense; 5. lo stile esperienziale-pericoretico che un modello di modelli trinitario-esperienziale sembra richiedere.

5.1 *Oltre l'umana proiezione: configurazione non confusa*

L'ipotesi di impostare la riflessione trinitaria a partire dall'esperienza corre un primo e significatico rischio: proiettare in Dio Trinità degli aspetti mondani. Configurando l'immagine di Dio a partire dalle esperienze storiche, il ragionamento si espone al pericolo di trasferire alla sfera divina elementi che non le si possono assegnare. È, tuttavia, vero che la teologia trinitaria si fonda sempre sull'esperienza, sia di questo consapevole o no. Infatti, l'economia salvifica in cui Dio svela il suo volto è sempre un'esperienza storica e di fede, come si percepisce in modo paradigmatico nelle esperienze del Figlio incarnato e dello Spirito inviato testimoniate e raccontate nel Nuovo Testamento. Tuttavia, nel momento in cui si cerca di ampliare lo spettro esperienziale che ci consente di parlare di Dio in termini trinitari, allora il rischio di associare alla riflessione «teo-logica» dati a essa estranei cresce esponenzialmente. Questa è, in fondo, una debolezza dell'ipotetica metodologia teologico-trinitatia qui sottoposta a riprova.

L'identificazione di questo problema suggerisce un primo elemento nel processo di discernimento relativo all'integrazione del tema dell'esperienza in teologia trinitaria e, particolarmente, in riferimento ai modelli teologici appena presentati. Questi si mostrano tanto più teologicamente validi quanto meno le loro «teo-logie» risultano esposte al fenomeno della proiezione. L'attenzione che questo rischio richiede diventa, dunque, un primo elemento nell'individuazione dei criteri per una giusta impostazione esperienziale della riflessione trinitaria.

---

una metodologia duttile e forte che tenga conto della polarità, perfino della contraddittorietà della realtà divina».

Anche a questo riguardo i quattro modelli analizzati si mostrano doppiamente contrastanti. Da una parte, alcuni modelli si rivelano più esposti a questo problema della proiezione. Dall'altra parte, tra loro si attuano strategie teologiche distinte per affrontare questo rischio della proiezione. Valutando i quattro modelli studiati alla luce di questo criterio, si possono far derivare le seguenti indicazioni:

+ *Modello dialettico di J. Moltmann*: la proposta moltmanniana si mostra, a questo riguardo, ambigua. Da un lato, il modello dialettico ha un'inequivocabile intenzionalità anti-idolatrica. Il modo in cui si concentra sui paradossi e sui contrasti tra quanto verrebbe razionalmente da aspettarsi e quanto è storicamente accaduto si avvicina notevolmente a un teologare che cerca proprio di contrastare la proiezione umana in «teo-logia». Tuttavia, il modo in cui J. Moltmann cerca di portare il principio del Dio coinvolto nella storia fino alle sue ultime conseguenze, produce una proiezione del divenire escatologico della storia in Dio stesso. La sua visione patica ed escatologica dell'immanenza trinitaria non evita, allora, una certa esposizione al rischio della proiezione umana;

+ *Modello analogico di G. Greshake*: un approccio di tipo analogico, come quello di G. Greshake, tende a salvaguardare una salutare distanza tra quanto avviene nell'esperienza storica e la sua immagine della Trinità. Si tratta, difatti, di un tipo teologico fondato sul presupposto della «differenza ontologica» tra Dio e uomo[58]. La consapevolezza di questa dissomiglianza essenziale tra Dio e quanto è accessibile tramite l'esperienza umana genera, nella modalità analogica di impostare la questione trinitaria, una ragionevole contrapposizione rispetto a una semplice proiezione di fenomeni storici sull'immanenza divina;

+ *Modello dialogico di R. Panikkar*: più esposto a proiettare in Dio dinamismi mondani si mostra, senz'altro, il modello dialogico di R. Panikkar. La sua visione tras-immanente di Dio e la congiunzione teo-antropo-cosmica che definisce la sua Trinità radicale combinano in una forma tale Dio, uomo e mondo che la loro differenza tende a essere residuale. Il suo modo dialogico di intrecciare realtà diverse e il suo sguardo profondamente olistico e simbolico tendono a suscitare una «teo-logia» che corre il rischio di non distaccarsi abbastanza dalle realtà mondane e dalle esperienze umane. È, comunque, importante sottolineare che il pensiero dell'autore racchiude in sé alcune caratteristiche che

---

[58] Cf. IDU, 199 [DdG, 179].

sono autenticamente anti-proiettive. Tale è il caso della matrice apofatica del suo teologare. In sintesi, il cosmoteandrismo dialogico di R. Panikkar, anche se avvolto in un apofatismo che non chiude la divinità nel piano antropo-cosmico, si mostra passibile di generare una «teo-logia» intaccata dal fenomeno della proiezione;

+ *Modello trascendentale di K. Rahner*: la proposta trascendentale di K. Rahner è quella che meglio salvaguarda l'assoluta alterità divina. Anche se a scapito della matrice trinitaria della sua «teo-logia», il passaggio dalla peculiare esperienza trascendentale alla percezione di Dio viene attuato tramite successive mediazioni che impediscono la confusione tra l'umano e il divino: dal categoriale al trascendentale; dal trascendentale alla percezione di un'apertura illimitata a un'origine e un orizzonte ineffabili; da questa percezione alla sua discreta identicazione con una presenza di Dio. Questo procedimento sembra garantire una «teo-logia» non esposta ai pericoli della proiezione esperienziale.

Alla luce di tale criterio della proiezione è, allora, possibile capire che fra i quattro modelli in esame sussistono delle differenze qualitative. Senza dimenticare gli aspetti pertinenti del modello analogico, la linea teologica proposta da K. Rahner sembra, però, quella che meglio garantisce un'integrazione dell'esperienza nella riflessione «teo-logica» immune ai pericoli della proiezione. L'altra faccia della medaglia è, comunque, che una tale «teo-logia» non segnata dalla proiezione sembra non potersi configurare autenticamente in chiave trinitaria. Come è emerso anche dall'analisi del pensiero trinitario di K. Rahner, quest'indicazione invita alla moderazione nella difesa di un'impostazione esperienziale della questione trinitaria.

La dogmatica trinitaria è anti-idolatrica. Una riflessione esperienziale sulla Trinità non può ipotecare questo asse della fede biblica e cristiana. Perciò, è importante che questo modo di sollevare la questione trinitaria sia anche in grado di andare oltre qualunque proiezione umana. Riprendendo il linguaggio del Concilio di Calcedonia e applicandolo alla questione della Trinità, si tratta di cercare forme di configurare il rapporto tra esperienza e riflessione trinitaria che riescano a far vedere che non c'è *confusione* tra uomo e Dio, tra economia umana e immanenza trinitaria. I modelli studiati aiutano, dunque, a percepire come, nel concreto, si può o meno raggiungere questo scopo.

5.2 Oltre la divina estraniazione: configurazione non separata

Fra le cause che danno ragione di un certo sconforto di fronte alla confessione trinitaria sta l'impressione che questa affermi qualcosa che riguarda soltanto Dio e non noi. Una tale impressione sembra presupporre l'immagine di un Dio totalmente staccato o estraniato da questa nostra realtà. Tuttavia, il *Grundaxiom* punta in direzione chiaramente opposta. Il Dio della fede cristiana è un Dio di cui si parla e si riflette a partire da quanto è storicamente avvenuto. È stato proprio per questo che si è abbozzata l'ipotesi di una riflessione sulla Trinità più agganciata e indirizzata all'esperienza vitale degli uomini.

Attorno a questa matrice storica della «teo-logia» si costituisce una seconda indicazione che permette di giudicare i modelli studiati e che aiuta a delineare un modello di modelli del rapporto tra esperienza e riflessione trinitaria. Nella ricerca di modi teologicamente corretti di impostare esperienzialmente il tema trinitario, occorre, poi, considerare se e come gli autori relazionano economia storica e immagine trinitaria di Dio. Dalla capacità di illustrare questo loro collegamento dipende molto della possibile fecondità teologica ed esistenziale di una riflessione trinitaria di stampo esperienziale.

Questo parametro può sembrare, a prima vista, assolutamente contraddittorio rispetto al precedente – quello della non proiezione. In effetti, esiste una certa tensione tra questi. Nonostante ciò, essi non si escludono necessariamente a vicenda. Attraverso di essi si indicano soltanto i rischi estremi compresi in qualsiasi «teo-logia»: prima, un eccesso della storia e, adesso, la pura «a-storicità». Ambedue individuano i limiti di una riflessione dogmatica teologico-trinitaria. Rievocando la cristologia di Calcedonia, si potrà affermare che si punta qui verso una «teo-logia» trinitaria «non separata» dall'esperienza storica e secolare. Considerando, quindi, tale parametro di una corretta configurazione del rapporto tra esperienza e riflessione trinitaria, ecco come, sinteticamente, si possono valutare i quattro modelli in analisi:

+ *Modello dialettico di J. Moltmann*: l'impostazione dialettica propone un'immagine della Trinità in stretto legame con l'esperienza storica e sociale. In questo particolare, la proposta moltmanniana si afferma come quella che meglio riesce a coordinare storia e «teo-logia». La sua dottrina trinitaria socio-storica genera, infatti, un'immagine «teologica» non separata, in primo luogo, dalle esperienze di Cristo e di Dio – nel doppio senso di genitivo oggettivo e soggettivo – e, in secondo luogo, dalle esperienze dei credenti. Questa coordinazione avviene, inoltre, in una suggestiva circolarità o pericoresi tra storia e «teo-logia», attuando cioè un modo di teologare all'interno del quale esse si fondano e si criticano reciprocamente;

+ *Modello analogico di G. Greshake*: in genere, un approccio di tipo analogico presenta un modo effettivo di coniugare riflessione «teo-logica» ed esperienza storica, poiché fondato sulla percezione che è possibile trovare una certa somiglianza tra loro. Nel caso specifico di G. Greshake, questo carattere viene in parte meno a causa del modo poco fondato sull'esperienza con cui arriva al concetto di *communio*. Al contrario, quando l'autore rilegge le realtà del mondo e della fede cristiana alla luce della *communio* tende a presentare un modo alquanto riuscito di far vedere cosa la «teo-logia» può dire all'esperienza storica;

+ *Modello dialogico di R. Panikkar*: nella visione dialogica di R. Panikkar si riconosce un modo ben diverso di relazionare «teo-logia» trinitaria e storia secolare. Si tratta di un'interpretazione che radicalizza il principio della non separazione. Esse divengono, infatti, realtà non rigorosamente distinguibili, ma radicalmente intrecciate. La ritmica trinitaria tende a coincidere con la ritmica propria del tutto. La visione cosmoteandrica, frutto dello stile dialogico e simbolico dell'autore, è poi un modo assoluto di non separare il discorso trinitario dall'esperienza e che, come si è appena visto, si avvicina molto al polo opposto – ossia, alla loro confusione;

+ *Modello trascendentale di K. Rahner*: anche se in maniera meno evidente, si può vedere, nell'approccio trascendentale di K. Rahner, un altro modo di collegare la «teo-logia» alla vita, il cui legame, qui, viene spostato all'interiorità del soggetto. Accentuando la portata «teo-logica» dell'*a priori* antropologico e delle condizioni di possibilità dell'esperienza categoriale, è un modello che stabilisce il rapporto tra teologia e storia tramite le condizioni «pre-storiche» che rendono possibile un'autocomunicazione divina. Si tratta, dunque, di un modo assai singolare di esplorare la loro relazione e che, allo stesso tempo, indica la dimensione trascendentale come un ambito a cui si potrà estendere anche una riflessione «teo-logica» di tipo esperienziale.

La prima conclusione che deriva da questa analisi è che in tutti i modelli si coglie una comune intenzione di «non separare» la «teo-logia» trinitaria dall'esperienza storica dell'uomo[59]. La seconda conclusione è che questi modelli propongono forme distinte di pensare il rapporto tra «teo-logia» e storia. Queste differenze tra i modelli aiutano a non uniformizzare il legame tra teologia trinitaria ed esperienza, e a considerare questa diversità un modo più adeguato per esplorare al massimo le potenzialità del loro rapporto. L'ampiezza del ricercato modello di modelli passa, allora, in significativa misura, per il riconoscimento del valore di queste varie forme di riflettere «teo-logicamente» senza estraniarsi dall'esperienza umana.

Ciò non implica, però, un'assoluta neutralità nel momento in cui si considerano i modelli studiati secondo tale paramentro della «non separazione». Nonostante l'arricchimento portato al tema dall'impostazione trascendentale, o la radicalità storico-secolare dell'atteggiamento dialogico, o ancora l'equilibrio che, in linea di principio, si può cogliere in un modello analogico, sembra che la proposta dialettica di J. Moltmann offra a questo studio il modo «teo-logicamente» più articolato di pensare Dio Trinità senza staccarlo dall'esperienza. La sua via narrativa, da un lato, garantisce una fedeltà all'esperito; il ragionamento di tipo dialettico, dall'altro, rigenera la propria visione e intelligenza della Trinità. In questo gioco pericoretico tra fondamento e critica si propone, allora, un modo concreto per non separare la «teo-logia» dall'economia, né l'economia dalla «teo-logia».

5.3 *Sulla soglia del paradosso creduto e sperimentato*

La dottrina trinitaria incorpora in se stessa un insormontabile paradosso: la confessione di un Dio uno e trino. Qualcosa di simile potrà venir detta anche a proposito dell'esperienza umana. Come giustamente riconosce G. Greshake, la nostra esperienza della realtà è segnata da oscurità e ambiguità, da contraddittorietà e paradossalità insolubili[60]. Sia la fede nella Trinità, sia l'esperienza della vita sono, invero, profondamente segnate dal paradosso.

Importa ribadire che alla base della perplessità di tanti cristiani di fronte alla dottrina trinitaria sta proprio il paradosso che questa racchiude. Infatti, che Dio sia allo stesso tempo uno e trino appare a tanti fedeli come qualcosa di troppo astratto, se non una semplice contraddizione logica. La desiderata riappropriazione della matrice trinitaria

---

[59] Questa è, infatti, una caratteristica generale della teologia trinitaria contemporanea (cf. A. PALMA, «A renovação contemporânea da teologia trinitária», 67-69).
[60] Cf. IDU, 23-24 [DdG, 29].

della fede cristiana deve, poi, approfondire la riflessione sul paradosso. L'ipotesi di impostare la questione trinitaria a partire e in vista dell'esperienza viene, in parte, stimolata dalla verifica di questo aspetto comune al tema della Trinità e dell'esperienza. Entrambi si trovano sulla soglia del paradosso, creduto e sperimentato, meditato e vissuto.

Attorno a questa loro comune situazione si può individuare un'ulteriore indicazione per una più giusta configurazione del rapporto tra esperienza e riflessione trinitaria. Importa, poi, considerare in che misura la paradossalità sperimentata può diventare una via per una più profonda comprensione del Mistero creduto e, inversamente, in che misura la confessione di un Dio simultaneamente uno e trino può illuminare l'esperienza vitale e i suoi paradossi. I diversi modelli studiati propongono, infatti, interpretazioni teologiche diverse di tali sperimentati paradossi, come diverse sono persino le loro interpretazioni sperimentali del paradosso «teo-logico» confessato dalla fede cristiana. Ecco cosa si potrà concludere circa il modo in cui ciascun modello pensa la dimensione paradossale della fede trinitaria e dell'esperienza:

+ *Modello dialettico di J. Moltmann*: il paradosso sperimentato è, in J. Moltmann, soprattutto una realtà che scioglie una visione ingenua o idolatrica di Dio. Il Dio rivelato nella storia è un Dio paradossale. Considerando il suo modo di decifrare il paradosso insito nella fede trinitaria, sembra che l'approccio dialettico di J. Moltmann conceda una certa precedenza al plurale in Dio sulla sua unità. Questa viene, come si è visto, parzialmente rimessa all'escatologia. Si tratta, dunque, di un modo prevalentemente sequenziale di affrontare il paradosso trinitario e, conseguentemente, il paradosso sperimentato;

+ *Modello analogico di G. Greshake*: la questione del paradosso è centrale nella «teo-logia» di G. Greshake, poiché la validità logica ed esistenziale della dottrina trinitaria dipende dal modo in cui essa ispira un'ermeneutica dei paradossi della fede e della vita. La matrice tensionale del suo concetto di *communio* diventa, poi, il principio interpretativo dei paradossi sperimentati. La «mediazione di tensioni» che caratterizza la *communio* è vista come la forma più adeguata per interpretare e prospettare le paradossalità della fede e della vita. L'affermazione della «plausibilità» del dogma trinitario si fonda, dunque, su questa sua capacità di suggerire un modo giusto di abitare la soglia dei paradossi sperimentati. Si sta, dunque, di fronte a un modo tensionale di considerare qualunque paradosso;

+ *Modello dialogico di R. Panikkar*: la prospettiva dialogico-ossimorica di R. Panikkar rappresenta un modo alternativo di considerare i paradossi della fede e della realtà. Forse, in questo paradigma, si dovrebbe parlare piuttosto di polarità. Nella sua visione di tipo simbolico, le polarità sono manifestazioni della matrice «a-duale» della realtà. I differenti poli non sono né entità distinte e in conflitto, e neppure semplici manifestazioni di una realtà unica e compatta. Esse manifestano, invece, l'essenza trinitaria della verità e della realtà. La «teo-logia» di stampo trinitario diventa il vero simbolo e la più grande interprete del reale. Si tratta, quindi, di un modo dialogico o simbolico, quasi fusionale, di considerare i paradossi e le polarità dell'esperienza;

+ *Modello trascendentale di K. Rahner*: in contrasto con le proposte degli altri autori, il problema del paradosso non conosce una significativa ricezione nel pensiero trinitario di K. Rahner. Tuttavia, la questione sorge come un aspetto della matrice misterica della sua «teo-logia». «La Trinità è un mistero – afferma K. Rahner –, il cui carattere paradossale risuona in quello dell'esistenza umana»[61]. Dio è, nel paradigma trascendentale, un mistero evidente. In quanto definitiva condizione di possibilità della vita spirituale, il «mistero che chiamiamo Dio» diviene la realtà più semplice e naturale. In ciò risiede la più nota considerazione del paradosso nell'ambito della riflessione teologico-trinitaria del teologo gesuita. In evidente rapporto con la sua visione di Dio Trinità, si tratta, quindi, di un modo misterioso di considerare il paradosso creduto e sperimentato.

I quattro modelli offrono, dunque, un valido e variegato contributo alla considerazione di modi sperimentali di affrontare il paradosso trinitario e di modi teologici di affrontare i paradossi sperimentati. Un rilievo particolare merita, comunque, la forma con cui G. Greshake affronta la questione. In quest'autore si coglie come la luce che la riflessione trinitaria può gettare sull'esperienza del paradosso contribuisca a liberare la fede nella Trinità dal suo «splendido isolamento». La dinamica tensionale che determina la sua visione «teo-logica», quando analogicamente applicata alle polarità e ambiguità della fede e della vita, appare un pertinente principio ermeneutico dell'esperienza del paradosso. Questa pertinenza ha avvio dalla congiunzione di due

---

[61] *Trinità*, 52 [DdGtUH, 346].

aspetti decisivi: da un lato, il rispetto per i paradossi sperimentati e, dall'altro, l'indicazione di forme concrete di vivere sulla loro soglia. Si tratta di una grammatica della vita, trinitariamente ispirata, che non risolve né dissolve i paradossi, ma cerca di sostenerli come tali. In questo rispetto per la condizione paradossale della fede e della vita si coglie qualcosa non solo di giusto, ma anche di necessario all'affermazione del discorso teologico come qualcosa di esistenzialmente rilevante. Il rispetto, però, non significa paralisi. Il centro di gravità delle proposte trinitarie di G. Greshake risiede proprio nel mostrare come la visione trinitaria ispiri modi di vivere il paradosso e nel paradosso. È a causa di quest'equilibrio, caratteristico di un'intelligenza di tipo analogico, che, senza tralasciare le indicazioni valide provenienti dagli altri modelli, si riconosce alla prospettiva tensionale di G. Greshake una particolare correttezza e fecondità rispetto al modo di riflettere sui paradossi della fede trinitaria e della vita umana.

Un rapporto tra esperienza e riflessione trinitaria, teologicamente corretto ed esistenzialmente adeguato, dovrà, in conclusione, integrare queste tre indicazioni. Alle modalità con cui ciò potrà avvenire si deve riconoscere una ragionevole duttilità. L'ammissione e la valorizzazione di questa flessibilità teologica non cancella, però, la constatazione che questi diversi modelli teologici conducono a forme in certi casi più riuscite in altri meno di integrare questi tre assi del rapporto tra esperienza e riflessione trinitaria. Capita, infatti, che alcune si mostrino forme più adatte a generare una «teo-logia» che punti oltre «l'umana proiezione» – il modello trascendentale di K. Rahner –, altre di stabilire il legame tra Dio Trinità e la nostra condizione storica e mondana – il modello dialettico di J. Moltmann –, e altre, infine, di suggerire un'ermeneutica teologico-trinitaria della condizione paradossale dell'esperienza umana e della fede cristiana – il modello analogico di G. Greshake. Si delinea così un quadro della questione, allo stesso tempo, aperto e sostanziale, duttile e con indicazioni precise. Tale quadro offre, in effetti, elementi per un discernimento degli approcci e per una più approfondita comprensione delle potenzialità e dei limiti di riflettere sulla Trinità in chiave esperienziale. Questi elementi compongono, insomma, un autentico «modello di modelli» teologici delle forme in cui è possibile configurare il rapporto tra esperienza e Trinità.

5.4 *Attuando il* nexus mysteriorum: *la cristologia di Calcedonia come* regula *del rapporto tra esperienza e teologia trinitaria*

I tre criteri che strutturano un tale «modello di modelli» si ispirano, come si è già osservato, alle indicazioni cristologiche del Concilio di Calcedonia[62]. Infatti, definendo il modo ortodosso di intendere la relazione fra divinità e umanità nella persona di Gesù Cristo, il Concilio ha gettato anche le fondamenta per una giusta comprensione teologica del rapporto tra Dio e le realtà create[63]. Certamente non si verifica tra divinità e creaturalità un'unione totale, come nel caso del Figlio di Dio fatto uomo – un'unione ipostatica. Tuttavia, anche altre forme di relazione tra Dio e uomo, tra Creatore e creato, tra eternità e temporalità, tra immanenza divina ed economia storico-secolare trovanno nella persona di Cristo e, conseguentemente, nella criteriologia calcedonense una norma e un orizzonte. Tale è proprio il caso di una considerazione «teo-logica» dell'esperienza, realtà dell'ordine storico-secolare in cui Dio svela se stesso.

La logica di Calcedonia viene poi, in conclusione, proposta come *regula* della configurazione del rapporto tra esperienza umana e riflessione trinitaria. Esplorando il *nexus mysteriorum*, l'ermeneutica cristologica viene estesa alla questione trinitaria[64]. Nella delineazione del «modello di modelli» dell'incorporazione di esperienza all'interno della teologia trinitaria, quest'ermeneutica calcedonense svolge un ruolo che, schematicamente, potrà essere descritto come:

+ *Formale*: la *regula* calcedonense dà, in primo luogo, forma concreta al proposto «modello di modelli». Nell'ampio e variegato elenco

---

[62] Se i primi due – «non confusione» e «non separazione – scaturiscono direttamente dalla sua «definizione di fede», la questione del paradosso è presente, anche se in forma più discreta, nel modo in cui il Concilio gestisce la relazione tra natura divina e natura umana nell'unica persona del Verbo incarnato (cf. COD, 83-86).

[63] Cf. R.F. LUCIANI RIVERO, *El Misterio de la diferencia*, 549: «Cristo es la analogia no sólo realizada, sino la perfecta, ya que representa la medida justa o proporción adecuada entre Dios y los hombres, Él es el autentico mediador».

[64] Prospettiva coincidente con la posizione di W. Kasper, fondata su quella di K. Barth, circa la questione dei *vestigia Trinitatis*: «Richtig ist an der Kritik Barths freilich der Hinweis, daß das theologische Verstehen primär nicht von außen, von weltlichen Analogien her, kommen kann, sondern aus dem Glauben selbst kommen muß, näherhin aus dem *nexus mysteriorum*, der inneren Einheit der verschiedenen Glaubensaussagen entspringt. Das eigentliche *vestigium Trinitatis* ist darum nicht der Mensch, sondern der Gott-Mensch Jesus Christus» (cf. W. KASPER, *Der Gott Jesu Christi*, 332-333). Cf. K. BARTH, *Die Kirchliche Dogmatik*, I/1, 352-367.

di forme distinte di teologare in chiave esperienziale, essa struttura un modo aperto e sostanziale, duttile e consistente di configurare il rapporto tra esperienza e riflessione trinitaria;

+ *Valutativo*: la logica calcedonense diventa il criterio con cui si valutano i modelli ricavati dagli autori[65]. Alla sua luce, tanto le qualità quanto le debolezze degli approcci studiati emergono in modo più evidente. Essa propone, inoltre, una griglia teologica che permette di adempiere il necessario discernimento teologico di queste quattro forme contrastanti di relazionare esperienza e teologia trinitiria e, conseguentemente, del «modello di modelli» stesso;

+ *Prospettico*: il criterio calcedonense non si attua soltanto nella valutazione dei quattro modelli identificati, ma stabilisce anche i parametri teologici per continuare la riflessione. In questo senso, esso prospetta un modo dogmaticamente corretto di integrare la dinamica esperienziale nella considerazione di Dio Trinità.

Fra la formalizzazione dei modelli studiati, la loro valutazione e la prospezione di un modo duttile e teologicamente sensato di integrarli, la dogmatica calcedonense emerge, quindi, come *regula* possibile di una teologia trinitaria di stampo esperienziale.

5.5 *Stile esperienziale-pericoretico:* forma mentis di un «modello di modelli» trinitario-esperienziale

Importa, infine, notare come un tale «modello di modelli» sembri presupporre un determinato stile teologico. Certamente esso dovrà integrare alcune delle caratteristiche stilistiche individuate negli autori studiati: la preoccupazione esistenziale di G. Greshake; l'atteggiamento sapienziale di R. Panikkar; l'intenzionalità mistagogico-pastorale di K. Rahner. Tuttavia, nello stile sperimentale di J. Moltmann si troverà l'essenziale dell'attitudine teologica che il proposto «modello di modelli» del rapporto tra esperienza e riflessione trinitaria sembra presumere. In effetti, il modo laboratoriale, plurivoco e pericoretico con cui il teologo di Tubinga affronta la questione trinitaria ha già generato, all'interno della sua vasta opera, una specie di «modello di modelli» trinitario-esperienziale. Il modo in cui egli, pericoreticamente, percorre

---

[65] Le sue tre indicazioni svolgono qui un ruolo del tutto somigliante ai sette criteri con cui A. Dulles valuta i suoi modelli di rivelazione e di Chiesa (cf. A. DULLES, *Models of Revelation*, 16-17; ID., *Models of the Church*, 183-184).

diverse vie teologiche – partendo ora dall'esperienza di Gesù, ora dalle esperienze dei credenti; riflettendo ora in chiave storica, ora sotto l'angolo sociale; puntando ora verso l'esperienza ecclesiale, ora verso l'universo secolare – tende, davvero, a generare un modello duttile e, allo stesso tempo, consistente di riflettere sulla Trinità in dialogo con l'esperienza umana.

Al cuore della proposta di un «modello di modelli» trinitario-esperienziale sta, dunque, una questione di stile teologico. Benché questo possa sembrare un aspetto accessorio o marginale dell'argomento in esame, penso che la questione dello stile sia qui particolarmente importante. Il modo in cui una tale articolazione di esperienza in teologia trinitaria gestisce, secondo i criteri individuati, gli aspetti positivi e negativi dei modelli studiati è, in misura significativa, una questione di *forma mentis* teologica e, perciò, una questione stilistica. La pericoresi tra i modelli, con cui si cerca di rilevare le loro potenzialità e suggesttività, ma anche di moderare i limiti di ciascun modello, suppone ed esprime un determinato atteggiamento teologico.

Alla base di un tale «modello di modelli» del rapporto tra esperienza e riflessione trinitaria sta, dunque, uno stile teologico esperienziale – percorre e integra vie teologico-esperienziali distinte – e pericoretico –la sua panoramica del tema si fonda su un vicendevole rapporto tra tali vie.

CONCLUSIONE

Posizionato tra l'appello esperienziale in teologia e la riflessione trinitaria, l'esercizio teologico sin qui condotto ha cercato di analizzare modi concreti di riflettere su tale binomio e partendo proprio da tale binomio. In effetti, con gli autori studiati si è visto come possano essere diverse le impostazioni e variegati gli stili che consentono di parlare di Dio Trinità in chiave esperienziale. Distinte sono, inoltre, le immagini «teo-logiche» che risultano da tali approcci contrastanti.

Il filo conduttore di questo studio viene, però, dato dall'ipotesi, abbozzata all'inizio e sempre presente lungo il testo, di una riflessione trinitaria impostata dall'esperienza e in vista dell'esperienza. Un'ipotesi che, fondamentalmente, propone un «andirivieni incessante di esperienza e di coscienza riflessa»[1] della fede trinitaria. Ispirandosi al metodo scientifico, la presente analisi è partita dall'*osservazione* dello scarso impatto esistenziale della fede trinitaria. Ha, poi, formulato un'*ipotesi* circa un'impostazione della questione capace di rilevare la portata vitale della confessione trinitaria. Quest'ipotesi è stata sottomessa a *prova*, come fosse all'interno di un laboratorio, tramite il confronto con quattro forme concrete di pensare la Trinità e l'esperienza. È, infine, arrivato il momento di trarre le conclusioni al riguardo.

Un'impostazione della riflessione trinitaria in pericoretico rapporto con l'esperienza deve, anzitutto, conformarsi ai criteri delineati tramite la modellizzazione delle quattro proposte trinitario-esperienziali analizzate: i. oltre la proiezione umana; ii. oltre l'estraniamento divino; iii. mantenersi sulla soglia del paradosso vissuto e creduto. Solo così la teologia trinitaria può essere, al contempo, all'altezza di Dio e all'altezza dell'esperienza della vita. Applicando questo triplice criterio all'ipotesi di assumere l'esperienza come punto di partenza e di arrivo

---

[1] A. GANOCZY, *Dio, grazia per il mondo*, 223-224.

della riflessione trinitaria, si possono cogliere le seguenti indicazioni conclusive:

+ *Punto di partenza: un'esperienza con l'esperienza* – L'esperienza da cui si può partire per una considerazione trinitaria di Dio è sempre un'esperienza di secondo livello, un'esperienza con l'esperienza. Il *locus* esperienziale della teologia trinitaria è poi, in primo luogo, intrinsecamente paradossale (iii), poiché si tratta di un'esperienza successiva all'esperienza pura (cf. R. Panikkar), che avviene in un'immediatezza mediata (cf. K. Rahner; G. Greshake). Difatti, la riflessione trinitaria non si fonda su quanto è stato immediatamente esperito, ma sull'esperienza riflettuta dell'appropriazione personale di quanto è stato esperito. La dinamica mediata di un'esperienza con l'esperienza, il suo progredire tramite tappe distinte e passaggi sottili – linguaggio e interpretazione, memoria e attualizzazione (cf. R. Panikkar) –, permette, in secondo luogo, di evitare l'umana proiezione (i). Ciononostante, essa conserva il carattere di esperienza autentica e, di conseguenza, permette di stabilire quel legame tra vita e riflessione trinitaria auspicato nell'ipotesi che è alla base di questa tesi (ii);

+ *Punto di arrivo: uno sguardo trinitario sull'esperienza* – L'esperienza come punto di arrivo della riflessione trinitaria è, da una parte, un'esperienza trasformata e, dall'altra, un'esperienza simbolico-paradossale. In primo luogo, è necessario chiarire in che modo la riflessione sulla Trinità possa trasformare l'esperienza cristiana e umana. A questo riguardo si deve respingere qualunque forma di utilitarismo trinitario, qualunque forma di strumentalizzazione del tema trinitario in funzione di una sua immediatezza pratica. La riflessione trinitaria è, anzitutto, «teo-logia» e, perciò, qualsiasi ricerca degli impatti esperienziali della fede e della riflessione trinitaria rimane un momento secondario, quasi un'estensione dell'argomento. Rifiutare l'utilitarismo «teo-logico» significa, allora, rifiutare quella confusione tra divino e umano che sta alla base del meccanismo della proiezione (i). Appare, invece, più corretto considerare come una tale trasformazione dell'esperienza avvenga tramite l'approfondimento di un'intelligenza della vita di stampo trinitario. La riflessione sulla Trinità può, infatti, non soltanto trasformare il nostro sguardo su Dio, ma anche il nostro sguardo su noi stessi e sul mondo. La grammatica trinitaria della «teo-logia» cristiana genera, quindi, una coscienza credente, un'intelligenza dell'esperienza e una mondovisione di stampo trinitario, risultati che permettono a loro volta di trasformare l'esperienza stessa di Dio, di sé e del mondo. È da questo modo ispirato alla Trinità di affrontare la vita che si possono individuare impatti esperienziali e vitali più concreti (cf. G. Greshake). L'esperienza trinitariamente trasformata è, dunque, innanzitutto un modo trinitario di interpretare e vivere la vita (ii). Quest'approccio si mostra, infine, una valida simbolica che svela non solo il Mistero di Dio, ma anche il mistero della vita. La logica trinitaria diventa così una metafora aperta sia dell'esperienza di Dio sia dell'esperienza della vita. Le tensioni e i paradossi sperimentati nella fede e nella vita trovano nella dinamica pericoretica della Trinità un'ermeneutica che suggerisce un modo integrativo e non risolutivo di viverli. La logica trinitaria va, dunque, oltre il riduzionismo d'interpretazioni della vita di tipo disgiuntivo, sempre incapaci di rispondere adeguatamente ai paradossi esperiti. Lo sguardo trinitario permette, insomma, di salvaguardare il carattere paradossale della «teo-logia» e dell'esperienza della vita, e si qualifica, perciò, come una grammatica superiore dell'esperienza (iii).

Attraverso queste indicazioni conclusive si giunge sia a un'elementare precisazione di come l'esperienza può diventare *locus* e orizzonte della riflessione trinitaria, sia a una determinazione dei limiti di un tale modo di impostare l'argomento. L'ipotesi, sottoposta a prova in questa tesi, si mostra, infine, attuabile e in grado di offrire un valido contributo a un avvicinamento tra confessione di un Dio specificamente trinitario e il normale vivere credente e umano. Considerando però i suoi limiti, si deve riconoscere che una tale prospettiva teologico-trinitaria non può, di per sé, cancellare del tutto la generalizzata impressione secondo la quale il discorso teologico sulla Trinità è troppo astratto e irrilevante nella pratica. Questo è un compito che sembra troppo ingente perché possa venire adempiuto da una sola forma o stile di affrontare la questione della Trinità. L'impostazione esperienziale della riflessione trinitaria qui proposta è, dunque, da considerarsi valida, ma non può essere definita esclusiva. Essa è una voce tra le altre che compone e integra la necessaria sinfonia teologica di approcci al Mistero di Dio.

In questa sinfonia di approcci alla questione di Dio, la riflessione esperienziale sulla Trinità e a partire dalla Trinità si differenzia per la sua dimensione di costante esercizio teologico. Impostare la questione trinitaria in pericoretico rapporto con l'esperienza richiede, in effetti, uno stile di carattere esperienziale per rivolgersi al tema di Dio. La circolarità stessa tra esperienza e riflessione implica che questi due poli si promuovano e si critichino a vicenda. La considerazione della Trinità in dialogo con l'esperienza tende, dunque, ad assumere la fisionomia di un esercizio teologico. È all'interno di questa dinamica che esperienza vissuta ed esperienza riflettuta hanno, per così dire, il loro punto di contatto. In questo senso, l'impostazione della questione trinitaria qui proposta s'iscrive in una lunga e feconda tradizione antica e cristiana, filosofica e teologica[2].

Lo spazio dell'esperienza emerge, alla fine, come luogo possibile di un'autentica «teo-logia» del Dio uno e trino. Si tratta di un ambito in cui Dio non si dà tanto nell'univocità del concetto e della deduzione, quanto invece nelle molteplici facce della vita e nelle variegate possibilità del linguaggio. In effetti, l'incontro-confronto tra esperienza e riflessione, cardine del presente esercizio teologico, sta già alla radice della questione trinitaria: l'esperienza biblica di Dio. È lì che in primo luogo e in modo paradigmatico si declina e si decanta il volto tripersonale del Dio di Gesù Cristo. Anche in quella sede Dio si mostra in un'esperienza di croce che si fa sapienza cruciforme (cf. 1Cor 1, 17-31); un Dio che, nel Figlio e per lo Spirito, fa esperienza di un corpo storico, formato di membra in comunione (cf. Gv 1, 14; 1Cor 12-13; Eb 10, 5); un Dio che si sperimenta Signore di cieli e terra, dell'uomo e del cosmo (cf. Ef 1, 9-10; Col 1, 15-20); un Dio che nel rivelarsi non scioglie il suo Mistero, anzi lo addensa (1Cor 2, 6-16); un Dio che nell'esperienza dell'oggi apre il *kairós* del definitivo (cf. 1Cor 15, 20-28). In tutte queste esperienze riflettute è sempre la dinamica della Trinità, del ritmo trinitario del suo e del nostro essere che conosce la sua squisita e silenziosa epifania. L'attenzione all'esperienza costituisce, allora, un'opportunità di «incontrare il Signore, mentre si fa trovare», di «invocarlo, mentre è vicino» (cf. Is 55, 6).

---

[2] Cf. P. HADOT, *Exercices spirituels et philosophie antique*, 59-74.

SIGLE E ABBREVIAZIONI

a.	*articulus* (cioè articolo)
al.	*alii*, altri
At	Atti degli Apostoli
BdTDT	K. RAHNER, «Bemerkungen zum dogmatischen Traktat *"De Trinitate"*», in SzT IV (1960) 103-133.
bzw.	*beziehungsweise* (cioè ossia)
CChr.SL	Corpus Christianorum. Series latina, Turnhout
cf.	confronta
CFF	K. RAHNER, *Corso fondamentale sulla fede. Introduzione al concetto di cristianesimo*, Cinisello Balsamo 2005[6] (orig. GG).
CFS	J. MOLTMANN, *La Chiesa nella forza dello Spirito. Contributo per una ecclesiologia messianica*, Brescia 1976 (orig. KKG).
COD	G. ALBERIGO – *al.*, ed., *Conciliorun Oecumenicorum Decreta*, Bologna 1991.
Col	Lettera ai Colossesi
1Cor	Prima lettera ai Corinzi
DC	J. MOLTMANN, *Il Dio crocifisso. La croce di Cristo, fondamento e critica della teologia cristiana*, Brescia 2008[7] (orig. DgG).
DdG	G. GRESHAKE, *Der dreieine Gott. Eine trinitarische Theologie*, Freiburg – Basel – Wien 1997, 2007[5].
DdGtUH	K. RAHNER, «Der dreifaltige Gott als transzendenter Urgrund der Heilsgeschichte», in J. FEINER – M. LÖHRER, ed., *Mysterium salutis. Grundriß heilsgeschichtlicher Dogmatik. II. Die Heilsgeschichte vor Christus*, II, Einsiedeln – Köln 1967, 317-401.
DgG	J. MOLTMANN, *Der gekreuzigte Gott. Das Kreuz Christi als Grund und Kritik christlicher Theologie*, München 1972.
DGL	J. MOLTMANN, *Der Geist des Lebens. Eine ganzheitliche Pneumatologie*, München 1991.
DnC	J. MOLTMANN, *Dio nella creazione. Dottrina ecologica della creazione*, Brescia 2007[3] (orig. GiS).
Eb	Lettera agli Ebrei

ecc.	*et caetera* (o: *et cetera*)
ed.	*edidit, ediderunt* (cioè curatore, curatori)
EdV	R. PANIKKAR, «L'esperienza della vita. La mistica», in ID., *Opera omnia*. I. *Mistica e Spiritualità*. 1. *Mistica, pienezza di vita*, Milano 2008, 141-322.
Ef	Lettera agli Efesini
EPT	J. MOLTMANN, *Esperienze di pensiero teologico. Vie e forme della teologia cristiana*, Brescia 2001 (orig. EtD).
EtD	J. MOLTMANN, *Erfahrungen theologischen Denkens. Wege und Formen christlicher Theologie*, München 1999.
ETL	*Ephemerides Theologicae Lovanienses*.
FC	J. MOLTMANN, *Futuro della creazione*, Brescia 1993[2] (orig. ZS).
FDT	G. GRESHAKE, *La fede nel Dio trinitario. Una chiave per comprendere*, Brescia 2007[3] (orig. HzGdG).
FZPhTh	*Freiburger Zeitschrift für Philosophie und Theologie*
GG	K. RAHNER, *Grundkurs des Glaubens. Einführung in den Begriff des Christentums*, Freiburg – Basel – Wien 1976.
GiS	J. MOLTMANN, *Gott in der Schöpfung. Ökologische Schöpfungslehre*, München 1985.
Gv	Vangelo di Giovanni
HzGdG	G. GRESHAKE, *Hinführung zum Glauben an den drei-einen Gott*, Freiburg – Basel –Wien 2008[5].
ID.	IDEM (cioè «lo stesso»)
IDU	G. GRESHAKE, *Il Dio Unitrino. Teologia trinitaria*, Brescia 2000 (orig. DdG).
IM	R. PANIKKAR, *Iconos del Misterio. La experiencia de Dios*, Barcelona 2001[3].
IGdG	J. MOLTMANN, *In der Geschichte des dreieinigen Gottes. Beiträge zur trinitarischen Theologie*, München 1991.
Is	Libro del profeta Isaia
KatBl	*Katechetische Blätter. Zeitschrift für Religionsunterrich, Gemeindekatechese, kirchliche Jugendarbeit*.
KKG	J. MOLTMANN, *Kirche in der Kraft des Geistes. Ein Beitrag zur messianischen Ekklesiologie*, München 1975.
[2]LThK	*Lexikon für Theologie und Kirche*, I-X, Freiburg 1957-1966[2].
Mc	Vangelo di Marco
Mt	Vangelo di Matteo
MThZ	*Münchener theologische Zeitschrift*
NSDT	J. MOLTMANN, *Nella storia del Dio trinitario. Contributi per una teologia trinitaria*, Brescia 1993 (orig. IGdG).
orig.	Versione originale
OTDT	K. RAHNER, «Osservazioni sul trattato dogmatico "De Trinitate"», in ID., *Saggi teologici*, Roma 1968, 587-634 (orig. BdTDT).

p.	*pars* (cioè parte)
PdU	R. PANIKKAR, *Pienezza dell'uomo. Una cristofania*, Milano 2003³.
q.	*quaestio* (cioè questione)
RC	R. PANIKKAR, «La Realtà cosmoteandrica», in ID., *Opera omnia*. VIII. *Visione trinitaria e cosmoteandrica: Dio-Uomo-Cosmo*, Milano 2010, 165-319.
RdE	R. PANIKKAR, *Opera omnia*. X. *Filosofia e teologia*. 1. *Il ritmo dell'essere. Le Gifford Lectures*, Milano 2012.
RT	*Revue Thomiste*
SS	J. MOLTMANN, *Scienza e sapienza. Scienza e Teologia in dialogo*, Brescia 2003 (orig. WW).
STh	TOMMASO D'AQUINO, *Summa Theologiae*, in FRATRES EIUSDEM ORDINIS, ed., *Opera omnia*, IV-XII, Roma 1888-1906.
SV	J. MOLTMANN, *Lo Spirito della vita. Per una pneumatologia integrale*, Brescia 1994 (orig. DGL).
SW	K. RAHNER, *Sämtliche Werke*, I-XXXII, Freiburg 1995-.
SzT	K. RAHNER, *Schriften zur Theologie*, I-XVI, Zürich – Einsiedeln – Köln 1954-1984.
TEUP	R. PANIKKAR, «La Trinità. Un'esperienza umana primordiale», in ID., *Opera omnia*. VIII. *Visione trinitaria e cosmoteandrica: Dio-Uomo-Cosmo*, Milano 2010, 47-126.
TG.T	Tesi Gregoriana. Serie Teologia
1Tm	Prima lettera a Timòteo
TRD	J. MOLTMANN, *Trinità e Regno di Dio. La dottrina su Dio*, Brescia 1991² (orig. TRG).
TRG	J. MOLTMANN, *Trinität und Reich Gottes. Zur Gotteslehre*, München 1980.
Trinità	K. RAHNER, *La Trinità*, Brescia 2004³ (orig. DdGtUH).
TS	*Theological Studies*
UMT	R. PANIKKAR, «L'uomo, un mistero trinitario», in ID., *Opera omnia*. VIII. *Visione trinitaria e cosmoteandrica: Dio-Uomo-Cosmo*, Milano 2010, 127-164.
usw.	*und so weiter* (cioè *et caetera*)
VdD	R. PANIKKAR, «I volti di Dio. *Faccies Deitatis*», in ID., *Opera omnia*. VIII. *Visione trinitaria e cosmoteandrica: Dio-Uomo-Cosmo*, Milano 2010, 35-43.
VTC	R. PANIKKAR, *Opera omnia*. VIII. *Visione trinitaria e cosmoteandrica: Dio-Uomo-Cosmo*, Milano 2010.
WW	J. MOLTMANN, *Wissenschaft und Weisheit. Zum Gespräch zwischen Naturwissenschaft und Theologie*, Gütersloh 2002.
ZKTh	*Zeitschrift für katholische Theologie*.
ZS	J. MOLTMANN, *Zukunft der Schöpfung. Gesammelte Aufsätze*, München 1977.

BIBLIOGRAFIA[1]

1. Opere di J. Moltmann

MOLTMANN, J., *Theologie der Hoffnung. Untersuchungen zur Begründung und zu den Konsequenzen einer christlichen Eschatologie*, München 1965; trad. italiana, *Teologia della speranza. Ricerche sui fondamenti e sulle implicazioni di una escatologia cristiana*, Brescia 2002[7].

———, *Umkehr zur Zukunft*, München – Hamburg 1970.

———, *Der gekreuzigte Gott. Das Kreuz Christi als Grund und Kritik christlicher Theologie*, München 1972; trad. italiana, *Il Dio crocifisso. La croce di Cristo, fondamento e critica della teologia cristiana*, Brescia 2008[7].

———, «Foreword», in M.D. MEEKS, *Origins of the Theology of Hope*, Philadelphia 1974, ix-xii.

———, *Kirche in der Kraft des Geistes. Ein Beitrag zur messianischen Ekklesiologie*, München 1975; trad. italiana, *La Chiesa nella forza dello Spirito. Contributo per una ecclesiologia messianica*, Brescia 1976.

———, *Trinität und Reich Gottes. Zur Gotteslehre*, München 1980; trad. italiana, *Trinità e Regno di Dio. La dottrina su Dio*, Brescia 1991[2].

———, «Die Einheit des dreieinigen Gottes. Bemerkungen zur heilsgeschichtlichen Begründung und zur Begrifflichkeit der Trinitätslehre», in

---

[1] Per le citazioni di J. Moltmann, G. Greshake e K. Rahner si fa riferimento inizialmente all'edizione italiana (qualora esista) e subito dopo, in parentesi quadre, all'originale tedesco. Nelle note a piè di pagina si cita direttamente l'originale tedesco, indicando comunque le rispettive traduzioni italiane. Per le citazioni di R. Panikkar si assume l'edizione dell'*Opera omnia* come versione di riferimento, anche se certi testi in essa già pubblicati non sono stati originariamente scritti in italiano. Ciò permette di dare una maggiore coerenza alle citazioni dell'opera di R. Panikkar, che integra testi scritti in diverse lingue (inglese, francese, tedesco, spagnolo, italiano, catalano). La sua opera *Iconos del Misterio* è, tuttavia, citata dall'originale spagnolo, perché la sua traduzione italiana riproduce solo una parte del testo.

W. BREUNING, ed., *Trinität. Aktuelle Perspektiven der Theologie*, Freiburg – Basel – Wien 1984, 97-113.

MOLTMANN, J., *Gott in der Schöpfung. Ökologische Schöpfungslehre*, München 1985; trad. italiana, *Dio nella creazione. Dottrina ecologica della creazione*, Brescia 2007³.

─────, *Zukunft der Schöpfung. Gesammelte Aufsätze*, München 1986; trad. Italiana, *Futuro della creazione*, Brescia 1993².

─────, *Der Weg Jesu Christi. Christologie in messianischen Dimensionen*, München 1989; trad. italiana, *La via di Gesù Cristo. Cristologia in dimensioni messianiche*, Brescia 1991.

─────, *In der Geschichte des dreieinigen Gottes. Beiträge zur trinitarischen Theologie*, München 1991; trad. italiana, *Nella storia del Dio trinitario. Contributi per una teologia trinitaria*, Brescia 1993.

─────, *Der Geist des Lebens. Eine ganzheitliche Pneumatologie*, München 1991; trad. italiana, *Lo Spirito della vita. Per una pneumatologia integrale*, Brescia 1994.

─────, *Das Kommen Gottes. Christliche Eschatologie*, München 1995, 2001²; trad. italiana, *L'avvento di Dio. Escatologia cristiana*, Brescia 1998.

─────, *Erfahrungen theologischen Denkens. Wege und Formen christlicher Theologie*, München 1999; trad. italiana, *Esperienze di pensiero teologico. Vie e forme della teologia cristiana*, Brescia 2001.

─────, *Wissenschaft und Weisheit. Zum Gespräch zwischen Naturwissenschaft und Theologie*, Gütersloh 2002; trad. italiana, *Scienza e sapienza. Scienza e Teologia in dialogo*, Brescia 2003.

─────, *Weiter Raum. Eine Lebensgeschichte*, Gütersloh 2006; trad. italiana, *Vasto Spazio. Storia di una vita*, Brescia 2009.

LAPIDE, P. – MOLTMANN, J., *Jüdischer Monotheismus – Christliche Trinitätslehre. Ein Gespräch*, München 1986; trad. italiana, *Monoteismo ebraico – dottrina trinitaria cristiana*, Brescia 1992².

2. Opere di G. Greshake

GRESHAKE, G., *Gott in allen Dingen finden. Schöpfung und Gotteserfahrung*, Freiburg – Basel – Wien 1986.

─────, «Communio – Schlüsselbegriff der Dogmatik», in G. BIEMER – B. CASPER – J. MÜLLER, ed., *Gemeinsam Kirche sein. Theorie und Praxis der Communio*, Fs. O. Saier, Basel – Wien 1992, 90-121.

GRESHAKE, G., «Trinität als Inbegriff des christlichen Glaubens», in A. BSTEH, ed., *Christlicher Glaube in der Begegnung mit dem Islam. Zweite Religionstheologische Akademie St. Gabriel*, Mödling 1996, 327-342.

———, «Politik und Trinität», *Geist und Leben. Zeitschrift für Aszese und Mystik* 70 (1997) 183-198.

———, *Die Wüste bestehen. Erlebnis und geistliche Erfahrung*, Karlsruhe 1998.

———, *Priester sein in dieser Zeit. Theologie – Pastorale Praxis – Spiritualität*, Freiburg – Basel – Wien 2000; trad. italiana, *Essere preti in questo tempo. Teologia – Prassi pastorale - Spiritualità*, Brescia 2008.

———, *Der dreieine Gott. Eine trinitarische Theologie*, Freiburg – Basel – Wien 1997, 2007[5]; trad. italiana, *Il Dio Unitrino. Teologia trinitaria*, Brescia 2000.

———, *Hinführung zum Glauben an den drei-einen Gott*, Freiburg – Basel – Wien 2008[5]; trad. italiana, *La fede nel Dio trinitario. Una chiave per comprendere*, Brescia 2007[3].

3. Opere di R. Panikkar

PANIKKAR, R., «La demitizzazione nell'incontro tra cristianesimo e induismo», in E. CASTELLI, ed., *Il problema della demitizzazione*, Roma 1961, 243-266.

———, *The Unknown Christ of Hinduism*, London 1964; edizione rivista, *The Unknown Christ of Hinduism. Towards an Ecumenical Christophany*, Maryknoll 1981; trad. italiana, *Il Cristo sconosciuto dell'induismo. Verso una cristofania ecumenica*, Milano 2008.

———, «El diálogo interno: la insuficiencia de la llamada "epoché" fenomenológica en el encuentro religioso», *Salmanticensis* 22 (1975) 349-358.

———, *The Vedic Experience. Mantramañjarî. An Anthology of the Vedas for Modern Man and Contemporary Cele*bration, Berkeley – London 1977; trad. italiana, *Iniziazione ai Veda. Da I «Veda Mantramañjarî»*, Bergamo 2003.

———, *The Intrareligious Dialogue*, New York 1978; edizione rivista, *The Intrareligious Dialogue*, New York 1999; trad. italiana, *Il dialogo intrareligioso*, Assisi 1998.

———, *Myth, Faith and Hermeneutics*, New York – Ramsey – Toronto 1979; trad. italiana, *Mito, Fede ed Ermeneutica. Il triplice velo della realtà*, Milano 2000.

PANIKKAR, R., *Ecosofia: la nuova saggezza. Per una spiritualità della terra*, Assisi 1993.

———, «A Self-Critical Dialogue», in J. PRABHU, ed., *The Intercultural Challenge of Raimon Panikkar*, Maryknoll 1996, 227-291.

———, *La experiencia filosófica de la India*, Madrid 1997.

———, *La nueva inocencia*, Estella 1999².

———, *Iconos del Misterio. La experiencia de Dios*, Barcelona 1998, 2001³; trad. italiana, «Icone del mistero», in ID., *Opera omnia. I. Mistica e spiritualità. II. Spiritualità: il cammino della vita*, Milano 2011, 9-74.

———, *La pienezza dell'uomo. Una cristofania*, Milano 1999, 2003³.

———, *Tra Dio e il cosmo. Dialogo con Gwendoline Jarczyk*, Roma – Bari 2006.

———, «La nuova innocenza», in ID., *Opera omnia. I. Mistica e Spiritualità. 1. Mistica, pienezza di vita*, Milano 2008, 17-91.

———, «L'esperienza della vita. La mistica», in ID., *Opera omnia. I. Mistica e Spiritualità. 1. Mistica, pienezza di vita*, Milano 2008, 141-322.

———, «L'esperienza suprema: le vie dell'oriente e dell'occidente», in ID., *Opera omnia. I. Mistica e Spiritualità. 1. Mistica, pienezza di vita*, Milano 2008, 323-352.

———, «Tolleranza, ideologia e mito», in ID., *Opera omnia. IX. Mistero ed ermeneutica. 1. Mito, simbolo, culto*, Milano 2008, 11-26.

———, «Il senso del mito», in ID., *Opera omnia. IX. Mistero ed ermeneutica. 1. Mito, simbolo, culto*, Milano 2008, 53-83.

———, «*Mythos* e *logos*. Visione mitologica e visione razionale del mondo», in ID., *Opera omnia. IX. Mistero ed ermeneutica. 1. Mito, simbolo, culto*, Milano 2008, 85-97.

———, «Śunaḥśepa. Un mito sulla condizione umana», in ID., *Opera omnia. IX. Mistero ed ermeneutica. 1. Mito, simbolo, culto*, Milano 2008, 135-211.

———, «Simbolo e simbolizzazione», in ID., *Opera omnia. IX. Mistero ed ermeneutica. 1. Mito, simbolo, culto*, Milano 2008, 239-263.

———, «Logomitìa e pensiero occidentale», in ID., *Opera omnia. IX. Mistero ed ermeneutica. 1. Mito, simbolo, culto*, Milano 2008, 265-275.

———, «Il mito del pluralismo. Sulla torre di Babele – meditazione sulla non-violenza», ID., *Opera omnia. VI. Culture e religioni in dialogo. 1. Pluralismo e interculturalità*, Milano 2009, 17-50.

———, «Pluralismo, tolleranza e cristianità», ID., *Opera omnia. VI. Culture e religioni in dialogo. 1. Pluralismo e interculturalità*, Milano 2009, 119-137.

PANIKKAR, R., «Alcune osservazioni su sincretismo ed eclettismo in relazione alla crescita della coscienza umana», ID., *Opera omnia*. VI. *Culture e religioni in dialogo*. 1. *Pluralismo e interculturalità*, Milano 2009, 153-173.

———, «Ecumenismo ecumenico e critico», ID., *Opera omnia*. VI. *Culture e religioni in dialogo*. 1. *Pluralismo e interculturalità*, Milano 2009, 175-185.

———, «Pace e interculturalità. Una riflessione filosofica», ID., *Opera omnia*. VI. *Culture e religioni in dialogo*. 1. *Pluralismo e interculturalità*, Milano 2009, 247-329.

———, «La Divinità», in ID., *Opera omnia*. VIII. *Visione trinitaria e cosmoteandrica: Dio-Uomo-Cosmo*, Milano 2010, 7-34.

———, «I volti di Dio. *Faccies Deitatis*», in ID., *Opera omnia*. VIII. *Visione trinitaria e cosmoteandrica: Dio-Uomo-Cosmo*, Milano 2010, 35-43.

———, «La Trinità. Un'esperienza umana primordiale», in ID., *Opera omnia*. VIII. *Visione trinitaria e cosmoteandrica: Dio-Uomo-Cosmo*, Milano 2010, 47-126.

———, «L'uomo, un mistero trinitario», in ID., *Opera omnia*. VIII. *Visione trinitaria e cosmoteandrica: Dio-Uomo-Cosmo*, Milano 2010, 127-164.

———, «La Realtà cosmoteandrica», in ID., *Opera omnia*. VIII. *Visione trinitaria e cosmoteandrica: Dio-Uomo-Cosmo*, Milano 2010, 165-319.

———, *Opera omnia. Vita e parola. La mia opera*, Milano 2010.

———, *The Rhythm of Being. The Gifford Lectures*, Maryknoll 2010; trad. italiana, *Opera omnia*. X. *Filosofia e teologia*. 1. *Il ritmo dell'essere. Le Gifford Lectures*, Milano 2012.

———, «L'armonia invisibile: una teoria universale della religione o una fiducia cosmica nella realtà?», ID., *Opera omnia*. II. *Religione e religioni*, Milano 2011, 187-230.

———, «Ogni autentica religione è via di salvezza», ID., *Opera omnia*. II. *Religione e religioni*, Milano 2011, 253-263.

———, «Novenario su Dio», ID., *Opera omnia*. II. *Religione e religioni*, Milano 2011, 265-269.

4. Opere di K. Rahner

RAHNER, K., «Über das Verhältnis von Natur und Gnade», in SzT I (1954) 323-345; trad. italiana, «Rapporto tra natura e grazia», in ID., *Saggi di antropologia soprannaturale*, Roma 1965, 43-77.

RAHNER, K., «Über die Erfahrung der Gnade», in SzT III (1956) 105-109; trad. italiana, «Sull'esperienza della grazia», in ID., *La fede in mezzo al mondo*, Alba 1966², 73-81.

———, «Bemerkungen zum dogmatischen Traktat "De Trinitate"», in SzT IV (1960) 103-133; trad. italiana, «Osservazioni sul Trattato dogmatico "De Trinitate"», in ID., *Saggi teologici*, Roma 1965, 587-634.

———, «Natur und Gnade», in SzT IV (1960) 209-236; trad. italiana, «Natura e grazia», in ID., *Saggi di antropologia soprannaturale*, Roma 1965, 79-122.

———, «Der dreifaltige Gott als transzendenter Urgrund der Heilsgeschichte», in J. FEINER – M. LÖHRER, ed., *Mysterium salutis. Grundriß heilsgeschichtlicher Dogmatik. II. Die Heilsgeschichte vor Christus*, Einsiedeln – Köln 1967, 317-401; trad. italiana, *La Trinità*, Brescia 2004³.

———, *Ich glaube an Jesus Christus*, Einsiedeln 1968; trad. italiana, *Io credo in Gesù Cristo*, Brescia 1969.

———, «Überlegungen zur Methode der Theologie», in SzT IX (1970) 79-126; trad. italiana, «Riflessioni sul metodo della teologia», in ID., *Nuovi saggi*, IV, Roma 1973, 99-159.

———, *Grundkurs des Glaubens. Einführung in den Begriff des Christentums*, Freiburg – Basel – Wien 1976; trad. italiana, *Corso fondamentale sulla fede. Introduzione al concetto di cristianesimo*, Cinisello Balsamo 2005⁶.

———, «Einzigkeit und Dreifaltigkeit Gottes im Gespräch mit dem Islam», in SzT XIII (1978) 129-147; trad. italiana, «Unicità e Trinità di Dio nel dialogo con l'Islam», in ID., *Dio e rivelazione. Nuovi saggi*, VII, Roma 1981, 155-177.

———, *Im Gespräch: 1964-1977*, ed. P. Imhof – H. Biallowons, I, München 1982.

———, *Im Gespräch: 1978-1982*, ed. P. Imhof – H. Biallowons, II, München 1983.

———, *Geist in Welt. Zur Metaphysik der endlichen Erkenntnis bei Thomas von Aquin*, in SW II (1996); trad. italiana, *Spirito nel mondo*, Milano 1989.

———, «Theos im Neuen Testament», in SW IV (1997) 346-403; trad. italiana, «Theos nel Nuovo Testamento», in ID., *Saggi teologici*, Roma 1965, 467-585.

———, «Über den Versuch eines Aufrisses einer Dogmatik», SW IV (1997) 404-448; trad. italiana, «Saggio di uno schema di dogmatica», in ID., *Saggi teologici*, Roma 1965, 51-111.

BIBLIOGRAFIA[1]

1. Opere di J. Moltmann

MOLTMANN, J., *Theologie der Hoffnung. Untersuchungen zur Begründung und zu den Konsequenzen einer christlichen Eschatologie*, München 1965; trad. italiana, *Teologia della speranza. Ricerche sui fondamenti e sulle implicazioni di una escatologia cristiana*, Brescia 2002[7].

———, *Umkehr zur Zukunft*, München – Hamburg 1970.

———, *Der gekreuzigte Gott. Das Kreuz Christi als Grund und Kritik christlicher Theologie*, München 1972; trad. italiana, *Il Dio crocifisso. La croce di Cristo, fondamento e critica della teologia cristiana*, Brescia 2008[7].

———, «Foreword», in M.D. MEEKS, *Origins of the Theology of Hope*, Philadelphia 1974, ix-xii.

———, *Kirche in der Kraft des Geistes. Ein Beitrag zur messianischen Ekklesiologie*, München 1975; trad. italiana, *La Chiesa nella forza dello Spirito. Contributo per una ecclesiologia messianica*, Brescia 1976.

———, *Trinität und Reich Gottes. Zur Gotteslehre*, München 1980; trad. italiana, *Trinità e Regno di Dio. La dottrina su Dio*, Brescia 1991[2].

———, «Die Einheit des dreieinigen Gottes. Bemerkungen zur heilsgeschichtlichen Begründung und zur Begrifflichkeit der Trinitätslehre», in

---

[1] Per le citazioni di J. Moltmann, G. Greshake e K. Rahner si fa riferimento inizialmente all'edizione italiana (qualora esista) e subito dopo, in parentesi quadre, all'originale tedesco. Nelle note a piè di pagina si cita direttamente l'originale tedesco, indicando comunque le rispettive traduzioni italiane. Per le citazioni di R. Panikkar si assume l'edizione dell'*Opera omnia* come versione di riferimento, anche se certi testi in essa già pubblicati non sono stati originariamente scritti in italiano. Ciò permette di dare una maggiore coerenza alle citazioni dell'opera di R. Panikkar, che integra testi scritti in diverse lingue (inglese, francese, tedesco, spagnolo, italiano, catalano). La sua opera *Iconos del Misterio* è, tuttavia, citata dall'originale spagnolo, perché la sua traduzione italiana riproduce solo una parte del testo.

W. BREUNING, ed., *Trinität. Aktuelle Perspektiven der Theologie*, Freiburg – Basel – Wien 1984, 97-113.

MOLTMANN, J., *Gott in der Schöpfung. Ökologische Schöpfungslehre*, München 1985; trad. italiana, *Dio nella creazione. Dottrina ecologica della creazione*, Brescia 2007³.

———, *Zukunft der Schöpfung. Gesammelte Aufsätze*, München 1986; trad. Italiana, *Futuro della creazione*, Brescia 1993².

———, *Der Weg Jesu Christi. Christologie in messianischen Dimensionen*, München 1989; trad. italiana, *La via di Gesù Cristo. Cristologia in dimensioni messianiche*, Brescia 1991.

———, *In der Geschichte des dreieinigen Gottes. Beiträge zur trinitarischen Theologie*, München 1991; trad. italiana, *Nella storia del Dio trinitario. Contributi per una teologia trinitaria*, Brescia 1993.

———, *Der Geist des Lebens. Eine ganzheitliche Pneumatologie*, München 1991; trad. italiana, *Lo Spirito della vita. Per una pneumatologia integrale*, Brescia 1994.

———, *Das Kommen Gottes. Christliche Eschatologie*, München 1995, 2001²; trad. italiana, *L'avvento di Dio. Escatologia cristiana*, Brescia 1998.

———, *Erfahrungen theologischen Denkens. Wege und Formen christlicher Theologie*, München 1999; trad. italiana, *Esperienze di pensiero teologico. Vie e forme della teologia cristiana*, Brescia 2001.

———, *Wissenschaft und Weisheit. Zum Gespräch zwischen Naturwissenschaft und Theologie*, Gütersloh 2002; trad. italiana, *Scienza e sapienza. Scienza e Teologia in dialogo*, Brescia 2003.

———, *Weiter Raum. Eine Lebensgeschichte*, Gütersloh 2006; trad. italiana, *Vasto Spazio. Storia di una vita*, Brescia 2009.

LAPIDE, P. – MOLTMANN, J., *Jüdischer Monotheismus – Christliche Trinitätslehre. Ein Gespräch*, München 1986; trad. italiana, *Monoteismo ebraico – dottrina trinitaria cristiana*, Brescia 19922.

2. Opere di G. Greshake

GRESHAKE, G., *Gott in allen Dingen finden. Schöpfung und Gotteserfahrung*, Freiburg – Basel – Wien 1986.

———, «Communio – Schlüsselbegriff der Dogmatik», in G. BIEMER – B. CASPER – J. MÜLLER, ed., *Gemeinsam Kirche sein. Theorie und Praxis der Communio*, Fs. O. Saier, Basel – Wien 1992, 90-121.

GRESHAKE, G., «Trinität als Inbegriff des christlichen Glaubens», in A. BSTEH, ed., *Christlicher Glaube in der Begegnung mit dem Islam. Zweite Religionstheologische Akademie St. Gabriel*, Mödling 1996, 327-342.

——, «Politik und Trinität», *Geist und Leben. Zeitschrift für Aszese und Mystik* 70 (1997) 183-198.

——, *Die Wüste bestehen. Erlebnis und geistliche Erfahrung*, Karlsruhe 1998.

——, *Priester sein in dieser Zeit. Theologie – Pastorale Praxis – Spiritualität*, Freiburg – Basel – Wien 2000; trad. italiana, *Essere preti in questo tempo. Teologia – Prassi pastorale - Spiritualità*, Brescia 2008.

——, *Der dreieine Gott. Eine trinitarische Theologie*, Freiburg – Basel – Wien 1997, 2007[5]; trad. italiana, *Il Dio Unitrino. Teologia trinitaria*, Brescia 2000.

——, *Hinführung zum Glauben an den drei-einen Gott*, Freiburg – Basel – Wien 2008[5]; trad. italiana, *La fede nel Dio trinitario. Una chiave per comprendere*, Brescia 2007[3].

3. Opere di R. Panikkar

PANIKKAR, R., «La demitizzazione nell'incontro tra cristianesimo e induismo», in E. CASTELLI, ed., *Il problema della demitizzazione*, Roma 1961, 243-266.

——, *The Unknown Christ of Hinduism*, London 1964; edizione rivista, *The Unknown Christ of Hinduism. Towards an Ecumenical Christophany*, Maryknoll 1981; trad. italiana, *Il Cristo sconosciuto dell'induismo. Verso una cristofania ecumenica*, Milano 2008.

——, «El diálogo interno: la insuficiencia de la llamada "epoché" fenomenológica en el encuentro religioso», *Salmanticensis* 22 (1975) 349-358.

——, *The Vedic Experience. Mantramañjarî. An Anthology of the Vedas for Modern Man and Contemporary Cele*bration, Berkeley – London 1977; trad. italiana, *Iniziazione ai Veda. Da I «Veda Mantramañjarî»*, Bergamo 2003.

——, *The Intrareligious Dialogue*, New York 1978; edizione rivista, *The Intrareligious Dialogue*, New York 1999; trad. italiana, *Il dialogo intrareligioso*, Assisi 1998.

——, *Myth, Faith and Hermeneutics*, New York – Ramsey – Toronto 1979; trad. italiana, *Mito, Fede ed Ermeneutica. Il triplice velo della realtà*, Milano 2000.

PANIKKAR, R., *Ecosofia: la nuova saggezza. Per una spiritualità della terra*, Assisi 1993.

———, «A Self-Critical Dialogue», in J. PRABHU, ed., *The Intercultural Challenge of Raimon Panikkar*, Maryknoll 1996, 227-291.

———, *La experiencia filosófica de la India*, Madrid 1997.

———, *La nueva inocencia*, Estella 1999[2].

———, *Iconos del Misterio. La experiencia de Dios*, Barcelona 1998, 2001[3]; trad. italiana, «Icone del mistero», in ID., *Opera omnia. I. Mistica e spiritualità. II. Spiritualità: il cammino della vita*, Milano 2011, 9-74.

———, *La pienezza dell'uomo. Una cristofania*, Milano 1999, 2003[3].

———, *Tra Dio e il cosmo. Dialogo con Gwendoline Jarczyk*, Roma – Bari 2006.

———, «La nuova innocenza», in ID., *Opera omnia. I. Mistica e Spiritualità. 1. Mistica, pienezza di vita*, Milano 2008, 17-91.

———, «L'esperienza della vita. La mistica», in ID., *Opera omnia. I. Mistica e Spiritualità. 1. Mistica, pienezza di vita*, Milano 2008, 141-322.

———, «L'esperienza suprema: le vie dell'oriente e dell'occidente», in ID., *Opera omnia. I. Mistica e Spiritualità. 1. Mistica, pienezza di vita*, Milano 2008, 323-352.

———, «Tolleranza, ideologia e mito», in ID., *Opera omnia. IX. Mistero ed ermeneutica. 1. Mito, simbolo, culto*, Milano 2008, 11-26.

———, «Il senso del mito», in ID., *Opera omnia. IX. Mistero ed ermeneutica. 1. Mito, simbolo, culto*, Milano 2008, 53-83.

———, «*Mythos* e *logos*. Visione mitologica e visione razionale del mondo», in ID., *Opera omnia. IX. Mistero ed ermeneutica. 1. Mito, simbolo, culto*, Milano 2008, 85-97.

———, «Śunahśepa. Un mito sulla condizione umana», in ID., *Opera omnia. IX. Mistero ed ermeneutica. 1. Mito, simbolo, culto*, Milano 2008, 135-211.

———, «Simbolo e simbolizzazione», in ID., *Opera omnia. IX. Mistero ed ermeneutica. 1. Mito, simbolo, culto*, Milano 2008, 239-263.

———, «Logomitìa e pensiero occidentale», in ID., *Opera omnia. IX. Mistero ed ermeneutica. 1. Mito, simbolo, culto*, Milano 2008, 265-275.

———, «Il mito del pluralismo. Sulla torre di Babele – meditazzione sulla non-violenza», ID., *Opera omnia. VI. Culture e religioni in dialogo. 1. Pluralismo e interculturalità*, Milano 2009, 17-50.

———, «Pluralismo, tolleranza e cristianità», ID., *Opera omnia. VI. Culture e religioni in dialogo. 1. Pluralismo e interculturalità*, Milano 2009, 119-137.

SIGLE E ABBREVIAZIONI

a.	*articulus* (cioè articolo)
al.	*alii*, altri
At	Atti degli Apostoli
BdTDT	K. RAHNER, «Bemerkungen zum dogmatischen Traktat *"De Trinitate"*», in SzT IV (1960) 103-133.
bzw.	*beziehungsweise* (cioè ossia)
CChr.SL	Corpus Christianorum. Series latina, Turnhout
cf.	confronta
CFF	K. RAHNER, *Corso fondamentale sulla fede. Introduzione al concetto di cristianesimo*, Cinisello Balsamo 2005[6] (orig. GG).
CFS	J. MOLTMANN, *La Chiesa nella forza dello Spirito. Contributo per una ecclesiologia messianica*, Brescia 1976 (orig. KKG).
COD	G. ALBERIGO – *al.*, ed., *Conciliorun Oecumenicorum Decreta*, Bologna 1991.
Col	Lettera ai Colossesi
1Cor	Prima lettera ai Corinzi
DC	J. MOLTMANN, *Il Dio crocifisso. La croce di Cristo, fondamento e critica della teologia cristiana*, Brescia 2008[7] (orig. DgG).
DdG	G. GRESHAKE, *Der dreieine Gott. Eine trinitarische Theologie*, Freiburg – Basel – Wien 1997, 2007[5].
DdGtUH	K. RAHNER, «Der dreifaltige Gott als transzendenter Urgrund der Heilsgeschichte», in J. FEINER – M. LÖHRER, ed., *Mysterium salutis. Grundriß heilsgeschichtlicher Dogmatik. II. Die Heilsgeschichte vor Christus*, II, Einsiedeln – Köln 1967, 317-401.
DgG	J. MOLTMANN, *Der gekreuzigte Gott. Das Kreuz Christi als Grund und Kritik christlicher Theologie*, München 1972.
DGL	J. MOLTMANN, *Der Geist des Lebens. Eine ganzheitliche Pneumatologie*, München 1991.
DnC	J. MOLTMANN, *Dio nella creazione. Dottrina ecologica della creazione*, Brescia 2007[3] (orig. GiS).
Eb	Lettera agli Ebrei

ecc.	*et caetera* (o: *et cetera*)
ed.	*edidit, ediderunt* (cioè curatore, curatori)
EdV	R. PANIKKAR, «L'esperienza della vita. La mistica», in ID., *Opera omnia*. I. *Mistica e Spiritualità*. 1. *Mistica, pienezza di vita*, Milano 2008, 141-322.
Ef	Lettera agli Efesini
EPT	J. MOLTMANN, *Esperienze di pensiero teologico. Vie e forme della teologia cristiana*, Brescia 2001 (orig. EtD).
EtD	J. MOLTMANN, *Erfahrungen theologischen Denkens. Wege und Formen christlicher Theologie*, München 1999.
ETL	*Ephemerides Theologicae Lovanienses*.
FC	J. MOLTMANN, *Futuro della creazione*, Brescia 1993[2] (orig. ZS).
FDT	G. GRESHAKE, *La fede nel Dio trinitario. Una chiave per comprendere*, Brescia 2007[3] (orig. HzGdG).
FZPhTh	*Freiburger Zeitschrift für Philosophie und Theologie*
GG	K. RAHNER, *Grundkurs des Glaubens. Einführung in den Begriff des Christentums*, Freiburg – Basel – Wien 1976.
GiS	J. MOLTMANN, *Gott in der Schöpfung. Ökologische Schöpfungslehre*, München 1985.
Gv	Vangelo di Giovanni
HzGdG	G. GRESHAKE, *Hinführung zum Glauben an den drei-einen Gott*, Freiburg – Basel –Wien 2008[5].
ID.	IDEM (cioè «lo stesso»)
IDU	G. GRESHAKE, *Il Dio Unitrino. Teologia trinitaria*, Brescia 2000 (orig. DdG).
IM	R. PANIKKAR, *Iconos del Misterio. La experiencia de Dios*, Barcelona 2001[3].
IGdG	J. MOLTMANN, *In der Geschichte des dreieinigen Gottes. Beiträge zur trinitarischen Theologie*, München 1991.
Is	Libro del profeta Isaia
KatBl	*Katechetische Blätter. Zeitschrift für Religionsunterrich, Gemeindekatechese, kirchliche Jugendarbeit*.
KKG	J. MOLTMANN, *Kirche in der Kraft des Geistes. Ein Beitrag zur messianischen Ekklesiologie*, München 1975.
[2]LThK	*Lexikon für Theologie und Kirche*, I-X, Freiburg 1957-1966[2].
Mc	Vangelo di Marco
Mt	Vangelo di Matteo
MThZ	*Münchener theologische Zeitschrift*
NSDT	J. MOLTMANN, *Nella storia del Dio trinitario. Contributi per una teologia trinitaria*, Brescia 1993 (orig. IGdG).
orig.	Versione originale
OTDT	K. RAHNER, «Osservazioni sul trattato dogmatico "De Trinitate"», in ID., *Saggi teologici*, Roma 1968, 587-634 (orig, BdTDT).

PANIKKAR, R., «Alcune osservazioni su sincretismo ed eclettismo in relazione alla crescita della coscienza umana», ID., *Opera omnia*. VI. *Culture e religioni in dialogo*. 1. *Pluralismo e interculturalità*, Milano 2009, 153-173.

———, «Ecumenismo ecumenico e critico», ID., *Opera omnia*. VI. *Culture e religioni in dialogo*. 1. *Pluralismo e interculturalità*, Milano 2009, 175-185.

———, «Pace e interculturalità. Una riflessione filosofica», ID., *Opera omnia*. VI. *Culture e religioni in dialogo*. 1. *Pluralismo e interculturalità*, Milano 2009, 247-329.

———, «La Divinità», in ID., *Opera omnia*. VIII. *Visione trinitaria e cosmoteandrica: Dio-Uomo-Cosmo*, Milano 2010, 7-34.

———, «I volti di Dio. *Faccies Deitatis*», in ID., *Opera omnia*. VIII. *Visione trinitaria e cosmoteandrica: Dio-Uomo-Cosmo*, Milano 2010, 35-43.

———, «La Trinità. Un'esperienza umana primordiale», in ID., *Opera omnia*. VIII. *Visione trinitaria e cosmoteandrica: Dio-Uomo-Cosmo*, Milano 2010, 47-126.

———, «L'uomo, un mistero trinitario», in ID., *Opera omnia*. VIII. *Visione trinitaria e cosmoteandrica: Dio-Uomo-Cosmo*, Milano 2010, 127-164.

———, «La Realtà cosmoteandrica», in ID., *Opera omnia*. VIII. *Visione trinitaria e cosmoteandrica: Dio-Uomo-Cosmo*, Milano 2010, 165-319.

———, *Opera omnia. Vita e parola. La mia opera*, Milano 2010.

———, *The Rhythm of Being. The Gifford Lectures*, Maryknoll 2010; trad. italiana, *Opera omnia*. X. *Filosofia e teologia*. 1. *Il ritmo dell'essere. Le Gifford Lectures*, Milano 2012.

———, «L'armonia invisibile: una teoria universale della religione o una fiducia cosmica nella realtà?», ID., *Opera omnia*. II. *Religione e religioni*, Milano 2011, 187-230.

———, «Ogni autentica religione è via di salvezza», ID., *Opera omnia*. II. *Religione e religioni*, Milano 2011, 253-263.

———, «Novenario su Dio», ID., *Opera omnia*. II. *Religione e religioni*, Milano 2011, 265-269.

4. Opere di K. Rahner

RAHNER, K., «Über das Verhältnis von Natur und Gnade», in SzT I (1954) 323-345; trad. italiana, «Rapporto tra natura e grazia», in ID., *Saggi di antropologia soprannaturale*, Roma 1965, 43-77.

RAHNER, K., «Über die Erfahrung der Gnade», in SzT III (1956) 105-109; trad. italiana, «Sull'esperienza della grazia», in ID., *La fede in mezzo al mondo*, Alba 1966², 73-81.

———, «Bemerkungen zum dogmatischen Traktat "De Trinitate"», in SzT IV (1960) 103-133; trad. italiana, «Osservazioni sul Trattato dogmatico "De Trinitate"», in ID., *Saggi teologici*, Roma 1965, 587-634.

———, «Natur und Gnade», in SzT IV (1960) 209-236; trad. italiana, «Natura e grazia», in ID., *Saggi di antropologia soprannaturale*, Roma 1965, 79-122.

———, «Der dreifaltige Gott als transzendenter Urgrund der Heilsgeschichte», in J. FEINER – M. LÖHRER, ed., *Mysterium salutis. Grundriß heilsgeschichtlicher Dogmatik. II. Die Heilsgeschichte vor Christus*, Einsiedeln – Köln 1967, 317-401; trad. italiana, *La Trinità*, Brescia 2004³.

———, *Ich glaube an Jesus Christus*, Einsiedeln 1968; trad. italiana, *Io credo in Gesù Cristo*, Brescia 1969.

———, «Überlegungen zur Methode der Theologie», in SzT IX (1970) 79-126; trad. italiana, «Riflessioni sul metodo della teologia», in ID., *Nuovi saggi*, IV, Roma 1973, 99-159.

———, *Grundkurs des Glaubens. Einführung in den Begriff des Christentums*, Freiburg – Basel – Wien 1976; trad. italiana, *Corso fondamentale sulla fede. Introduzione al concetto di cristianesimo*, Cinisello Balsamo 2005⁶.

———, «Einzigkeit und Dreifaltigkeit Gottes im Gespräch mit dem Islam», in SzT XIII (1978) 129-147; trad. italiana, «Unicità e Trinità di Dio nel dialogo con l'Islam», in ID., *Dio e rivelazione. Nuovi saggi*, VII, Roma 1981, 155-177.

———, *Im Gespräch: 1964-1977*, ed. P. Imhof – H. Biallowons, I, München 1982.

———, *Im Gespräch: 1978-1982*, ed. P. Imhof – H. Biallowons, II, München 1983.

———, *Geist in Welt. Zur Metaphysik der endlichen Erkenntnis bei Thomas von Aquin*, in SW II (1996); trad. italiana, *Spirito nel mondo*, Milano 1989.

———, «Theos im Neuen Testament», in SW IV (1997) 346-403; trad. italiana, «Theos nel Nuovo Testamento», in ID., *Saggi teologici*, Roma 1965, 467-585.

———, «Über den Versuch eines Aufrisses einer Dogmatik», SW IV (1997) 404-448; trad. italiana, «Saggio di uno schema di dogmatica», in ID., *Saggi teologici*, Roma 1965, 51-111.

RAHNER, K., «Erfahrung», in SW XVII/1 (2002) 552; originariamente in ID. – H. VORGRIMLER, *Kleines theologisches Wörterbuch*, Freiburg 1961, 1976[10], 94-95; trad. italiana, «Esperienza», in *Dizionario di teologia*, Roma – Brescia 1968, 231-232.

———, «Gnadenerfahrung», in SW XVII/1 (2002) 256-257; originariamente in [2]LThK IV (1960) 1001-1002.

———, «Transzendentaltheologie», in SW XVII/2 (2002) 1332-1337; originariamente in *Sacramentum mundi. Theologisches Lexikon für die Praxis*, IV, Freiburg 1969, 986-992; trad. italiana, «Teologia trascendentale», in *Sacramentum mundi. Enciclopedia teologica*, VIII, Brescia 1977, 347-353.

———, «Trinität», in SW XVII/2 (2002) 1337-1349; originariamente in *Sacramentum mundi. Theologisches Lexikon für die Praxis*, IV, Freiburg 1969, 1005-1021; trad. italiana, *Sacramentum mundi. Enciclopedia teologica*, VIII, Brescia 1977, 440-458.

———, «Trinitätstheologie», in SW XVII/2 (2002) 1349-1357; originariamente in *Sacramentum mundi. Theologisches Lexikon für die Praxis*, IV, Freiburg 1969, 1022-1031; trad. italiana, *Sacramentum mundi. Enciclopedia teologica*, VIII, Brescia 1977, 459-470.

———, «Das „Gebot" der Liebe unter den anderen Geboten», in SW XII (2005) 59-75; trad. italiana, «Il comandamento dell'amore fra gli altri comandamenti», in ID., *Saggi di spiritualità*, Roma 1966, 373-408.

———, «Über die Einheit von Nächstenliebe und Gottesliebe», in SW XII (2005) 76-91; trad. italiana, «Unità dell'amore di Dio e del prossimo», in ID., *Nuovi saggi*, I, Roma 1968, 385-412.

———, «Über den Begriff des Geheimnisses in der katholischen Theologie», in SW XII (2005) 101-135; trad. italiana, «Sul concetto di mistero nella teologia cattolica», in ID., *Saggi teologici*, Roma 1965, 391-465.

———, «Probleme der Christologie von heute», in SW XII (2005) 261-301; trad. italiana, «Problemi della cristologia d'oggi», in ID., *Saggi di cristologia e di mariologia*, Roma 1967, 3-91.

———, «Zur Theologie der Menschwerdung», in SW XII (2005) 309-322; trad. italiana, «Teologia dell'incarnazione», in ID., *Saggi di cristologia e di mariologia*, Roma 1967, 93-121.

———, «Gotteserfahrung heute», in SW XXIII (2006) 138-149; trad. italiana, «Esperienza di Dio oggi», in ID., *Nuovi saggi*, IV, Roma 1973, 205-226.

———, «Selbsterfahrung und Gotteserfahrung», in SW XXIII (2006) 179-187; trad. italiana, «Esperienza di se stessi ed esperienza di Dio», in ID., *Nuovi saggi*, V, Roma 1975, 175-189.

RAHNER, K., «Die enthusiastische und die gnadenhafte Erfahrung», in SW XXIII (2006) 242-257; trad. italiana, «L'esperienza dell'entusiasmo e l'esperienza della grazia», in ID., *Teologia dall'esperienza dello Spirito. Nuovi Saggi*, VI, Roma 1978, 65-90.

———, «Mystische Erfahrung und mystische Theologie», in SW XXIII (2006) 261-268; trad. italiana, «Esperienza mistica e teologia mistica», in ID., *Teologia dall'esperienza dello Spirito. Nuovi Saggi*, VI, Roma 1978, 523-536.

———, «Erfahrung des Geistes und existentielle Entscheidung», in SW XXIII (2006) 271-280; trad. italiana, «Esperienza dello Spirito e decisione esistentiva», in ID., *Teologia dall'esperienza dello Spirito. Nuovi Saggi*, VI, Roma 1978, 49-63.

———, «Erfahrung des Heiligen Geistes», in SW XXIX (2007) 38-57; trad. italiana, «Esperienza dello Spirito Santo», in ID., *Dio e rivelazione. Nuovi saggi*, VII, Roma 1981, 277-308.

———, «Die anonymen Christen», in SW XXII/2 (2008) 284-291; trad. italiana, «I cristiani anonimi», in ID., *Nuovi saggi*, I, Roma 1968, 759-772.

———, «Anonymes Christentum und Missionsauftrag der Kirche», in SW XXII/2 (2008) 312-325; trad. italiana, «Cristianesimo anonimo e compito missionario della Chiesa», ID., *Nuovi saggi*, IV, Roma 1973, 619-642.

———, «Bemerkungen zum Problem des „anonymen Christen"», in SW XXII/2 (2008) 325-337; trad. italiana, «Osservazioni sul problema del "cristiano anonimo"», in ID., *Nuovi saggi*, V, Roma 1975, 677-697.

———, «Anonymer und expliziter Glaube», in SW XXII/2 (2008) 338-344; trad. italiana, «Fede anonima e fede esplicita», in ID., *Teologia dall'esperienza dello Spirito. Nuovi saggi*, VI, Roma 1978, 91-101.

———, «Über das Geheimnis der Dreifaltigkeit», in SW XXII/2 (2008) 833-844; trad. italiana, «A proposito del mistero della Trinità», in ID., *Teologia dall'esperienza dello Spirito. Nuovi saggi*, VI, Roma 1978, 391-398.

———, «Erfahrungen eines katholischen Theologen», in SW XXV (2008) 47-57; trad. italiana, «Esperienze di un teologo cattolico», in A. RAFFELT – H. VERWEYEN, *Leggere Karl Rahner*, Brescia 2004, 159-180.

———, «Rede des Ignatius von Loyola an einen Jesuiten von heute», in SW XXV (2008) 299-329; trad. italiana, «Discorso di Ignazio di Loyola a un gesuita odierno», in ID., *Scienza e fede cristiana. Nuovi saggi*, IX, Roma 1984, 522-574.

RAHNER, K., «Hierarchie der Wahrheiten», in SW XXX (2009) 148-153; trad. italiana, «Gerarchia delle verità», in ID., *Scienza e fede cristiana. Nuovi saggi*, IX, Roma 1984, 226-233.

———, «Transzendenzerfahrung aus katholisch-dogmatischer Sicht», in SW XXX (2009) 222-235; trad. italiana, «Esperienza della trascendenza dal punto di vista dogmatico cattolico», in ID., *Dio e rivelazione. Nuovi saggi*, VII, Roma 1981, 253-275.

———, «Über die Eigenart des christlichen Gottesbegriffs», in SW XXX (2009) 337-345; trad. italiana, «Sulla specificità del concetto cristiano di Dio», in ID., *Scienza e fede cristiana. Nuovi saggi*, IX, Roma 1984, 257-271.

5. Bibliografia generale

AGOSTINO DI IPPONA, *De Trinitate libri XV*, CChr.SL 50, Turnhout 1968.

———, *Confessionum libri XIII*, CChr.SL 27, Turnhout 1981.

ALBERIGO, G. – al., P., ed., *Conciliorum Oecumenicorum Decreta*, Bologna 2002².

AMALADOSS, M., «Insieme verso il Regno. Teologia asiatica emergente», in R. GIBELLINI, ed., *Prospettive teologiche per il XXI secolo*, Brescia 2003, 149-167.

ANGELUS SILESIUS, *Il pellegrino cherubico*. Nuova edizione con note e commentari. Testo tedesco a fronte, ed. G. FOZZER – M. VANNINI, Cinisello Balsamo 2004³.

ANSELMO DI AOSTA, *De processione Spiritus Sancti*, in *Opera omnia*, II, Edinburgh 1946.

ARTS, H., *Moltmann et Tillich. Les fondements de l'espérance chrétienne*, Gembloux 1973.

BALTHASAR, H.U. VON, recensione di K. RAHNER, *Geist in Welt. Zur Metaphysik der endlichen Erkenntnis bei Thomas von Aquin* [Innsbruck 1939], *ZKTh* 63 (1939) 375-379.

———, *Theodramatik. II. Die Personen des Spiels. 2. Die Personen in Christus*, Einsiedeln 1978.

———, *Theodramatik. III. Die Handlung*, Einsiedeln 1980.

———, *Theodramatik. IV. Das Endspiel*, Einsiedeln 1983

———, *Theologik. II. Wahrheit Gottes*, Einsidelin 1985.

———, *Homo creatus est. Skizzen zur Theologie*, V, Einsiedeln 1986.

———, *Theologie der Drei Tage*, Einsiedeln – Freiburg 1990.

BANTLE, F.X., «Person und Personbegriff in der Trinitätslehre Karl Rahners», *MThZ* 30 (1979) 11-24.

BARBOUR, I.G., *Myths, Models, and Paradigms. The Nature of Scientific and Religious Language*, London 1974.

BARTH, K., *Die Kirchliche Dogmatik. Die Lehre vom Wort Gottes. Prolegomena zur kirchlichen Dogmatik*, I/1, Zürich 1964.

BAUCKHAM, R., *Moltmann: Messianic theology in the making*, Basingstoke 1987.

———, *The theology of Jürgen Moltmann*, Edinburgh 1995.

———, ed., *God Will be All in All. The Eschatology of Jürgen Moltmann*, Edinburgh 1998.

BERDJAEV, N., *Il senso della storia: saggio di una filosofia del destino umano*, Milano 1971.

BERKHOF, H., *Theologie des Heiligen Geistes*, Neukirchen – Vluyn 1968.

BERTINI, D. – SALMERI, G. – TRIANNI, P., ed., *Teologia dell'esperienza*, Roma 2010.

BERTULETTI, A., «Il concetto di "esperienza" e la teologia», *Teologia* 6 (1981) 85-116.

BIELAWSKI, M., «La questioni dei modelli teologici», in ID. – M. SHERIDAN, ed., *Storia e teologia all'incrocio. Orizzonti e percorsi di una disciplina*, Roma 2002, 276-302.

BLANCY, A., *Espérance et différence. Essai sur les théologies de Wolfhart Pannenberg et Jürgen Moltmann en vue de fonder une théologie de la différence*, Genève 1983.

BLOCH, E., *Das Prinzip Hoffnung. Gesamtausgabe*, V, Frankfurt 1959.

BOADA, I., ed., *La filosofía intercultural de Raimon Panikkar*, Barcelona 2004.

BOLLIG, M., *Einheit in der Vielfalt. Communio als Schlüsselbegriff des christlichen Glaubens im Werk von Gisbert Greshake*, Würzburg 2004.

BONHOEFFER, D., *Wiederstand und Ergebung. Werke*, VIII, München 1998.

BONANNI, S.P., *L'amore che spera e crede. Nella traccia della storia, fra antropologia e teologia*, Roma 2010.

BOUMA-PREDIGER, S., *The Greening of Theology. The Ecological Models of Rosemary Radford Ruether, Joseph Sittler and J. Moltmann*, Atlanta 1995.

BRANCOZZI, E., *Interlocutori di Dio. La teologia della grazia nel pensiero di Gisbert Greshake*, Brescia 2005.

BREUNING, W., ed., *Trinität. Aktuelle Perspektiven der Theologie*, Freiburg-Basel – Wien 1984.

BÜHLER, P., *Kreuz und Eschatologie. Eine Auseinandersetzung mit der politischen Theologie im Anschluss an Luthers theologia crucis*, Tübingen 1981.

BUTTER, M., «Die dialogische Dimension im spirituelle Denken Raimon Panikkars», in B. NITSCHE, ed., *Gottesdenken in interreligiöser Perspektive. Raimon Panikkars Trinitätstheologie in der Diskussion. Unter Mitarbeit von Guido Beck*, Frankfurt – Paderborn 2005, 136-143.

CALABRESE, A., *Il dialogo intrareligioso nella filosofia di Raimon Panikkar*, Lecce 2004.

CARLI, E., *La teologia della speranza di Jürgen Moltmann*, Roma 1980.

CARNEY, G.T., «Christophany. The Christic Principle and Pluralism», in J. PRABHU, ed., *The Intercultural Challenge of Raimon Panikkar*, Maryknoll 1996, 131-144.

CARR, A., «Theology and Experience in the Thought of Karl Rahner», *The Journal of Religion* 53 (1973) 359-376.

CIOLA, N., *Cristologia e Trinità*, Roma 2009².

COBB, J.B., «Metaphysical Pluralism», in J. PRABHU, ed., *The Intercultural Challenge of Raimon Panikkar*, Maryknoll 1996, 46-57.

CODA, P., *Il negativo e la Trinità. Ipotesi su Hegel*, Roma 1987.

———, *Dio Uno e Trino. Rivelazione, esperienza e teologia del Dio dei cristiani*, Cinisello Balsamo 1993; trad. spagnola, *Dios Uno y Trino. Revelación, experiencia y teología de Dios de los cristianos*, Salamanca 2000².

———, *Dalla Trinità. L'avvento di Dio tra storia e profezia*, Roma 2011.

COLOMBO, G., «La nozione di "esperienza" e la teologia cattolica d'inizio secolo», *Teologia* 6 (1981) 183-188.

COMMISSIONE TEOLOGICA INTERNAZIONALE, «Theologia-Cristologia-Antropologia», in *Enchiridion Vaticanum*, VIII, Bologna 1984, 404-461 [354-399].

CONGAR, Y., *Je crois en l'Esprit-Saint*, Paris 2002³.

CONYERS, A.J., *God, Hope and History. Jürgen Moltmann and the Christian Concept of History*, Macon 1988.

CORDOVILLA, A., *Gramática de la encarnación. La creación en Cristo en la teología de K. Rahner y Hans Urs von Balthasar*, Madrid 2004.

CORNELISION, R.T., *The Christian Realism of Reinhold Niebuhr and the Political Theology of Jürgen Moltmann in Dialogue. The Realism of Hope*, San Francisco 1992.

COURTH, F., «La Trinità nel segno della croce. Alcune tendenze del protestantesimo contemporaneo», in A. AMATO, ed., *Trinità in contesto*, Roma 1994, 25-43.

COUSINS, E.H., «Panikkar's Advaitic Trinitarism», in J. PRABHU, ed., *The Intercultural Challenge of Raimon Panikkar*, Maryknoll 1996, 119-130.

COWARD, H., «Panikkar's Philosophy of Language», in J. PRABHU, ed., *The Intercultural Challenge of Raimon Panikkar*, Maryknoll 1996, 58-70.

COZZI, A., *Manuale di dottrina trinitaria*, Brescia 2009.

CRAGG, K., *The Christ and the Faiths*, London 1986.

CURA ELÉNA, S. DEL, «Tra mistero ed esperienza. La dottrina trinitaria dopo K. Rahner», in I. SANNA, ed., *L'eredità teologica di Karl Rahner*, Roma 2005, 143-190.

DALLAVALLE, N.A., «Revisiting Rahner: On the Theological Status of Trinitarian Theology», *The Irish Theological Quaterly* 63 (1998) 133-150.

DALY, M., *Beyond God the Father. Toward a Philosophy of Women's Liberation*, Boston 1973.

DANIÉLOU, J., *La Trinità e il Mistero dell'esistenza*, Brescia 1969, 1989².

DAVID, T., *Rudolf Bultmann's and Jürgen Moltmann's Understanding of the Gospel as Answer to Contemporany Man's Search for the Meaning of Existence*, Bangalore 1977.

DAWKINS, R., *The God Delusion*, New York 2008.

D'COSTA, G., *The Meeting of Religions and the Triniy*, Edinburgh 2000.

DE FIORES, S., *Trinità mistero di vita. Esperienza trinitaria in comunione con Maria*, Cinisello Balsamo 2001.

DELMIRANI, M., *La teologia della speranza in Jürgen Moltmann*, Roma 1974.

———, *Croce e speranza. Introduzione alla teologia di Jürgen Moltmann*, Cassano – Bari 1976.

DOGAN, N., *Theologie der Offenbarung. Eine fundamentaltheologische Untersuchung zum Begriff der Offenbarung in der Theologie Jürgen Moltmanns*, Roma 1980.

J. DOLISTA, *Theologie und Spiritualität des Priestertums bei Gisbert Greshake*, Roma 1992.

D'SA, F., *Dio l'Uno e Trino e l'Uno-Tutto. Introduzione all'incontro tra Cristianesimo e Induismo*, Brescia 1996.

———, «The Notion of God», in J. PRABHU, ed., *The Intercultural Challenge of Raimon Panikkar*, Maryknoll 1996, 25-45.

D'SA, F., «Der trinitarische Ansatz von Raimon Panikkar», in B. NITSCHE, ed., *Gottesdenken in interreligiöser Perspektive*, Frankfurt – Paderborn 2005, 230-248.

DULLES, A., *Models of the Church*, New York – al. 1974, 2002⁵.

———, *Models of Revelation*, Maryknoll 1983, 1992².

DUPUIS, J., *Toward a Christian Theology of Religious Pluralism*, Maryknoll 2001³.

———, *Il cristianesimo e le religioni. Dallo scontro all'incontro*, Brescia 2001.

DURAND, E., «L'autocomunication trinitaire. Concept clé de la *connexio mysteriorum* rahnérienne», *RT* 102 (2002) 569-613.

———, «L'identité rahnérienne entre la Trinité économique et la Trinité immanente à l'épreuve de ses applications», *RT* 103 (2003) 75-92.

———, «Trinité immanente et Trinité économique selon Karl Barth», in E. DURAND – V. HOLZER, ed., *Les sources du renouveau de la théologie trinitaire au XXe siècle*, Paris 2008, 219-252.

DURAND, E. – HOLZER, V., ed., *Les sources du renouveau de la théologie trinitaire au XXe siècle*, Paris 2008.

———, *Les réalisations du renouveau de la théologie trinitaire au XXe siècle*, Paris 2010.

EICHER, P., «Immanenz oder Transzendenz? Im Gespräch mit Karl Rahner»», *FZPhTh* 15 (1968) 29-62.

———, «La revelación administrada. La relación entre la Iglesia institucional y la experiencia», *Concilium (E)* 133 (1978) 313-330.

FERNÁNDEZ GARCÍA, B., *Cristo de esperanza. La cristología escatológica de J. Moltmann*, Salamanca 1985.

FERRARA, R., «La Trinidad en el posconcilio y en el final del siglo XX: método, temas, sistema», *Teología* 80 (2002) 53-92.

———, *El Misterio de Dios. Correspondencias y paradojas*, Salamanca 2005.

FERREIRA DE FARIAS, J.J., *O Espírito e a história. O pneuma divino no recente debate sobre as pessoas da Trindade*, Roma 1989.

FISCHER, K.P., *Gotteserfahrung. Mystagogie in der Theologie Karl Rahners und in der Theologie der Befreiung*, Mainz 1986.

FLORIO, L., *Mapa trinitario del mundo. Actualización del tema de la percepción del Dios trinitario en la experiencia histórica del creyente*, Salamanca 2000.

FORTE, B., *Trinità come storia. Saggio sul Dio cristiano*, Cinisello Balsamo 1985.

FORTE, B., *La Chiesa della Trinità. Saggio sul mistero della Chiesa, comunione e missione*, Cinisello Balsamo 1995³.

FRANÇA MIRANDA, M., *O Mistério de Deus em nossa vida. A doutrina trinitária de Karl Rahner*, São Paulo 1975.

GANOCZY, A., *Dio, grazia per il mondo. Manuale di Teologia*, VIII, Brescia 1988.

——, *Il creatore trinitario. Teologia della Trinità e sinergia*, Brescia 2003.

GELABERT, M., «Experiencia», in X. PIKAZA – N. SILANES, ed., *El Dios cristiano. Diccionario teológico*, Salamanca 1992, 525-532.

GIANNINI, G. – ROSSI, M.M. – PIERETTI, A., «Esperienza», in *Enciclopedia filosofica*, IV, Milano 2006, 3624-3641.

GIBELLINI, R., *La teologia di Jürgen Moltmann*, Brescia 1975.

——, *La teologia del XX secolo*, Brescia 2007⁶.

GLENN, A.A., «Criteria for Theological Models», *Scottish Journal of Religion* 25 (1972) 296-308.

GOETHE, J.W. VON, *Goethes Werke. Autobiographische Schriften II*, X, München 1999.

GOFFINET, P., *La théologie de la croix de Jürgen Moltmann*, Roma 1980.

GOLLWITZER, H., *Krummes Holz – aufrechter Gang. Zur Frage nach dem Sinn des Lebens*, München 1971.

GONZÁLEZ, M., *La relación entre Trinidad económica e inmanente. El «axioma fundamental» de K. Rahner y su recepción. Líneas para continuar la reflexión*, Roma 1994.

GONZÁLEZ DE CARDEDAL, O., *Cristología*, Madrid 2001.

GONZÁLEZ MONTES, A. – *al.*, *La teología trinitaria de K. Rahner*, Salamanca 1987.

GRECO, C., *L'esperienza religiosa: Essenza, valore, verità. Un itinerario di filosofia della religione*, Cinisello Balsamo 2004.

HADOT, P., *Exercices spirituels et philosophie antique*, Paris 1987².

HEMMERLE, K., «Communio als Denk- und Lebensweise», in G. BIEMER – B. CASPER – J. MÜLLER, ed., *Gemeinsam Kirche sein. Theorie und Praxis der Communio*, Fs. O. Saier, Basel – Wien 1992, 77-89.

HENKE, P., *Gewissheit vor dem Nichts. Eine Anthithese zu den theologischen Entwürfen Wolfhart Pannenbergs und Jürgen Moltmanns*, Berlin – New York 1978.

HEYWARD, C., *The Redemption of God. A Theology of Mutual Relation*, Washington 1982.

HILBERATH, B.J., *Der Personbegriff der Trinitätslehre in Rückfrage von Karl Rahner zu Tertullians «Adversus Praxean»*, Innsbruck – Wien 1986.

HOLZER, V., *Le Dieu Trinité dans l'histoire. Le différend théeologique Balthasar – Rahner*, Paris 2007².

HOLZER, V., «Trinité et analogie chez Hans Urs von Balthasar: le statut trinitaire de l'amour comme "transcendental pur et simple"», in E. DURAND – V. HOLZER, ed., *Les sources du renouveau de la théologie trinitaire au XXe siècle*, Paris 2008, 253-283.

———, «"Formes" et "Figures" de la théologie trinitaire au XXe siècle. Éclatement ou convergences possibles des points de vue ?», in E. DURAND – V. HOLZER, ed., *Les réalisations du renouveau de la théologie trinitaire au XXe siècle*, Paris 2010, 333-340.

JOSSUA, J.-P., «Experiencia cristiana y comunicación de la fe», *Concilium (E)* 85 (1973) 239-251.

JÜNGEL, E., *Gott als Geheimnis der Welt. Zur Begründung der Theologie des Gekreuzigten im Streit zwischen Theismus und Atheismus*, Tübingen 1977; trad. Italiana, *Dio, Mistero del mondo. Per una fondazione della teologia del crocifisso nella disputa tra teismo e ateismo*, Brescia 2004³.

KANTZENBACH, F.W., *Programme der Theologie. Denker, Schulen, Wirkungen. Von Schleiermacher bis Moltmann*, München 1978.

KASPER, W., «Revolution im Gottesverständnis? Zur Situation des ökumenischen Dialogs nach Jürgen Moltmanns „Der gekreuzigte Gott"», in M. WELKER, ed., *Diskussion über Jürgen Moltmanns Buch «Der gekreuzigte Gott»*, München 1979, 140-148.

———, *Glaube und Geschichte*, Mainz 1970; trad. italiana, *Fede e storia*, Brescia 1993³.

———, *Der Gott Jesu Christi*, Mainz 1982; trad. italiana, *Il Dio di Gesù Cristo*, Brescia 1984.

KELLER, C., *Der Ich-Wahn. Abkehr von einem lebensfeindlichen Ideal*, Stuttgart 1989.

KING, J. N., «The Experience of God in the Theology of Karl Rahner», *Thought* 53 (1978) 174-202.

KIRSCH, E., *Hermeneutik der Verheissung bei Johann Baptist Metz und Jürgen Moltmann*, Erfurt 1972.

KORITENSKY, A., «Religiöse Erfahrung und christliches Selbstverständnis. Der Aufstieg eines Deutungsbegriffs und die Folgen», *Theologie und Philosophie* 85 (2010) 216-241.

KOWALCZYK, D., *La personalità di Dio. Dal metodo trascendentale di Karl Rahner verso un orientamento dialogico in Heinrich Ott*, Roma 1999 (TG.T 49).

LACOSTE, J.-Y., *L'expérience e l'absolu. Questions disputées sur l'humanité de l'homme*, Paris 1994.

LACUGNA, C.M., *God for us. The Trinity and Christian life*, New York 1993.

LADARIA, L.F., *El Dios vivo y verdadero. El misterio de la Trinidad*, Salamanca 1998, 2010[4].

———, *La Trinidad, Misterio de comunión*, Salamanca 2007.

———, «La théologie trinitaire de Karl Rahner. Un bilan de la discussion», in E. DURAND – V. HOLZER, ed., *Les réalisations du renouveau de la théologie trinitaire au XXe siècle*, Paris 2010, 87-127.

LAFONT, G., *Peut-on connaître Dieu en Jésus-Christ? Problématique*, Paris 1969.

LAMB, M., «Dogma, experiencia y teología política», *Concilium (E)* 133 (1978) 398-413.

LANE, D.A., *The Experience of God. An Invitation to do Theology*, Ramsey 1981.

LARSON, G.J., «Contra Pluralism», in J. PRABHU, ed., *The Intercultural Challenge of Raimon Panikkar*, Maryknoll 1996, 71-87.

LEROY SPENCER, R., *Marx, Bloch and Moltmann. Dialectical Models of History and the Question of Ends and Means*, Princeton 1973.

LOCHMAN, J.M., «Gottes sein ist im Leiden. Zur trinitarischen Kreuztheologie Jürgen Moltmanns», in M. WELKER, ed., *Diskussion über Jürgen Moltmanns Buch «Der gekreuzigte Gott»*, München 1979, 26-34.

LUCIANI RIVERO, R.F., *El Misterio de la diferencia. Un estudio tipológico de la analogía como estructura originaria de la realidad en Tomás de Aquino, Erich Przywara y Hans Urs von Balthasar y su uso en teología trinitaria*, Roma 2002.

MCDOUGAL, J.A., *Pilgrimage of Love. Moltmann on the Trinity and Christian Life*, Oxford 2005.

MCFAGUE, S., *Models of God. Theology for an Ecological, Nuclear Age*, Philadelphia 1987.

MACPHERSON, C.G., *A Critical Reading of the Development of Raimon Panikkar's Thought on the Trinity*, Lanham 1996.

MADONIA, N., «Unicità e singolarità di Gesù Cristo. Alcune chiavi di lettura», *Rassegna di Teologia* 39 (1998) 207-238.

MAISONNEUVE, R., *Les Mystiques chrétiens et leurs visions de Dieu un et trine*, Paris 2000.

MAISONNEUVE, R., *Dieu inconnu, Dieu Trinité. Anthologie. Comment les mystiques chrétiens «voient» Dieu un e trine*, Paris 2002.

MANGNUS, S., «God as Communio. The Meaning of "Communio" in Contemporary Trinitarian Theology», *Bijdragen* 64 (2003) 39-67.

MARDONES, J.M., *Teología y ideología. Confrontacíon de la Teología política de la esperanza de Jürgen Moltmann con la Teoría Crítica de la Escuela de Frankfurt*, Bilbao 1979.

MARTÍN VELASCO, J., *La experiencia cristiana de Dios*, Madrid 1995, 2001⁴.

MATELJAN, A., *Il pensiero soteriologico nel primo ciclo teologico di Jürgen Moltmann*, Roma 1991.

MATIC, M., *Jürgen Moltmanns Theologie in Auseinandersetzung mit Ernst Bloch*, Frankfurt – Bern – New York 1983.

MATTAM, G., «Jesus Christ the Unique and Universal Guru», *Salesianum* 58 (1996), 487-513.

MEEKS, M.D., *Origins of the Theology of Hope*, Philadelphia 1974.

MEISTER ECKHART, *I Sermoni*, ed. M. VANNINI, Milano 2002.

MENACHERRY, C., *Christ: The Mistery in History. A Critical Study on the Christology of Raymond Panikkar*, Frankfurt – al. 1996.

MESLIN, M., *L'expérience humaine du divin. Fondements d'une anthropologie religieuse*, Paris 1988.

METZ, J.B., *Glaube in Geschichte und Gesellschaft. Studien zu einer praktischen Fundamentaltheologie*, Mainz 1977.

MIETH, D., «Hacia una definición de la experiencia», *Concilium (E)* 133 (1978) 354-371.

MILANO, A., *Persona in teologia. Alle origini del significato di persona nel cristianesimo antico*, Roma 1996².

MIQUEL, P., *L'expérience spirituelle dans la tradition chrétienne*, Paris 1999.

MISKOTTE, H.H., «Das Leiden ist in Gott. Über Jürgen Moltmanns trinitarische Kreuzestheologie», in M. WELKER, ed., *Diskussion über Jürgen Moltmanns Buch «Der gekreuzigte Gott»*, München 1979, 74-93.

MÖDL, L., «Trinitarischer Ansatz einer christlichen Spiritualität für heute», *MThZ* 47 (1996) 409-415.

MOIOLI, G., «L'acquisizione del tema dell'esperienza da parte della teologia, e la teologia della "spiritualità" cristiana», *Teologia* 6 (1981) 145-153.

MOLNAR, P., «Can we know God directly? Rahner's solution from experience», *TS* 46 (1985) 228-261.

MOMOSE, P.F., *Kreuzestheologie. Auseinandersetzung mit Jürgen Moltmann*, Freiburg – Basel – Wien 1978.

MORSE, C., *The Logic of Promise in Moltmann's Theology*, Philadelphia 1979.

MÜHLEN, H., *Der Heilige Geist als Person. In der Trinität, bei der Inkarnation und im Gnadenbund: Ich-Du-Wir*, Münster 1969.

MÜLLER-FAHRENHOLZ, G., *Phantasie für das Reich Gottes. Die Theologie Jürgen Moltmanns. Eine Einführung*, Gütersloh 2000.

NARDIN, R., «Cristologia: temi emergenti», in G. CANOBBIO – P. CODA, ed., *La Teologia del XX secolo: un bilancio. II. Prospettive sistematiche*, Roma 2003, 23-87.

NEUFELD, K.H., «Worte ins Schweigen. Zum erfahrenen Gottesverständnis Karl Rahners», *ZKTh* 112 (1990) 427-436.

———, «Metodo trascendentale rahneriano: analisi e prospettive», in I. SANNA, ed., *L'eredità teologica di Karl Rahner*, Roma 2005, 91-102.

NICOLAS, J.-H., *Synthèse dogmatique. I. De la Trinité a la Trinité. II. De l'Univers a la Trinité*, Fribourg – Paris 1985, 1993.

NITSCHE, B., ed., *Gottesdenken in interreligiöser Perspektive. Raimon Panikkars Trinitätstheologie in der Diskussion*, Frankfurt – Paderborn 2005.

NIEBUHR, H.R., *Christ and Culture*, New York 1975.

NIEWIADOMSKI, J., *Die Zweideutigkeit von Gott und Welt in J. Moltmanns Theologien*, Innsbruck 1982.

O'COLLINS, G., *Fundamental Theology*, New York – Ramsey 1981.

O'DONNELL, J., «The Trinity as Divine Community. A Critical Reflection Upon Recent Theological Developments», *Gregorianum* 69 (1988) 5-34.

OTTO, R.E., *The God of Hope. The Trinitarian Vision of Jürgen Moltmann*, New York 1991.

PALMA, A., «A renovação contemporânea da teologia trinitária. Contexto, aquisições e perspectivas», *Didaskalia* 40 (2010) 59-75.

PANNENBERG, W., *Systematische Theologie*, I, Göttingen 1988.

PARADISO, M., *Nell'intimo di Dio. La teologia trinitaria di Hans Urs von Balthasar*, Roma 2009.

PÉREZ PRIETO, V., «Raimon Panikkar. El pensamiento cristiano es trinitario, simbólico y relacional. Encuentros con R. Panikkar», *Iglesia Viva* 223 (2005) 63-82.

———, *Dios, Hombre, Mundo. La trinidad en Raimon Panikkar*, Barcelona 2008.

PERREAU, L., ed., *L'expérience*, Paris 2010.

PETERSON, E., *Der Monotheismus als politisches Problem. Ein Beitrag zur Geschichte der politischen Theologie im Imperium Romanum*, Leipzig 1935.

PIKAZA, X., *Presupuestos filosoficos de la exegesis de Rudolph Bultmann y Jürgen Moltmann*, Madrid 1972.

———, «Experiencia religiosa, historia de Jesús y revelación trinitaria», in *Trinidad y vida cristiana. Semanas de estudios trinitarios*, XIII, Salamanca 1979, 31-107.

———, *El fenómeno religioso. Curso fundamental religión*, Madrid 1999.

———, ed., *Enchiridion Trinitatis. Textos básicos sobre el Dios de los cristianos*, Salamanca 2005.

———, «Prólogo», in V. PÉREZ PRIETO, *Dios, Hombre, Mundo. La trinidad en Raimon Panikkar*, Barcelona 2008, 15-21.

PIÉ NINOT, S., «La "cosmoreligione" di Raimundo Panikkar. Una proposta di teologia delle religioni», in M. CROCIATA, ed., *Teologia delle religioni. Bilanci e prospettive*, Milano 2001, 130-152.

PRABHU, J., ed., *The Intercultural Challenge of Raimon Panikkar*, Maryknoll 1996.

———, «Foreword», in R. PANIKKAR, *The Rhythm of Being. The Gifford Lectures*, Maryknoll 2010, xv-xxiii.

QUELQUEJEU, B. – JOSSUA, J.-P., «Expérience chrétienne», in P. EICHER, ed., *Nouveau Dictionnaire de Théologie*, Paris 1996[2], 339-344.

RADLBECK, R., *Der Personbegriff in der Trinitätstheologie der Gegenwart – untersucht am Beispiel der Entwürfe Jürgen Moltmanns und Walter Kaspers*, Regensburg 1989.

RATZINGER, J., *Einführung in das Christentum. Vorlesungen über das Apostolische Glaubensbekenntnis*, München 2007[9].

RICOEUR, P., «Der gekreuzigte Gott von Jürgen Moltmann», in M. WELKER, ed., *Diskussion über Jürgen Moltmanns Buch «Der gekreuzigte Gott»*, München 1979, 17-25.

RIES, J., «Presentazione. Prospettive antropologiche per il terzo millenio», in R. PANIKKAR, *La pienezza dell'uomo. Una cristofania*, Milano 1999, 2003[3], 11-16.

ROSENZWEIG, F., *Der Stern der Erlösung*, Frankfurt 1988.

ROVIRA BELLOSO, J.-M., *Tratado de Dios, uno y trino*, Salamanca 1993[4].

SALATIELLO, G., *L'esperienza e la grazia. L'esperienza religiosa tra filosofia e teologia*, Napoli 2008.

SALMANN, E., *Neuzeit und Offenbarung. Studie zur trinitarischen Analogik des Christentums*, Roma 1986.

SALMANN, E., «Erfahrung mit der Erfahrung. Die menschliche Freiheit zwischen Entscheidung und Erwählung», in K. ARNTZ – P. SCHALLENBERG, ed., *Ethik zwischen Anspruch und Zuspruch. Gottesfrage und Menschenbild in der katholischen Moraltheologie*, Fs. K. Demmer, Freiburg (Schweiz) – Freiburg – Wien 1996, 125-139.

———, *Presenza di Spirito. Il cristianesimo come gesto e pensiero*, Padova 2000.

———, «Teologia della storia o storia della teologia: una circolarità rimossa da re-inventare», in M. BIELAWSKI – M. SHERIDAN, ed., *Storia e teologia all'incrocio. Orizzonti e percorsi di una disciplina*, Roma 2002, 303-335.

SALVATI, G.M., «La dottrina trinitaria nella teologia cattolica postconciliare. Autori e prospettive», in A. AMATO, ed., *Trinità in contesto*, Roma 1994, 9-24.

SANNA, I., *Teologia come esperienza di Dio. La prospettiva cristologica di Karl Rahner*, Brescia 1997.

SAVARI RAJ, A., *A New Hermeneutic of Reality. Raimon Panikkar's Cosmotheandric Vision*, Bern – al. 1998.

SCHAEFFLER, R., *Fähigkeit zur Erfahrung. Zur transzendentalen Hermeneutik des Sprechens von Gott*, Freiburg – Basel – Wien 1982.

———, *Erfahrung als Dialog mit der Wirklichkeit. Eine Untersuchung zur Logik der Erfahrung*, Freiburg – München 1995.

SCHEFFCZYK, L., *Der eine und dreifaltige Gott*, Mainz 1968.

———, «Trinidad: Lo específico cristiano», in *Trinidad y vida cristiana. Semanas de estudios trinitarios*, XIII, Salamanca 1979, 13-29.

———, *Il Dio della Rivelazione. Dottrina di Dio. Dogmatica Cattolica*, II, Roma 2011.

SCHILLEBEECKX, E., *Esperienza umana e fede in Gesù Cristo. Un breve bilancio*, Brescia 1985.

SCHILLEBEECKX, E. – VAN IERSEL, B., «Presentación. Revelación y nuevas experiencias», *Concilium (E)* 133 (1978) 313-330.

SCHLEIERMACHER, F., *Der christliche Glaube nach den Grundsätzen der evangelischen Kirche im Zusammenhange dargestellt. Zweite Auflage (1830/31)*, I, Berlin – New York 2003.

SCHNEIDERS, W., «La experiencia en la época de la razón», *Concilium (E)* 133 (1978) 331-340.

SCHÖNDORF, H., *Die universale Bedeutung Jesu Christi bei Wolfhart Pannenberg und Jürgen Moltmann*, Lyon 1973.

SCHOONENBERG, P., *Ein Gott der Menschen*, Zürich 1969.

SCHOONENBERG, P., «Trinität – der vollendete Bund. Thesen zur Lehre vom dreipersönlichen Gott», *Orientierung* 37 (1973) 115-117.

SCHREITER, R., «La especificación de la experiencia y el lenguaje de la revelación», *Concilium (E)* 133 (1978) 372-382.

SCHULTE, J., «Das Geheimnis der Trinität und die christliche Glaubenserfahrung», *KatBl* 106 (1981) 425-436.

SEQUERI, P., «Esperienza della fede e testimonianza della rivelazione», *Teologia* 6 (1981) 117-121.

SERENTHÀ, M., «I contenuti dell'esperienza cristiana e la teologia domatica», *Teologia* 6 (1981) 122-131.

———, «La teologia trinitaria oggi», *La scuola cattolica* 118 (1990) 90-116.

SEVERGNINI, A., *Introduzione alla cristologia in Jürgen Moltmann*, Roma 1987.

SIGUÁN, M., ed., *Philosophia pacis*, Fs. R. Panikkar, Madrid 1989.

SKVORCEVIC, A., *Ecclesiologia escatologico-messianica di Jürgen Moltmann*, Roma 1982.

SOBRINO, J., *Significado de la cruz y resurrección de Jesús en las cristologías sistemáticas de Wolfhart Pannenberg y Jürgen Moltmann*, Frankfurt 1975.

SORRENTINO, D., «Il Lumen Christi tra il "già" e il "non ancora". Valore dell'esperienza cristina in teologia», in *PATH* 9 (2010) 129-155.

SOULETIE, J.-L., *La croix de Dieu. Eschatologie et histoire dans la perspective christologique de Jürgen Moltmann*, Paris 1997.

STAGLIANÒ, A., *Il Mistero del Dio vivente. Per una teologia dell'Assoluto trinitario*, Bologna 1996.

———, «Teologia trinitaria», in G. CANOBBIO – P. CODA, ed., *La Teologia del XX secolo. Un bilancio. II. Prospettive sistematiche*, Roma 2003, 89-174.

STEEN, M., «Jürgen Moltmann's critical reception of K. Barth's theopaschitism», *ETL* 67 (1991) 278-311.

SPLETT, J., *Die Trinitätslehre G. W. F. Hegels*, Freiburg-München 1984³.

SWIDLER, L. ed., *Toward a Universal Theory of Religion*, Maryknoll 1987.

TANG, S.-K., *God's History in the Theology of Jürgen Moltmann*, Bern 1996.

TOMMASO D'AQUINO, *Summa Theologiae*, in FRATRES EIUSDEM ORDINIS, ed., *Opera omnia*, IV-XII, Roma 1888-1906.

TRACY, D., «Revelación y experiencia. Particularidad y universalidad de la revelación cristiana», *Concilium (E)* 133 (1978) 431-444.

TRAPÈ, A., *Introduzione generale a Sant'Agostino. Opere di Sant'Agostino*, Roma 2006.

VARILLON, F., *La souffrance di Dieu*, Paris 1975.

VOLANT, E., *Le Jeu des affranchis. Confrontation Marcuse-Moltmann*, Montréal 1979.

VORGRIMLER, H., *Karl Rahner. Gotteserfahrung im Leben und Denken*, Darmstadt 2004.

WELKER, M., ed., *Diskussion über Jürgen Moltmanns Buch «Der gekreuzigte Gott»*, München 1979.

WHITEHEAD, A.N., *Process and Reality. An Essay in Cosmology*, New York 1979^2.

WILLIS, W.V., *Theism, atheism and the doctrine of the Trinity. The Trinitarian theologies of Karl Barth and Jürgen Moltmann in response to protest atheism*, Atlanta 1987.

WILSON-KASTNER, P., *Faith, Feminism and the Christ*, Philadelphia 1983.

WISEMAN, J.A., «"I have experienced God": Religious Experience in the Theology of Karl Rahner», *The American Benedictine Review* 44 (1993) 22-57.

ZARAZAGA, G.J., *Trinidad y comunión. La teología trinitaria de K. Rahner y la pregunta por sus rasgos hegelianos*, Salamanca 1999.

———, *Dios es comunión. El nuevo paradigma trinitario*, Salamanca 2004.

ZIZIOULAS, J., *Being as Communion. Studies in Personhood and the Church*, Crestwood 1985.

INDICE DEGLI AUTORI

Agostino: 174, 180, 229, 319
Alberigo: 307, 319
Amaladoss: 147, 319
Amato: 322, 330
Anselmo: 174, 319
Arntz: 329
Arts: 21, 319
Balthasar: 36, 69, 90, 91, 95, 99, 103, 109, 127, 198, 203, 319
Bantle: 195, 320
Barbour: 256-258, 320
Barth: 19, 35, 36, 206, 299, 320
Bauckham: 20-22, 320
Berdjaev: 37, 320
Berkhof: 53, 320
Bertini: 320
Bertuletti: 15, 320
Biallowons: 316
Bielawski: 255-258, 320, 330
Biemer: 312, 324
Blancy: 21, 320
Bloch: 58, 320
Boada: 138, 320
Bollig: 77, 78, 99, 105, 109-113, 320
Bonanni: 320
Bonhoeffer: 31, 320
Bouma-Prediger: 69, 320
Brancozzi: 78, 320
Breuning: 312, 321
Bsteh: 313

Bühler: 22, 321
Bultmann: 143
Butter: 274, 321
Calabrese: 138, 321
Canobbio: 328, 331
Carli: 21, 321
Carney: 169, 321
Carr: 194, 195, 210, 321
Casper: 312, 324
Castelli: 313
Ciola: 62, 198, 321
Cobb: 149, 150, 321
Coda: 36, 56, 321, 328, 331
Colombo: 321
Commissione Teologica Internazionale: 90, 321
Congar: 198, 321
Conyers: 21, 321
Cordovilla: 197, 321
Cornelision: 21, 321
Courth: 322
Cousins: 136, 275, 322
Coward: 147, 322
Cozzi: 56, 100, 101, 198, 260, 264, 268, 322
Cragg: 168, 322
Crociata: 329
Cura Eléna: 194-196, 210, 218, 250, 251, 322
D'Costa: 167, 322

D'Sa: 135, 137, 139, 149, 153, 168, 322
Dallavalle: 195, 322
Daly: 49, 322
Daniélou: 322
David: 21, 322
Dawkins: 7, 322
De Fiores: 15, 16, 76, 198, 322
Delmirani: 20, 21, 322
Dogan: 22, 322
Dolista: 78, 322
Dulles: 12, 255-257, 288, 289, 300, 323
Dupuis: 167, 172, 323
Durand: 193, 195, 323, 325, 326
Eckhart: 145, 175, 327
Eicher: 203, 323, 329
Fernández García: 21, 323
Ferrara: 90, 101, 193, 323
Ferreira de Farias: 22, 75, 323
Fischer: 195, 323
Florio: 13, 323
Forte: 10, 198, 202, 323, 324
Fozzer: 319
França Miranda: 195, 199-201, 204-206, 229, 237, 241, 252, 324
Ganoczy: 13, 15, 198, 303, 324
Gelabert: 15, 324
Giannini: 15, 324
Gibellini: 20, 147, 202, 258, 262, 319, 324
Gioacchino da Fiore: 59
Giordano Bruno: 29
Giovanni della Croce: 145
Glenn: 324
Goethe: 36, 324
Goffinet: 22, 324
Gollwitzer: 324
González: 90, 195, 200, 324
González de Cardedal: 36, 55, 324
González Montes: 195, 324
Greco: 15, 157, 324

Greshake: 11, 12, 14, 56, 68, 73, 77-133, 139, 152, 153, 154, 158, 165, 169, 174, 180, 183, 185, 186, 188, 194, 198, 207, 209, 210, 219, 248, 250, 251, 255, 258, 266-274, 280, 286, 291, 294-298, 300, 304, 305, 307, 308, 312, 313
Guardini: 95, 127
Hadot: 306, 324
Hegel: 36, 55
Hemmerle: 100, 120, 324
Henke: 21, 324
Heyward: 49, 324
Hilberath: 195, 324
Holzer: 90, 193, 195, 289, 323, 325, 326
Iersel: 7, 330
Ignazio di Loyola: 208, 209, 251
Imhof: 316
James: 7
Jossua: 15, 16, 325, 329
Jüngel: 95, 127, 129, 158, 325
Kant: 19, 210
Kantzenbach: 21, 325
Kasper: 13, 15-17, 55, 205, 206, 258, 299, 325
Keller: 49, 325
King: 210, 325
Kirsch: 21, 325
Kowalczyk, 195, 210, 220, 326
Lacoste: 326
LaCugna: 326
Ladaria: 56, 90, 98, 101, 195, 199, 326
Lafont: 90, 206, 326
Lamb: 326
Lane: 326
Lapide: 19, 28, 312
Larson: 149, 326
Leroy Spencer: 21, 326
Lochman: 57, 326
Luciani Rivero: 299, 326

INDICE DEGLI AUTORI

MacPherson: 138, 139, 168, 326
Madonia: 168, 326
Maisonneuve: 176, 326, 327
Mangnus: 107, 327
Mardones: 21, 327
Martín Velasco: 327
Mateljan: 21, 327
Matic: 21, 327
Mattam: 168, 327
McDougal: 22, 326
McFague: 49, 326
Meeks: 21, 311, 327
Menacherry: 138, 327
Meslin: 327
Metz: 69, 327
Mieth: 15, 16, 327
Milano: 327
Miquel: 15, 327
Miskotte: 55, 327
Mödl: 199, 327
Moioli: 327
Molnar: 208, 327
Moltmann: 11-14, 19-76, 78, 89, 109, 116, 122, 139, 148, 150, 152, 154, 162, 165, 173, 174, 182, 183, 188, 194, 207, 234, 250, 251, 255, 258-266, 268, 270, 271, 274, 280, 286, 291, 293, 295, 296, 298, 300, 307-309, 311, 312
Momose: 21, 328
Morse: 21, 328
Mühlen: 53, 328
Müller: 312, 324
Müller-Fahrenholz: 21, 328
Nardin: 168, 328
Neufeld: 202, 251, 328
Nicola da Cusa: 145
Nicolas: 198, 328
Niebuhr: 256, 328
Niewiadomski: 22, 328
Nitsche: 138, 190, 321, 323, 328
O'Collins: 15, 328

O'Donnell: 328
Otto: 22, 328
Palma: 6, 193, 295, 328
Panikkar: 11, 12, 14, 88, 122, 135-194, 207, 222, 228, 250, 251, 255, 258, 260, 273, 274-281, 291, 292, 294, 297, 300, 304, 308, 309, 313-315
Pannenberg: 93, 200, 328
Paradiso: 90, 328
Pérez Prieto: 137-139, 146, 155, 158, 160, 161, 163, 168, 169, 183, 328, 329
Perreau: 328
Peterson: 62, 328
Pié Ninot: 138, 141, 329
Pieretti: 15, 324
Pikaza: 13, 21, 140, 176, 324, 329
Prabhu: 138, 140, 149, 153, 314, 321, 322, 326, 329
Quelquejeu: 15, 16, 329
Radlbeck: 22, 329
Rahner: 9, 11, 12, 14, 19, 31, 70, 78, 80, 88, 91, 110, 118, 126, 139, 174, 183, 185-255, 258, 263, 281-287, 292, 294, 297, 298, 300, 304, 307-309, 315-318
Raimondo Lullo: 145
Ratzinger: 89, 329
Riccardo di San Vittore: 173
Ricoeur: 26, 329
Ries: 138, 169, 329
Rosenzweig: 28, 329
Rossi: 15, 324
Rovira Belloso: 329
Salatiello: 15, 329
Salmann: 6, 15, 100, 129, 204, 289, 329, 330
Salmeri: 320
Salvati: 9, 193, 330
Sanna: 195, 322, 328, 330
Savari Raj: 138, 330
Schaeffler: 330

Schallenberg: 330
Scheffczyk: 13, 101, 170, 330
Schillebeeckx: 7, 330
Schleiermacher: 24, 330
Schneiders: 330
Schöndorf: 21, 330
Schoonenberg: 90, 330
Schreiter: 331
Schulte: 81, 331
Sequeri: 7, 8, 331
Serenthà: 193, 331
Severgnini: 21, 331
Sheridan: 320, 330
Siguán: 138, 331
Silanes: 324
Silesius: 164, 319
Skvorcevic: 21, 331
Sobrino: 21, 331
Sorrentino: 331
Souletie: 21, 331
Splett: 36, 331
Staglianò: 55, 193, 198, 331
Steen: 37, 331
Swidler: 331
Tang: 21, 331
Teresa di Gesù: 145
Tommaso d'Aquino: 87, 210, 212, 238, 243, 309, 331
Tracy: 331
Trapè: 180, 332
Trianni: 320
Vannini: 319, 327
Varillon: 116, 332
Volant: 21, 332
Vorgrimler: 209, 251, 317, 332
Welker: 35, 325-327, 329, 332
Whitehead: 69, 332
Willis: 22, 332
Wilson-Kastner: 49, 332
Wiseman: 194, 195, 210, 212, 214, 224, 332
Young: 5
Zarazaga: 56, 100, 194, 195, 197, 199, 200, 202, 204, 205, 207, 232, 332
Zizioulas: 128, 198, 332

INDICE GENERALE

Presentazione 5

Introduzione 7

1. Esperienza e riflessione trinitaria:
   argomento, scopo e ipotesi di un loro rapporto 9
2. Un elenco rappresentativo di modelli e stili teologico-trinitari:
   gli interlocutori della ricerca 10
3. Il tema, gli autori e i modelli: metodo, limiti e contributo teologico 11
4. Dagli autori ai modelli: l'itinerario della dissertazione 13
5. Esperienza: descrizione sommaria di un fenomeno paradossale 14

Capitolo I: *Esperienza vissuta e
sperimentazione trinitaria in J. Moltmann* 19

1. Dottrina trinitaria: esperienza storica e prassi sociale 23
   1.1 Esperienza e prassi nella teologia trinitaria: attività e passività 23
   1.2 Dottrina storica della Trinità: pensare la croce 25
   1.3 Dottrina sociale della Trinità: pensare per relazioni 28
2. Teologia della Croce:
   dalle esperienze del Crocifisso alle figure trinitarie 29
   2.1 Facce dell'esperienza: il Figlio crocifisso 30
       2.1.1 Esperienza della finitezza 30
       2.1.2 Esperienza vocazionale 31
       2.1.3 Esperienza della sofferenza 31
       2.1.4 Esperienza dell'abbandono 32
       2.1.5 Esperienza del silenzio 33
       2.1.6 Esperienza della morte 33
   2.2 Figure della Trinità: Dio sulla croce e la croce in Dio 35
       2.2.1 Una scissione in Dio 36
       2.2.2 Azione trinitaria 37

  2.2.3 Regno e signoria trinitaria 38
  2.2.4 Un Dio aperto 39
3. Storia della Trinità: dalle esperienze di Dio alle figure trinitarie 41
 3.1 Facce dell'esperienza: percezione storica e spaziale di Dio 42
  3.1.1 Esperienza soteriologica del creato 42
  3.1.2 Esperienza della speranza 43
  3.1.3 Esperienza di salvezza in Cristo 43
  3.1.4 Esperienza dello Spirito 44
 3.2 Figure della Trinità:
   reciprocità kairologica e pericoresi trinitaria 48
  3.2.1 Creazione del Padre 48
  3.2.2 Incarnazione del Figlio 50
  3.2.3 Trasformazione dello Spirito 52
  3.2.4 Unità pericoretica 53
4. Esperienza, Trinità e Regno della libertà 57
 4.1 Regno di Dio: ritmo trinitario della storia 58
 4.2 Regno della libertà: ritmo trinitario verso la libertà intera 60
 4.3 Ripercussioni socio-politiche: per una ortoprassi trinitaria 62
  4.3.1 Forme politiche 62
  4.3.2 Teologie contestuali 63
  4.3.3 Teologia ed ecologia 64
 4.4 Ripercussioni ecclesiali: conformazione trinitaria 64
  4.4.1 Chiesa nella storia di Dio 65
  4.4.2 Chiesa come comunità 65
  4.4.3 Chiesa e liberazione 66
5. Esperienza in teologia trinitaria: mezzo e stile 68
 5.1 Esperienza: punto di partenza 70
  5.1.1 Esperienza: fondamento trinitario 70
  5.1.2 Esperienza: critica trinitaria 70
  5.1.3 Multiformità esperienziale 71
 5.2 Esperienza: punto di arrivo 71
  5.2.1 Esperienza della libertà: fondamento 72
  5.2.2 Esperienza della libertà: critica 73
  5.2.3 Praticabilità non utilitarista 73
 5.3 Stile esperienziale: laboratorio teologico fra vita e riflessione 75

CAPITOLO II: *Esperienza e Trinità come* communio *in G. Greshake* 77

1. Una teologia trinitaria:
  chiave teorico-pratica dell'esperienza cristiana e umana 79
 1.1 La motivazione trinitaria:
   oltre l'impressione di astrattezza logica e irrilevanza pratica 80

1.1.1 La Trinità come verità astratta 80
1.1.2 La Trinità come realtà umanamente irrilevante 81
1.2 L'intenzionalità trinitaria:
per la rilevanza esistenziale della fede nella Trinità 82
1.3 L'intuizione fondamentale:
la struttura trinitaria dell'esperienza 83
1.3.1 Esperienza cristiana ed esperienza umana 84
1.3.2 Rivelazione: esperienza di Dio 85
1.3.3 Fede cristiana: orizzonte d'esperienza integrante 86
2. Una visione comunionale della Trinità 87
2.1 Dio Trinità è *communio*:
dalla rivelazione alla concentrazione comunionale 88
2.1.1 Dio si rivela com'è 88
2.1.2 Dio si rivela *communio* 90
2.1.3 *Communio* come analogia 93
2.1.4 *Communio* e *persona* 95
2.2 Dio Trinità come *communio*:
unità originaria in originaria diversità 97
2.2.1 Unità e pluralità: originaria simultaneità 98
2.2.2 Unità e differenza: un complesso relazionale 99
2.2.3 L'immanenza trinitaria: gioco pericoretico d'amore 99
2.2.4 Le Persone nella *communio* trinitaria:
costituite dalla relazione 102
3. *Communio*: il concetto 104
3.1 Variazioni su *communio* 104
3.1.1 *Communio*: mediazione fra unità e pluralità 105
3.1.2 *Communio*: mediazione fra identità e differenza 105
3.1.3 *Communio*: mediazione di tensioni 106
3.1.4 *Communio*: realtà dinamica 107
3.1.5 *Communio*: pericoresi e comunicazione 107
3.1.6 *Communio*: amore 108
3.1.7 *Communio*: kenosi 108
3.2 *Communio*: concetto chiave 110
4. Conseguenze trinitario-comunionali 112
4.1 Struttura trinitario-comunionale della fede 112
4.1.1 Il creato e la sua economia:
scaturenti dalla *communio* trinitaria 113
4.1.2 Peccato, redenzione e compimento:
dalla particolarizzazione alla trinitarizzazione 115
4.1.3 Chiesa nella dinamica trinitaria: *communio* come *missio* 117
4.2 Struttura trinitario-comunionale della realtà 119

        4.2.1 Problemi di fondo:
              «essere se stesso» come «essere verso l'altro» 119
        4.2.2 Società sotto la luce trinitaria:
              individui e collettività ugualmente originari 121
        4.2.3 Critica della religione e dialogo tra religioni:
              riconsiderati alla luce della logica comunionale 122
5. Esperienza e *communio* trinitaria:
   successi ed eccessi di una proposta integrale 124
   5.1 Esperienza: punto di partenza 125
        5.1.1 Esperienza di un'immediatezza mediata 125
        5.1.2 Esperienza e rivelazione 126
        5.1.3 Esperienza e *communio* 127
   5.2 Esperienza: punto di arrivo 128
        5.2.1 Esperienza con l'esperienza 129
        5.2.2 Integrazione delle paradossalità dell'esperienza 130
        5.2.3 *Communio*: onnicomprensione dell'esperienza 131
   5.3 Stile integrale: esistenziale, concettuale, tensionale 131

CAPITOLO III: *L'esperienza mistico-interculturale
                e le tante facce del Dio trinitario secondo R. Panikkar*...... 135

1. Visione cosmoteandrica:
   aspetti fondamentali della riflessione panikkariana 140
   1.1 Sensibilità mistico-simbolica: una rimitizzazione in atto 142
   1.2 Attitudine religioso-culturale pluralistica:
        traduzione omeomorfa 146
   1.3 Prospettiva dialogico-ossimorica: adualismo apofatico advaita...... 150
2. Il ritmo trinitario di tutto:
   dall'esperienza primordiale alla Trinità radicale................................... 152
   2.1 Esperienza: tocco cosciente della realtà 154
        2.1.1 Esperienza: descrizione generale del fenomeno 154
        2.1.2 Esperienza di Dio: luoghi e orizzonti 159
        2.1.3 Esperienza cristiana ed esperienza di Cristo: la cristofania... 166
   2.2 Trinità: dinamismo cosmoteandrico... 169
        2.2.1 La Trinità economica: un'esperienza umana primordiale 170
        2.2.2 La Trinità immanente: le Persone divine............................... 172
        2.2.3 La Trinità radicale: la realtà cosmoteandrica........................ 177
3. Un Dio poliedrico: l'esperienza nel ritmo trinitario............................... 181
   3.1 Esperienza: punto di partenza 182
        3.1.1 Esperienza del reale:
             topografia graduale di un incontro trinitario possibile 183
        3.1.2 Esperienza reale: non specialistica 185

INDICE GENERALE 341

    3.1.3 Esperienza a-duale: legame esperienziale alla Trinità........... 186
3.2 Esperienza: punto di arrivo 187
    3.2.1 Rinnovata consapevolezza:
         dischiudere il ritmo cosmoteandrico della realtà................... 187
    3.2.2 Rivalorizzazione della materia: la cosmicità 188
    3.2.3 Riscoprirsi e riposizionarsi nel dialogo religioso-culturale ... 189
3.3 Stile mistico-interculturale: dialogico, sapienziale, simbolico........ 191

CAPITOLO IV: *L'esperienza trascendentale-soprannaturale
e la sua portata trinitaria secondo K. Rahner*.................... 193

1. Disfunzionalità teologico-trinitarie:
dalla denuncia alla concretizzazione... 196
    1.1 La denuncia: «splendido isolamento» della Trinità 197
    1.2 Il progetto:
        Trinità come mistero salvifico e asse della dogmatica................ 199
    1.3 La concretizzazione:
        astrazione concettuale scarsamente trinitaria............................. 202
    1.4 Interludio introduttorio:
        invito a una moderazione trinitario-esperienziale...................... 207
2. L'esperienza di Dio uno e unico:
potenzialità trinitarie di un motivo ricorrente e variegato..................... 208
    2.1 Variazioni sull'esperienza:
        declinazioni di un fenomeno complesso.................................... 209
        2.1.1 Esperienza trascendentale – Esperienza della trascendenza.. 210
        2.1.2 Esperienza di sé – Esperienza di Dio
            – Esperienza dell'altro... 212
        2.1.3 Esperienza della grazia 216
        2.1.4 Esperienza dello Spirito – Esperienza dello Spirito Santo 220
        2.1.5 Esperienza mistica – Esperienza dell'entusiasmo 223
    2.2 Interludio teologico-esperienziale:
        esplorando la portata trinitaria di un discorso unitario 227
3. Spiragli esperienziali e teologia trinitaria: ambivalenze di
un'«autocomunicazione» fra economia e concettualizzazione 230
    3.1 Triplicità divina nell'esperienza del Lógos................................. 232
    3.2 Triplicità divina nell'esperienza della grazia 234
    3.3 Trinità nella dinamica della sua «autocomunicazione»................ 237
    3.4 Interludio teologico-trinitario:
        ambivalenza esperienziale fra speculazione ed economia............. 242
4. Esperienza nella «teo-logia» rahneriana: ambivalenza
fra resistenze unitario-concettuali e potenzialità trinitarie 244
    4.1 Esperienza: punto di partenza 246

    4.1.1 Esperienza come via introspettiva 247
    4.1.2 Esperienza come immediatezza mediata 247
    4.1.3 Esperienza come luogo
         dell'«autocomunicazione» differenziata 248
4.2 Esperienza: punto di arrivo 249
4.3 Stile mistagogico-formale: concettualizzazione,
    percorso biografico e intenzionalità pastorale 251

CAPITOLO V: *Esperienza e riflessione trinitaria:*
                modelli di una loro configurazione 255

1. Modello dialettico di J. Moltmann:
    esperienza e «teo-logia» *sub contrario* 258
    1.1 Visione di Dio Trinità: kenosi e dinamicità trinitaria 261
        1.1.1 Patica 262
        1.1.2 Pericoretica-aperta 262
        1.1.3 Escatologica 263
    1.2 Visione teologico-trinitaria:
        esperienza nello spettro del Regno della libertà 264
        1.2.1 Liberante 265
        1.2.2 Sociale 266
2. Modello analogico di G. Greshake:
    tra approssimazione esperienziale e ispirazione trinitaria 266
    2.1 Visione di Dio Trinità: *communio* tensionale 269
        2.1.1 Pericoretica-comunionale 269
        2.1.2 Tensionale 270
        2.1.3 «A-ordinata» 271
    2.2 Visione teologico-trinitaria: chiave per comprendere 271
        2.2.1 Strutturale 272
        2.2.2 Comunionale 273
3. Modello dialogico di R. Panikkar:
    simbolica esperienziale e trinitaria 274
    3.1 Visione di Dio Trinità: «a-dualità» tras-immanente 276
        3.1.1 Tras-immanente 277
        3.1.2 Pericoretico-ritmica 278
        3.1.3 Plurale 278
    3.2 Visione teologico-trinitaria: consapevolezza del ritmo trinitario ... 279
        3.2.1 Radicale 280
        3.2.2 Relazionale 281
4. Modello trascendentale di K. Rahner: esperienza del mistero 281
    4.1 Visione di Dio Trinità: mistero che si autocomunica 283
        4.1.1 Trascendentale 283

   4.1.2 Misterica 284
   4.1.3 Oblativa 284
  4.2 Visione teologico-trinitaria:
   sperimentarsi anticipato dalla grazia 285
   4.2.1 Conoscitiva 286
   4.2.2 Soprannaturale 287
5. Un modello di modelli:
 per una configurazione duttile tra esperienza e riflessione trinitaria 287
  5.1 Oltre l'umana proiezione: configurazione non confusa 290
  5.2 Oltre la divina estraniazione: configurazione non separata 293
  5.3 Sulla soglia del paradosso creduto e sperimentato 295
  5.4 Attuando il *nexus mysteriorum*: la cristologia di Calcedonia
   come regola del rapporto tra esperienza e teologia trinitaria 299
  5.5 Stile esperienziale-pericoretico: *forma mentis*
   di un «modello di modelli» trinitario-esperienziale 300

CONCLUSIONE 303

SIGLE E ABBREVIAZIONI 307

BIBLIOGRAFIA 311

1. Opere di J. Moltmann 311
2. Opere di G. Greshake 312
3. Opere di R. Panikkar 313
4. Opere di K. Rahner 315
5. Bibliografia generale 319

INDICE DEGLI AUTORI 333

INDICE GENERALE 337

TESI GREGORIANA

Dal 1995, la collana «Tesi Gregoriana» mette a disposizione del pubblico alcune delle migliori tesi elaborate alla Pontificia Università Gregoriana. La composizione per la stampa è realizzata dagli stessi autori, secondo le norme tipografiche definite e controllate dall'Università.

Volumi pubblicati [Serie: Teologia]

[Vol. 1-130: cfr. *www.unigre.it /TG/teologia.htm*]

131. TIBALDI, Marco, *Kerygma e atto di fede nella teologia di Hans Urs von Balthasar*, 2005, pp. 276.
132. PIQUÉ COLLADO, Jorge, *Teología y música. Una contribución dialéctico-transcendental sobre la sacramentalidad de la percepción estética del Misterio (Agustín, Balthasar, Sequeri; Victoria, Schönberg, Messiaen)*, 2006, pp. 422.
133. COSTIN, Teodor, *Il perdono di Dio nel vangelo di Matteo. Uno studio esegetico-teologico*, 2006, pp. 254.
134. BISCEGLIA, Bruno, *«In natura humana Deus Pater impressit Verbum». Dio Padre nel commento di San Tommaso al Vangelo di San Giovanni. Indagine dottrinale e verifica analitica. Analisi statistica e lessicografica*, 2006, pp. 352.
135. JONES, Michael Keenan, *Towards a Christology of Christ the High Priest*, 2006, pp. 408.
136. GUDIEL GARCÍA, Hugo Caín, *La fe según Xavier Zubiri. Una aproximación al tema desde la perspectiva del problema teologal del hombre*, 2006, pp. 380.
137. MARGARIA, Claudio, *Fede come sequela: una teologia in* via Christi *negli scritti teologici (1968-2002) di Joseph Moingt*, 2006, pp. 382.
138. BELLUSCI, Gianluca, *L'universale concretum, categoria fondamentale della Rivelazione a partire dall'analisi del ciclo natalizio*, 2006, pp. 298.
139. PELLEGRINO, Carmelo, *Paolo servo di Cristo e padre dei Corinzi. Analisi retorico-letteraria di 1Cor 4*, 2006, pp. 408.
140. MULCAHY, Eamonn, *The Cause of Our Salvation. Soteriological Causality according to some Modern British Theologians 1988-1998*, 2006, pp. 528.
141. BALČIUS, Vidas, *Virtù e opzione fondamentale. Una riflessione a partire dal contributo di S. Pinckaers e J. Fucks*, 2007, pp. 240.
142. XALXO, Prem, *Complementarity of Human Life and Other Life Forms in Nature: A Study of Human Obligations toward the Environment with Particular Reference to the Oraon Indigenous Community of Chtoanagpur, India*, 2007, pp. 240.

143. BRIGHI, Davide, *Assenso reale e scienze profane. Il contributo di John Henry Newman ad una rinnovata ragione teologica*, 2007, pp. 222.
144. PETRIGLIERI, Ignazio, *La definizione dogmatica di Calcedonia nella cristologia italiana contemporanea*, 2007, pp. 346.
145. GONZAGA, Waldecir, *«A Verdade do Evangelho» (Gl 2,5.14) e a autoridade na Igreja. Gl 2,1-21 na exegese do Vaticano II até os nossos dias. História, balanço e novas perspectivas*, 2007, pp. 504.
146. GATTI, Nicoletta, *...perché il «piccolo» diventi «fratello». La pedagogia del dialogo nel cap. 18 di Matteo*, 2007, pp. 400.
147. SZYPUŁA, Wojciech, *The Holy Spirit in the Eschatological Tension of Christian Life. An Exegetico-Theological Study of 2 Corinthians 5,1-5 and Romans 8,18-27*, 2007, pp. 436.
148. AMO USANOS, Rafael, *El principio vital del ser humano en Ireneo, Orígenes, Agustín, Tomás de Aquino y la antropología teológica española reciente*, 2007, pp. 362.
149. APRILE, Biagio, *«Passio Christi tam evidenter quasi evangelium recitatur». La passione di Cristo sulla croce: insegnamento ed esempio. Studio sul Commento II al salmo 21 di Agostino di Ippona*, 2007, pp. 310.
150. CASAZZA, Fabrizio, *Sviluppo e libertà in Amartya Sen. Provocazioni per la teologia morale*, 2007, pp. 424.
151. VARSALONA, Agnese, *Il dialogo e i suoi fondamenti. Aspetti di antropologia filosofica e teologica secondo Jörg Splett e Walter Kasper*, 2007, pp. 300.
152. GEORGE KOCHUTHARA, Shaji, *The Concept of Sexual Pleasure in the Catholic Moral Tradition*, 2007, pp. 518.
153. SCARDILLI, Pietro Damiano, *I nuclei ecclesiologici nella costituzione liturgica del Vaticano II*, 2007, pp. 418.
154. PALACHUVATTIL, Mathew, *«The One Who Does the Will of the Father». Distinguishing Character of Disciples According to Matthew. An Exegetical Theological Study*, 2007, pp. 404.
155. BARBOSA FILHO, Domingos, *A vontade salvífica e predestinante de Deus e a questão do cristocentrismo. Um estudo sobre a doutrina de João Duns Escoto e seus ecos na teologia contemporânea*, 2007, pp. 496.
156. ONWUKA, Chidolue Peter, *The Law, Redemption and Freedom in Christ. An Exegetical-Theological Study of Galatians 3,10-14 and Romans 7,1-6*, 2007, pp. 374.
157. JANÉ COCA, José M., *«Ser hallado en Él». La reciprocidad intersubjetiva entre Pablo y Cristo. Un estudio exegético-teológico de Flp 3*, 2007, pp. 608.
158. SHABANI, Louay, *Santificazione e valore salvifico del matrimonio. Studio esegetico-teologico di 1Cor 7,12-16 ed Ef 5,25-33*, 2008, pp. 325.
159. ABBATTISTA, Ester, *Origene legge Geremia. Analisi, commento e riflessioni di un biblista di oggi*, 2008, pp. 355.
160. SPRONCK, Joël, *La patience de Dieu. Justifications théologiques du délai de la Parousie,* 2008, pp. 356.
161. EDERLE, Rubén Alberto, *Discípulos y Apóstoles de Jesús. La relación entre los discípulos y los Doce según Marcos*, 2008, pp. 368.
162. CARIA, Roberto, *Lo stato nelle teorie politiche di I. Kant e J. Maritain. Una legittimazione tra razionalità e fede*, 2008, pp. 306.

163. MACALA, André, *A escatologia no livro do Apocalipse. Da sua realização no presente litúrgico à conslusão da história*, 2008, pp. 394.
164. TANTIONO, Paulus Toni, *Speaking the Truth in Christ. An Exegetico-Theological Study of Galatians 4,12-20 and Ephesians 4,12-16*, 2008, pp. 302.
165. ZICCARDI, Costantino Antonio, *The Relationship of Jesus and the Kingdom of God According to Luke-Acts*, 2008, pp. 584.
166. BRADY, Patrick J., *The Process of Sanctification in the Christian Life. An Exegetical-Theological Study of 1Thess 4,1-8 and Rom 6,15-23*, 2008, pp. 322.
167. ROCHETTE, Joël, *La rémission des péchés dans l'Apocalypse. Ébauche d'une sotériologie originale*, 2008, pp. 628.
168. SHENOSKY, Joseph T., *The Development of Late Twentieth Century Catholic Ecumenical Theology in the United States of America: A Comparison of the Contributions of Gustave Weigel, S.J., Carl J. Peter, John F. Hotchkin, and Avery Dulles, S.J.*, 2008, pp. 404.
169. IWUAMADI, Lawrence Oscar I., *«He Called unto Him the Twelve and Began to Send Them Forth». The Continuation of Jesus' Mission According to the Gospel of Mark*, 2008, pp. 308.
170. ASCENSO, Adelino, *Transcultural Theodicy in the Fiction of Shūsaku Endō*, 2009, pp. 354.
171. HODŽIĆ, Mislav, *La genesi della fede. La formazione della coscienza credente tra essere riconosciuto ed essere riconoscente*, 2009, pp. 276.
172. SHORTALL, Michael, *Human Rights and Moral Reasoning. A Comparative Iinvestigation by Way of Three Theorists and Their Respective Traditions of Enquiry: John Finnis, Ronald Dworkin and Jürgen Habermas*, 2009, pp. 438.
173. SÁNCHEZ CASTELBLANCO, Wilton Gerardo, *La voz como modo de revelación. Investigación exegético-teológica del término* φωνή *en el cuarto evangelio*, 2009, pp. 356.
174. RODRIGUES DE SOUSA, Mário José, *«Para que também vós acrediteis». Estudo exegético-teológico de Jo 19,31-37*, 2009, pp. 404.
175. RYAN, Dermot, *Method to Mission: The Ecclesial Vocation of the Theologian. As Exemplified in the Works of Francis A. Sullivan SJ in the Context of Method at the Gregorian University*, 2009, pp. 448.
176. SALMAN, Wasim, *La* Wirkungsgeschichte *de Hans-Georg Gadamer dans la théologie de Claude Geffré, David Tracy et Wolfhart Pannenberg*, 2010, pp. 244.
177. BRUTÉ DE RÉMUR, Guillaume, *La théologie trinitaire de Louis Bouyer*, 2010, pp. 382.
178. NSONGISA KIMESA, Chantal, *«L'agir puissant du Christ parmi les chrétiens».Une étude exégético-théologique de 2Co 13,1-4 et Rm 14,1-9*, 2010, pp. 290.
179. CORNIÉ Thomas, *La primauté de l'évêque de Rome dans la théologie catholique francophone du vingtième siècle. Les études de Pierre Batiffol, Charles Journet et Jean-Marie Roger Tillard*, 2010, pp. 352.
180. GIORDANO, Maria Teresa, *La parola della croce: l'itinerario paradossale della sapienza divina in 1Cor 1,18–3,4. Composizione retorica del testo. Implicazioni esegetico-teologiche e sua funzione in 1Cor 1–4*, 2010, pp. 302.

181. CAVICCHIA, Alessandro, *Le sorti e le vesti. La «Scrittura» alle radici del messianismo giovanneo tra re-interpretazione e adempimento: Sal 22(21) a Qumran e in Giovanni*, 2010, pp. 540.
182. COMPIANI, Maurizio, *Fuga, silenzio e paura. La conclusione del Vangelo di Marco. Studio di Mc 16,1-20*, 2011, pp. 296.
183. VILLAGRA CANTERO, César Nery, *«Poder» Y «Anti-Poder». Contraposición dialéctica entre ἐξουσία salvífica y ἐξουσία del sistema terrenal en el Apocalipsis*, 2011, pp. 494.
184. PATSCH, Ferenc, *Metafisica e religioni: strutturazioni proficue. Una teologia delle religioni sulla base dell'ermeneutica di Karl Rahner*, 2011, pp. 634.
185. SICHKARYK, Ivan, *Corpo (σῶμα) come punto focale nell'insegnamento paolino. Ricerca esegetica e teologico-biblica*, 2011, pp. 512.
186. PUCA, Bartolomeo, *Una periautologia paradossale. Analisi retorico-letteraria di Gal 1,13–2,21*, 2011, pp. 214.
187. PUNDA, Edvard, *La fede in Teresa d'Avila*, 2011, pp. 328.
188. SURLIS, Tomás, *The Presence of the Risen Christ in the Community of Disciples: An Examination of the Ecclesiological Significance of Matthew 18:20*, 2011, pp. 432.
189. QUISPE LÓPEZ, Ciro, *La nueva alianza durante las enseñanzas de Jesús en el Templo de Jerusalén. Análisis retórico bíblico y semítico de la secuencia de Mc 11,27–12,44*, 2012, pp. 394.
190. GARCÍA MORALES, Juan Jesús, *La inspiración bíblica a la luz del principio católico de la tradición. Convergencias entre la* Dei Verbum *y la Teología de P. Benoit, O.P.*, 2012, pp. 490.
191. MANZINGA AKONGA, Roger, *Le dernier cri de Jésus sur la croix (Mc 15,34). Fonction pragmatique de la citation du Ps 22,2a dans le contexte communicatif de Mc 15,33-41*, 2012, pp. 432.
192. FICCO, Fabrizio, *«Mio figlio sei tu» (Sal 2,7). La relazione Padre-figlio e il Salterio*, 2012, pp. 454.
193. JOJKO, Bernadeta, *Worshiping the Father in Spirit and Truth. An Exegetico-Theological Study of Jn 4:20-26 in the light of the Relationships among the Father, the Son and the Holy Spirit*, pp. 440.
194. SERRANO PENTINAT, Josep-Lluís, *Palabra, sacramento y carisma. La eclesiología de E. Corecco*, pp. 314.
195. SOLICHIN RUBIANTO, Vitus, *La figura del seme e il suo compimento. Analisi retorica del discorso parabolico in Mc 4,1-34*, 2012, pp. 220.
196. CAMPAGNANI FERREIRA, Eduardo, *«Impossibile erat sine Deo discere Deum». O problema teológico da afirmação de Deus, segundo o Cardeal Henri de Lubac (1896-1991)*, 2012, pp. 662.
197. COUTINHO LOPES DE BRITO PALMA, Alexandre, *L'esperienza della Trinità e la Trinità nell'esperienza. Modelli di una loro configurazione*, 2013, pp. 348.

THEOLOGIA
Collana della Pontificia Università Gregoriana

a cura di SALATIELLO Giorgia
Karl Rahner
Percorsi di ricerca

2012 • pp. 304
ISBN 978-88-7839-237-3 • € 30,00

La domanda sul significato che oggi può avere un teologo scomparso da un quarto di secolo obbliga a fare delle distinzioni: la sua persona era di un'altra epoca rispetto a quella attuale – Rahner appartiene al ventesimo secolo. La sua opera vive nei suoi discepoli e nelle sue testimonianze, siano esse pubblicate o conservate in archivi. L'uomo di oggi può ricorrere ad esse. Il suo pensiero, spesso, ha così tanto peso, che vale la pena rifletterci sopra e, benché inizialmente sia stato sviluppato nella sua epoca, coinvolge di nuovo la persona. I sentieri qui tracciati muovono dunque dalla rilettura del suo pensiero che, al di là di qualsiasi facile esagerazione, ha segnato profondamente la teologia e anche alcuni ambiti della filosofia del ventesimo secolo. Nessuna tentazione apologetica, ma soltanto la convinzione che, così come la riflessione di Rahner ha segnato il secolo precedente, analogamente ora essa può essere ripensata da chi voglia collocarsi nell'oggi con lo stesso impegno e con la stessa onestà che ieri sono stati di Rahner.

Giorgia Salatiello è Professore Ordinario della Facoltà di Filosofia della Pontificia Università Gregoriana. Tra gli scritti pubblicati: *L'ultimo Orizzonte. Dall'antropologia alla filosofia della religione*, Roma 2003; *L'esperienza e la grazia. L'esperienza religiosa tra filosofia e teologia*, Napoli 2008; con Théoneste Nkeramihigo, *Pensare la religione*, Napoli 2010.

THEOLOGIA
Collana della Pontificia Università Gregoriana

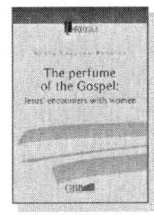

8   CALDUCH-BENAGES Nuria
The perfume of the Gospel:
Jesus' encounters with women

2012 • pp. 160
ISBN 978-88-7839-231-1 • € 17,00

The Perfume of the Gospel seeks to present some of Jesus' encounters with women. As the title suggests, some of these are characterized by the presence of perfume, an element charged with connotations and a rich symbolic content, open to many interpretations depending on the context.

Women are the protagonists of this book. Jesus openly sides with them and, sharing both their bodily and spiritual pain, generates from within himself a new current of humanity. Thus, he changes the hierarchy of the values proposed by society and transcends cases of discrimination with his loving attitude and through his relations of solidarity and equality with people.

The book concludes with an original encounter—not between Jesus and a woman, but rather between Jesus and *Sophia*.

Nuria Calduch-Benages is Professor of Old Testament at the Pontifical Gregorian University of Rome, Italy. Since 2000 she is Book Review Editor of Biblica (Pontifical Biblical Institute, Rome). Her main fields of research are Wisdom Literature, especially the book of Ben Sira and biblical anthropology. She has written extensively on wisdom books, especially on Sirach. She is member of the International Advisory Panel of the «International Society for the Study of Deuterocanonical and Cognate Literature» (ISDCL).

Finito di stampare nel mese di gennaio 2013
presso Mediagraf Spa - Monterotondo (Rm)